21世纪高等学校旅游管理本科专业教材

旅游社会学

TOURISM SOCIOLOGY

陈国生　刘军林◎主编

中国旅游出版社

目　录

前 言

作为现代社会中的一种独特社会现象，旅游已经逐渐渗入了人们的日常生活。在现代社会当中，旅游不仅成为人们放松、休闲、寻求快乐的手段，而且成为最重要的公民权利之一。面对当前独特的社会背景，也只有将旅游置入现代性的研究视角当中才能充分、恰当地解释人们的旅游行为。

旅游社会学的一个重要视角和方法，就是把旅游同现代性联系起来加以考察。《旅游社会学》以旅游与现代性的关系作为核心问题，通过对两者之间关系的探索与阐述来揭示旅游现象的社会学意义，从而提出，从社会学角度研究旅游的必要性和重要性。作为本书的重要观点之一，笔者认为，旅游归根结底是一种文化现象，这是人类学涉足旅游的基本前提，唯其如此，见仁见智的文化解释才风起云涌。乍看之下，美国教授纳尔逊·格雷本的旅游人类学研究涉猎甚广，仔细分析之，不难看出，对旅游现象之象征意义的终极探询，才是其研究的主旋律。以其对人生礼仪的阐述为例，书中将旅游视为人生礼仪的世俗象征便是为了解读旅游本质或深层的旅游动机。

旅游社会学同旅游经济学、旅游心理学都是从旅游学分离出来的学科，它们的区别在于：旅游经济学研究的是旅游经济活动规律及旅游事业同经济发展的关系，属于经济学的分支学科；旅游心理学研究的是旅游者在旅游活动中的心理要求、旅游对人的心理影响，属于心理学的分支学科；旅游社会学则以旅游和社会的相互关系为研究对象，探讨旅游的社会结构、社会关系、社会功能和社会影响，属于社会学的分支学科。其主要研究内容包括以下 8 个方面：

一是社会变迁与旅游。研究社会经济的发展、科学技术的进步、政治制度的变革以及国际环境的变化对旅游的影响，以协调旅游业和社会各行业的相互关系，确立旅游业在社会发展中的战略地位。

二是社会文化与旅游。研究旅游的文化功能和旅游对文化的需求、旅游地区的文化资源和旅游者的文化动机，以便正确处理旅游者异质文化和本土文化的关系，提高旅游服务质量。

三是社会交际与旅游。研究旅游交往中的情境定义、人际吸引和心理动机，以建立和谐融洽的人际关系。

四是闲暇时间与旅游。研究旅游在闲暇时间中的地位和作用，旅游客源国（客源地）中闲暇时间的总量以及与旅游有关的闲暇时间的周期，以深入分析国际旅游市场，科学预测旅游的淡季、旺季及其发展规律，搞好旅游业的经营管理。

五是社会人口与旅游。研究人口数量、质量以及人口老龄化、人口城市化等人口现象与旅游的关系，分析旅游人口的分布和旅游人口的年龄、性别、职业、种族、文化等结构，以便从宏观上把握旅游市场，合理安排旅游活动。

六是社会群体与旅游。研究旅游群体的特征和互助，旅游群体内外的人际关系和交往方式，旅游群体中的冲突和顺应，以及冲突的调适方式，以提高旅游群体的整合力。

七是旅游的社会功能。研究旅游对促进社会经济发展、科学技术交流、各国和各地区人民友好往来、文艺的繁荣等方面的积极作用，研究旅游者和旅游从业人员的各种违规行为及旅游的消极行为所造成的环境污染、生态破坏、宗教渗透、腐朽文化侵蚀等社会问题，研究对旅游违规行为的社会工作和对旅游社会问题的社会控制。

八是旅游社区建设和旅游体制改革。研究构成旅游社区的自然因素、社会因素和人文因素，旅游社区的规划、管理、吸收力、辐射力、指标系统、旅游点分布等，以便为旅游社区建设提供咨询，探索有利于旅游业发展的旅游体制和加强旅游业的科学管理。

在前人相关研究成果的支撑下，本书也尝试着以上述方式来表述自己的研究成果。

在写法上，本书力求做到所引用的观点，都能标明出处。这样，通过阅读本书，读者可以了解每个观点的原始出处，从而了解各种理论的发展进程及来龙去脉。

编　者

2015 年 5 月

第一章

旅游社会学概说

【学习要点】

1. 理解旅游社会学的基本含义及其研究概况。
2. 理解旅游社会学的学科构架及其学科定位。
3. 掌握旅游社会学的主要理论流派及旅游社会学的发展阶段。
4. 认识旅游社会学的研究对象、研究内容、理论基点。

【基本概念】

旅游社会学　理论流派　冲突批评理论　功能学派　韦伯主义学说　形式主义、现象学和民族方法学派　符号互动主义　旅游功能　系统经验研究方法

社会学者对旅游的学科归类划分通常包括3种：第一种是把旅游归并到休闲社会学中，作为休闲的一个特殊种类。这种划分抓住了旅游的闲暇和享乐特征，却忽略了旅游的流动性和异地性。第二种是把旅游合并到迁移社会学，把旅游看作是季节性的休闲迁移。这种划分强调了旅游的流动性和空间位移，却不利于凸显旅游的非功利性、寻乐性和享受性。第三种是把旅游社会学当作一门单独的学科，既强调旅游的旅行和流动性质，又突出旅游的闲暇性、享乐性和游戏性，从而把旅游中的“游乐”和“旅行”双重属性统一起来。这种学科归类划分成为研究旅游社会影响的主流。目前，旅游社会学已逐渐从休闲社会学和迁移社会学中分离出来，成为社会学的一个独立的分支，成为研究旅游对社会、文化等影响的一门重要的交叉学科。

第一节 旅游社会学的内涵及研究概况

旅游是现代社会最显著的特点之一。它既是现代社会的行为，也是现代社会的现象；既凝结着社会宏观关系，又展现着社会微观关系；既是一种经济行为，也是一种文化行为。经济社会和科学技术的迅速发展，交通客运和通信手段的日臻完备，大大缩短了人类的空间距离，全世界正在变成一个“地球村”。现代社会的这一特点造就了现代旅游活动，现代旅游活动也强化了现代社会的这一特点。旅游社会学研究社会变迁与旅游活动，就是要研究经济社会的发展、科学技术的进步、政治制度的变革、国际环境的变化与旅游活动之间的相互作用、影响及其变化规律，以便协调旅游行为与社会其他行为之间的关系，确立旅游活动在社会生活中的地位。

一、社会学视野的旅游活动

从社会学的视角来观察，旅游活动既是一种社会现象，又是一种社会关系，也是一种文化行为。

（一） 旅游活动是一种社会现象

从整体上看，旅游活动不只是个人或群体的行为，还是一种社会现象。现代旅游活动随着现代社会的产生而出现，又随着现代社会的发展而发展。旅游社会学研究旅游现象，主要研究因旅游活动而引起的社会变迁及其互动关系。旅游社会学不能剖断历史，无法深入古代旅游对社会变迁的影响，也无法深入预测并研究未来旅游活动对社会变迁的影响。旅游社会学主要研究现代旅游现象，特别是旅游活动与社会现代性的关系。虽然过去和未来不是旅游社会学的研究对象，但为了弄清现代旅游的缘起又必须追溯历史；为了研究旅游发展与现代社会进步的关系，也必须关注旅游现象对未来社会的影响。

（二） 旅游活动是一种社会关系

现代旅游活动是一种有组织的行为，在以旅游资源和娱乐为主导的旅游产品开发中，得到交通、餐饮、住宿、通信等其他产业的配合，并在旅游地政府政策的支持下，在一定的经济关系基础之上形成、建立一种社会关系。旅游社会关系可从宏观和微观两个方面来分析：

1. 宏观方面

旅游客源国与旅游接待国经济社会的发展状况有着密切的关系。旅游客源国的经济社会发展状况决定着该国居民的经济社会生活水平，具有多大能力支持居民外出旅游；旅游接待国的经济社会发展状况决定着该国能对旅游产业的发展提供多少人力、物力和财力，从而使之具有多大规模、何等档次的旅游接待能力。不仅如此，旅游客源国与旅游接待国之间的政治关系是否友好、社会交往是否频繁、空间距离是否遥远，都与旅游活动有着密切的关系。

2. 微观方面

（1）从旅游活动主体形成条件来看。潜在旅游者拥有闲暇时间的长短、可随意支配的经济收入的多少、精力是否充沛、旅游动机是否具备，关系到其能否转变成为现实旅游者。

（2）从旅游活动客体开发利用关系来看。旅游资源既有开发与利用之间的关系，又有开发、利用与保护之间的关系，还有自然旅游资源与人文旅游资源的关系，以及旅游资源与旅游者、旅游资源与旅游产业之间的关系。

（3）从旅游活动媒介之间的关系来看。旅游产业既有旅行社业、旅游饭店业、交通客运业各自内部和它们相互之间的关系，又有旅游产业与旅游资源、旅游产业与旅游者之间的关系，还有旅游产业与其相关产业的关系。

（4）从旅游交往关系来看。旅游人际关系既包括旅游者相互之间的关系，也包括外来旅游者与旅游地当地居民之间的关系，还包括旅游者与旅游从业者之间、旅游从业者相互之间的关系。旅游社会学研究社会交往与旅游活动，主要研究旅游者与旅游从业者、旅游从业者相互之间的人际关系，以便纯正心理动机，强化人际吸引力，在旅游活动中实现完美的社会交往，建立良好的人际关系。

（三）旅游行为是一种文化行为

旅游行为是一种文化行为，既表现为旅游者的消费需求行为，又表现为旅游业的生产供给行为。

1. 旅游者的消费需求

旅游者到异国他乡旅行游览的主要动机是对异质文化的向往，他们通过行、游、住、吃、购、娱等文化经历，享受旅游的文化乐趣。

2. 旅游业的生产供给

旅游业是以旅游资源为凭借，以旅游设施为条件，通过对旅游服务产品的生产供给，满足旅游需求的。旅游服务产品的生产供给行为，无论是交通客运服务、旅行游览服务、住宿餐饮服务，还是购物服务和娱乐服务，无不表现为文化行为。这些文化行为，既需要社会文化的全方位支持，也需要旅游从业者具有较高的文化素质，以便根据旅游者的人口结构、文化层次、宗教信仰、礼俗禁忌等特点，正确把握和处理旅游者本土文化与异质文化的关系，使旅游者行得安全、游得愉快、住得舒适、吃得可口、购得合意、娱得开心，使旅游业获得较好的经济、社会、环境效益。

3. 旅游活动的文化功能

旅游活动可以开阔旅游者的视野，促进社会变革；增进社会交往，密切人际关系；推动科技发展，加速文明进程；陶冶人的情操，激发创作热情；丰富人的知识，提高文化素质；等等。旅游社会学把社会文化与旅游活动作为最主要的研究课题，既从旅游者消费需求、旅游业生产供给方面研究旅游行为，还从旅游活动的文化功能方面研究旅游行为，以便明确旅游活动的文化性质，提高旅游活动的文化层次。

二、旅游社会学的内涵与学科定位

旅游社会学是从旅游整体出发，运用社会学的理论、观点和方法，研究旅游现象、旅游关系、旅游行为及其变化规律的一门社会学分支学科。

旅游社会学研究的旅游整体，是指旅游活动的整体。旅游活动的整体是由旅游者、旅游资源、旅游产业三大基本旅游要素构成的一个相互联系、相互依存、相互制约的有机整体。旅游社会学既把旅游整体看作是由三大基本旅游要素构成的有机整体，又把每个基本旅游要素看作旅游整体的有机组成部分。

旅游社会学以旅游现象、旅游关系、旅游行为及其变化规律为研究对象。运用社会学的理论、观点和方法进行旅游现象、旅游关系、旅游行为及其变化规律的研究，表明了旅游社会学的学科性质：第一，旅游社会学是社会学的边缘学科，是社会学和旅游学等的交叉学科。第二，旅游社会学是应用性社会学，而不是理论性社会学。第三，旅游社会学是运用理论社会学研究成果来研究旅游活动的社会学的一个分支。

三、旅游社会学的发展阶段

（一） 早期起源阶段 （第二次世界大战结束以前）

第二次世界大战结束以前，社会学者并不重视旅游的社会学研究，但仍然有学者投身该领域。旅游的社会学研究发端于20世纪30年代，德国社会学家冯·维舍（Von Wiese）开始从社会学的角度研究旅游事件的影响；1933年英国学者奥格尔维（Ogilvie）撰写旅游者的流动研究则是该领域第一部专题文献；在此基础上，英国学者诺弗尔（Norval）对旅游业进行了大尺度的调查研究；1935年柏林大学格鲁克斯曼（Glucksmann）教授在《旅游总论》中把旅游活动定义为“在旅居地短时间旅居的人与当地人之间各种关系的总和”，并认为研究旅游现象是研究一个旅游活动的基础、发生的原因、运行的手段及其对社会的影响等问题，范围非常广泛，需要从不同学科去研究而不仅仅是从经济学角度考察，从而将旅游的研究范围拓展到社会科学和社会学的范畴。

（二）过渡时期（第二次世界大战以后至20世纪60年代）

第二次世界大战结束以后，随着“大众旅游”的兴起，许多发达国家的旅游产业迅速形成，由此产生的巨大的经济、社会、文化影响和带来的一系列社会、文化问题，逐渐引起了社会学家的兴趣和关注。以美国历史学家波斯汀（Boorstin）为代表的批评派认为旅游是时代弊端的重要征兆，过去寻求“真实经历”的真正的旅游者已经消失，同时出现了蔑视经历和欣赏假事件的肤浅的现代大众旅游者；以福斯特（Forster）为代表的另一派则试图从经验主义出发，毫无偏见地研究旅游现象，开始了旅游社会学研究领域的最先的经验主义研究；墨西哥学者努涅斯（Nunez）对墨西哥一个乡村的研究也属此领域的开拓性研究，他所倡导的经验主义研究和实际形成的学术争论精神，对20世纪70年代及其后的研究有极其深远的影响。批评派和经验派关于旅游现象本质内涵的争论，一直延续到20世纪70年代。

（三）形成和发展时期（20世纪70~80年代）

在20世纪70~80年代，不少学者把研究的兴趣和注意力集中在理论层面的学科基础研究，伴随着社会学及旅游学与其他学科的交叉结合，社会学出现了一个新的分支学科——旅游社会学，旅游社会学开始奠定其学科地位。20世纪70年代，以色列社会学家科恩（Cohen）对国际旅游现象的类型学研究和美国学者麦坎内尔（MacCannell）对旅游的设施及其反映出来的“真实”与“舞台真实”的首次理论综合，使得旅游研究成为社会学研究中的一个专门领域而非奇怪的边缘性话题。自20世纪70年代中期开始，旅游社会学研究取得了重要进展，出现了丰硕的系列研究成果，其中，科恩、麦坎内尔、特纳（Turner）和阿什（Ash）等在20世纪70年代和80年代发表的著作，因影响深远，被后来者奉为本领域研究的经典。例如，科恩概括了旅游研究进程中的8种重要的概念性理论取向，提出了旅游社会学研究的4个主要领域，即旅游社会学研究的4个方面的主要内容，包括：旅游者，旅游者与当地居民的关系，旅游系统的结构与功能，旅游的后果（旅游影响）。

（四）系统经验研究时期（20世纪90年代至今）

进入20世纪90年代以后，由于旅游在西方“后工业化”社会中的作用日益突出，加入旅游社会学阵营的专业社会学者逐渐增加，旅游社会学的文献数量大幅度地增加。20世纪90年代以来的旅游社会学研究，开始加快了经验验证的步伐，从而进入了一个系统的经验研究时期。

四、旅游社会学的理论体系

在旅游社会学领域，并无统一的视角，而是多流派并存。社会学家从多维角度对旅游现象进行了探讨。

（一）发展演进观（Evolutionary Perspective）

发展演进观是社会科学研究者按照一系列两极化的变量统一体，通过对不同时代的旅游现象及其发展形式的比较和对照分析，从而得出的一种旅游现象发展演进的思想。在旅游社会学的研究中，发展演进观学者具体研究以下几个方面：

（1）“观光的起源”。借助史学研究的方法和观点，从人类认识世界的感觉器官在观光和旅游现象中的作用等角度，分析研究从文艺复兴时代盛行的“宫廷贵族大学游”向现当代“大众旅游”的转换发展。在方法论上，它体现为史学和社会学的交叉和融合，旨在解决旅游社会现象的起源和发展演变等本质问题。

（2）产业的演进。针对旅游由社会现象逐步向产业化、机构化转变，即“旅行家”向“旅游者”以及“旅行”向“旅游”过渡和转变等现象，分析研究旅游行为中“原有纯朴的丧失”、产业化带来的“旅游现象的异化”以及“旅游发展目标和动机的蜕变”等。

（3）消费的行为。把旅游经历与现代消费文化中的其他消费经历加以比较并阐释两者间的相似性。这类研究认为，无论是旅游经历中的“逃避主义”还是“求真、求知、求乐”的行为动机，都是一种可购买的消费经历。这种可购买性随即演变为一种旅游经历的“商品化假设”。作为旅游发展的延伸，“商品化概念”甚至包括了“好客感受”“文化经历”等经历。

（4）发展的平台。从旅游学术研究的发展历程出发，美国学者贾法·贾法里（Jafar Jafari）[①] 提出了关于“对旅游现象理论认识的四个发展平台”的观点，即：20 世纪 60 年代的倡议发展平台，20 世纪 70 年代的谨慎发展平台，20 世纪 80 年代的调整发展平台，20 世纪 90 年代以来的知识经济和可持续发展平台。

（二）新迪尔凯姆学说（Neo. Durkheimian Perspective）

法国社会学家迪尔凯姆（Durkheim）的社会学理论体系中，有 3 个重要的观点，即反常态、神圣以及集中表现。这 3 个观点被运用来解释复杂的旅游社会现象，并在现当代的旅游社会学研究中形成了“新迪尔凯姆学说”。

（1）反常态。反常态是指社会生活目标与实现目标的手段脱节之后，给社会群体和社会个体带来的精神颓废、行为失常、缺乏生活目标，甚至道德败坏等异常状态。在旅游现象中，反常行为与客源地社会的“无意义”和社会异化现

---

① 贾法·贾法里（Jafar Jafari）：博士，教授，获得美国康奈尔大学酒店管理硕士学位，美国明尼苏达大学文化人类学博士学位以及西班牙莱巴利阿里群岛大学名誉博士。现任中国旅游研究院第一届学术委员会委员，美国威斯康星大学斯托特分校旅游与酒店系教员，国际著名学术期刊《旅游研究纪事》主编。曾于 2005 年获得联合国世界旅游组织尤利西斯奖。

象有关。要全面了解旅游者在旅游过程中的反常现象，就必须对旅游者旅游前的个人经历和所处的社会环境进行深入的考察。旅游作为一种暂时性的休闲活动，使人们摆脱日复一日、机械乏味的固定生活模式，“逃离”传统主流社会的义务约束以及责任重负，使旅游者投入到一种全新的文化环境中。这种旅游社会学理论认为，要释义旅游者的动机和行为，应该辨析现代旅游中的“逃避者”和“反叛者”这两种社会角色；在常住地原有的道貌岸然、循规蹈矩、彬彬有礼等理性的伪装，被嫖娼、赌博、犯罪等放荡不羁的行为所取代；在“顾客至上、最大限度地满足顾客需求”的经营理念中，表现出很大的荒诞性和破坏性。

（2）神圣。旅游社会学的研究把人的生活过程分为“神圣”和“世俗”两部分，认为“世俗世界”以单调和乏味为特征，表现为“机械的分工”和“刻板的严守准则”，而“神圣世界”则呈现出一种“充满活力”（animation）的全新景象。“神圣”是对“反常”的约束，是社会秩序的力量来源。“神圣”表现为一系列的“社会仪式”，而旅游是社会个体生活中的一种“仪式”（ritual）。旅游社会学的研究中，把“旅游视为一种仪式”的观点，为系统解释旅游这一复杂的社会现象找到了一条可以摸索的线索。这种观点认为，旅游是现代社会个体追求真实的象征，旅游的“神圣”在于到异文化的世界中追求“彼时彼地”的真实，现代社会被象征化为一系列各具差异的旅游景观符号，“观光”是旅游者走向景观并在其中寻找现代生活连续性的一种仪式过程，并由此提出“旅游仪式过程”的概念。特纳认为，旅游的全过程可以分为离开常住地进入旅游状态、超越情绪阈限融入旅游环境、返回常住地重新投入日常生活 3 个阶段，在这个过程中，随着角色转变过程的强弱，旅游者经历了“心理状态”和“精神状态”的起伏过程。“神圣历程”的观点，把旅游社会学的研究引向对个体人性本质的考察，即对人的社会化过程以及由此产生的求新求异审美需求的考察。

（3）集中表现。“集中表现”有景观系统的集中表现和游人聚集的集中表现两个方面的含义。在对景观吸引系统的解说中，麦坎内尔认为，景观系统的差异和集中表现是“泛旅游时代”社会差异的一种形式，是日益趋同的旅游经历中形成的一种集体的力量，克服了因空间地域差异以及个性差异而造成的隔阂；景区景点在游览的神圣化过程中形成一系列相互关联的“景观符号系统”，进而形成供旅游者“聚集”的中心。关于旅游景观系统“集中表现”的符号学释义，把游客聚集的旅游中心平行于居民生活聚集的商业中心、都市中心、购物中心等空间群聚形式来展开论述。他的景观符号系统涉及寺庙、雕像、历史人物、古建筑、文化遗址以及“泛迪士尼化和博物馆化”的人造景观系统。

（三） 冲突批评理论 （Conflict. Critical Perspective）

冲突批评理论是旅游社会学对现代旅游中两极化发展趋势的批判性审视。这些两极化表现包括以下几个方面的内容：

（1）产业运作与旅游体验的潜在紧张关系。产业运作与旅游体验的潜在紧张关系，即高度常规化或非人格化的旅游产业发展与旅游期望或旅游经历质量的矛盾冲突。布里顿（Britton）认为，旅游者的旅游需求不过是现代旅游业基于现代生活条件的改善而对人的欲望加以操纵、诱惑或控制的产物。现代旅游中的这对矛盾成为社会学批判的焦点。

（2）商业性好客现象。好客的本真性与“商业化了的好客工业”之间存在着矛盾与冲突。在机构化了的旅游产业发展中，主人与客人的社会关系已完全演化为一种经济交换和利益驱动关系，进而形成旅游者追求本真性的旅游好客体验与被商品化、理性化和非人格化的“伪好客”之间的矛盾。商业性好客根源于旅游现代性的“好恶交织”，让旅游者爱恨交加。

（3）区域发展的依赖性。从深层结构更加宏观地审视国家间或区域间的旅游发展状况时，冲突批评理论的焦点表现为旅游发展中的依赖性，即目的地国（地区）对客源国（地区）的依赖。随着全球化趋势的加剧以及旅游发展的日益机构化和国际化，世界旅游发展格局中的这种发展范式问题越来越引起理论界的重视。特纳和阿什提出过“中心对边缘的控制理论”，即以发达国家为中心的国际化旅游输出系统对以发展中国家为边缘的旅游接待系统的控制。在旅游社会学的研究中，这种依赖性的矛盾冲突曾进一步发展为“旅游帝国主义”和“旅游新殖民主义”的观点。

（四）功能学派（Functionalist Perspective）

功能学派从系统运作的角度，把旅游现象视为由众多子系统构成的一个社会大系统，并重点着眼于各个子系统间的相互依赖关系及其对促进旅游大系统运作的作用。功能学派这方面的研究，也表现出多学科交叉的特点。例如，在对需求和动机的研究中，澳大利亚旅游心理学家皮尔斯（Pearce）以主题公园游客游览经历为研究背景，提出了旅游生涯阶梯模型，阐述了游客的身心放松需求、追求刺激需求、社会交往需求、自尊与发展需求、成就需求等。功能学派的另一研究主题是期望与满意的关系研究，包含旅游者个体的主观意向以及旅游各子系统间的功能和运作等两方面的内容，如试图从旅游者对旅游的期望值与旅游目的地的现实之间寻求两者之间的统计差异，分析解释旅游者的个体主观意向，揭示旅游系统的运作规律，进而对旅游系统结构及驱动系统的因素做出理论解释。

（五）韦伯主义学说（Weberian Perspective）

韦伯主义的旅游社会学思想认为，对旅游意义和旅游动机的全面理解来源于对旅游现象内核的认识，这种认识是解释目的地选择行为和旅游社会文化影响的关键。丹恩（Dann）对旅游动机研究在方法论上的困惑作了两点解释：其一，社会研究方法中的各种调研手段均未能准确收集关于旅游动机方面的真实数据；其二，旅游者本人也无法确切回答“自己为什么外出旅游”这一关乎旅游目的和动机的问题。在应用于旅游现象的研究中，生活、工作与休闲的伦理，对旅游现象中的诸多对立关系提供了有力的理论解释。

另有一些研究者应用韦伯的“工作伦理”，希望寻找到旅游调查研究的新方法或新途径，以便更好地分析旅游者。他们认为用韦伯工作伦理进行分析，不仅能够区别在旅游中工作的人和在旅游中寻找乐趣的人，而且能够区别“现代”人与“后现代”人对旅游的不同态度。

（六）形式主义、现象学和民族方法学派（Formalism，Phenomenology and Ethnomethodology）

在旅游社会学研究中，形式主义、现象学和民族方法学派都强调个体在社会中追求生活的内在意义。例如，科恩提出的“熟悉与陌生”的概念，是旅游社会学研究中一种重要的二元极化同一体思想。形式主义、现象学和民族方法学派在理论和方法上给旅游社会学的研究开辟了新的思路和视角。德国社会学家齐美尔（Simmel）提出，对社会个体和社会群体行为的“人口数量决定因素”研究已被应用到对个体旅游和群体旅游差异的分析中。另外，齐美尔对“玩耍作为一种社会形式”的研究及其关于都市生活、异化、职业和旅游的关系研究等，都已经不同程度地被引入到对旅游社会现象的解释中。在现象学理论方面，科恩开展了“旅游经历现象学”的分析和研究，得出了5种不同的旅游经历类型。相比之下，民族方法学派在旅游社会学的研究中更为侧重微观的层面，讨论个体和群体旅游原型等问题。

现象学对旅游研究的贡献主要表现在4个领域：第一，舒茨关于“为了”（in order to）和“因为”（because of）关系的详细论述，在很大程度上解释了旅游者的动机问题。“为了”是揭露旅游的真正动机；而“因为”是旅游的客观原因，是促成旅游的外部因素。第二，舒茨关于“计划行动”的分析，与旅游者的行为也有很大的相似之处。人们在旅游学研究中认为，旅游活动至少经历了意识的唤醒、资料搜集、咨询、决策、行动等几个阶段，从这个角度看，旅游活动是一种很有计划的行动，可见旅游行动在本质上与现象学的“计划行为”有深层联系。第三，现象学关于“我—你”关系的理解，不仅有益于对旅游活动中“主客关系”变化的评价，还可以把这种“主客关系”纳入现象意识流的框架中。在旅游活动中，主人与客人的关系，就是“我”与“你”的关系问题。在旅游主客关系研究中，才会出现“我们”怎么看待“他们”和“他们”如何看待“我们”的问题。第四，舒茨关于“陌生人”的研究。为旅游者类型的研究提供了极有价值的借鉴与应用空间，对旅游地居民而言，旅游者是“陌生人”，而从旅游者角度看，旅游地环境是陌生的，旅游地居民也就成了“陌生人”。

（七） 符号互动主义 （Symbolic Interactionism）

符号互动主义通过对“I”和“me”之间孪生关系的审视，来解释社会个体的个性演变和发展。“me”是指其他社会成员对个体内在化的期望、态度和行为等的接受和认同，“I”则是指社会个体自身的一种自律准则，通过这一准则，社会个体接受其他社会成员对自己的期望、态度和行为等的认同。符号互动主义认为，为了了解其他社会成员对自己的认同状况，个体在社会化过程中必须经历一系列“角色调整”阶段。符号互动主义的这种认识，在对旅游过程中主客交往关系的解释方面，得到了非常广泛的应用。

旅游地居民如何看待和认同旅游者，旅游者又如何看待和认同旅游地居民，这是旅游中认识主客交往关系的重要理论问题。在这方面，旅游社会学研究者以美国印第安保留地居民和游客的关系为例作了深入分析，取得了重要的理论成果。符号互动主义在对旅游经历质量不确定性的研究中，深入解析了旅游参与者角色转变的现象，如返璞归真的儿童稚气角色、愿望实现的成就者角色、脱离现实的逃避者角色等。旅游社会学研究旨在探讨旅游景观符号和旅游语言符号的“能指”功能以及旅游主体对“所指意义”解码之间的关系。

第二节 旅游社会学的研究对象

一、旅游社会学研究的对象

旅游社会学的研究对象主要包括 4 个领域：一是旅游者，即他（她）的动机、态度、反应和角色；二是旅客和旅游地原居民的关系；三是旅游系统的结构和运行；四是旅游的社会经济后果和社会文化影响。从现实的情况来看，旅游社会学的研究重点主要放在第一和第四领域。其中，对旅游地社会影响的研究主要集中于以下几方面：

（1）生活方式。由于旅游者的进入，旅游地经济迅速发展，改变了居民的生活质量。同时，由于外来旅游者的示范作用，旅游地生活方式也发生了变化，从而使旅游地民俗文化在一定程度上受到同化。发展旅游经济虽然使旅游地社会得到发展，但也破坏了当地富有地方特色、有价值的民俗风情旅游资源。

（2）就业结构。旅游是劳动密集型产业，旅游发展带动其他产业发展，创造了很多就业机会，从而改变了社会的就业结构。例如，发展现代农业休闲旅游，使得部分农民成为农家乐的经营者，改变了传统的产业结构；饭店行业的大发展，吸纳了大批的基层劳动者进入餐饮服务行业，改变了服务业在国民经济中的地位。

（3）社会结构。妇女参与旅游服务接待工作，其家庭地位和作用发生改变，使得家庭内聚力产生变化，从而影响到家庭结构乃至社会结构的变化。

（4）新“殖民主义”。一方面，旅游发展带来的巨大的经济和社会效益，使得旅游地把发展优先权让给旅游业，把国土、资源等让给旅游投资者；另一方面，因旅游者生活方式的影响，旅游地部分居民的生活开始腐化，吃喝玩乐成风，形成了对旅游经济过度依赖等奇特的“新殖民主义”现象。

（5）价值标准与道德。受旅游者及其所带来的思想、文化的冲击，以及旅游发展带来的经济利益驱使，旅游地的价值标准和道德产生了变化，出现了诸如卖淫、赌博、旅游犯罪等社会问题。旅游与恐怖主义、旅游与犯罪、旅游与战争等问题，在西方近期的旅游社会影响研究中受到理论界的高度重视。

二、旅游社会学研究的内容

20 世纪 90 年代以来，旅游社会学的视角指向了旅游社会现象的各个角落。根据对《旅游研究纪事》（*Annals of Tourism Research*）、《旅游学报》（*Journal of Tourism Studies*）、《旅游研究学报》（*Journal of Travel Research*）、《旅游管理》（*Tourism Management*）及《可持续旅游学报》（*Journal of Sustainable Tourism*）等国际知名旅游社会现象研究杂志的不完全统计，目前，旅游研究的热点问题可以概括为犯罪与恐怖主义、战争与政治动乱，旅游社会影响、性与性别、态度及真实性 3 个方面。

（一）犯罪与恐怖主义、战争与政治动乱

犯罪与恐怖主义、战争与政治动乱是社会进入“后现代化”时期各种社会问题的综合反映。该研究涉及范围极广，进而促发了旅游安全领域的相关研究。针对这一研究领域，世界旅行与旅游研究协会会刊《旅行研究杂志》曾于 1999 年组织出版过关于战争、恐怖主义和旅游的专辑，该专刊共收录了 11 篇文章，对旅游与犯罪、恐怖主义、战争政治动乱等问题进行了综合探讨。

（二）旅游社会影响、性与性别、态度

20 世纪 80 年代以来旅游社会影响的研究，摆脱了 20 世纪 60 年代仅注意到旅游的积极效应，70 年代重视负面影响研究的局面，开始进入一个比较平衡的系统研究时期。在研究内容上，除了旅游对旅游地社会影响的传统影响研究范围外，更加关注“主客”之间的互动关系，重视居民对旅游的态度，社区参与旅

游发展受到极大的关注。20 世纪 90 年代以来旅游现象中“主客”关系的研究，主要是从社会学角度出发的，侧重于旅游者的动机与行为以及当地居民的相关反应及其对旅游业的影响，更主要的是把“主客”的互动关系摆在了重要的位置。虽然“主人”——接待地居民对“客人”——旅游者态度的研究仍然占相当的比重，但对“主人”的参与意识、“客人”对“主人”的态度以及两者的相互关系的审视有所重视，从而形成了一个较为完整的“主客”关系研究子系统。

20 世纪 90 年代以来对旅游社会影响的研究，把研究的触角伸向旅游社会影响的各个角落，不仅涉及上述“主客”关系、“主客”互动所带来的社会影响，更重要的是将旅游发展所带来的社会生态、环境生态影响提上了研究日程，并涌现出大批的研究文献。从《旅游研究纪事》1998 年第 25 卷增刊的主题索引中就可以发现，1991 ~ 1998 年，《旅游研究纪事》发表的“影响”类论文就有 41 篇，内容涉及旅游影响的各个方面，其中“社会影响”类论文 13 篇，覆盖了旅游社会影响的诸多层面，如关于居民对旅游发展态度等。

20 世纪 90 年代以来西方对旅游社会影响的研究，大多能够兼顾到旅游社会影响的两个极端，更加客观地综合评价旅游的社会影响。例如，金（King）以斐济为例，从旅游地居民角度揭示了旅游在给旅游地带来经济收益、就业机会的同时，也给旅游地带来一系列负面影响，使旅游地付出“社会成本”。麦克切尔（McKercher）[①] 在谈及旅游的社会与环境影响时指出，治理旅游社会与环境负面影响的付出，与其认为是一种成本负担不如看作是一种投资，这是一种基于旅游地全面综合发展而辩证地看待旅游负面影响与正面影响的观点。伯恩斯（Burns）和霍尔登（Holden）更直截了当地指出，旅游存在两个极端，一方面带来社会经济利益，另一方面又加剧了社会差异，产生巨大的社会问题。

（三）真实性

与旅游活动相关的犯罪、性、动乱、真实性、社会发展等严肃重大的问题引起旅游社会学研究学者的兴趣，旅游活动中表现出的一些特有现象如旅游纪念品所折射出的符号学意义和社会学意义也引起广泛的关注。“真实性”问题成为旅游社会学研究的主要内容之一。大体而言，关于“真实性”的探索和讨论随旅游学研究的发展而发展，但 20 世纪 90 年代以来“真实性”的研究分量更多，也

---

① 鲍勃·麦克彻尔（Bob. McKercher）：博士，香港理工大学酒店与旅游管理系副教授。自 1990 年以来，他一直从事旅游学术研究，在澳大利亚和中国香港两地工作。在此之前，他曾在加拿大的旅游业界供职。他的职业经历包括作为加拿大最大的区域自然旅游协会的执行主任而从事政策与咨询工作，以及在自然旅游行业从事经营活动。麦克彻尔博士已经发表了 100 多篇学术论文和研究报告，题目范围广泛，包括自然旅游、区域旅游开发、旅游营销、旅游教育等。他从澳大利亚墨尔本大学获得博士学位，从加拿大渥太华的卡尔顿大学获得硕士学位，从加拿大多伦多的约克大学获得本科学位。

更全面。例如，利特瑞尔（Littrell）就旅游对手工艺品演化影响的研究，马克威克（Markwick）对马耳他邮资明信片所做的微观研究，金和利特瑞尔对旅游纪念品购买意图的研究，其他对诸如旅游中的摄像、拍照、录音等记录手段的社会学意义的零星探讨，如科恩就旅游摄影中所体现的主客互动关系的研究，都颇具典型意义。

三、旅游社会学的理论基点

旅游社会学家发展了一系列特定的社会学概念，来解释旅游者的动机、旅游体验、主人和客人的互动关系、旅游发生的社会、经济和文化条件、旅游的社会性质、社会功能和社会、文化后果等。旅游社会学的理论基点，集中于旅游的社会性质，旅游的社会、文化功能，旅游的经济、社会和文化影响3个方面。

（1）旅游的社会性质。旅游社会学家认为，可以把旅游看作“解脱”“游戏”、寻找“本真”、寻求“变化”和“新奇”、寻求“意义”、寻求“自我攀升”、体验“异乎寻常”“准朝圣”“神圣历程”、充当“异乡客”和“休闲迁移”等。

（2）旅游的社会、文化功能。旅游社会学家认为，可以把旅游看作“社会治疗”“角色转换”或“社会补偿”“象征性消费”“社会交流”和“文化保存”等。

（3）旅游的经济、社会和文化影响。部分学者把发达工业强国周边的不发达的旅游目的地国家看作是充当了前者的“快乐边缘”，并依附和受制于前者；发达国家的出游者则是新“游牧部落”，他们对不发达目的地国家的文化“入侵”导致了后者社会和文化认同的丧失。来自富国的旅游者的消费示范效应，导致穷目的地居民在生活方式上对前者的不切实际的认同和模仿，伴随旅游业的发展而来的文化商品化则造成传统文化功能和意义的丧失。也有学者把“后殖民主义”时代的国际旅游称作“南北对话”的新形式之一。还有学者把旅游需求看作是资本主义“消费者文化”和旅游生产系统操纵的结果，因此旅游是“伪事件”，旅游者不过是沉迷于由旅游工业所炮制出来的伪造景象中。但近来更多的学者则强调，不能把旅游的社会文化后果只看成是负面的，也不能把目的地居民看成是这种后果的单纯被动的接受者，旅游的社会文化后果是双重的，利弊并存，因此要从政策上去引导，兴利除弊。

四、旅游社会学的研究方法

（一）学科方法论

旅游社会学的跨学科、多学科、交叉学科的性质，决定了旅游社会学的综合性研究方法，即以社会学为主的包括诸多人文社会科学等相关分支学科的综合性研究方法。这些相关学科包括文化人类学、社会心理学、语言学、文化学、人文地理学、民族学、民俗学、宗教学、结构主义与符号学、现象学、美学、文学艺术学等。

（二）理论研究的技术手段

旅游社会学的研究，既广泛地采用定性的探讨，又普遍使用定量的分析手段。演绎和归纳、比较与对照、因果关系分析、决定论与概念化等定性的理论分析和逻辑推理，是开展旅游社会学研究的常用手段。在旅游社会学的实地经验研究中，社会调查、社会分析方法、比较分析方法、抽样逻辑、实验与观察、社会统计甚至较为复杂的数据处理或数理分析，也同样被普遍采用，并且非常实用。

（三）旅游现象的审视角度

旅游社会学研究所处的视角以及所采取的角度和切入点，非常重要。准确的视角与切入点可以确保旅游社会学对现象审视的连续性、一致性和全面性，也是衡量旅游社会学研究结果的可比性和可归纳性的基础。旅游社会学对旅游现象的研究，一般可采取以下4种角度与方法。

（1）过程性研究视角。过程性研究视角即历时的研究视角。旅游现象从产生到结束是一个复杂的过程，它包含着许多相关且又不同的阶段。旅游社会学不宜过多地运用共时分析方法，来探讨旅游社会现象在同一个时间断面所呈现出来的状态和特点，方法的选择诚然取决于研究问题的确定，但即使是共时性研究，也应该把对状态的断面考察放置于发展过程的历史背景中。

（2）情景性研究视角。情景性研究视角是指对旅游现象产生和发展的关联因素作综合性和场合性的考察，而不是孤立地审视旅游现象本身。旅游现象的发生涉及地理、生态、经济、社会、文化、政治以及宗教信仰等情形与场合，旅游现象的发展过程交织于上述诸因素的发展过程之中，旅游只有与上述因素结合，才能共同发生作用和影响，因此，审视旅游接待地社会文化的发展变化，不可孤立地把旅游视为促进社会文化变迁的一种力量。

（3）比较性研究视角。比较性研究视角是指对旅游问题的研究作跨文化和跨区域的横向比较，以提高研究成果的可比性和理论发现的可归纳性。这种比较性研究视角，一方面可以是对共质性研究问题作确实的跨文化或跨区域的比较研究；另一方面可以通过对研究问题的界定、研究方法的选择、经验研究野地的选择、变量因素的确定以及研究背景综合特点的描述，来提高研究成果与前人研究文献之间的可比性。

（4）主位研究与客位研究视角。主位研究与客位研究视角是指站在研究者的角度还是站在被研究对象的角度来开展旅游社会学研究的问题。现有的旅游社会学研究，大多数是站在研究者自身或旁观者的角度而开展的。对旅游现象单纯开展客位研究是不够的。从旅游现象和旅游活动的参与者、被研究对象以及当局者的角度，开展旅游者类型、居民对旅游认识以及旅游发展形态范式等研究，可以对旅游现象得出更加客观全面的认识。

（四） 系统经验研究方法

旅游社会学的系统经验研究主要表现在研究的方法上。除对旅游现象进行系统解释外，还借鉴经验主义研究，使用一系列经验模型或技术，进行实地案例研究，进而来检验、评价已有的旅游社会学理论或者社会学研究成果。旅游社会学研究的系统经验方法，主要表现在描述方法、统计和经验模型、个案研究 3 个方面。

1. 描述方法

描述方法的广泛应用及其对历史事实的系统解释，可以归为经验分析。旅游社会学研究中，描述方法广泛应用于理论框架或体系的系统描述、对过去理论的历时性分析或验证、对理论模型及其基础因果关系的论证等几个领域。

2. 统计和经验模型

统计和经验模型是借鉴社会学的常规研究方法，在旅游社会学研究中使用极为广泛。20 世纪 90 年代以来，统计和经验模型的研究方法似乎成为旅游社会学研究的主流方法。通过实地调查，进行统计推断或统计分析，建立经验模型或理论模型，成为大多数学者遵循的一条传统研究路线。旅游社会学研究中的统计和经验模型方法，大体可以分成 4 类：简单的统计估计、多元统计分析、计量模型、时间序列方法/模型。

（1）简单的统计估计。简单的统计估计是统计学中较为简单的估计程序和检验，例如随机分布、T 检验、F 检验等。该方法应用较广，在多数文献中都能得到体现。

（2）多元统计分析。多元统计分析运用复杂的统计分析方法，如回归分析、相关分析、概率分析和逻辑分析等。这种方法综合性更强，往往运用于社会现象相关关系分析（如旅游地居民态度与旅游发展关系分析等）或者趋势预测等领域。例如，新西兰学者威廉姆斯（Williams）运用聚类分析等方法研究新西兰 10 个城镇居民对旅游给社区带来影响的看法，结果发现，对当地居民而言，社区问题比居民的社会人口学特征对居民态度具有更大的影响力，因此，关于旅游地居民对旅游发展的态度问题，应更多地关注当地居民的价值观而不是社会人口学因素。

（3）计量模型和时间序列方法/模型。在旅游社会学研究中的应用计量模型和时间序列方法/模型，主要在于建立理论模型，以作为理论框架、体系之基础，成为某一类研究的依据等。例如，兰科弗德（Lankford）通过对文献的分析，筛选了系列影响居民对旅游态度的变量，并以哥伦比亚河乔治地区为个案，应用多元回归模型加以检验，建构了旅游影响态度尺度，为研究居民对旅游态度的影响提供了极有力的工具。

3. 个案研究

个案研究方法是社会学研究中常用的基本方法之一。在旅游社会学研究的起始阶段，个案研究的方法就被广泛采用，取得了较多成果。除个别简单的理论描述外，多数文献以某一地区或旅游地为个案进行研究，进而得出普适性的一般结论。这一特点在《旅游研究纪事》《旅游管理》两份刊物上都表露无遗。这种现象反映出西方旅游社会学乃至旅游学研究的一个特点或倾向，即对旅游现象具体层面的个案考察。

进入20世纪90年代以来，几乎很少有使用单一研究方法进行旅游社会学研究的著作。上述的研究方法经常交替或混合使用。尤其是在个案研究中，经常同时运用描述、统计、计量、模型等方法。在研究方法上，以经验方法为主，进行跨学科、多学科合作，综合运用多种方法进行系统研究。提出假设或命题、选取典型个案、综合运用统计分析等手段加以分析、验证、得出结论，成为旅游社会学研究的一种主流方法。

案例分析

世界遗产的伤痛

2002年是世界遗产年。从这一年开始，世界遗产委员会对世界文化和自然遗产的监测工作进入量化阶段，这对中国的世界文化和自然遗产是一次大考验。世界遗产委员会的国际专家通过实地监测等方式对遗产地保护状况提出肯定、鼓励或提醒、警告等意见，被警告后遗产地如若不采取有效措施，将被处以“黄牌警告”——列入《濒危世界遗产目录》。如果情况继续恶化，将对遗产地处以“红牌”——从世界遗产名录中删除。

以下是除黄山之外引起媒体广泛关注和争议的4起遗产破坏事件。

一、张家界被自然文化遗产组织警告

武陵源风景区由我国第一个国家森林公园张家界和天子山、索溪峪两个自然保护区组成，1992年12月被联合国教科文组织正式批准列入世界遗产名录。由于景点附近不断新建饭店和商业网点，致使景区“城市化”“人工化”“商业化”现象越来越突出，环境污染日益严重。1998年9月，联合国教科文组织官员在武陵源进行遗产监测时，对这种现象提出了尖锐批评，认为“在峡谷入口区和天子山这样的山顶上，其城市化对自然界正在产生深度尚不清楚的影响”；“将道路和旅馆糟糕地定位于河边，给河床狭窄的地方造成危险隐患”；“武陵源现在是一个旅游设施泛滥的世界遗产景区，大部分景区现在像是一个城市郊区的植物园或公园。”

1999 年 5 月，国务院对武陵源保护情况进行调查后指出：武陵源资源非常珍贵，不可再生，要采取比一般景区更为严格的保护措施。张家界市委、市政府把拆迁景区内煞风景建筑物作为 2001 年全市 15 件大事之一，拆除了绝大部分旅游设施和居民经营用房，每个景区只保留 1 处管理用房、1 ~2 个快餐厅或茶房。但不久张家界风景区又斥亿元巨资，兴建号称“世界最高的全暴露户外电梯”，此举动再度引起广泛争议，批评者认为，观光电梯的建设使本已恶化的武陵源自然景观雪上加霜。

资料来源：中国青年报，2008 - 07 - 29

二、曲阜“三孔”文物被水冲

山东曲阜“三孔”（孔府、孔庙、孔林）1994 年被列为世界文化遗产。随着文物管理体制的变动，“三孔”等文物景点划归旅游公司经营管理。2000 年 11 月 22 日下午，孔子国际旅游股份有限公司职员庞某私自驾驶货车到孔庙拉引火柴时，将一座元代“御赐尚飨奠之记”碑撞成六大块和若干粉碎小块，以致无法复原。该碑是孔庙内重要的元代记事碑，属国家珍贵文物。紧接着同年 12 月间，该公司在三孔内进行大规模的卫生扫除，致使许多古建筑出现油漆彩绘脱漆现象。其中孔庙最为严重，因为清洗或擦拭，一些古建筑大面积彩绘已模糊不清。孔府内重光门“恩赐重光”匾的金箔全部脱落，前后堂楼走廊天花已部分露出原木底。大面积建筑木架木质内渗水，造成漆层拱起，将会进一步脱落。被水冲洗的石碑，一旦碑刻的石隔内渗水，结冰后石碑将会裂缝断开。一位专家愤慨地说：“孔子是中国人的精神之源，也是世界人民心目中中国的一个符号。我们这样不负责任简直就是自毁文明。”

资料来源：人民网（http：//www. people. com. cn/digest/200102/09/xw020911. html）

三、泰山索道撼不动

泰山是世界遗产。早在 1980 年，泰山有关部门在中天门——岱顶之间建设索道，先确定了方案、预订了索道设备，再象征性地“征求”建筑学会专家们的意见，结果绝大多数专家愤而退出会场以示抗议。因修索道站，泰山月观峰被炸坏，索道沿线砍了很多松树，对泰山造成了不可估量的损失。1999 年泰山开始实施索道扩建工程，引起全国喧沸。从 2000 年年初开始，新闻界就呼吁停建泰山索道，并对地方利益集团独揽大权表示愤慨。2000 年 8 月，北京大学、清华大学、建设部、国家文物局等部门的 14 位院士、教授再次呼吁拆除中天门——岱顶索道。然而，泰山索道扩建工程仍逆流而上，在同年国庆节前完工。记者采访建设部有关部门，但有关领导说不便作出评价，同时希望新闻媒体也能给泰山索道问题以“冷处理”。真可谓“撼泰山易，撼泰山索道难”！

资料来源：旅游研究网（http：//www. cotsa. com/News/T - 23492）

四、周口店：失落的圣地

北京周口店是世界考古工作者的“朝圣之地”。专家原来设想，周口店应建成大型遗址公园。公园里草木丰茂，“史前动物”自由奔跑，广阔的“原始森林”时隐时现，一些模拟的“史前人类”身着兽皮，烤火取暖。然而，周口店正逐渐失去昔日令人神往的风采：洞穴濒临坍塌、大量堆积物常年风吹日晒、杂乱生长的植物拼命破坏岩石的原生态。一些出土的材料被打包后几乎没有启封整理过，有的甚至已经风化。大批的古化石长期存放在地下室，不仅无法进行整理，而且保管状况不佳，古化石的损坏日趋加重。建于1953年的周口店遗址博物馆日显陈旧，展览中的粗陋和不规范随处可见，缺乏丰富的讲解和说明令普通观众感到乏味。没有创意和情趣的展览，导致游人数量逐年下降！

改革开放以来，由于社会经济的发展，科学技术的进步，政治制度的宽松，以及国际环境的变化，刺激了国民旅游消费需求的增长，并引起社会结构的改变。就中国旅游产业的发展来看，旅游所产生的“人流”在给中国带来巨大的“物流”“财流”“技术流”“交通流”“情报流”的同时也带来了许多不良影响。种种迹象表明，单纯追求“经济效益”的旅游产业并不具有可持续性。

资料来源：新浪网（http：//travel. sohu. com/73/66/travel_ article15516673. shtml）

【练习思考】

1. 什么是旅游社会学？
2. 概述旅游社会学的研究对象。
3. 概述旅游社会学研究的内容。
4. 概述旅游社会学的主要理论流派。
5. 什么是社会学视野下的旅游？
6. 概述旅游社会关系的基本表现。
7. 为什么说旅游是一种文化行为？
8. 举例分析旅游行为的文化特性。
9. 旅游作为一种“社会仪式”，为什么具有“神圣”的属性？
10. 举例分析旅游活动对旅游地生活方式的影响。
11. 概述旅游社会学的研究视角。
12. 结合案例，分析旅游社会学产生的原因及其对旅游业的影响。

第二章

旅游活动与现代社会

【学习难点】

1. 理解旅游与现代性之间的关系。
2. 理解旅游与现代性联系的动因。
3. 掌握旅游交往的性质、主体、层次。
4. 掌握旅游交往的基本模型。
5. 掌握旅游权利的内涵和旅游权利的价值。
6. 掌握游客管理的基本内容。
7. 认识旅游交往的经济和社会影响。

【基本概念】

旅游权利　游客管理　现代性　旅游交往　旅游交往模型　文化冲突

现代旅游活动是一种系统的、有组织的行为，是旅游地和全球发生关联的一种消费形式，也是建立在吃、住、行、游、购、娱等相关产业经济活动基础之上的一种社会关系。在旅游活动中，不同类型的旅游者，有不同的旅游动机和旅游目的，具有不同的旅游消费行为，在同当地居民、旅游从业者交往中，形成不同的旅游角色，产生不同的文化影响。现代旅游活动伴随着现代社会而产生，并具有天然的现代性。

第一节　旅游与现代性

旅游是现代社会现象，是随现代性条件而出现的不容忽视的、客观的“社会事实”。现代性及其生存条件的“好恶交织”，正是现代旅游发生的社会条件之一。对旅游现象的社会学研究，不仅有助于从更广的角度来加深对旅游现象的理解，而且有助于揭示现代性及其生存条件的“司空见惯”却又不甚明了的结构性矛盾，揭示二者之间的互动关系。

一、现代性背景的旅游活动

旅游与现代性的关系是旅游社会学研究的核心问题之一，把旅游现象放在现代性背景来分析正是社会学所独有的视角，它为加深和拓宽对旅游现象的研究提供了一种崭新的思路。

旅游社会学家从不同的角度看待旅游现象，并试着阐释旅游现象的本真。

(1)“伪事件”说。波斯汀把作为“伪事件”的大众旅游看作是现代性缺乏深度的体现。换言之，现代性所固有的普遍商品化原则的所向披靡，导致了文化生活的肤浅化和浮夸化以及文化产品的标准化和虚假化。表现在旅游中，就是过去那种英雄般的、独具特色的旅行与探险让位于现代毫无个性的大众旅游。因此，现代社会旅游现象可称为“伪事件”。

(2)“准朝圣”说。麦坎内尔把旅游看作类似于宗教的、赋予人生意义的神圣的活动。在他看来，社会现代化导致了宗教的衰落和世俗化，而旅游取代宗教成为人们寻求“本真”和“意义”的新渠道，因此，现代社会旅游现象可作为一种“准朝圣”。同时，他把旅游看作现代人理解现代性分化和整体的方式，是现代人探寻自我存在理由的最好模式之一。麦坎内尔是第一个明确地从现代性社会学来解释旅游现象的学者，这一角度为旅游社会学的研究拓宽了视野。

(3)寻找平衡说。学者丹恩从现代性的背景来说明旅游动机：一方面，人们从事旅游是源于现代工业社会的“失范”，即现代人在长期机械生活中产生的无规范、无意义、逃逸规范化的活动，是人们在“失范”状态下寻找对规范化生活的一种无角色、无拘束补偿。另一方面，还可以在现代社会旅游活动中体验来自他人的伺候、羡慕和尊敬，从而增强自我认同、文化认同并“提升”自己的地位。

(4)其他观点。对现代旅游现象的解释，除了“伪事件”“准朝圣”、寻找平衡说以外，还有其他一些观点，比较有代表性的有：英国社会学学者厄里(Urry)把“旅游凝视”看作是同现代性相联系的、社会地组织和系统化了的观察世界的方式，是现代社会与文化实践“培训”和建构的产物；罗杰克(Rojek)则把旅游看作是人们在现代性条件下的“解脱方式”；而波罗兹(Borocz)更进一步把旅游看成是“旅行资本主义”的产物。

二、旅游与现代性的内在联系

（一） 从旅游需要角度看

潜在的欲望能否转变为现实的需求，取决于一定的社会条件，而任何社会都有其特定的文化规范、价值和机制，以调节、影响和支配人们的欲望、需要和行为。弗洛伊德认为一部文明史就是人的本能冲动的约束、镇定、疏导和调节的历史，一些生理欲望和冲动会被社会的、文化的抑制，而另一些则被鼓励或疏导。不同的时代、社会和阶层有不同的规范和标准，旅游作为一种较高层次的需要，是随着一定的社会条件而发生，并随社会条件的变化而发展的社会现象。旅游能否作为一种普遍现实的需求，是否被接受为一种生活方式，是由社会、历史和文化的具体条件决定的。从这一视角看，正是现代性提供了大众旅游得以发生的社会条件。由于社会的进步或结构性变化，如由生产力的提高而带来的生活标准的提高，家庭可任意支配收入的增加，交通技术的进步，酒店等旅游相应产业的产业化及其带薪度假制度的形成等，使旅游作为一种普遍现实的需求和一种生活方式具备了必要的社会条件。而随着社会的进步，更多的人享受高等教育，具备较高文化享受水平，如享乐主义的文化、休闲公民权、崇尚自然、简朴和本真的浪漫主义的价值、怀旧和寻根情结、媒体文化的影响等，使旅游作为一种普遍现实的需求和一种生活方式具备了必要的文化消费条件。大众旅游得以成为现代社会独有的社会现象，正是旅游同现代性内在的联系的必然的结果。

（二） 从社会学角度看

如果把旅游看作是迪尔凯姆所说的“社会事实”，那么它只能在现代性中才存在。在传统社会中，旅游还只是零星的、偶发的事件，主要是贵族的特权，还不为大众所普遍接受为一种生活方式，旅游所必需的社会经济和文化条件也不具备。因此，现代的旅游还不能构成“社会事实”。与之相反，在现代社会，具有国民出游率同现代化程度成正比的普遍性、国民出游率不以人的意志为转移的客观性和国民旅游需求不可逆转的强制性，旅游在现代性中构成了“社会事实”。现代性条件下，不但使大众旅游的发生成为可能，而且逐渐使旅游成为大众的必需，成为被普遍接受和实践的一种生活方式。旅游在现代性中日益“平民化”了，旅游产品也成为大众化了的消费品。

（1）旅游是现代人的“逃离”。旅游作为一种暂时性的休闲活动，使人们摆脱日复一日、机械乏味的固定生活模式，“逃离”传统主流社会的义务约束以及责任重负，使旅游者投入到一种全新的文化环境中。要释义旅游者的动机和行为，应该辨析现代旅游中的“逃避者”和“反叛者”这两种社会角色。不少旅游者在常住地的原有的道貌岸然、循规蹈矩、彬彬有礼等理性的伪装，被旅游地的嫖娼、赌博、犯罪等放荡不羁的行为所取代。在“顾客至上、最大限度地满足顾客需求”的经营理念中，表现出很大的荒诞性和破坏性。在社会生活目标与实现目标的手段脱节之后，给社会群体和社会个体带来的精神颓废、行为失常、缺乏生活目标，甚至道德败坏等异常状态，社会学上称为“反常态”。在旅游现象中，这种反常行为与客源地社会的“无意义”和社会异化现象有关。要全面了解旅游者在旅游过程中的反常现象，就必须对旅游者旅游前的个人经历和所处的社会环境进行深入的考察。

（2）旅游是一种仪式。旅游社会学把旅游视为一种仪式的观点，为系统解释旅游这一复杂的社会现象找到了一条可以摸索的线索。在旅游社会学学者看来，“旅游”是“现代社会个体追求真实的象征”。旅游的“神圣”在于到异文化的世界中追求“彼时彼地”的真实，现代社会被象征化为“一系列各具差异的旅游景观符号”。“观光”是旅游者“走向景观并在其中寻找现代生活连续性”的一种仪式过程。从空间的角度来看，旅游是一种“仪式过程”。旅游的全过程可以分为离开常住地进入旅游状态、超越情绪阈限融入旅游环境、返回常住地重新投入日常生活3个阶段。在这个过程中，随着角色转变过程的强弱，旅游者经历了“心理状态”和“精神状态”的起伏过程。旅游社会学把人的生活过程分为“神圣”和“世俗”两部分，认为“世俗世界”以单调和乏味为特征，表现为“机械的分工”和“刻板的严守准则”，而“神圣世界”则呈现出一种“充满活力”的全新景象。“神圣”是对“反常”的约束，是社会秩序的力量来源。“神圣”表现为一系列的“社会仪式”，而旅游是社会个体生活中的一种“仪式”。“神圣历程”的观点，把旅游社会学的研究引向对个体人性本质的考察，即对人的社会化过程以及由此产生的求新求异审美需求的考察。

（三）从传统旅行与现代旅游的区别看

（1）在旅游的态度和价值方面。在传统社会，旅游还不是被社会和文化所普遍认同的生活方式。在现代社会，尤其是进入21世纪的当代，旅游成为许多人的习惯，成为被广泛接受的生活方式。更为重要的是，旅游在发达国家已构成公民的一种“社会权利”，并构成社会福利的重要指标之一，公民的“带薪度假”权利已写进所有西方发达国家的法律。因此，在发达国家，除了身体等方面的原因外，没有度假或旅游机会被认为是一种“社会剥夺”。旅游活动自由已如同结社自由和言论自由一样，成为一种不可剥夺的公民权。

（2）在旅游的生产、组织和供给方面。在传统社会，虽然也存在客栈等招待业，但没有形成系统的旅游产业。在现代社会，存在一个规模庞大的“旅游生产系统”和“旅行社会组织”，同时，旅游活动作为商品化的扩充，旅游也被商品化了。旅游的商品化生产正是旅游的现代供给方式和组织方式，现代旅游包含着旅游生产者和旅游消费者的社会关系。

(3) 在旅游的制度化方面。在传统社会，旅游活动尚未制度化，还只是偶发事件，唯一的例外是朝圣。虽然朝圣同旅游有类似的地方，但它还不是严格意义上的旅游，因为旅游是自目的性的活动，而朝圣则是工具性的活动。在现代社会，旅游则被制度化了，成为周期性的频发事件，主要表现为一年一度的带薪度假。旅游的制度化不仅仅是在时间周期和频率上的常规化，而且是在文化意义上的个人内化。旅游如同宗教和民俗一样，成为赋予生活以某种意义的制度，因而它是一种仪式，更准确地说是一种“历程仪式”。

三、旅游与现代性联系的内在动因

旅游是现代性所固有的反应和体现。一方面，现代性所带来的诸如飞机、高铁、豪华邮轮等交通条件的改善和无限通信等基础设施的发展，随劳动生产力的提高而来的可任意支配收入和休闲时间的增加，随旅游产业化而来的旅游产品及其种类的增多，旅游条件的日益快捷、方便和舒适等，构成了旅游发生的必要的物质基础和社会条件。旅游正是人们对这些现代性条件“有所好”的反应。在此基础上，旅游消费文化又进一步推波助澜，“诱惑”潜在的游客出游。另一方面，由于现代化过程所带来的诸如自然的消失、环境污染、生活节奏的加快，随技术分工而来的工作性质的程式化，大众社会中人情的淡漠以及矫饰和虚情假意的盛行等，因而旅游成了寻求一时“解脱”的方式。在旅游中，人们寻求返璞归真，体验日常生活中所缺乏的自然、简朴和真我，以及异于日常生活的另一种生活方式和生活节奏。旅游不但为现代人提供了暂时的“避难所”，而且为他们展示了另一个被美化了的梦幻世界。

（一） 对现代性阴暗面的反映

旅游被当作是对现代性所造成的异化、生态环境的恶化和生活节奏的程式化等状况的暂时“解脱”，旅游成了反映人们对现代性不满和怨恨的镜子。在这个意义上，旅游的社会发生的根据是“现代性的推力”。旅游需求不过是现代旅游工业基于现代生活条件的改善而对人的欲望加以操纵、诱惑或控制的产物。在此意义上，旅游的社会发生的根据是“现代性的拉力”。如同一个硬币的两面，旅游是现代性既“推”又“拉”的结果。

（二） 对现代社会的“好恶交织”

旅游反映了人们对现代性既“爱”又“恨”的矛盾纠缠心理，是现代生存条件下“好恶交织”的产物。一方面，旅游体现了人们对现代性的“爱”“好”或“喜”的一面，是对现代性所带来的技术进步，尤其是交通与通信技术的进步、生活水平的提高和随之而来可任意支配收入和休闲时间的增加的一种“庆祝”。这既包括个人和家庭的消费“庆祝”，表现为随消费水平的提高而来的文化休闲消费支出的增加，又包括对旅游产业的“喝彩”，表现为旅游产业中用于旅游广告等文化性诱惑的投入加大。另一方面，旅游反映了人们对现代性的“恨”“恶”或“厌”的一面，是对现代性的某种无声的批评和不满，因此旅游是对现代生存条件下的异化、生活程式化、都市环境的劣质化等伴随现代化而来的负面后果的暂时性和周期性的逃避和解脱。由此可见，旅游是对现代性的存在条件的既“好”又“恶”的表现，人们对现代性的“好恶交织”是旅游同现代性发生联系的原因所在。

（三）对现代社会秩序的“逃逸”

（1）旅游使人们“逃逸”现代社会。现代社会秩序包括政治经济秩序，如法律、法规等；时间秩序，如工作时间的程式化、日程化，工作时间和休闲时间分离的制度化等；社会—空间秩序，如地域人口的民族化和城市化、城市空间的抽象化、经济的全球化趋势等；精神秩序，如精神秩序的世俗化、工具理性化等。相对传统社会来说，这些现代社会秩序是历史的伟大事件，它摆脱了封建束缚的铁链，促进了生产力的空前发展，创造了繁荣的物质文明，提高了人们的生活水平，并大大地促进了个人的自由，给人们以丰裕的物质享受、消费文明和选择自由等。同时，它也给人们带来了与这些“好处”如影随形的种种不适、痛苦和怨恨，伴随工业化而来的异化、失范和产业工作的程式化和单调化、生态环境的劣质化、人际关系的疏远化等。旅游就是对现代社会秩序在社会角色、时间、空间、精神等多方面不适的“暂时”的摆脱和离去，是对程式化、日程化生活的一种“逃逸”。

（2）旅游使人们“回归”现代社会。旅游和革命构成了现代意识的两极，前者是对现存事物的接受、甚至尊敬的意愿，后者则是改变事物的欲望。当然，旅游也涉及改变现存秩序，但它是以暂时回避现状的方式来达到这一目的的。出游的目的是为了更好地适应现代社会，是一种社会仪式般的返回，而每一次出游都是旅游者自我价值的认同，都赋予旅游者回“家”以新的意义。旅游使游人在短暂的“解脱”中释放对现实的不满和怨恨、消除日常生活中的不适，从而在返回后更好地适应和整合到日常秩序中去。因此，旅游的离去是为了更好地回归，旅游具有社会整合的作用。

第二节　旅游交往中的社会影响

旅游源自于现代社会的“好恶交织”，是现代社会失范的一种补偿，是对现代社会的“逃逸”和“回归”，成为人们基本的权利和生活需要。旅游者可以根据自己的目的动机、个性偏好进行旅游方式的选择，进而在旅游活动中扮演不同的旅游角色。旅游社会学研究社会交往与旅游活动，主要研究旅游者在旅游过程中对当地经济、文化、社会可能造成的影响，以便在旅游活动中实现完美的社会交往，建立良好的人际关系。

一、旅游交往的内涵

（一）旅游交往的性质

旅游交往是一种暂时的、异地的非正式的平行交往关系。旅游交往之所以具有暂时性，是因为旅游交往起始于旅游过程的开始，终止于旅游过程的结束，一般不会向这两极之外延伸。旅游交往之所以具有异地性，是因为旅游交往大部分发生在旅游过程之中。旅游交往具有非正式的平行性，是因为在旅游交往期间，旅游者脱离了原有的社会系统职能约束而建立起一种与旅伴、服务人员或旅游地居民之间彼此沟通的平行关系，这种关系以感情沟通和物品交易为主，不存在严格的组织规范约束。

（二）旅游交往的主体

旅游交往主体包括旅游者、目的地居民和旅游服务者，三者在旅游过程中存在不同性质的交往关系。

（1）旅游者与旅游服务者的交往。旅游者与旅游服务者之间的交往是一种契约关系，一般通过金钱、商品、服务等媒介来确立这种交换关系。

（2）旅游者与目的地居民的交往。旅游者与目的地居民的交往性质多数属于邂逅，目的在于相互之间增进了解、相互寻求对彼此文化的理解，有时也会有想要影响对方的生活方式或情愿接受影响的情况。

（3）旅游者之间的交往。旅游者之间的交往，如果是在同行的团队或伙伴之间进行，那么这种交往关系就属于“游伴”的性质；如果发生在两个素昧平生的散客旅游者之间或在目的地遇到的任何其他旅游者，那么这种交往也自然属于“邂逅”的性质。

（三）旅游交往的层次

按照旅游交往的强度，一般可分为5个等级，即隔离、潜交、互动、互助和竞争。

（1）隔离。旅游交往的隔离，可以属于否定性的交往，是交往处于零水平的状态。由于旅游活动是以旅游者个人人身自由为前提条件，因此在旅游者身上一般不会发生隔离性的交往。

（2）潜交。潜交就是一种潜在性的交往。这种交往虽然没有发生现实的接触，但已经是一种存在。只要个人想外出到某地旅游，其与该旅游目的地的居民、旅游企业的经营者便已经产生一种潜在的交往关系。

（3）互动。互动是人与人之间直接的社会交往活动，主要体现为人的心理交感和行为交往过程。通过旅游交往，可以沟通不同地区、不同国家、不同民族、不同文化背景下的人们的思想感情，增进相互理解，促进世界和平。

（4）互助。现代社会的旅游过程需要互助。这种互助，不仅体现在旅游者的很多活动要依赖于他人提供的以物质设施或设备的形式存在的产品，而且体现在旅游过程中旅游者与旅游者之间、旅游者与目的地居民之间、旅游者与旅游服务企业员工之间的相互理解、支持和帮助。

（5）竞争。竞争是最高水平的交往，在旅游过程中大量地存在。例如，旅游者之间对于某种旅游产品的竞争可能会影响到旅游体验的质量；旅游群体内部的竞争可能导致群体结构的变化；旅游者与旅游目的地居民之间的竞争最终有可能引发暴力事件；旅游者与旅游企业经营者之间的竞争可能断送彼此进一步交往的基础。

二、旅游交往的模型

（一）模型概述

为了进一步把握旅游交往的性质，需要对上面提到的旅游互动这种现实性的交往做进一步的分析。首先建立一个旅游交往的模型，如图 2－1 所示。

在这个模型中，概括了旅游交往的内容和旅游交往的各种关系。

（1）旅游交往的参与者。旅游交往的参与者主要有三类：旅游者，目的地居民，旅游服务者。旅游者从旅游方式上看有散客与结伴（包括团体和家庭）两种，不管哪一种都可能与他人发生交往行为。

（2）旅游交往的目的。旅游者与旅游业服务者之间的交往是为了得到商品和服务，旅游者与旅游目的地居民之间的交往是为了寻求影响、互助和了解，而旅游者之间的交往则是为了获得团队互助、安全伴侣和方便散客。

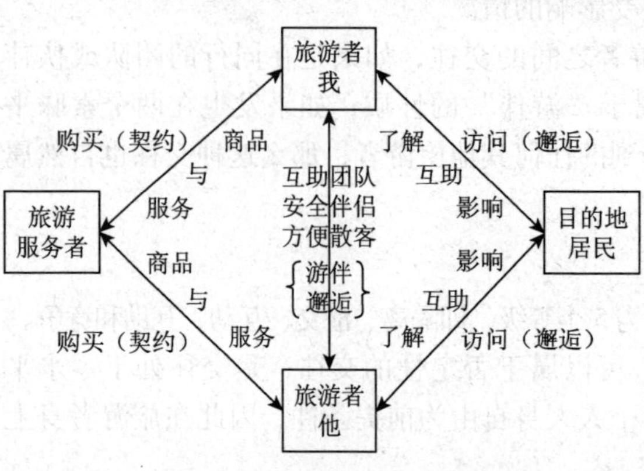

图 2－1 旅游交往示意图

（3）旅游交往的途径。旅游者与旅游业服务者之间的交往途径是购买（邂逅），旅游者与旅游目的地居民之间的交往途径是访问，而旅游者之间的交往途径则是一种游伴和邂逅。

（4）旅游交往关系的性质。旅游者与旅游服务者的交往在性质上是一种契约关系，一般通过金钱、商品、服务的交换得以建立，因此这种交往在目的上总是体现为一方想卖出而另一方想买进商品和服务。旅游者与目的地居民的交往是通过旅游者对旅游目的地的访问而实现的，其性质多数属于邂逅，目的在于相互之间增进了解、相互寻求对彼此文化的理解，有时也会有想要影响对方的生活方式或情愿接受影响的情况。如果交往是在同行的团队或伙伴之间进行的，那么这种交往关系就属于“游伴”的性质，如果交往发生在两个素昧平生的散客旅游者之间或在目的地遇到的任何其他旅游者，那么这种交往就属于“邂逅”的性质。

（二）旅游交往的特点

（1）旅游交往的暂时性和异地性。旅游交往是在旅游过程中发生的，旅游（甚至在某一旅游地点）活动结束了这种交往也就中止，所以旅游交往具有暂时性。旅游活动必须是异地的，所以旅游交往也就具有了异地性的特点。这两个特点，使旅游交往行为变得更加复杂、难以预测。也正是由于这个特点，旅游交往在一个人的全部交往生活中会较早地显现出终止的迹象。邂逅式交往彼此缺乏相互理解的基础，更少有进一步交往的机会，所以旅游交往多数情况下都在较早的阶段、较短的时间内宣告终止。

（2）旅游交往的中断、维系和发展性。旅游交往的中断，是因为客观环境的限制而使交往无法再像原来那样进行，只好待将来有机会再重叙旧谊。旅游社会中大概有一半的故事讲的就是在交往中断后维系和发展这种旅游交往关系。由于这种关系的建立扩展了认识的范围，丰富了生活的内容，增进了对外部世界的理解，它也常常成为现代旅游者出行时确立的一个旅游收获目标。

（3）旅游交往中的宾客与朋友。学者克里斯（Chris）在研究旅游者与目的地居民交往关系时，提出了一个“旅游者—朋友模型”（图2-2），用以说明旅游者与目的地居民关系发展的过程。他认为这个过程是一个谱状结构，经历了“旅游者”—“宾客”—“朋友”的过程。旅游者的身份通常由度假群体的其他成员来加以证明，而获得满足的渠道就只能是通过与一起度假的人

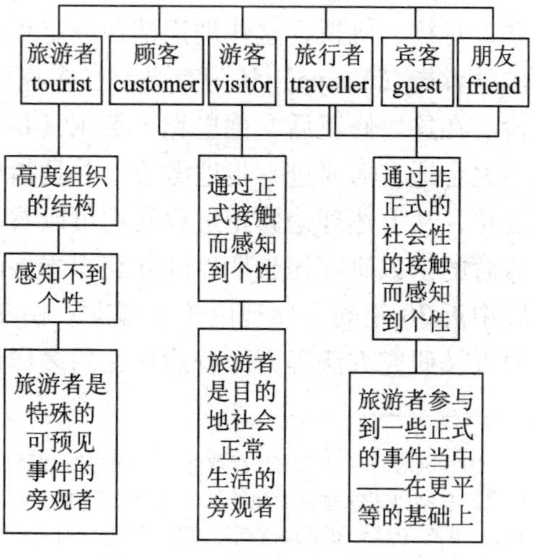

图2-2　旅游者—朋友模型

进行沟通，却不能从目的地社区成员那里获得满足。但是，在旅游者变成一位常客外出购物、使用当地的交通工具、去剧院或电影院、到餐馆就餐时，他们实际上从事着几乎与当地人相同的活动。这样，那些提供有关服务的企业雇员要想区别对待旅游者与当地居民已经很困难了，因为旅游者与当地居民已经难以区分，他们在共享同一空间和设施。对于旅游的“回头客”来说，他们不断地返回旅游地的原因是他们已经与当地居民建立起一种关系，发展起一种友谊，他们日益成为当地社区的组成部分。也许可以说，他们尽管不是来自目的地社区，但他们却构成了社区的一部分。可以肯定，对于许多旅游者来说，最为惬意的事情也许是与当地人谈天说地。在这种情况下，不难想象旅游者已经成为当地居民的朋友，这意味着他们可以在更为平等的基础上正式地参与到社区的某些事件中去。

三、旅游交往中的文化冲突

探讨旅游活动过程中主客交往的双向性和互动性及其与社会文化变迁的关系，可以揭示主客交往给客源地和接待地所造成的价值观念变革、文化整合、文化同化以及文化变迁的程度和意义。而探讨主客交往的双向性和互动性，可以以文化交流和跨文化交际为视角，从宏观和微观两个层面加以开展。

（一）　从主客交往形式来看

从主客交往形式来看，旅游交往的冲突主要体现在接待地居民对旅游者或旅游发展的认识及态度的微观层面的范畴。多克西（Doxey）曾经提出愤怒指数理论[①]，在多克西之后，众多学者通过研究，米利根（Milligan）将其修正为：好奇—接受—恼怒—对抗；克拉克（Clarke）则将其改良为：高度兴奋、漠然、厌恶、对抗、仇视，这些理论都在一定程度上对愤怒指数进行了修改和完善；而韩国学者杨（Young）认为有必要在多克西的愤怒指数理论中增加一个“怀旧”阶段。在这一修正后，德里克·霍尔（Derek Hall）认为“倒数第二阶段”的命名不太合适，需要进一步地考虑，并且指出，居民态度随着旅游者数量的变动发生变化，从上述理论修正过程我们可以看出，自多克西起，学界从主客形式出发对旅游的认识研究便长期伴随并交织于旅游影响研究，旅游主客形式成了旅游学研究中近30年的一项理论焦点课题。由于这类研究在参照系、种类范畴、研究择时以及研究方法等方面普遍存在的多样性和差异性，使得各自的研究结果和发现

---

① 所谓的多克西愤怒指数理论，指的是1975年多克西根据在巴巴多斯和加拿大尼亚加拉湖区的调查研究，总结出旅游对目的地的社会文化影响可根据当地居民对旅游发展的态度划分为高度兴奋（乐于接触）、漠然（对大量游客逐渐冷漠）、厌恶（对物价上升、犯罪、粗鲁及文化准则遭受的破坏表示关注和愤怒）和对抗（公开地或隐蔽地对游客进行冒犯）4个不同的阶段。这一理论为后来的认识与影响研究奠定了基础。

在理论概括和提升上缺乏可归纳性、可比较性、可检测性和可靠性。尽管如此，在旅游主客交往、旅游社会文化影响以及旅游促进社会文化变迁等方面，仍然取得了具有很大普遍性且具有很高理论价值的认识。

（二） 从主客文化冲突来看

主客交往的文化冲突，主要体现为在宏观层面上的对文化交流和跨文化交际的影响。在旅游发展和旅游活动过程中，来自不同文化背景的旅游者和旅游接待地居民的接触和相遇，给接待地带来了文化整合、文化同化或文化变迁的机遇。以美国文化背景下的土著文化和民俗旅游为例，1989 年，布朗（Browne）和诺兰（Nolan）开展了一项关于“西部印第安保留地旅游发展”的研究。由于独特的民俗风情、旖旎的自然风光、远离都市尘嚣的魅力以及鲜为人知的保留地生活神秘感，约有 95% 的美国西部和西南部印第安保留地有不同程度的旅游发展。美国印第安保留地的民俗旅游开发，一方面从经济和收入上改善了土著人的生活处境；另一方面也造成了土著文化和纯朴人际交往的异化和扭曲。旅游发展起来后的这种主客交往，使土著的传统仪式、观念习俗与现代物质、现代技术和现代制度产生混合性的冲突，土著文化和纯朴交往也因此呈现得支离破碎和光怪陆离。研究者认为，作为民俗旅游资源的开发土著文化现状与旅游发展的初衷背道而驰，而到访的大多数旅游者并没有对土著人的“真实生活”感到着迷，更多的是因为其秀丽的丛林风光和富有探险性的丛林漫步而让游客流连忘返。

（三） 从文化认同的影响来看

旅游者与旅游地居民在旅游过程中形成双向互动的文化认同。这种双向互动导致两种不同的结果。第一种，互动双方各自认为其自身文化优越，一方想用自我的文化价值标准干涉或改变另一方，而另一方则产生激烈的反应，进而形成保守的文化交往壁垒。第二种，一方对自我的民族文化价值观产生动摇，进而接受另一方的文化价值观。旅游者面对旅游地的文化差异，参照自身民族文化和价值观，可能做出一种文化价值的比对，在旅游地先进文化的影响下，一般会对自身民族文化价值观的动摇与调整，而在落后旅游地落后文化的参照下，一般会产生自身民族文化和价值观的优越感，并希望通过自身的文化价值标准判定或感受当地文化。部分学者把发达工业强国周边的不发达的旅游目的地国家看作是充当了前者的“快乐边缘”，并依附和受制于前者；发达国家的出游者则是新“游牧部落”，他们对不发达目的地国家的文化“入侵”导致了后者社会和文化认同的丧失。尽管这种观点可能言过其实，但可以肯定无疑的是，旅游地居民常常会对旅游者的享受型消费产生羡慕，进而进行模仿，从而对自身文化产生影响，伴随旅游业的发展而来的文化商品化，一定程度上造成传统文化功能和意义的丧失。

虽然旅游者和旅游地居民的文化互动十分有限，但是多数旅游者来自发达或比较发达的国家和地区，他们往往带着自我民族文化优越感审视旅游地居民的文化价值行为。在旅游交往过程中，旅游地居民的文化价值观更多地受到来自旅游者的干涉和影响，而旅游者更可能产生民族文化优越感而拒绝改变。

四、旅游交往的经济影响

旅游交往对旅游地的经济影响，是把双刃剑。

（一） 旅游带来的经济利好

在发展旅游业的过程中，旅游地都会通过节庆、赛事等多途径制造旅游热点，通过广告、中间商等树立国内国际旅游地形象，通过改善环境设施等增强旅游吸引力，通过改善机场、铁路交通等基础设施以及酒店、餐饮、商贸业的服务水平来吸引游客。游客的到来，为当地带来可观的经济收入，增加当地就业机会，促进酒店、餐饮、商贸等服务业的发展，也就有更多机会吸引国内外投资，可以有效地刺激当地经济的发展。同时，通过发展旅游业，改善交通等基础设施，增强服务意识，提高服务水平，也在一定程度上改变着人们的经济意识、生活习惯和行为态度，有利于旅游地的现代化发展。

（二） 旅游形成的经济压力

从宏观方面看，旅游客源国和旅游接待国经济社会的发展状况存在一定的经济依赖关系，部分学者因此把国际旅游称作“后殖民主义”时代。一方面，客源国的经济社会发展状况决定了该国整体状况和个人可支配收入的状况，个人可支配收入的多少直接影响着接待国的旅游接待量和旅游整体收入；接待国对旅游产业的发展提供多少人力、物力和财力，要根据客源国的经济状况而定，接待国在旅游淡季、旺季很容易形成较大的经济起伏。另一方面，发达的旅游客源国以高科技手段主导着世界经济的发展，在世界分工和经济格局中占据有利地位，而旅游接待国在产业分工和经济格局中处在边缘地位，更有可能在大力发展旅游业的过程中形成单一型经济，造成依赖性经济发展格局。

从微观方面看，首先，旅游业的发展给当地居民生活带来压力，旅游业的发展带来的直接影响就是消费水平的提升、物价的上涨。其次，国外或外地资金注入旅游地旅游资源的开发，在很大程度上改变了旅游资源的所有权和使用权，原本属于公共享有的优质自然、社会资源可能被私有化或私营化，被经营者垄断。最后，在旅游收益分配方面，当地民众参与旅游收益分配的机会极少，甚至完全被排除在收益分配之外，能够参与旅游地旅游开发的当地居民毕竟是少数，大多数却不得不忍受因旅游业发展而带来的高消费、高物价的生活压力。

五、旅游交往的社会影响

旅游交往的社会影响，主要体现在旅游发展的社会成本和“主客”关系方面。

（一） 旅游发展的社会成本

（1）旅游业发展的社会经济成本。旅游的发展占据了大量的社会资源，也占据了其他产业发展必要的人力、物力、财力以及政策倾斜等方面的发展空间，对旅游地经济结构造成一定影响。同时，旅游在给旅游地带来经济收益、就业机会的同时，也给旅游地居民带来负面影响，形成旅游地居民必须支付的经济“社会成本”。

（2）旅游地居民的生活成本。来自富裕国家或地区的旅游者的消费示范效应，可能导致目的地居民在生活方式上对前者的不切实际的认同和模仿，造成当地居民特别是青年在生活开支方面付出更高的成本。

（3）旅游地的社会生态成本。旅游发展可能改变当地居民之间的交往关系，可能造成如资源占有利用与利益分配等方面的矛盾关系，再加上旅游的发展可能导致社会治安的恶化、性交易行为的泛滥、黑恶势力的发展等，给旅游地居民的生活造成巨大的成本。

（4）区域发展的依赖成本。审视国家间或区域间的旅游发展状况，可以发现旅游发展系统中存在着依赖性，其中主要是目的地国对客源国的依赖。随着全球化趋势的加剧以及旅游发展的日益机构化和国际化，这种区域发展的依赖性问题越来越引起理论界的重视。特纳和阿什提出过“中心对边缘的控制理论”，即以发达国家为中心的国际化旅游输出系统对以发展中国家为边缘的旅游接待系统的控制。在旅游社会学的研究中，这种依赖性的矛盾冲突曾进一步发展为“旅游帝国主义”和“旅游新殖民主义”的观点。

（二） “主客” 关系的影响

在旅游业发展以及游客旅游过程中，形成了旅游者与旅游地居民之间的主客互动关系，这种互动关系既有商业性的互动关系，又有非商业性的互动关系。旅游者和当地旅游从业者之间的关系属于商业性互动，这种互动中“主客”关系表现为不确定性，“客人”可以反客为主，要求“主人”满足其多方面的需要，并对商业性的热情表现出淡漠的态度。旅游者与当地居民的互动可能是竞争性互动，如旅游者的到来抢占了当地居民的公共资源，造成“主人”活动空间受到干扰、环境污染、噪声污染以及生活压力、社会治安秩序的恶化等。旅游地居民如何看待和认同旅游者，旅游者又如何看待和认同旅游地居民，这是认识旅游主客交往关系的重要理论问题。

一般认为，对旅游地居民而言，旅游者是“陌生人”，而对于旅游者而言，旅游地居民也就成了“陌生人”。而20世纪90年代以来旅游现象中“主客”关系的研究更关注“主客”互动所带来的社会影响，侧重研究旅游者的动机与行为以及当地居民的相关反应及其对旅游业的影响。虽然“主人”接待地居民对“客人”旅游者态度的研究仍然占相当的比重，但“主人”的参与意识、“客人”对“主人”的态度以及两者的相互审视也受到更多的关注。在这方面，美国学者对印第安保留地居民和游客的关系作了深入分析，取得了重要的理论成果。此外，符号互动主义学者通过对“I”和“me”之间孪生关系的审视，来解释社会个体的个性演变和发展。如前文所述，符号互动主义的认识，有助于探讨旅游过程中主客交往关系的真谛，有助于探讨旅游景观符号和旅游语言符号的“能指”功能以及旅游主体对“所指意义”解码之间的关系。

第三节　旅游权利与游客管理

旅游是人类全面发展的内在要求和必然趋势，旅游的本质是寻求心理的愉悦。从旅游发生的形式上讲，旅游是一种变换常态的时尚的生活方式，是人们日常生活在异地的延续，是人自身的自我调节、自我完善、自我发展的过程。旅游是人在游历于“理想自我”与“现实自我”进行心理调节或精神平衡的过程。因为“现实自我”的日常生活少了新鲜感、亲切感和自豪感，人们往往希望通过旅游来找回这些久违的感受，获得“理想自我”的精神补偿；因为竞争的加剧、生活压力的增大以及太多的社会责任，使人们在“现实自我”的日常生活中普遍觉得精神紧张，人们希望通过旅游来释放压力和消除紧张，获得“理想自我”的精神解脱。

一、旅游权利的构成和价值

（一） 旅游权利相关法案

关于旅行权利的法律规定可以追溯到1215年英国的《大宪章》，其中第41条规定，敌对国之外的所有商人，除战争时期外，皆有权经由水路和陆路安全出入英格兰，或在英格兰境内逗留或经商；第42条规定，除在战争时期为了国家与公共利益加以暂时限制，英格兰人皆可由水路或陆路安全出入国境，不包括囚犯。这里的旅行权包含了本国公民自由出入境的权利，也包含了外国公民自由出入英格兰的权利。

1948 年的《世界人权宣言》标志着旅行权利在世界范围内得到承认。其中第 13 条规定，人人在各国境内有权自由迁徙和居住，人人有权离开任何国家，包括其本国在内，并有权返回他的国家。第 24 条规定，人人有享受休息和休闲的权利，包括工作时间有合理限制和周期性带薪休假的权利。

世界旅游组织是最主要的旅游权利主张者。虽然世界旅游组织章程中强调旅游对于人权和自由的贡献（第 3 章第 1 条），并没有明确旅游权利的人权属性，但是，1975 年世界旅游组织由非政府机构正式成为政府间机构时，重要职能之一就是通过与其他专门机构合作，采取相应的政策和措施，消除政府间设置的影响旅游者自由行动的障碍。

旅游权利主张出现在世界旅游组织的重要文献中，可以追溯到 20 世纪 80 年代。1980 年的《马尼拉世界旅游宣言》第 4 条明确指出："利用闲暇时间的权利，尤其是度假、旅行和旅游自由的权利，是随工作权利而来的，是人类实现其价值的一个方面，已经得到《世界人权宣言》及许多国家法律的承认。这就使得社会有义务必须为其公民采取实际、有效和非歧视性措施，使其参与此类活动。"1982 年世界旅游会议通过《阿卡普尔科文件》，其中第 9 条对"人人有权休息、休闲、带薪休假"及"往来自由"进行了详尽的阐述。1985 年《旅游权利法案和旅游者守则》出台，第 1 条就明确主张："人人享有休息和休闲、对工作时间的合理限制、周期性带薪休假和在法律范围内无限制地自由往来的权利。"

世界旅游组织 1999 年制定的《全球旅游伦理规范》，正式文本（2001 年联合国大会 A/RES/56/212 号决议核准）中关于"权利"的条款有"旅游权利"（第 7 条）、"旅游者往来的自由"（第 8 条）和"旅游业员工和经营者的权利"（第 9 条）。除第 10 条"全球旅游伦理规范原则的实施"外，正文部分共 9 条 45 款，其中"权利"部分共 3 条 15 款，占 1/3 的篇幅。全文（含导言）中"权利"（right/rights）一词共出现 28 次，导言部分引用的国际典章（包括宣言、公约、协定等）中就有 6 个"权利"文献，包括《世界人权宣言》《儿童权利公约》。可以说，《全球旅游伦理规范》是旅游权利主张的集大成者。

（二） 旅游权利的组成

旅游者是旅游权利的践行者，而对旅游者权利的主张是以普遍旅游权为前提的，而且是具体、细节性的，多附加在旅游者这一特殊身份上的，如旅游者人身自由、财产安全、知情权、隐私权等，大多是自明的或者有已达成高度共识的权利标准参照。旅游权利集中在普遍旅游权利层面，普遍旅游权利由以下 3 个基本方面构成：

1. 自由旅行权（free to travel）

自由旅行权直接根源于个人自由。自由是一种权利，是最基本的人权。从

1776 年《美国独立宣言》、1789 年法国的《人权宣言》到 1948 年的《世界人权宣言》，“人人生而自由”的基本信条就已成为天赋的、不可让渡的人权条款。很少人将现代旅游的产生和发展与政治、哲学思潮联系起来考察，旅游教科书只是说明现代旅游的产生与工业革命、交通技术、城市扩张等方面的联系，但显然忽视了一个事实——19 世纪中叶的英国，现代旅游的产生与当时的自由主义思潮是不约而同地。柏拉图最早提出了旅游者分类，但并不支持城邦间的自由旅行，由于他也认识到不可能绝对禁止城邦之间的旅行，所以建议对旅行制定一些相关法律进行限制。旅游发展的历史告诉我们，旅行活动总是受到自然、经济、身体、闲暇时间及社会、政治、法律和道德等诸多方面的限制，这些限制大致可以将其聚类为自然限制、个人限制和社会限制。自由旅行权挑战的是社会限制。人人享有自由旅行的权利，意味着只要不对他人造成损害，旅行就不应受到限制。自由旅行权要求各国政府有责任保障旅行者的人身财产安全，尽可能减少、消除阻碍旅游者自由旅行的各种障碍，简化旅行手续。签证和边境检查由于国家主权而拥有国际公认的合法性，也是国际旅行的主要障碍。虽然“互免签证”存在于部分关系友好的国家之间，通过双边或多边协议赋予协议国公民自由跨国旅行的权利，但自由旅行权利主张的历史性胜利是 1985 年签署的《申根协议》。截至 2008 年年底，申根区国家已达 25 个。

2. 带薪休假权（paid holiday）

带薪休假制度的设立最初具有政治色彩。1936 年，法国政府与工会之间达成的马提翁协议（Matignon Agreements），以法律形式规定实施带薪休假，显然主要不是中产阶级而是工人阶级斗争的结果。随着带薪休假权利列入《世界人权宣言》，这一权利逐渐在欧美等发达国家得到法律支持，但各个国家的情况不尽相同。欧盟对工作时间和休假的具体规定经过 10 年的反复讨论和协商修订，于 2003 年 11 月 4 日由欧洲议会通过，要求各成员国从 2004 年 8 月 2 日开始执行，带薪休假时间每年不得少于 4 周，且不应该用补贴替代。

旅游权利主张者不断强调作为人权的“休息权”“休闲权”和“带薪休假权”，有些令人费解，因为这三者都不等同于旅游权，也不能推导出旅游权。即便我们确证了人人享有自由旅行的权利，能够援引《世界人权宣言》条款主张旅行自由，实际上这一权利仍然是虚置的，“人人”所拥有的权利并不意味着“人人”都能行使这一权利。如果我们对现代旅游生成的规定性有一个清楚的认识，就不难理解旅游权利主张者的意图。在高度商业化的旅游活动中，无论是国内旅游还是国际旅游，支付能力和闲暇时间是行使旅游权利的必要前提，“带薪”+“休假”权利的保障，虽然不一定能保证所有人能旅游，但至少为那些可能行使旅游权利的人创造了条件。《马尼拉世界旅游宣言》第 14 条指出，“现代旅游是实行职工每年带薪休假社会政策的结果，同时也代表了对人类休息和休闲基本权利的承认。目前，带薪休假权利主张的意义主要在于发展中国家。对于发达国家而言，缩短工时和带薪休假，已经由早期资本主义的政治问题，发展成为当代资本主义的道德问题，因为即使在法国，带薪休假时间的增加也远远滞后于经济增长速度，带薪休假权利实际上已转化为争取更长时间带薪休假的权利。

3. 友善接待权（hospitality）

旅游界一般将饭店、度假村、餐馆、游乐场所等通称为接待业（hospitality industry）。从古希腊神话到基督教传统，友善接待陌生旅行者是一种传统。康德自己从来不旅行，但在其《论永久和平》中将“友善接待”作为国家间永久和平的正式条款。一个外国人到别的国家旅行而不会被当作敌人对待，受到友善接待是一种“所有人都拥有的权利”。那种认为友善接待作为永久和平的3条正式条款之一，“似乎是一条纯粹的国际伦理条约，所谓‘普遍友好’的条件要求看起来最多也只是一种国际道德吁求而已”，显然低估了友善接待对于世界和平的价值，因为我们无法想象一个可以把外国旅行者当作敌人来对待的“和平世界”。即使从伦理的角度来考量，友善接待的伦理也与我们传统的人际伦理不同，属于更具普世意义的“他者”的伦理、“陌生人”的伦理。

旅游者前往陌生的旅游地旅行度假，能得到目的地的友善接待，是旅游得以实现的基本前提。虽然高度商业化的现代旅游业的接待，与古代为陌生旅行者提供免费食宿的接待已不可同日而语，但友善接待作为旅游者的权利，应得到旅游地的普遍尊重。自由旅行权、带薪休假权和友善接待权并不是旅游权利主张的全部，但三者有机构成了旅游权利的基础，且三者都有其深厚的文化思想渊源和人权典章依据。

（三）旅游权利的价值

旅游权利之所以能得到广泛的关注和响应，不仅是由于“权利”话语在西方语境中所具有的道德的力量，更重要的是由于旅游权利主张的实用价值。这些价值已经在第二次世界大战后世界旅游高速发展的实践中得到了充分体现，可持续旅游发展也仍然需要旅游权利的强力支持。

1. 确立旅游正当

权利术语的实用意义，在于它表明个人要求、某些利益和权益是人们应当得到的，赋予了道德的合法性。现代旅游的发展历程是一个与传统道德抗争的过程，也就是旅游正当性确立的过程。在传统道德体系中，勤劳和节俭的美德地位，从古代、中世纪的宗教传统到新教伦理，几乎从未遭到过质疑，而旅游对时间和财富的耗费，注定要成为传统道德中的双重罪恶。虚度时光便成了万恶之首，而且在原则上乃是最不可饶恕的罪孽，马克斯·韦伯的新教伦理的最重大的贡献，在于完成了资本主义所需要的财富正当性论证，使得金钱、财富的合理性主张具备了与勤俭、节制相容的宗教基础，但并没有解放中产阶级旅游度假的道德桎梏。旅游权利主张使每个人将闲暇时间和金钱用于旅游度假的权利置于人权基础之上，从而确立了旅游的正当性。

2. 促进旅游公平

对旅游公平概念我们可以有不同的解读，但人人有机会参与旅游始终是旅游公平的首要目标。现代旅游之前，从古罗马贵族的避暑度假到16～18世纪英国贵族子弟的欧洲“大巡游”，旅游始终只是极少数人的特权。工业革命后，经济地位不断提升的“有闲阶级”或“中产阶级”开始分享旅游特权。“大众旅游”的兴起对旅游发展是革命性的，越来越多的平民大众参与旅游，逐渐消解了旅游的“特权”属性，当然，时至今日，大众旅游仍然只不过是更多的人参与旅游而已。

国际旅游人数从1950年的0.25亿人次增长到2014年的11亿人次的辉煌，掩盖了一个至关重要的事实，它没有说明究竟是哪些人在旅游。如果进一步细究“旅游人次”的概念，再以全球人口总数做参照，就会发现，原来“大众旅游”远不是“全民旅游”，与人人参与旅游的公平目标相去甚远。我们无须纠缠于权利的自然属性或社会属性，旅游成为权利且作为人权的组成部分，就应该人人享有，不分种族、肤色、性别、语言、宗教、政治或其他见解、国籍或社会身份、财产、出生或其他身份等任何区别，政府和社会就有责任、有义务为那些没有条件旅游的群体提供支持和帮助，这些群体包括贫困人口、青年学生、老年人、残障人等所有没有能力行使旅游权利的人。1963年成立的“国际社会旅游局”（Bureau Internationaldu Tourisme Social，BITS）长期致力于社会旅游区弱势群体的旅游协助，前秘书长豪洛（Haulot）明确指出：社会旅游是社会公正在旅游领域的实践，社会旅游“要求社会和政治介入，使休息和休闲普遍权利的基本原则变为现实”。

二、游客管理

旅游目的地游客管理（Visitor Management）是一种以游客为中心的新型旅游管理模式。游客管理是指旅游管理部门或机构通过运用科技、教育、经济、行政、法律等各种手段组织和管理游客的行为过程。游客管理的目标是，在不破坏旅游地资源环境质量的前提下，最大限度地满足游客需求和提供高质量的游客体验，同时实现旅游地经济、社会和环境三大系统的可持续发展。通过倡导对游客容量、行为、体验及安全的调控和管理等来强化旅游资源和环境的吸引力，提高游憩体验质量，以实现旅游资源的永续利用和旅游目的地经济效益最大化的双赢局面。

（一） 游客管理的理论基础

目前，国外旅游目的地游客管理的理论研究主要集中在以下6个方面：游客需求和偏好；游客行为管理；游客容量管理；游客安全管理；游客体验管理；游客冲击管理。

1. 游客需求和偏好管理（Visitor Demand Preference）

在游客需求和偏好研究方面，Um S. 等从游客需求偏好的角度出发，研究了游客选择出游地的决策过程，并认为游客从感知到需求的过程是一个由被动转为主动的变化过程；斯蒂芬（Stephen）的研究表明，普通民众与游客以及第一次来目的地的游客与回头客之间在旅游产品的需求偏好上存在明显差异；诺姆肖瓦尔（Noam Shoval）以耶路撒冷为例，分析了不同城市旅游者对不同城市旅游吸引物的偏好，并发现游客在旅游地逗留时间的长短和到旅游地的次数对他们在旅游地的消费有重要影响；阿利森（Alison）将游客对于异质文化旅游产品的需求偏好归结为以下5个方面：猎奇，了解当地传统和现代的生活方式，文化的原真性，与当地人交流以及寓教于乐的学习机会等。韩国学者孙永坤（Yong Kun Suh）研究了来自欧洲、北美和日本的国际游客对韩国首尔的旅游需求偏好，并认为游客对特定游憩活动的偏好与他们在该活动中的花费之间并没有直接的联系。

2. 游客容量管理（Visitor Behavior Management）

旅游地的资源环境难以承受游客的无限增长。为了避免旅游业的过度增长为旅游地资源、环境和社会造成不可挽回的破坏，游客容量管理变得十分必要。从已有的研究成果来看，对于游客容量的研究既包括形体上、生态上的容量，也包括经济容量和社会容量。

劳森等利用计算机模拟工具，虚拟出一系列游客在选定地点内做日间旅行的路线网络，并据此对旅游地的社会容量进行预测，从而完成了对美国阿尔什（Arches）国家公园游客容量的先期预测和适应性游客管理研究。弗雷德·皮·博塞尔曼（Fred P. Bosselman）等将游客容量管理战略归结为以下3种：保护战略、渐进增长战略和增长限制战略。托尼普拉托（Tony Prato）在对可接受改变的极限理论（Limits of Acceptable Change，LAC）和游客影响管理理论（Visitor Impact Management，VIM）[①] 进行整合的基础上，提出了由自适应生态系统管理模型（

① 所谓可接受改变的极限理论就是全面考虑了上述因素对环境的影响，而提出的一个环境容量替代概念。因此，可接受改变的极限理论是在对环境承载力概念的继承和对环境容量模型方法的革命性批判中产生的。可接受改变的极限理论是美国资源保护方面的专家提出的，最初的体系规划灵感来源于美国学者 Firssell 的野外泛舟区域（Boundary waters Canoe Area）营地研究。20世纪70年代，可接受改变的极限理论作为一种规划体系最初用于美国 Wildlands 的管理，随后这一理论应用于美国、加拿大、澳大利亚等许多国家的国家公园和保护区规划和管理之中，在解决资源保护和旅游发展之间的矛盾方面取得了很好的效果。

Adaptive Ecosystem Management, AEM）和游客容量多种指标评分法（Multiple Attribute Scoring Test of Capacity, MASTC）构成的游客容量的量化评价模型系统。

3. 游客行为管理（Visitor Carrying Capacity Management）

金布利特（Gimblett）等在定位图与 GIS 数据相结合的基础上建立动态仿真模型，对游客行为进行跟踪监测和管理，考察游客活动与景区环境以及游客游览过程中彼此之间的互动关系及其对游客体验质量的影响。马丁·奥珀曼（Martin Oppermann）分析比较了第一次去新西兰旅游的游客和回头客之间的行为差异，发现回头客在旅游地的逗留时间通常更长，而活动范围却相对集中。尼尔·卡尔（Neil Carr）对选择国内旅游和出境旅游的英国青年单身游客的行为作了对比研究，发现这两个群体的行为具有明显的差异，从而推翻了巴斯韦尔（Buswell）提出的“旅游地的地理位置不会对游客行为产生影响”的观点。

4. 游客体验管理（Visitor Safety Management）

游客体验是一种与个人、环境、所处的情景以及个性等因素有关的，甚至是与沟通能力有关的、对特定事物的最强烈的体验。早期的游客体验管理研究大都来自于心理学、社会学以及人类学等领域的研究视角，然而随着学科融合趋势的发展，该领域的研究也逐渐走上了多学科融合的道路。多森（M. Doossen）等将游憩体验质量分解为使用质量和感知质量，并认为静谧度、可达性、水质以及其他侵扰因素是影响生态旅游地游客体验质量的主要因素。大卫·鲍恩（David Bowen）通过对东南亚英国包价旅行团和散客进行满意度问卷调查和随团考察，研究了国内长途旅游团队及散客对于游憩体验的评价，并将其研究成果与以往的理论成果进行对比。肯尼思·霍恩巴克（Kenneth Hornback）和伊格尔斯（Eagles）将消费领域的“顾客满意度”的概念引入了国家公园和保护区管理，提出了游客服务管理、游客满意度和游客满意度管理等概念，并在加拿大的几个国家公园的规划和管理中得到应用。娜塔莎（Natasha）等将游憩使用对风景游憩地造成的冲击和对游客体验质量产生的负面影响归结为孤独感、疏离感、自然感以及人工化 4 个方面。

5. 游客冲击管理（Visitor Experience Management）

（1）生态冲击。贝菲尔德（Bayfield）关于人类践踏行为对土壤和植被的破坏的研究，在全球范围内引起了学术界对于游客冲击的广泛关注。科尔（Cole）致力于游径和露营地等对山区生态冲击的研究，并提出了一项有关游客生态冲击的标准草案。出于保护旅游资源，尤其是自然旅游资源的目的，怀俄明盖姆（Wyoming Game）等倡导“非消耗性的休闲旅游”，即尽量以观光游览取代参与性旅游活动。梅兹克沃斯（Meiczkowshi）和海温吉拉德（Hevengeaard）将游客对遗产旅游地造成的冲击概括为：过度拥挤；过度开发；无规则游憩活动；垃圾污染；汽车活动以及对土壤、植被产生的冲击和影响等。

（2）经济社会冲击。史密斯（Smith）提出了“旅游人类学”的概念，从而使游客对旅游地社会文化冲击领域的研究取得了突破性进展。尼古拉斯（Nicholas）认为，游客对于目的地经济社会方面的冲击主要表现为引起物价上涨、毒品泛滥、公共设施破坏、嘈杂、性骚扰以及犯罪等。福克斯（Fox）把游客对目的地社会、文化的影响定义为“人类之间的冲击”，即指游客对宗主社区的影响，以及与当地人之间相互影响的过程。斯图尔特麦克明（Stuart Mc Minn）对洪都拉斯伯里兹城的不同游客群体对城市经济、文化和社会的影响做了研究。

6. *游客安全管理研究*（Visitor Impact Management）

（1）旅游地灾害、事故研究。对于旅游地灾害管理的研究大都以对游客安全危害为出发点，探讨旅游地的灾害类型和安全隐患，构建旅游地灾害危险指标、效益损失测度指标以及旅游灾害预防体系。曹（Tsaur）等运用模糊理论，从交通、治安与法律、卫生保健、住宿、天气、景点和医疗设施等 8 个方面对游客在旅游目的地可能遇到的安全问题进行了模糊定量评价；森梅茨（Sonmez）研究了恐怖主义对国际游客行为的影响；本特利（Bentley）等对新西兰探险旅游可能存在的风险进行确认、识别，并对游客安全风险概率进行了评估；苏皮蒂（Sue Peattie）指出，旅游地经营者应当尽量考虑游客的健康问题，保护其免受日光暴晒，从而减少游客罹患皮肤癌的危险。

（2）旅游犯罪研究。阿尔布开克（Albuquerque）等对加勒比海旅游业的发展情形进行了研究，发现区域行政开支及财产犯罪数与旅游人数的增加存在密切关系，并认为以旅游业为主的大量现代化活动的影响是导致犯罪率上升的重要原因。麦克埃尔罗伊（McElroy）和阿尔布开克试图划分出包括旅游业在内的各种现代化活动对犯罪的具体影响范围，并发现了财产犯罪在旅游旺季增加、淡季减少的规律。理查德·乔治（Richard George）通过对开普敦游客的随机调查，发现游客的国籍、逗留时间长短以及是否曾经经历过犯罪事件等因素都将在很大程度上决定游客对目的地的安全感。

（二）游客管理的目的与意义

如上文所述，西方国家在漫长的旅游管理过程中已经发展出了较为成熟的游客管理技术，主要包括 4 个理论框架：游憩机会谱理论（Recreation Opportunity Spectrnm，ROS）、可接受改变的极限理论、游客影响管理理论及游客活动过程管理 VAMP 理论（Vistor Activity Management Process VAMP）。这四个理论框架至今仍指导着各国旅游目的地游客管理。而在我国，暂时还没有较为系统地实施游客管理，而是临时性地实施一些与游客管理相关的管理活动，这些管理活动通常与环境保护或者资源保护联系在一起。

例如，西班牙之所以能够成为世界旅游大国，除了拥有丰富的旅游资源外，还有着文明的旅游氛围和完善的旅游景点管理制度。西班牙所有的旅游景点都不准开饭馆和咖啡馆，也不准零售任何食品、水和纪念品，更不准乱停车。沿街叫卖的小商小贩在景点是绝对禁止的，违者严惩不贷。西班牙旅游景点内不准吃东西，游客吃饭、喝水必须到城里的饭馆、咖啡馆，买纪念品必须到附近出售纪念品的商店。旅游景点里厕所全部免费，厕所布点合理，而且非常干净，洗手池、洗手液、手纸和烘干机等一应俱全，因此不可能发生随地大小便之类的不文明行为。坐落在首都市中心的马德里王宫和布拉沃古典绘画博物馆，大门口没有任何人维持秩序，但是有两排弯曲的白色栏杆引导人们前进，游客有秩序地鱼贯而入。在这样的文明环境里，人们会自觉地约束自己的行为，任何不文明的行为，都会让人觉得是一件十分丢人、极其难堪的事情。马德里大街小巷到处都能在路边看到体积不大的圆形垃圾箱，相隔 20～30 米就有一个，方便行人将垃圾扔进垃圾桶。西班牙有关部门对个别不文明行为采取两种措施：一种是不严重的事件用文明的劝说方式加以制止；另一种是对于个别严重的不文明事件予以报警，由警方出面处理。

水城威尼斯是一座面积不足 8 平方公里的小城，城市中居住着不足 8 万居民，而每年平均接待 1200 万游客。巨大的客流量严重威胁着当地旅游业可持续发展的能力。为了保持威尼斯的吸引力、减少旅游业对当地的负面影响，当地政府以及旅游主管部门制定了一系列游客行为管理政策。为了有效维护当地的文明旅游氛围，威尼斯政府采取了“软硬兼施”的方法。大力开展环境保护教育和宣传活动，以培养和提高旅游者以及当地居民的旅游资源环境保护意识，形成环保内在驱动力。当地旅游政府部门以及旅游企业共同倡导旅游可持续消费理念，即倡导旅游者的消费观念、消费结构、消费行为和消费模式向有利于环境、资源合理利用和人们整体素质提高的方向发展。切实加强执法力度，从而有效地规范了游客行为、保护了旅游资源环境。威尼斯的旅游环保法规比较健全，除了严格执行欧盟、意大利的各种环保法规以外，威尼斯还专门制定了相关旅游法规，例如威尼斯市政府为规范旅游者行为而专门出台了名为《您不能》的行为规范手册，其内容包括游客不能在街头吃午餐、不能乱丢垃圾、不能在河道里游泳、不能在城内骑车或是驾驶其他任何车辆、不能在公共场合脱衣服、不能身着泳装行走街头等。对于游客的不文明行为执法官员会不留情面地给予高额罚款，如对在圣马可广场上野餐的游客的处罚高达 250 欧元。

游客的旅游行为不可避免地对目的地社会环境、生态环境造成一定的影响。通过游客管理，按照相应的规范要求约束其行为，防范（阻止）不文明行为，实现对旅游地社会环境、生态环境保护的目的。因此，游客管理以社会环境体系保护为价值取向，在处理游客与当地社会环境的关系时，应防止因过度重视经济利益，而忽视游客行为对目的地社会造成影响。

（三）我国游客管理存在的缺陷

随着国外游客管理理论的引入，人们已经开始关注游客管理的重要性。但是，在实践领域，大多数旅游目的地的游客管理都只是权宜之计，缺乏包括游客管理程序、方法、效果评估与监控等内容的系统的游客管理运行机制，导致游客管理无效或低效，这与我国旅游业的快速发展极不相称。归纳起来，我国游客管理的缺陷主要表现在以下几个方面：

（1）重视经济效益，缺乏对游客管理重要性的认识。在我国，大多数旅游经营管理者的关注点还在如何吸引大批的游客上，过于重视旅游的经济效益，对大批量游客进入后带来的负面影响没有考虑或考虑不周全，缺乏可持续发展的前瞻性。《旅游法》第四十五条规定："景区接待旅游者不得超过景区主管部门规定的最大承载量。景区应当公布景区主管部门核定的最大承载量，制定和实施旅游者流量控制方案，并可以采取门票预约等措施，对景区接待旅游者的数量进行控制。"但一些旅游地受经济利益的驱动，对景区最大承载量视而不见，导致游客体验质量急剧下降。部分旅游地为了让游客尽量配合消费，不仅缺乏对游客环保意识和文明旅游的教育，甚至对一些游客的不文明行为视而不见；一些旅游地在缺乏统一规划和环卫设施的情况下，盲目开发，急于产生规模效益；一些旅游地的管理者尽管在理论上已经认识到了保护与开发并重的重要性，但在具体的运行机制和管理技术上，尤其是游客管理方面，缺乏应有的认识和知识，缺乏可操作的措施和手段。

（2）对从业人员的培训与管理不到位。我国旅游业从业人员队伍缺乏稳定，基层管理人员素质相对较低，加之许多旅游景区和企业对从业人员的培训和管理不到位，缺乏对从业人员的管理能力和管理责任意识的培养与要求，使得他们没有担负起应有的责任，不具备起码的职业道德。媒体经常有这样的报道，在国内的许多景区，游客随意在文物古迹上拍照、嬉戏，或者在景区乱扔垃圾，景区工作人员却对这类不文明行为"习以为常"或"视而不见"，很少上前劝导制止。旅行社对组织的出境旅游团很少进行必要的跨文化差异和得体行为举止的宣传和提示，而在旅游过程中导游和领队也没有担当起提醒和监督的职责。一些导游在讲解时，甚至宣扬迷信，误导游客去触摸文物，以求带来好运。

（3）缺乏科学规划，服务设施不完善。科学合理的规划直接影响着游客的行为及旅游活动。在我国的许多景区，游客的不文明或破坏性行为在很大程度上是由于景区缺乏科学的规划，服务设施不完善所造成的。停车场的位置，游道的设计、游憩方式的选择、牌示系统的引导都与游客的拥挤和对环境的影响程度密切相关；没有或不合理的功能分区会提高游客活动对环境的负面影响；垃圾桶的数量、位置、分布、开口不合理，卫生间数量不足，缺少让游人休息的设施等等。这些客观原因都会导致不文明行为的增加。

(4) 景区管理混乱，相关服务系统缺乏。在我国许多景区管理混乱：对商贩摊点没有统一的规划管理，商贩只管卖，不管环境卫生的清理；对食品饮料的食用没有要求，加之景区内的商品价格高出市场价格，许多游客便自带食品饮料，随处休息食用；商贩围追游客出售商品，随意圈地占点收取拍照费，游客“挨宰”的情况经常发生；景区收费不合理，重复收费情况严重；清扫人员不到位，垃圾满溢，不及时清运。特别是黄金周期间，很多景点都是人满为患，处于超负荷接待状态，相关服务跟不上，缺乏必要的疏导与调控，导致游客的种种不便，导致不文明行为频频发生。景区本身的管理已经非常混乱，更无法对游客进行管理、对游客的行为进行约束与监控。

（四）加强游客管理、提升公民旅游文明素质的建议

我国旅游管理部门、景区、企业要共同构建起科学的游客管理体系，采用管理技术防止或消除游客不文明行为的发生。具体建议如下：

(1) 制定旅游者行为规范，加大对旅游者的宣传教育。加强各种类型的旅游者行为规范的制定、宣传和实施。例如《旅游法》第十三条规定：“旅游者在旅游活动中应当遵守社会公共秩序和社会公德，尊重当地的风俗习惯、文化传统和宗教信仰，爱护旅游资源，保护生态环境，遵守旅游文明行为规范。”明确规定了旅游者具有文明旅游的义务。景区要加强管理，强化对游客文明的宣传力度，在进入生态旅游地或遗产地之前，先让游客观看通过生动形象手段布置的展览或现代化技术摄制的短片，使游客增长知识，唤醒游客的责任意识，自觉进行文明旅游；在景区入口处，免费发放《入园须知》或旅游指南，提前向游客告知一些禁止的行为，使游客在入园前就了解有关规定，在游玩过程中自觉遵守；在景区醒目的地方利用大型电子显示屏滚动播出游览须知及文明宣传短片，在显要位置悬挂文明标语，设置文明提示牌，等等。中央文明委《关于进一步加强文明旅游工作的意见》中，从教育引导、组织管理、文明氛围营造等方面，推动游客文明行为的自律和社会监督的他律。如对目前的出境旅游团至少要进行三个层面的宣传教育：基本的文明行为教育，不做损害他人、妨碍他人的事，如随地吐痰，衣冠不整，乱扔废弃物，在公共场所大声喧哗等；国际礼仪教育，如仪表仪容，着装礼仪，会面的礼仪，餐饮礼仪，等等；跨文化交际常识教育，了解与特定旅游目的地人民交往时必须注意的文化差异。2015 年，国家旅游局颁布了《游客不文明行为记录管理暂行办法》，对游客不文明行为进行规范化管理。通过各种手段进行宣传和采取有效的监管措施，以达到对游客进行教育和引导的目

的，使游客认识到哪些行为是正当的，哪些行为是不文明的，意识到自己对旅游景区环境应负的责任，从而有效约束自己的行为。

（2）加强从业人员的培训与管理，提高从业人员的整体素质。旅游管理部门、旅游企业要加强对从业人员的培训与管理，引导他们发挥对游客的示范、监督和制约作用。无论是高层管理者、导游员还是保洁工人都必须是文明行为的典范，要主动对不文明行为进行监管，要能够做到随时捡起乱丢的垃圾，以实际行动引导游客。旅行社需要加强对导游和领队的素质教育和管理，要求他们在旅游途中尽到引导、提示、监督的责任。《旅游法》第四十一条规定："导游和领队从事业务活动，应当佩戴导游证、领队证，遵守职业道德，尊重旅游者的风俗习惯和宗教信仰，应当向旅游者告知和解释旅游文明行为规范，引导旅游者健康、文明旅游，劝阻旅游者违反社会公德的行为。"明确了导游、领队在游客文明行为中的引导示范作用。另外，旅行社需要对导游词严格把关，严禁无中生有的编造，加强导游词的知识含量和科学性，发挥导游"文明的引导者和传播者"的作用。

（3）采用"激发型"和"约束型"并举的游客管理措施，进一步约束游客行为。目前，在我国旅游者整体素质不高、良好习惯还没有形成的情况下，一方面要用教育、宣传、引导、鼓励等方式提升国民的旅游文明行为，唤起游客的社会责任感，激发游客自觉提高自身的素质。例如，旅行社向出境旅游团发放文明旅游行为倡议书、出境旅游须知等宣传资料；请游客参与管理，旅游途中或在景区里，请游客担任诸如"文明礼仪监督员"的角色，唤醒人性的优点，抑制人性的缺点；在旅游活动的安排上，有意识地增加增长科学知识、爱护环境、遵守文明规范等有关的内容。另一方面，采用约束型措施，通过制度和技术手段加强对游客行为的制约与管理；诉诸法律法规，加大不文明行为的成本，加大处罚力度。让不良行为的人付出高昂的代价，吸取教训。以罚治脏，以罚治不文明，已是被国内外实践证明了的行之有效的经验。

（4）完善配套设施与管理，采用人性化的游客管理技巧。从心理学角度来看，人会受到周围环境的暗示，在不知不觉中会产生与环境相应的行为与心情。一个场所越是脏乱差，游客对自身不文明行为的控制能力就越低；相反，如果游客置身于幽雅、整洁的环境中，他的环境意识、文明意识、社会责任感会得到激发。因此，提供一个清洁卫生、设施齐全、服务周到的旅游环境，是景区消除不文明行为的重要措施。2015 年，国家旅游局提出将用三年时间，通过政策引导、资金补助、标准规范等手段持续推进旅游厕所革命。《旅游法》规定景区"有必要的旅游配套设施和辅助设施；有必要的安全设施及制度，经过安全风险评估，满足安全条件；有必要的环境保护设施和生态保护措施"，为游客的问题行为提供相应的设施和保障。景区的各种公共设施，如垃圾桶、卫生间、游人休息处的设置、数量、分布一定要充足合理；对景区内的车辆、滑竿、商铺等要统一管理、统一价格，遏制尾随兜售、强买强卖、占道经营等现象；在景区内设置“最佳摄影点”，提醒游客在正确的位置拍照，减少游客乱爬乱拍情况的发生；景区要设有专门的游客服务中心，为游客提供免费咨询和地图、手册等资料；建立完善的解说系统（包括导游讲解、咨询服务、影音材料、标志、牌示、地图、手册等），这样不仅为游客提供了信息，还能达到对游客安全提示、行为提示等的管理功能；景区内的牌示、标志等的位置要得当，信息要醒目、简洁、准确；景区内的游道、游览线路的设计要合理，使游客不走回头路，达到分流游客的目的；等等。

(5) 游客管理技巧的人性化更能赢得游客的配合。比如，制作诸如“小花多可爱，请您别伤害”之类的人性化的标示牌、温馨提示和公益广告；采取措施尽量缩短游客的排队等候时间和枯燥感，采用提供排队的详细资料、超额估算剩余时间、使人们排队时有事可做、提供幽默滑稽互动表演、利用计算机预订系统引入绩效排队体系等等。总之，景区要为游客创造舒适的游览环境，为游客的文明游览提供便利。

案例分析

生态保护与旅游经济发展如何兼顾

在传统发展方式中，生态保护和经济发展是一对宿命冤家。有着“山东生态旅游第一镇”美誉的柳埠也曾在“靠山吃山还是靠山养山”“要生态还是要发展”的痛苦抉择中苦苦摸索。柳埠最大的资源是山林，如何让有限的山林资源成为经济发展永不枯竭的源头活水，是破解发展难题的关键。柳埠镇以林果产业为支撑的生态假日经济为南部山区的可持续发展注入了活力，这是一条生态保护与经济增效的双赢之路。

把生态资源变成竞争力生态是资源，生态资源也能变成竞争力。在柳埠镇，这一理念如今已深深扎根于农民心坎里。然而，世代依山而居的柳埠人也曾经历过观念转变的“阵痛期”。改革开放后，山林别墅、生态庄园的房地产开发项目以及租卖林地、石料开采、售卖林木等项目都让不少村民挣得盆满钵满。但好景不长，南部山区生态保护的一纸禁令断了当地人靠山吃山的念想。当时很多人想不通，跑马岭山脚下的王家峪村民同样想不通，“只养山、不破坏”的红线让村民痛苦了很久，后来经过政府部门引导，村民把目光转到林果产业上。他们从治理荒山入手，结合本村种植樱桃的历史，把发展樱桃种植作为主导产业，短短几年内全村大樱桃面积达到1500亩，产品增加到10多个品种。2010年采摘节期间，他们村销售大樱桃20万公斤，实现销售收入400万元，人均收入万余元。村民从发展林果产业中尝到了甜头，王家峪也从穷山村变成远近闻名的富裕村。“过去吃山吃的是老本儿，如今吃的是生态。发展林果产业绿了荒山，建起一座村民发家致富的绿色银行。”以发展林果产业为带动和支撑，柳埠镇全面实施“三川增绿”生态造林工程，同时禁止一切破坏性、污染性的矿山开采和石材加工活动，严查严惩林木盗伐行为，森林覆盖率达到62%，实现了全镇人均2亩果园的目标，年人均林果收入800元。

生态假日旅游铺就致富路。“到外地太远，在城市太闹，不如到乡村转转。”每到周末，省城济南的市民们纷纷去南部山区休闲。素有“省城后花园”美誉的南部山区每年接待游客350万人次，实现旅游总收入18亿元，生态假日旅游成了拉动当地经济发展的重要力量，地处南部山区腹地的柳埠镇更是游客的首选。

特色景区、采摘节、农家乐是柳埠镇生态假日旅游经济的三大支柱，形成了“春赏花、夏避暑、秋摘果、冬滑雪”的旅游格局。

传统景区注入新内涵。水帘峡风景区近年来完成了园林绿化、河道整治、水系整理、旅游接待中心等项目建设，策划了摄影比赛、楹联撰写、自驾游活动，增加了景区的文化氛围。九顶塔民族风情园开发了“雪之舞”国际滑雪场项目，设有雪上飞碟、雪地摩托、雪地自行车、滑冰等20余个冰雪娱乐项目。

该镇还依托四大林果基地，策划了千鲜果采摘节，采时令果、吃农家菜、赏农家景、体验农家活儿成为市民亲近自然、休闲度假、亲子体验的新宠。

目前，柳埠镇已建成龙门山庄、水生源生态酒店、水云间等一批高标准的农家乐景点，全镇农家乐经营业户达150余户，直接从事旅游业的人员达到4000多人，年收入2000多万元，仅此一项全镇人均增收500元以上。

生态小镇成假日经济亮点。生态柳埠造就生态的人居环境。夏末秋初的锦阳川河道溪水潺潺、清澈见底，两旁古色古香的栖息凉亭、跨河曲桥、傍水栈道与山河溪流浑然一体，游人在这里戏水、赏景、留影、休憩，尽情享受山水风情带来的惬意。

借力城镇建设行动，以改善滨河环境、营造亲水绿色空间、提升城镇综合配套为重点，柳埠镇投资2000万元，对流经镇驻地的锦阳川河道进行功能提升和景观改造。依锦阳川河道拦蓄而成的12万平方米水面和循水而建的2600米健身路径已成为群众休闲健身、市民游玩的新乐园。城镇综合服务功能明显提升，建成了集中供水厂，小镇居民像城里人一样喝上了自来水；济南港华燃气有限公司投资的管道天然气供气工程也即将开工。

2010年4月《济南市南部山区保护与发展规划》出台，成为柳埠转方式、调结构、大发展的新引擎，镇驻地旧村改造又提上日程。相信不久的将来，一个生态低碳、宜居宜游、休闲舒适、凸显生态特色的乡村度假和旅游小镇将展现在人们面前。

——资料来源：济南日报，2010－08－22

【练习思考】

1. 名词解释：旅游权利 游客管理 现代性 文化冲突
2. 为什么说旅游是现代社会的需要和权力？
3. 分析说明“逃逸”对旅游者旅游活动的意义。

4. 分析说明“回归”对旅游者增强社会认同中的作用。
5. 举例说明旅游与现代性之间的关系。
6. 简述旅游交往的内涵和基本模型。
7. 你是如何理解旅游现象本质的?
8. 为什么说旅游与现代性具有天然的联系?
9. 试述旅游交往的性质、层次和模型。
10. 现代旅游交往有哪些特点?
11. 简述旅游交往中的文化冲突。
12. 旅游交往是如何对经济、社会产生影响的?
13. 旅游者有哪些旅游权利?
14. 如何体现旅游权利的价值?
15. 如何对游客进行管理?
16. 为什么必须重视游客安全管理?
17. 结合案例，谈谈如何兼顾自然、文化保护和旅游经济发展。

第三章

社会学视野的旅游环境

【学习要点】

1. 理解旅游环境和旅游环境危机的概念及内涵。
2. 理解经济活动、旅游开发建设和旅游活动对旅游环境的影响。
3. 认识旅游发展与旅游环境保护的关系。
4. 理解旅游环境容量与旅游环境承载力的基本内涵。
5. 掌握旅游环境容量的分析方法。
6. 掌握旅游环境承载力的影响因子。
7. 认识旅游环境保护与可持续发展之间的内在联系。
8. 掌握旅游生态环境的构建措施。

【基本概念】

旅游环境　旅游环境文化　旅游环境危机　旅游环境容量
旅游环境承载力　旅游环境保护　可持续发展

第一节　旅游环境危机

一、旅游环境的概念

旅游环境是指在旅游活动特定的区域或范围内各种因素的存在状况和综合作用的结果。就范围而言，主要包括旅游目的地和相关的旅游依托地；就内容而言，主要包括旅游资源状况以及与旅游活动有关的自然和社会文化两方面的因素。旅游环境可依据旅游区域的不同分为旅游地环境与旅游景区环境，又可依据旅游地文化氛围与基础设施的不同分为旅游软环境与旅游硬环境。广泛意义上的旅游环境，是指旅游地的旅游环境，主要是旅游地经济环境、旅游地政策环境、旅游地交通环境、旅游地设施环境等方面。一般意义上的旅游环境，仅指旅游景区的旅游环境，包括旅游资源、自然生态环境和旅游气氛环境等（表3－1）。

旅游景区的旅游资源是游客观赏的对象。对于游客而言，旅游资源本身蕴含的各种美学特征及其历史、文化、科学价值是旅游行为的直接激发者，资源的破坏将直接影响旅游者的满足程度。

表3－1　旅游环境内容表

旅游景区旅游环境	旅游地旅游环境
旅游资源	旅游地经济环境
自然生态环境	旅游地政策环境
旅游气氛环境	旅游地交通环境
	旅游地设施环境

旅游景区的自然生态环境是旅游区地貌、空气、水和动植物等生态因子的总称。景区的景观美是吸引旅游者的基础，在一个空气污浊、水体污染、四周嘈杂的旅游环境中，游客是无法领略、欣赏、体会具体游览对象的各种美学特征的。从某种意义上来说，旅游区的自然生态环境也是一种旅游资源。

旅游景区的气氛环境指旅游区所特有的地方特色、历史、民族风情及与之相适应的外部氛围。旅游环境美是形象与意境的双重美，游客旅游行为的激发，很大程度上取决于游览对象所反映出来的特殊的历史、地方、民族特点或特殊情调。

二、旅游环境文化

1972年，在瑞典首都斯德哥尔摩召开的联合国人类旅游环境会议上，发表了一份重要文件——《斯德哥尔摩人类宣言》。宣言庄严宣告："人类既是地球旅游环境的创造物，又是它的塑造者"，"人类旅游环境的两个方面，即天然和人为的两个方面，对于人类的幸福和享受基本人权都是必不可少的"，"为了在自然界里取得自由，人类必须利用知识在同自然合作的情况下，建立良好的旅游环境"。这一宣言的发表，具有划时代的意义。

所谓"旅游环境文化"，是指致力于人与自然、人与人的和谐关系，致力于可持续发展的文化形态。显而易见，旅游环境文化概念的理论基础是可持续发展理念，这是人类社会在经历了许多次的经验教训而最终形成的。为了更好地理解先进旅游环境文化的可持续发展内核，有必要对人类旅游环境文化的发展历程做一个简单的历史回顾与总结。

在漫长的历史岁月中，人类占有主导意义的自然观念不断发生嬗变，经历了对自然的恐惧与崇拜，对自然的主宰与改造，以及对自然的反思与尊重三个发展历程。

（一） 对自然的恐惧与崇拜

文艺复兴之前的漫长的古代社会，是人与自然关系发展的第一时期。在这一历史时期，由于自然科学知识贫乏以及思维方式的限定，人们只能被动地接受自然力的控制，继而产生对自然力的恐惧以及听天由命的思想。出于对自然力的恐惧，从而对自然力进行神化。如龙王爷的传说以及相关的各种祭祀活动等，正是出于对于自然力的恐惧以及对自然力的神化。人们甚至认定“天”与“上帝”是同一个概念，都是最高力量的代表，中文的“上苍”、英文的“heaven”，都是人类将自然力神化的典型语言。

（二） 对自然的主宰与改造

到了近代社会，以文艺复兴时期的人文主义思想为主要代表，是人与自然关系发展的第二阶段。尤其是14世纪的地理大发现，对人类思维模式产生了巨大的影响，对自然力的崇拜以及宗教神权的观念迅速瓦解，人类对自身有了充满自信的全新的认识，这种认识被知识界誉为“人的发现”。由于一些重大的自然科学成就的发现以及人文主义思潮的影响，人们在相当程度上开始从对自然力的恐惧发展成对自然的任意主宰，所强调的不再是人对自然的顺从，而是与自然的对峙与反抗，结果从颠覆神权主义思想又走向了又一个极端——“人类中心主义”的思想倾向。在这一时段，人类生存的外部条件发生了根本的变化：

1. 人口的膨胀

马尔萨斯（Malthus）最早提出可利用的自然资源不能满足日益增长的人口的需要，进而提出对人口进行控制的观点：不论人们的生活资料怎样迅速地增长，至少当食物已被分成只能勉强维持生命的最小份额时，人口的增长要受到生活资料的限制，这是一个显而易见的真理。他的观点在相当长的历史时期未能引起人们的注意，也不被许多学者所认同。直到进入20世纪，特别是第二次世界大战结束以后，人口的压力已经显现，马尔萨斯思想的追随者才逐渐多起来。如西方学者费尔查德（PhilChad）博士在1950年出版《挥霍浪费的世纪》一书中指出：“人类靠不懈地应用他们的创造力，便能迅速地改善生产技术，使之足以满足人类的自然的、生理的增长需求。然而，这种事情还从没有过。在世界各地，人口对粮食供应的压力总是造成了饥饿、灾难、冲突和痛苦，乃至于最终导致死亡。从出现人类到今天，实际上在全世界，社会一直长期处于人口过剩的状况。”

2. 资源的消耗

人类衣、食、住、行等基本生存活动所需的自然资源也在逐渐减少，一些人在“享受现世生活”的人文主义思想引导下，追求对自然资源的无节制的占有，追求现世生活的欲望无节制地膨胀，从而导致自然资源的过分消耗和浪费，尤其是一些发达国家自然资源浪费现象更加严重。如在美国，根据有关学者估计，一个人从出生到82岁，总计要耗费约21.2万立方米水、2.1万吨汽油、45.4吨钢和1000棵树的木材。人们担忧，如果把这种资源消耗水平推广到地球上比较贫困的国家和地区上去，就会在一代人之间耗尽地球上的资源，并造成过度污染。

3. 战争的危机

战争的危机也是促使人类生态意识得以形成的一个重要背景。已经消逝而去的20世纪，可以说是人类历史上最为伟大的世纪，因为突飞猛进的科技和迅疾发展的文化，没有任何一个世纪比它更为辉煌。同时，20世纪也是人类历史上最为残酷的世纪，因为从世纪之初的第一次世界大战、世纪中叶的第二次世界大战、直到世纪末的海湾战争和科索沃战争，从原子弹等杀人武器的诞生到该武器在广岛的实际运用，人类相互之间残杀的规模和在战争中惨死的数量都是以往任何一个世纪所无法比拟的。

4. 环境的恶化

19世纪一些主张“返回自然”的浪漫主义作家就曾经坚持认为，人类的文明导致了人类的罪恶。这一说法在20世纪以来的人类的发展进程中已经得到充分的印证。

水是一种无法替代又极易受污染的人类最宝贵的资源之一。尽管地球上水面积远远大于陆地面积，但全球浩渺的水域中98%的水是咸水（海水），不适于人类和农业使用，仅剩下的为数不多的淡水却大部分被封在南极和北极的冰山或埋在地下。人类能够利用留在江河、湖泊、溪流中的淡水只占0.014%，其中还有65%~70%又因蒸发、流失及其他的浪费而损失掉。稀缺的淡水资源却正在遭受极其严重的污染。就中国国内水体情况来看，被称为母亲河的黄河，水体污染已使闻名于世的“黄河鲤鱼”难以寻觅；20世纪70年代还广为百姓喜爱的鲜美的“长江鲥鱼”，如今也难寻踪迹。江河两岸的排放物以及过往船只的油污、废水的侵害，使得水质污染日益严重，不仅使得鱼类品种越发减少，而且它使人类的饮水问题令人担忧。

土壤的良性循环也发生了很大的变化。进入20世纪以后，工业和城市废水、固体垃圾以及农田中使用的化肥、农药等，对土壤造成了严重的污染，从而影响了土壤的生产性能和利用价值。

人和动物赖以生存的被称为“生命之被”的覆盖大地的绿色植被，自20世纪50年代以来遭遇严重的破坏，处于正在衰竭的危险之中，正如有的学者所说：“地球的绿色外罩在开发的狂潮中正受到迅速增长的人群和推土机的蹂躏和掠夺。陆地进化的5亿年中称为生物圈的这种外罩从未遭受过这样野蛮的进攻。”

（三） 对自身行为的反思与对自然的尊重

人口的膨胀、资源的消耗、战争的危机和环境的恶化，引起了人类社会对自身行为的反思。把对自然的改造看成是人类的一个重要的终极目的和探索的最高境界，忽略了人的行为方式必须服从自然规律的道理，人类因过分强调自身的发展，人类所赖以生存的地球因承受来自全球经济的巨大压力而不堪重负。缺乏生态意识，终将对人类造成生存危机。人们认识到，只有良好的自然环境，人类才会具有良好的自然状态，而一旦人类所赖以生存的自然环境遭到破坏，人文精神也就失去了根基；人类自身的发展，尤其是人类为改变物质条件所强调的经济发展，一定要以发展所依赖的自然界的良好状态为前提。人类开始反思自身的行为，逐步形成了尊重自然的意识。

旅游产业的发展顺应了这一生态潮流，强调可持续发展的、现代意义上的旅游环境文化，正是在这样的大背景下出现的。旅游环境是与“人和社会”相对应的，旅游环境文化的核心思想是受损旅游环境的修复和良性旅游环境的健康持续的发展；地球的旅游资源是有限的，要使旅游业持续增长，就必须改变传统旅游开发方式，以最小成本获得最大的经济效益和旅游环境效益。

三、旅游环境危机

旅游环境问题是指由于外界作用使旅游环境受到影响和破坏，使游客旅游活动的满足程度受到影响。旅游环境质量是旅游业赖以存在和发展的基础，旅游业正面临着前所未有的旅游环境危机。旅游发展给旅游硬环境带来破坏和影响，不仅阻碍旅游业本身的持续发展，而且带来相关的负效益，这些负效益也相应地损坏旅游目的地的旅游软环境，导致当地居民对旅游发展持保留态度或抵触心理。

（一） 经济活动对旅游环境的影响

（1）在经济发展过程中，工业生产排放的废物及产生的噪声污染旅游区的自然旅游环境，扰乱旅游区应有的宁静，致使不少旅游区丧失了以往清新的空气、清澈的水体、静谧的氛围，游客游览的兴致因旅游环境污染而降低。

（2）不合理的资源利用与农业生产方式破坏旅游区的自然生态平衡，旅游资源直接受到影响，例如森林砍伐、过度开采地下水、开山炸石等活动造成水土流失、游览水体水位下降、奇山丽景惨遭破坏等。

（3）在经济结构、生产力布局、城市发展规划中，忽视旅游资源的保护，使区域经济结构类型、生产力布局方式、城市发展方向与旅游业正常、持续发展对旅游环境条件的要求不相适应。如在云南石林旅游区建设大型水泥厂，在北京周口店猿人遗址建设灰窑、煤窑等。

（二）旅游开发建设对旅游环境的影响

在旅游资源开发利用过程中，有关设施建设与旅游区整体不协调，造成旅游资源、旅游区生态环境特别是旅游气氛环境的破坏。例如，城市新建建筑与旅游城市的整体建筑不协调，古迹复原处理不当，旅游区新建项目与景观不协调，改变或破坏应当保留的历史、文化、民族风格和气氛。忽视旅游区的整体协调及其所蕴含的内涵，盲目开发，只会造成景点的不伦不类，进而丧失其旅游价值。

（三）旅游活动对旅游环境的影响

（1）旅游活动对旅游区环境的影响，主要在于旅游过程产生的垃圾对景点环境的污染以及旅游活动本身对景点自然生态平衡及旅游意境的影响。随着旅游活动规模的扩大，景点垃圾遗弃量日益增加，大量垃圾随意抛撒堆积，破坏了自然景观，污染了景点水体。我国许多旅游区水体都遭到了不同程度的污染，其中相当一部分旅游水体的透明度、色度、嗅味等指标均超过国家规定的旅游水体标准，漂浮物、悬浮物、油迹污染物已经影响游客感官，使其旅游兴致降低。

（2）超过景点容纳容量的超规模接待破坏了旅游区自然生态系统平衡。构成自然景观的生态系统对旅游活动存在一定的承载能力，这种承载能力由生态系统的结构所确定，超过其承载能力的旅游活动将使旅游区生态系统结构发生变化，旅游区旅游功能丧失。例如，大量游人将旅游区内的土地踏实，使土壤板结，树木死亡；在山地爬山登踏，破坏自然条件下长期形成的稳定落叶层和腐殖层，造成水土流失，树木根系裸露，山草倒伏，从而对旅游区生态系统带来危害。不当的旅游活动所带来的问题是严重的，只注重短期效益，无限制地接待游客，将对旅游业未来的可持续发展带来严重损害。

四、旅游发展与旅游环境的关系

发展旅游业与保护旅游环境之间存在着既相互矛盾又相互依赖的关系，也存在相互矛盾、相互冲突的关系。

良好的旅游环境是发展旅游的重要物质基础，旅游发展了又可以对旅游环境保护产生积极影响。旅游是“吃、住、行、游、购、娱”六要素的组合，其中“游”这一要素是最根本、最核心的因素，起着决定性作用。“游”的对象是旅游资源，正是旅游资源的吸引力促成了旅游活动的进行。旅游区的生态环境是自然、人文旅游资源的载体，良好循环的生态、良好的旅游环境质量有利于旅游资源的保护，同时优美的生态环境作为旅游资源的背景，可以增加旅游资源的美感，提高其品位，从而扩大其吸引力。在城市化不断扩张、旅游环境问题日趋严重的今天，旅游区生态环境条件本身就是一种重要的旅游吸引物，是游客选择旅游地的一个重要参考因子，适宜的自然条件、清新的空气、洁净的水源往往成为吸引游客的重要因素。而恶劣的生态环境、污浊的空气，会大大降低旅游资源的品位，降低旅游资源的美学价值和旅游环境的舒适度。生态旅游环境的破坏、旅游环境质量的恶化将加速自然、人文旅游资源破坏和丧失，使旅游业失去持续发展的物质前提。旅游业的发展给区域的社会、经济、文化、自然旅游环境带来了深刻的变化和影响，使越来越多的人认识到旅游环境对旅游业的意义和作用。旅游业的生存和发展要以旅游环境为物质基础，同时，通过对旅游资源及旅游环境的合理开发利用而实现旅游业的良性循环与发展，可以为旅游环境的保护和改善提供有利的物质基础条件，对旅游环境保护起到促进作用。

旅游业发展过程也会给旅游环境带来许多负面影响，如在旅游开发建设过程中大量占用土地、破坏植被，造成景观破坏、生态系统受损；在经营过程中，超容量游客的涌入带来拥挤、混乱，超出以往的生产、生活资料的消耗和能源的使用导致废水、废气和废渣数量的增加，游客的破坏性行为对旅游环境造成污染和破坏，对旅游区生态旅游环境和资源造成不良影响。部分开发和经营者只注重经济利益，急功近利，缺乏有效的土地规划和管理机制，无序开发旅游资源，超容量接待游客，更加剧了旅游地环境的恶化。

第二节　旅游环境容量

一、旅游环境容量内涵解读

长期以来，人们将旅游业视作“无烟工业”“一本万利”的产业，从发展中的非洲到后工业化的欧洲越来越多的国家和地区寄希望于旅游业发展带动地方经济发展，使得旅游业成为世界上规模最大、发展势头最强的产业类型。然而，在旅游业发展带来经济收入、就业等经济影响的同时，不可避免地带来了对旅游环境的负面影响，甚至形成比较严重的旅游环境问题。面对日益严峻的旅游环境形势，必须以旅游环境容量为依据，确定旅游业发展的合理规模，合理调控、建设扩大旅游环境容量，促进旅游经济与旅游环境协调发展。

旅游环境容量，又称旅游极限容量或负荷能力，是一定时期内不会对旅游目的地的旅游环境、社会、文化、经济以及旅游者旅游感受质量等方面带来不利影响的最大限度的旅游规模，是旅游地在生态资源免遭破坏的条件下能够容纳旅游者的数量，一般量化为旅游地接待的旅游人数最大值。在这个最大限度的“临界点”范围内，增加消费人数不会引发问题产生；而超过这个“临界点”，增加消费者将会产生外部负效益，减少全体消费者的效用，甚至破坏旅游环境。旅游环境容量也可以反映旅游资源的利用程度和游客的感受质量。

旅游业的综合性规定着旅游业多维化的极限容量，即环境容量、物质容量、心理容量、社会容量和经济容量5个方面共同规定旅游业的发展规模。物质容量是旅游地实际容纳旅游者的数量；心理容量包括目的地居民心理容量和旅游者心理容量两方面，前者是指目的地居民心理上可以接受的旅游者数量，后者则指在旅游地失去吸引力之前旅游者可以容忍的拥挤程度；经济容量是指在特定范围（国家、地区或地方）之内，其经济所能承受的旅游冲击的最大限度。

一般认为，旅游环境容量的概念最早是由比利时生物学家P. E. 弗胡斯特在1838年提出，并开始应用于人口研究、旅游环境保护、土地利用、移民等领域。国家公园或保护区的游憩旅游环境容量的提法最早出现在20世纪30年代中期，当时美国国家公园管理局呼吁对国家公园旅游环境容量或饱和点进行研究。“旅游环境容量”这个词是由拉佩芝（Lapage）在1963年提出的，他认为一定时间内某一旅游地接待人数应该在一定的限度内，从而保证旅游环境的质量，能够让大多数旅游者满意。世界旅游组织在1978～1979年度的“世界旅游组织六个地区旅游规划和区域发展报告”中正式引用了旅游环境容量的概念，从此这一概念被广泛应用于许多国家的旅游规划与管理中，对旅游环境承载力的探讨也成为国际性学术会议的议题。

20世纪80年代后，以史迪科（George H. Stankey）为代表的学者开始关注旅游环境容量问题的实质，提出要重视管理目标，而不是过分关注旅游环境容量的数值。1980～1983年，许多组织和学者进行了“度假地饱和”“度假地承载容量风险”等课题的研究，在理论与应用研究方面取得了许多新成果。道格拉斯·皮尔斯（Douglas Pearson）在《旅游开发》一书中提出了旅游环境容量的构成体系，即旅游环境容量应分为物质容量、旅游环境承载力和心理容量3个部分。爱德华·英斯基普（Howard. Inskipp）认为，旅游环境容量包括两层含义：一种是旅游业的接待能力，另一种是旅游环境的承受能力。最值得一提的是，美国国家林业局的专家们于20世纪80年代在游憩旅游环境容量的基础上发展了可接受改变的极限理论，它以一套9步骤的管理过程来代替单纯的旅游环境容量计算。可接受改变的极限理论的诞生，带来了国家公园与保护区规划和管理方面巨大的变革。美国国家公园根据可接受改变的极限理论的基本框架制定游客体验与资源保护管理方法（RVE），加拿大国家公园制定了游客活动管理过程（RARP），美国国家公园保护协会制定了游客影响管理（VIM），澳大利亚制定了旅游管理最佳模型等，在解决资源保护和旅游发展之间的矛盾方面取得了很好的效果。

近几年随着对旅游环境研究的不断深入，国外学者普遍相信实施有效的管理可以提高旅游环境容量，借助计算机技术评估旅游环境容量也日益受到重视。萨弗里艾德斯（Saveriades）认为旅游业的过度发展可能导致社会—文化的破坏，旅游环境容量不是固定的，可以通过有效的管理手段来控制。托尼·普拉托（Tony Prato）认为旅游环境容量不应以旅游者的数量为衡量标准，而以自然资源和人类可接受的影响为衡量标准，并引入适应性生态系统管理（AEM）和容量多种指标评分法（MASTEC）检测作为空间决策的支撑工具和应用模型体系，以消除旅游活动带来的不利影响。史蒂文·劳森（Steven R. Lawson）等应用计算机模拟模型对 Aiches 国家公园的旅游环境容量进行监测，提出了相应的管理对策。

国内对旅游环境承载力的研究起步比较晚，也走了与国外研究不同的技术路线。国外研究主要以游憩体验管理为出发点，着眼点是控制旅游环境影响方面，只有在非直接（管理游客）的方法行不通时，再来控制游客人数。而国内则以控制游客人数为着眼点，在应用旅游环境容量量化模型中，以游客数为最终的指标。国内研究最初的阶段主要侧重于理论框架，研究内容逐步涉及旅游环境承载力的概念、构成、计算方法及指标体系的构建等部分。研究者在对理论框架研究时，也涉及旅游区管理的问题，有研究者已经把侧重点转移到管理工具研究上。

二、旅游环境容量的分析方法

任何一个国家或地区在对旅游资源进行评价和开发时，都必须充分考虑极限容量。由于衡量容量的标准因社会旅游环境不同而表现出某种不确定性，管理工作对极限容量的影响，使旅游环境容量的定量分析存在一定的难度，即便有了一些定量分析，也缺乏普遍的应用性。

旅游环境容量的测算，是旅游区环境管理的必要内容。计算旅游环境容量要拥有资源本身和基础设施方面的信息。旅游环境容量的关键要素包括：旅游活动的类型、季节、每天的游览时间、被开发的资源的安全状况、现有设施和游客的满意度等。在特定的时间、特定的地点，旅游环境容量的水平在很大程度上受到最敏感要素的影响。

旅游环境容量的测量应有一个基本的空间标准，即单位利用者（通常以人或者人群为单位，也可以是旅游者使用的载体如轿车、船等）所需占用的空间规模或设施，称为“单位规模指标”。对于不同的旅游环境容量而言，表示基本空间标准的计量指标也不相同。旅游资源容量的计量，通常用人均占有面积数表示。在测量设施容量时，多用设施比率表示；在测量生态容量时，一般采用一定空间规模上的生态环境能吸收和净化的旅游污染物的数目。基本空间标准数据的获得，大多是长期经验积累和专项研究的结果。在旅游规划中，基本空间标准是规划时直接应用的一项重要指标。测定旅游资源容量、旅游心理容量和旅游设施容量的基本空间标准，初始阶段需要对旅游者进行直接的调查，得出这一场所的基本空间标准，然后将其调查资料运用到同类型旅游场所的规划与管理中。具体调查方法可视旅游环境与具体条件而定，有问卷调查、统计、比较分析以及航空摄影分析等方法。下面介绍几种较为常见的定量分析方法。

（1）高峰期需求测定。旅游业的季节性经营要求分别计算出旺季、平季、淡季的需求，然后确定能在多大程度上允许在较短的高峰期内超容量运行，测定高峰期的市场需求在旅游环境容量确定上起关键作用。测定高峰期需求的方法主要有两个：一是用“一定时期抵达人数/更长时期内抵达人数”来评估拥挤程度；二是确定任何时期内均可接待的最大游人数，世界旅游组织建议以所登记的接待的最大游人数的2/3作为其他时期均可接待的最大游人数，如某地某年6月份所登记的游人数为12万，位于其他月份之首，那么该年内任何月份均能接待的最大游人数为8万。

（2）拥挤程度测定。游客的拥挤程度可以占用的空间面积来量度，主要按照人均占地面积来确定，一般情况下为人均陆地面积2平方米/人，人均水体面积为8平方米/人，人均山地（可涉足面积）4平方米/人。这种以单位面积的理想人数不超过某个既定值（如每公顷海滩不得超过1000人）来度量拥挤程度的做法，没有考虑到游客对拥挤的心理感受因素，因此对“拥挤程度”还要作具体的分析。比如在一个颇受青睐的海滨度假地，游客的目的是为了能在人海中寻求开心和寻找感觉，“拥挤”正是其海滨气氛的重要元素之一，但如果游人到某景区的首选利益或第一利益是安宁和静溢，那么即使远远低于这个拥挤的量度值也会听到对拥挤的满腹牢骚和不满。

（3）期望旅游人数测定。测定期望旅游人数的方法，常常用来测定停车场地、旅馆、商店数目。人们经常说的每2000人一个旅馆，每人需要0.2平方米商场面积，每个床位需1.2辆小车的停车空间，每公顷停车场停车25辆，就是这种期望人数的测定。

（4）限度评估测定。如果某个环节如供水有限，那么能接待的游人数估值就是“可资利用的水供给量÷每人每天耗水量”。如果停车场地有限，能接待的游人数就是“可停留车辆总数×（可停车时间÷平均每辆车停留时间）×每辆车平均载人数”，如某一停车场可同时停车100辆，每位游人停留大约30分钟且人均一辆小车，那么10小时内可接待2000名游人；如每辆车载3人，接待量则为6000人。如果预支一定成本开发某个景区，要求至少能收回成本（即保本经营）的游人数为“开发总成本/预期人均花费”。

（5）摄像与问卷结合测定。心理容量的准确数字很难测定，目前使用频率较高的做法之一便是摄像与问卷结合法。如在爱尔兰海滩，人们选择特定的时间从空中拍摄像片，观察实际的游客稠密度和分布情况，同时以问卷形式征求游人意见，通过比较分析，得出10平方米/人的容量。对于当地居民心理容量、社会容量的衡量，也只能在综合各种因素的基础上进行主观的推测。

旅游环境容量分析可以基本确定旅游开发的强度、接待旅游者的最大数量以及旅游资源的最佳利用程度，但它不能代替目的地旅游环境、社会经济的影响评估。影响评估是考察在确定旅游环境容量时所忽视的影响问题，以发现潜在的影响，采取必要的补救措施，最大限度地减少负面影响。

第三节　旅游环境承载力

一、旅游环境承载力的构成

旅游经济活动给旅游环境带来的各种负荷，归根结底是由游客的游览活动和旅游企业的接待活动所造成的，而游客的数量直接影响旅游环境的经济产出，因此，旅游区一般用所能容纳的游客数量作为旅游区环境容量值。它一方面可以说明旅游区有多大的总承受力；另一方面又可以说明允许发展的旅游经济规模。于是，可以把具有不同量纲的诸种承受力通过相关的属性归到游客人数这个统一的量纲上来。概念尚存在一些局限。国内旅游规划对旅游环境容量有计算上的要求，也引入了一些定量化的计算模式，但国内旅游规划的文本资料所用模式多为静态的，同时大部分研究人员仅仅局限于“空间承载量”的计算。

但是，旅游环境容量以承纳的旅游者数量作为唯一指标，不符合旅游环境作为空间和非空间的、作为实物和非实物要素载体的本质内涵，而且旅游环境对于旅游强度承载并不总是被动的，用“容量”这个名词削弱了旅游环境的主动性。因此，不少学者提出“旅游承载力”的概念。

旅游环境承载力（Tourism Environment Bearing Capacity，TEBC）是指在旅游地旅游环境系统的现存状态和结构组合不发生对当代人（包括旅游者和当地居民）及后代人有害变化（如旅游环境美学价值的损减、生态系统的破坏、旅游环境污染、舒适度减弱等）的前提下，在一定时期内旅游地（或景点、景区）所能承受的旅游者人数，它包括游客密度、土地利用强度和经济发展强度3个分量指标。

旅游环境承载力是个系统概念，其构成内容因不同的视角而有所区别。以旅游环境为视角，即从旅游活动受体角度出发，通常将旅游环境分为自然环境、经济环境和社会文化环境，相应地，旅游环境承载力包括自然环境承载力、经济环境承载力和社会文化环境承载力 3 个分量。以旅游活动为视角，即从旅游活动主体角度出发，因旅游活动包括吃、住、行、游、购、娱六要素，旅游环境承载力可以相应地分为生活环境承载力、交通环境承载力、游览环境承载力、旅游用地承载力、自然环境纳污力和社会经济承载力。以旅游地域为视角，旅游环境应包括旅游地环境、客源地环境和旅游通道环境，旅游环境承载力也就分为旅游地环境承载力、客源地环境承载力和旅游通道环境承载力。

二、旅游环境承载力的影响因子

旅游环境承载力是反映一个旅游地对旅游活动强度的承受能力的综合指标，影响旅游活动强度变化的因素很多、很复杂，包括资源、旅游环境、社会、经济等因子。对旅游承载力影响因子的认识有一个发展过程。20 世纪 80 年代初，蒲尔（Buhler）和康德森（Kundson）认识到，在游憩娱乐领域内，物质体系（游乐设施、旅游基础设施）的自然承受能力是游客容纳量大的决定因素。此后，旅游目的地转向并集中于自然风光旅游地，由于自然生态质量是旅游发展的基础，许多学者认为旅游承载力取决于自然生态环境对游客数量的承载力，并一度使旅游环境容量变成旅游影响评价的概念。随着旅游社会学研究逐步兴起，旅游区的社会容量被定义为“当地居民的社会损失在旅游发展过程中达到不可接受状态时的游客数量极限点”，这与当地居民心理容量极限状态相一致。

目前，旅游学术界对旅游环境承载力的影响因子已经基本达成共识：包括 3 个方面，即社会文化环境因子——游客密度指数，社会经济环境因子——旅游经济收益指数，生态环境因子——土地利用强度指数。

（1）社会文化环境因子——游客密度指数。旅游者对当地居民的社会文化影响是显而易见的，这种影响有正面的也有负面的，而影响的程度和范围是不同的，游客密度越大，这种影响就越大。一般用游客密度指数来反映这种影响。游客密度指数对不同的旅游区的社会文化影响并不相同：在旅游业占绝对优势地位的地域，居民所能承受的游客密度要大于具有不同产业结构特征的地域；成熟的旅游地居民已经从旅游开发中获得了收益并逐步适应了旅游活动气氛，心理承受能力有所加大，因而所能承受的游客密度要大于初期开发的旅游地的居民；文化差异（包括信仰、习俗、生活观念等）越大，旅游冲击力越大，旅游地居民所能承受的游客密度指数越小，即以区外客源市场为主体的旅游区游客密度指数冲击力大于以区内客源市场为主的旅游地。因此，不同的旅游目的地应有不同的游客密度指数值。

（2）社会经济环境因子——旅游经济收益指数。社会经济旅游环境因子对旅游承载力的贡献，一般选用经济发展容量作为分项指标，它是指旅游区的经济要素（诸如饭店床位、食物供给、水电供应等）所能容纳的游客数量。这种以供给确定承载力的方法可操作性强，计算简单，但意义不大，因为不考虑游客需求方式、规模等内容的单纯的供给能力是难以说明旅游承载力的真正含义的。因此，应当以旅游经济效益作为社会旅游环境因子的综合性指标，并将经济承载量界定为当旅游地居民和政府的旅游经济收益达到某一临界量时所能容纳的游客人数。

（3）生态环境因子——土地利用强度指数。旅游区内的旅游用地面积越大，旅游活动规模空间越大，居民用地越少。当居民用地面积缩小到一定数值，会导致当地居民（包括旅游从业人员与非从业人员）的心理抗拒，生活秩序被打乱，导致紧张、焦虑和沮丧，降低生活旅游环境质量。

三、旅游环境承载力的管理

众所周知，旅游区环境承载能力是有限的，但它是旅游区经济发展的重要资源。测算旅游区环境容量的目的是认识了解旅游区能满足游人最低游览要求时所能承受的旅游活动最大值，以便于制订合理的容量使用、调控方案，并根据实际情况，制订旅游区生态建设方案，扩大部分限制因子的承载能力，以实现旅游经济发展和生态旅游环境保护的双赢。

旅游区环境容量与承载力的管理，就是要在旅游区环境容量与承载力测算、评价的基础上，制订合理的容量使用规划，采用最节约的容量利用路线，保障旅游区旅游环境容量的有效利用，同时根据旅游区发展需要，对旅游区容量与承载力进行合理调控与建设，扩大接待能力，提高经济效益。一般的做法是，首先确定旅游活动项目的旅游环境承载力指数，根据指数分级确定实际容量与承载力的关系。

（1）弱载时的调整。弱载即旅游环境的实际容量明显小于旅游环境的承载力，旅游地的游客容纳量尚有足够的空间，旅游开发和发展强度还有较大的承载余地，不会对旅游地的资源和旅游设施产生污染和破坏。在这种情况下，要充分挖掘旅游资源特色，以市场为导向加大资源开发力度，针对客源市场进行宣传，提高知名度，开发特色旅游项目，大力开拓客源市场，还要注意旅游产品的更新换代，克服衰退现象，注意与热点景区的合作，以热带冷，促进旅游发展。

（2）适载时的保持。适载即旅游环境容量与承载力处于最协调状态，旅游开发取得了最佳经济效益，实现了旅游开发与旅游环境保护的协调，应注意保持系统良性运作。

（3）轻度超载时的调整。轻度超载即目的地旅游开发强度超过了旅游环境系统的承受能力，旅游环境系统整体上超负荷运行，局部景点可能会处于强超负荷状态，旅游可持续发展受到威胁，但超载的强度不是很大，所以当务之急是寻找限制旅游环境承载力的瓶颈因素，采取有效措施提高旅游环境承载力。

（4）强度超载时的调整。强度超载即旅游开发强度已经大大超过了旅游环境系统的承受能力，长期的旅游超载将对旅游业造成致命的消极影响，需要进行大的调整。在已经开发的旅游地，可以考虑开发一些新景点；那些过热的景点要对游客进行适当引导和分流，并把旅游环境污染控制在允许范围内；对于待开发的旅游地，除了对现有开发规划的强度作一定限制外，可以考虑调整旅游地开发类型。

第四节 旅游生态环境的构建

一、旅游环境保护的制约因素

我国旅游主管部门与实业部门对旅游环境保护的必要性与迫切性均已形成共识，并采取了一定的措施。我国自 1973 年始先后颁布了一系列关于旅游环境保护与管理的法律、法规，如《关于保护和改善旅游环境的若干规定（试行草案）》《对外开放地区旅游环境管理暂行规定》《建设项目旅游环境保护管理办法》《中华人民共和国海洋旅游环境保护法》《中华人民共和国水污染防治法》《征收排污费暂行办法》《中华人民共和国旅游环境保护法》《中华人民共和国森林法》《风景名胜区管理暂行条例》《文物保护法》以及《中国旅游环境与发展十大对策》等等，初步形成了旅游环境行政管制体系。在对旅游环境保护的实际工作中，旅游行政主管与实业部门、环保行政主管与实业部门精诚合作，联手防治，取得了一定的成绩，但也有不尽如人意之处。

旅游环境保护的制约因素，主要有如下几方面：

（1）旅游环境保护制度不完善。国家有关部门虽制定了一系列旅游环境保护的法律、法规，但我国旅游业尚没有专门的旅游环境保护法。我国政府于 1985 年才将旅游业作为国家重点支持的一项事业，正式纳入国民经济和社会发展计划，旅游业在我国还处在初期发展阶段，虽然在旅游环境保护方面做了许多立法工作，但在法律、法规的监督执行方面却缺乏健全管理。旅游区许多基础建设项目，没有按规定程序办理有关旅游环境保护手续，有的虽然办了但没有相关部门的配合把关，流于形式。国务院有关部门发布的《建设项目旅游环境保护管理办法》规定："对未经批准旅游环境影响报告书或旅游环境影响报告表的建设项目，计划部门不办理设计任务书的审批手续，土地管理部门不办理征地手续，银行不予贷款；凡旅游环境保护设计方案未经旅游环境保护部门审查的建设项目，有关部门不办理施工执照，物资部门不供应材料、设备；凡没有取得旅游环境保护设施验收合格证的建设项目，工商行政管理部门不办理营业执照。”然而事实上，有些地方这些措施没有得到真正落实。例如，《中华人民共和国文物保护法》第30、31条规定：“刻画涂污和损坏国家保护文物尚不严重的，由公安部门或文物所在单位处以罚款或赔偿损失。”但其中何谓“尚不严重”，罚款赔偿如何认定，并无具体明确的规定，容易造成上有政策、下有对策的局面。长期以来，旅游区没有权威性的旅游环境保护机构，往往一个旅游区分属几个部门主管，形成旅游部门、环保部门多头领导，各自为政，互相扯皮，条块分割的现象，不利于旅游环境保护工作的有效开展。

（2）环境保护意识不强。环境保护意识与国民文明程度紧密相关。在大大小小的旅游区，随地乱扔纸屑、果皮、对文物乱刻乱画、“到此一游”之类的涂鸦现象司空见惯。我国许多风景优美的旅游区坐落在偏僻的、经济不发达地区，如西南少数民族聚居区仍处在半封闭、半开放的发展状态中，过着原始的伐薪取暖、辟地种田的生活方式，因此当其居住地被开发成旅游点时，常常发生居民们或破坏生态或猎杀动物以供纪念品交易，通过这种方式获取旅游经济收入的现象。我国广大旅游者的环境保护意识尚待进一步提高。

（3）注重经济发展轻视环境保护。虽然中央反复强调旅游环境的重要性，但对基层企业领导者和经营决策部门来说，保护旅游环境与经济增长一直是个两难选择。在许多地区的旅游开发和发展中，以牺牲环境的长期效益为代价来换取短期的经济利益的现象时有发生。

（4）旅游区客容量超负荷。旅游区客容量超负荷问题远未从理论上和管理上得到解决。尤其是知名度较高的景点和景区，旅游旺季“人满为患”的问题非常突出。旅游环境保护工作中存在的诸多问题加剧了旅游与环保的矛盾，使保护主义者和实业部门的冲突、游客和目的地居民的冲突、居民之间的冲突更加严重。

（5）环境保护经费不足。各级财政拨给的环保专项经费和业务费用相当有限，而许多该收的环保费用没有按规定如数加以征收，再加上污染治理欠账太多，导致许多环保治理项目没有资金保证，环保工作无法实施，形成恶性循环。由于环保经费不足，许多旅游区的环保部门除了有一两台陈旧简陋的监测设施外，无力添置其他基础性设施和配套设施，对于旅游区内排污情况难以进行常规性分析，旅游环境规划、旅游环境趋势预测往往因没有监测依据而难以实施。

二、景区生命周期的环境保护

旅游人数、旅游区客容量与旅游环境质量之间有着密切关系。旅游人数超过旅游景区的承载量时，旅游活动将对旅游环境造成一定的影响甚至破坏。旅游环境质量的变异涉及游客行为、游客心理、社会文化、居民参与程度等许多不可控因素，因此，旅游环境质量在具体时间断面上呈现不规则的特征。但是，从旅游景区发展历史看，游客到达人数与旅游景区环境质量演变之间存在一种内在的周期性规律。

（一）旅游景区历史发展演变模式

加拿大西安大略大学旅游地理系教授巴特勒（Butler）博士长期从事安大略省北部乡村旅游景点发展演变的研究，他于1980年在*Canadian Geographer*刊物发表*The Concept of a Tourist Area Cycle of Evolution*：*Implications for Management of Resources*一文，按时间发展和游客到达人数，一个旅游区的发展演变可划分为6个阶段：探索期、参与期、发展期、稳定期、停滞期、衰落或复苏期（图3－1）。探索期是旅游地发展的初始阶段，只有零散的游客，没有特别的设施，其自然和社会旅游环境未因旅游的产生而发生变化。参与期，随着旅游者人数增多，旅游逐渐变得有规律，本地居民开始为旅游者提供一些简便的设施；广告开始出现，旅游市场范围已基本被界定出来，旅游季节也逐渐形成，有组织的旅游开始出现，迫使地方政府和旅行机构增加、改善旅游设施和交通状况。发展期，在大量广告和旅游者的口碑宣传下，一个成熟的旅游市场已经形成，外来投资骤增，本地居民提供的简陋膳宿设施逐渐被规模大、现代化的设施取代，旅游地自然面貌的改变已比较显著。稳定期，游客增长率下降，但游客总量继续增加并超过常住居民数量，旅游地大部分经济活动与旅游业紧密联系在一起；为了扩大市场范围和延长旅游季节，广告无所不在；常住居民特别是那些没有参与旅游业的常住居民对大量游客的到来和为游客服务而修建的设施会产生反感和不满意。停滞期，游客量达到最大，旅游环境容量已趋饱和或被超过，旅游环境、社会和经济问题随之而至；旅游地在游客中建立起的良好形象已不再时兴，旅游市场很大程度上依赖于重游游客、会议游客等；接待设施过剩，保持游客规模需要付出大量的努力。经历停滞期之后，有些旅游地会进入衰落期，旅游地市场衰落，无论是吸引范围还是游客量已不能和新的旅游地相竞争；随着旅游业的衰落，房地产转卖率很高，旅游设施逐渐被其他设施取代，更多的旅游设施因旅游地对游客的吸引力下降而消失；本地雇员和居民能以相当低的价格购买旅游设施，因此本地居民介入旅游业的程度大大增加；宾馆可能变为公寓、疗养院或退休住宅；最终，原来的旅游地可能变为名副其实的“旅游贫民窟”或完全失去旅游功能。经历停滞期之后，有些旅游地也可能进入复苏期，而要进入复苏期，旅游地吸引力必须发生根本的变化（图3－1）。要实现这个目标有两种途径：一是增加人造景观吸引力，但如果相邻具有竞争力的旅游地也如法炮制，这种效果就会降低；二是发挥未开发的自然和人文旅游资源的优势，重建市场。

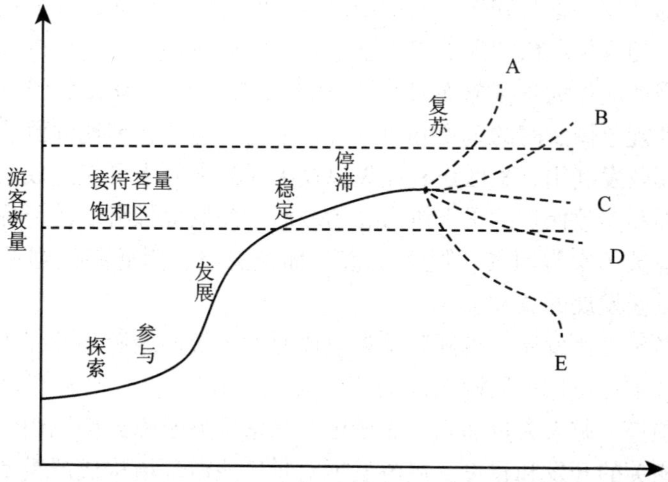

注：1. 环保开端 A. 开发 E. 萧条　2. 系统保护措施实施 B. 参与
3. 持续保护 C. 发展　4. 巩固 D. 消退

图 3－1 旅游区生命周期曲线

旅游区的发展演变，也可根据进入游客的数量、旅游者类型特征以及旅游设施的发展状况归纳为三大阶段。第一阶段为开发建设时期，吸引的游客以少数先锋型旅游者为主，如探测旅游者、嬉皮士、流浪汉等，少数当地人参与旅游活动，旅游人数少，设施设备简陋，游客或搭帐篷野营或借宿当地人家中，旅游发展仍处在自由无序状态，旅游活动对旅游环境尚不构成威胁。第二阶段为发展—巩固—萧条时期，其主要特征是大量游客涌入，景点吸引各种类型的旅游者，尤其以大众旅游者为多；中、高档宾馆数量不断增加，旅游设施设备趋于齐全；旅游资源开发、基础设施建设以及游人大量涌入对旅游环境的威胁日前明显。第三阶段为更新开发时期，旅游者仍以大众旅游者为主，在数量上可能呈上升或下降趋势，但无论游客数量的多寡，齐备的旅游基础设施已饱受折腾，旅游环境质量和景观吸引力明显下降，旅游活动对旅游环境带来了相当大的影响，经过管理上的弥补措施，如关闭大修、开发新产品，恢复旅游环境吸引力等，该景区的旅游发展尚有回光返照的可能，否则该景区就从此走向衰亡。

（二） 景区生命周期的环境保护

一个景区的历史发展演变、景点的质量和吸引力都与该景区的旅游环境保护状况有密切的关系，与景区的生命周期发展阶段相对应，旅游环境的保护工作可以分为环保开端、系统保护和持续保护 3 个阶段。

在景区的开发、参与和发展的初期阶段，游客和当地居民卷入的人数少，远未达到旅游区的容量，旅游发展未有系统管理，旅游对旅游环境的破坏虽不明显但已存在，因此应作为景区旅游环境保护的开端（A），有关部门应对已存在的旅游环境破坏现象做及时的观察和研究，以便科学地、合理地预测和估计今后旅游资源大规模开发利用、景区设施建设以及大量游人介入可能造成旅游环境破坏的程度、范围和有效保护的重点难点，为今后的发展提供科学的环保依据。该阶段的旅游环境破坏常常因其“微不足道”而被忽略，因此必须强调开端阶段的环境保护对景区发展的意义。

当景区经历迅速发展、巩固到萧条阶段时，系统的旅游环境保护措施应及时跟上，这是旅游环境保护周期循环的第二阶段（B）。该阶段游客对景区的需求呈急剧上升趋势、游人大量涌入，旅游区容量常常处于临界范围内，设施呈紧张状态，加上相关的开发和建设，旅游发展对景区旅游环境构成严重威胁，若不妥善保护和管理，旅游环境质量和景区吸引力就会一落千丈，因此及时系统地实施环保措施是景区持续发展的关键。

景区的发展在经历了萧条阶段之后，可能由于旅游实业部门更新产品、加强营销手段、提高产品质量而重现活力，也可能由于各种努力的失败而从此走向衰亡。但无论如何，对一个景区的旅游环境保护不会因景区衰亡阶段的到来而结束，因此对景区旅游环境的持续保护（C）将使景区旅游得以持续发展。

三、旅游生态环境的构建

（1）旅游文化的传承与创新是旅游环境保护的灵魂。现代旅游现象实际上是一项以精神、文化需求和享受为基础的，涉及经济、政治、社会、国际交流等内容的综合性大众活动。文化因素渗透在现代旅游活动的各个方面，文化是旅游者的出发点和归结点，是旅游景观吸引力的渊薮，是旅游业的灵魂。旅游者的旅游行为是一种文化消费行为，其外出旅游的动机和目的在于获得精神上的享受和心理上的满足，而旅游经营者要达到营利的目的就必须提供一种能满足旅游者文化享受的旅游产品。无论是自然旅游资源还是人文旅游资源，旅游环境的保护和旅游环境文化的构建，要吸引和激发起旅游者的旅游动机，要体现魅力无穷、独具特色的民族、地方文化内涵，要满足人们对科学、史学、文学、艺术和社会学等方面的不同需求。旅游经营者经过潜心地研究本国本民族的传统文化，并进行适当的取舍，吸收一些外来文化，精心加工、组织和开发成为供旅游者观赏或享受的旅游文化产品，创造新的旅游环境文化。旅游目的地旅游环境本身反映着人的智慧和力量，有相当的文化因素的成分，它是当地居民内心的价值观、审美观等精神因素的外在表现，其本身也是旅游环境文化的不可或缺的组成部分。因此，旅游文化的传承与创新是旅游环境保护的灵魂所在。

（2）构建适合延续传统文化的旅游生态环境。我国是一个统一的多民族国家，56个民族在长期生产生活实践中创造的丰富多彩的文化遗产，是中华民族智慧与文明的结晶，是联系民族情感的纽带和维系国家统一的基础。2006年国务院批准了首批国家级非物质文化遗产名录，共分为10大类518项，春节、端午节、中医诊法、针灸、梁祝传说、景德镇制瓷、茅台酒酿制、昆曲、京剧等榜上有名。物质性的文化遗产以实物形态存在，许多已经成为旅游景点。非物质文化遗产大部分介于具体和抽象之中，处于存在和消失之间，在这种情况下，让更多的人认识非物质文化遗产显得尤其重要。非物质文化遗产是各民族人民世代相承的、与群众生活密切相关的各种传统文化表现形式和文化空间。它是旅游生态环境的重要“物种”。随着全球化趋势的加强和现代化进程的加快，我国的文化生态发生巨大变化，许多戏剧剧种生存困难，传统节日在洋节日的冲击下黯然失色，许多非物质文化遗产受到致命的冲击，甚至处于消失之中，有关部门应当引起足够的重视。

（3）加强旅游环境保护的科研工作和旅游环境保护知识的宣传教育。长期以来，旅游环境科学的研究只是从人类健康需要出发，很少从人类精神、心理需要进行研究，而这正是人类与旅游环境相互联系的另一个重要方面，并在人类旅游活动中得到充分体现。构建健康文明的旅游生态环境，要加强旅游环境保护的科研工作，要从旅游业对旅游环境的依赖关系，旅游区旅游环境对旅游活动的承载能力，旅游业发展对旅游环境的破坏等方面研究旅游环境与旅游业的关系；要研究旅游环境保护的方法，确定景观美学质量标准、自然生态质量标准、满足特种旅游活动的旅游环境质量标准、旅游区旅游环境质量评价方法；要进行旅游环境保护政策研究，为正确的决策奠定基础。还要加强旅游环境保护知识的宣传，提高人们的旅游环境保护意识，向全体游人、旅游从业人员和区附近居民宣传旅游环境保护知识。

（4）在旅游区发展建设中做好旅游环境规划。旅游环境问题的产生、旅游区旅游环境质量下降主要是人类经济活动的不当造成的，因此需要制订具有科学性、严谨性和预见性的旅游环境规划，并且应该严格地贯彻实施，实施过程中一旦发现问题及时进行调整，以保证经济发展和旅游活动持续稳定地进行，防止旅游区旅游环境的破坏。旅游区的旅游环境规划是旅游区经济发展、旅游业发展和旅游区环境保护的综合性规划，要从维护旅游区旅游环境美学质量和合理利用旅游资源的角度出发，应用系统工程的原理与方法，遵循经济发展规律与旅游区旅游环境美学规律，对经济活动和旅游活动的结构、规模和布局实行统筹规划，达到既发展经济、扩大旅游又不破坏旅游环境的目的。

（5）开展旅游环境影响评估。不当的旅游开发活动对旅游区环境的破坏是严重的，有些甚至是无法弥补的。要从保护的角度出发，在开发建设之前就对开发活动对旅游环境的影响进行评估，对经营过程中可能造成的影响提出相应的对策，把可能对旅游环境造成的负面影响降到最低限度。旅游开发的环境影响评估，应当包括：旅游区旅游环境承载力分析、旅游规模分析、开发活动对旅游环境的影响识别、旅游过程对旅游环境的影响分析等。

（6）运用经济及其他手段，控制热点旅游区的旅游规模。采取提高热点旅游区的门票价格、划定特殊旅游景点并控制旅游人数等手段，调整旅游区的旅游规模，在保证一定经济效益的同时使旅游区的旅游环境得到有效保护。

（7）加强旅游环境立法。完善的法律制度是做好旅游环境保护工作的根本保证。旅游区建设项目的审批办法和权限，旅游区保护范围和保护内容，对违反者的处罚，都应有明确而具体的法律规定。通过对旅游者和旅游经营者制定行为规范，对破坏旅游环境的行为实行强制性的干涉与惩罚，构建健康文明的旅游生态环境。

案例分析

旅游安全事故触目惊心

旅游业在繁荣的背后也隐藏着一些忧患。我国旅游景区各类安全事故频发，例如：

1986 年浙江金华市鑫州公园元宵灯会，由于门票脱售，入口处秩序混乱，造成人群踩踏，致使 35 人死亡，33 人受伤。

1991 年山西太原市迎泽公园举办“煤海之光”灯展，由于票务管理混乱，10 万人涌进只能容纳 4 万人的公园，在通过一座石桥时秩序混乱，游人绊倒后互相挤压，造成 106 人死亡，98 人受伤。

1994 年 3 月 31 日，浙江省千岛湖“海瑞”号游船发生特大抢劫纵火杀人案，船上 32 人全部遇难，其中有 24 名台胞游客，2 名导游，6 名船上工作人员。“千岛湖事件”严重损害了我国的旅游形象，300 多个预定到杭州或千岛湖的旅游团队因此取消、减员或改道，一度造成浙江旅游业的衰退，甚至波及我国整个旅游产业的发展。

湖北神农溪景区接连发生漂流翻船事故，1995 年 4 月 23 日 8 名台湾游客和 3 名船工死亡，1997 年 3 月 12 日死 1 人，失踪 3 人。

1996 年 3 月，广东飞图游乐城一热气球失控，导致一名 17 岁香港女游客坠地而亡。四川成都锦江河漂流，一对母子翻船溺水死亡，北京也曾发生过滑翔游客被摔死的事件。

1999 年 10 月，上海锦江乐园一台湾游客跳蹦极死亡；贵州马岭河风景区发生缆车坠毁事故，死亡 14 人，受伤 22 人。

2000 年 4 月 16 日，天津两少年跳蹦极严重受伤。

2004 年 2 月 5 日元宵夜，北京密云县密虹公园发生元宵灯会踩踏事故，37 人被踩死，24

人受伤。

旅游景区会聚了大量的人群，一旦有事故出现，由于人们的恐慌心理及其他原因，极易造成连锁反应，而“拥挤”是造成事故扩大化的最主要原因。

【练习思考】

1. 名词解释：旅游环境 旅游环境危机 旅游环境容量 旅游环境承载力 旅游环境保护 游客密度指数 旅游经济收益指数 土地利用强度指数 旅游可持续发展

2. 你是如何理解旅游环境危机的严重性的？请举例说明。

3. 结合实例，概述旅游环境容量的分析方法。

4. 结合实例，谈谈旅游环境保护与旅游可持续发展之间的关系。

5. 如何测定旅游区高峰期的需求、拥挤程度和期望旅游人数？

6. 哪些因素会影响旅游环境承载力？

7. 如何加强旅游环境承载力的管理？

8. 如果你是某旅游区的总经理，会如何构建旅游生态环境？

9. 某旅游区停车场面积10000平方米，每天向游客开放10小时，假定每辆轿车占地5平方米，平均每辆轿车乘坐2人，轿车在停车场平均停留30分钟。请问这个风景区可以接待多少乘坐轿车而来的游客？

第四章

社会学视野的旅游者

【学习要点】

1. 理解旅游者的含义、构成与特征。
2. 理解旅游动机基本理论和旅游动机的形成过程，掌握旅游动机的多源性。
3. 理解社会角色理论，掌握旅游者角色的基本类型和角色特点。
4. 掌握旅游者的角色扮演，理解旅游者、旅客和迁徙者之间的关系。
5. 认识旅游者角色的基本特点和冲突原因。
6. 了解背包旅游的内涵、背包游客的特征，掌握背包旅游对旅游地的影响。

【基本概念】

旅游者　旅游主体　旅游动机　旅游角色类型　驱力—诱因理论
期待价值理论　推—拉理论　逃避—寻求理论　动机—期望模型
倾向—刺激—反应模型　背包旅游

旅游者是发生在旅游世界中的一种行为角色的称谓，离开了旅游过程旅游者就不再是旅游者了。旅游者属于特殊的群体和类型，既具有普适性又具有特殊性，依据旅游者的旅游目的和行为可以区分为多种类型，不同的旅游者在旅游过程中扮演着不同的角色。来自不同国家、地域不同的生活习俗的旅游者，具有不同的旅游偏好和不同的旅游消费行为，只有对旅游者进行细分，才能寻找旅游者的群体行为规律和特征。背包客是旅游者中独特的旅游群体，对背包客的行为方式、特征以及生活影响意义的研究，有助于进一步研究旅游者的群体细分及其旅游行为特征。

第一节　旅游者的类型与特征

一、旅游者的内涵

关于旅游者的定义复杂繁多，一般可以简单地区分为两类，一是技术性定义，一是内涵性定义。

（一）“旅游者”的技术性定义

在现实生活中，为了统计上的方便，往往将旅游者进行技术上的分类，确立不同旅游者的技术标准的定义。国家联盟专家统计委员会在1937年对“外国旅游者”下了如下定义：“离开自己的居住国到另一个国家访问超过24小时以上的人”。规定了属于国际旅游者的人，其中包括为娱乐、家庭或健康原因而旅游的人，参加国际会议的人，为商业原因而旅行的人，在海上巡游中途停靠某国即使逗留时间不足24小时的人。同时，也规定了不属于国内旅游者的人：为到另一个国家谋求职业或长期居住的人，寄宿学校的学生，居住在边境地区而跨越到邻国工作的人，途经一个国家但不做法律意义上停留的人。

1963年在罗马举行的联合国旅游和旅行会议提出了“观光者”的定义：到一个非自己定居的国家观光，目的不是挣钱，这样的人就是观光者。观光者又可细分为旅游者、短途旅游者两大类。旅游者即临时观光者，到一个国家至少停留24小时以上，以娱乐、保健、学习、宗教信仰或体育运动等为目的，也就是为了消磨闲暇时间、经营、参加会议或探亲等。短途旅游者则指到一个国家去逗留少于24小时的人，包括海上航游者。

联合国对“观光者”的定义得到了国际上的承认。各国基本采用这一标准来统计外国旅游者或其他观光者数目，但又有许多不一致的地方，如美国劳工统计局把离开本州一个晚上为了度假而旅行的人也列入“观光者”统计范围，但不包括为业务和会议旅行的人。西班牙1978年接待外国游客4000万人次，其中90%来自欧洲国家，不少是当天往返的，在西班牙逗留的时间并未满24小时。

1967年，联合国统计委员会对1963年的观光者定义略加改动，把不在一个国家过夜的观光者算作“短途旅游者”或“日间观光者”。1968年官方旅游组织国际联盟通过了联合国1963年的规定，将观光者分成“旅游者”和“短途旅游者”，旅游者必须在被观光国至少住宿一夜，而短途旅游者则不住宿。

1979年，我国国家统计局对国际旅游者和非旅游者作了如下规定：来我国参观旅行、探亲、访友、休养、考察或从事贸易、业务、体育、宗教活动、参加会议等的外国人、华侨和港澳同胞，均属旅游者，但应邀来我国访问、部长以上的代表团成员、外国驻华使馆人员、常驻我国专家、新闻记者、留学生、导游、归国定居的华侨，都不能算是旅游者。

（二）“旅游者”的内涵性定义

从旅游者的内涵来定义，是指离开住地以寻求改变精神状态、获取身体和心理满足，达到精神愉快过程的人。对于任何职业、任何身份的人员，旅游行为只能发生在业余时间内，而不发生在其工作的时间之内。

旅游者的内涵性定义，有三个要点：第一，旅游者必须“离开住地”，即以异地为旅游目的地。第二，旅游者是一个动态称谓，产生在旅游的过程之中，旅游过程一旦结束，就不再是旅游者。第三，旅游者的出行目的必须是为了放松心情、追求精神愉悦。那些为了经商、参加会议等目的的人，不是严格意义上的旅游者。

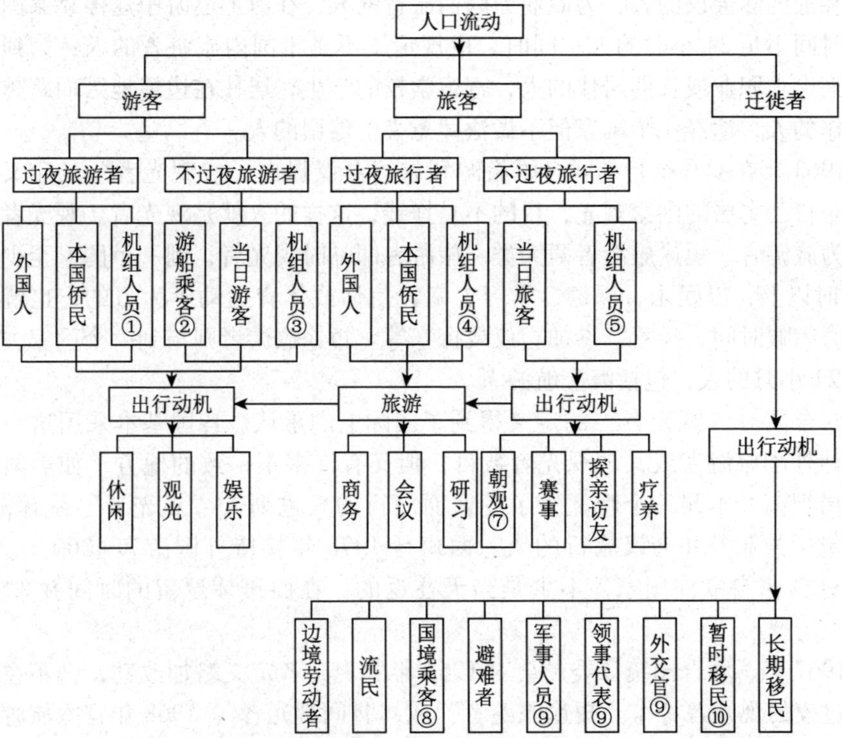

图4－1　游客、旅客和迁徙者之间的关系图（据谢彦君等调整）

资料来源：谢彦君．基础旅游学［M］．北京：中国旅游出版社，2004.

（三）旅游者、旅客和迁徙者之间的关系

旅游是一种人口流动现象。历史上的人口流动现象可以归纳为三种：迁徙、旅行和旅游。迁徙往往是为了改善生存环境而从一个地方迁移到另一个地方定居下来，重点是“定居”。旅行是人们暂时离开常住地到异地做暂时的停留并按计划返回，如经商、出使、巡游、游说，重点在于“行”。旅游也是一种人口流动现象，但一般不以长期居留和获取经济利益为目的，而是以追求精神愉悦为目的，重点在于“游”（娱乐）。

游客、旅客与迁徙者之间的关系如图 4－1 所示。

图 4－1 中：①要进行游览观光，使用住宿设施；②到岸上游览，在船上过夜；③要进行游览观光，但不使用住宿设施，逗留时间不超过 24 小时；④不进行游览观光，使用住宿设施；⑤不进行游览观光，亦不使用住宿设施；⑥出于对社会、文化和自然的爱好的所有动机；⑦以欣赏宗教文化为目的的人不在此列，他们属于游客；⑧不离开机场或港口的过境区域，不做法律上的进入；⑨在异国上班（任职或执行任务），或异国人在本国上班（任职或执行任务）；⑩逗留时间超过一年，但不计划长期居留的其他人。

二、旅游者的类型

旅游者是正在从事旅游活动的人。旅游者类型的划分，一般依据旅游者的社会角色和旅游活动中的内在需求、动机和行为。旅游社会学认为，不同类型的旅游者存在着普遍性和特殊性两种属性。

（一）旅游主体形态的普遍性

旅游主体形态的普遍性，是指旅游者的旅游动机、旅游行为和旅游经历的共质性。

有的学者从旅游过程中休闲和工作的关系出发解释旅游者社会群体的普遍性，认为存在着两种相互对应的旅游角色形态，即与休闲关联的旅游角色和与工作关联的旅游角色。有的学者认为，旅游是宗教的功能替代品，旅游者普遍把神圣旅途作为一种宗教或社会仪式，他们把旅游当作神圣历程的体验，是到旅游中心或“圣地”去朝圣的“圣徒”。还有的学者把旅游动机和旅游行为具有共质性特点的“旅游者”定性为“易哄易骗的傻瓜”，把“旅游者”描述成“追求生活真实意义的现代圣徒”，认为旅游者是离开日常生活的“价值中心”，到“远处的中心”去体验生活价值和存在意义的一种社会群体。

学者皮尔斯（Pearce）利用多层面分析尺度对旅游者群体的普遍性行为进行归纳和分类，产生了旅游者社会群体的五大类型群聚，共 14 种旅游关联角色，具体包括：①环境旅游群聚，如人类学家、保护主义者、探险家；②高密度接触旅游群

聚，如旅行家、海外留学生、海外新闻记者；③追求精神满足的旅游群聚，如嬉皮士、宗教圣徒、传教士；④追求快乐的旅游群聚，如乘喷气式飞机的观光游客、旅游者、度假游客；⑤开发性旅游群聚，如商务游客、乘喷气式飞机的观光游客等。

（二） 旅游主体形态的特殊性

旅游主体形态的特殊性，是指旅游者的旅游动机、旅游行为和旅游经历的异质性。

在交往层面上，按陌生人与当地人交往的程度和方式，旅游者个体角色的差异与特殊性可分为4种类型，即有组织的大众旅游者、个体大众旅游者、探险者以及流浪者。在认知规范层面上，按陌生人对旅游地的认识状况及其与旅游地发生关联的方式，把旅游者个体经历的差异和特殊性分为5种旅游模式，即娱乐型旅游模式、消遣性旅游模式、经验型旅游模式、试验型旅游模式以及存在型旅游模式。

研究旅游者角色类型，主要是从旅游动机、旅游行为和旅游经历的共质性和异质性两个方面出发，探究旅游活动主体角色的普遍性和特殊性，既从微观视角探究旅游者个体在行为、动机、心理因素、价值取向、审美观念等诸多因素所表现出来的差异性和特殊性，又从宏观视角分析旅游者群体在社会关系、跨文化交际、旅游社会文化影响、旅游人口流向等问题上的普遍性。

三、旅游者的特征

（一） 旅游者的社会统计学特征

旅游者的社会统计学特征比较直观、准确。多数旅游地都把社会统计变量作为影响旅游形象感知的传统消费者特征。年龄、性别、健康状况与家庭生命周期不仅能从生命活动过程与生理上直接影响旅游形象感知，而且能通过影响旅游者的收入和社会角色等因素间接影响旅游形象感知。收入水平的高低直接影响消费水平和消费构成，进而影响旅游感知。职业特征对形象感知的影响主要表现在旅游目的、旅游动机、旅游活动等方面。旅游者的受教育程度与形象感知的层次、类型与内容密切相关。社会阶层对形象感知的影响主要通过阶层成员的价值观、兴趣爱好和行为方式表现出来。居住地点对形象感知的影响主要通过旅游者居住地与目的地的文化及环境的差异及相似度表现出来。

（二） 旅游者的心理特征

个性是一个人在社会化过程中形成的一种相对稳定的行为习惯，是具有动力一致性和连续性的持久的自我。了解一个人的个性，可以预测他的行为趋势。学者普洛格（S. Plog）将人们的个性差异归结为自我中心型、多中心型两种类型，认为自我中心型的人自律、神经质、缺乏冒险意识，喜欢到熟悉的或成熟的旅游目的地，喜欢沉浸在熟悉的环境中、喜欢以团体的方式出行，而多中心型的人自信、追求新奇、富有探索精神，喜欢独立地安排旅游，喜欢作为拓荒者到新兴的旅游目的地，喜欢徒步、背包、探险等方式出行。近自我中心型、近多中心型和中间型是分布于二者之间的中间类型（图4－2）。

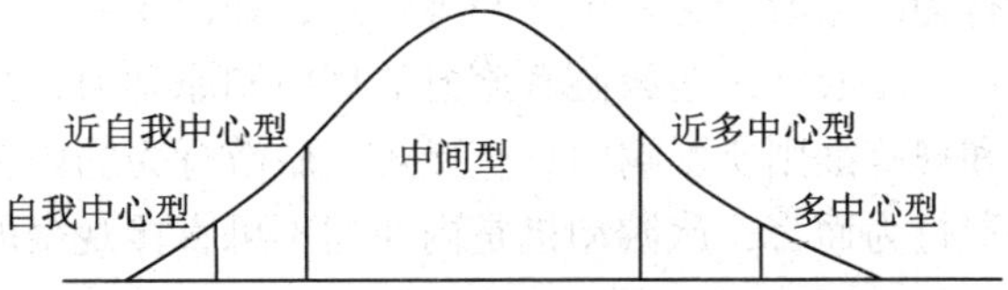

图4－2　Plog旅游个性心理模式

（三） 旅游者的行为特征

旅游者的行为特征十分复杂，例如旅游的组织方式（如散客还是团客、包价还是支付基本价）、消费层次（如经济型、豪华型）、旅游时间的长短、旅游线路、旅游交通方式、住宿的类型等，不同的旅游者会有不同的选择。一般情况下，旅游者的行为特征可以分为以下几种类型：

（1）观光型。这是最普通、最常见的旅游活动形式，如游览名胜古迹，观赏自然风光。

（2）娱乐型。以消遣娱乐、调剂生活为目的，如游玩游乐场、夜总会，观赏艺术表演。

（3）保健型。以增进健康为目的，如疗养旅游、体育旅游。

（4）文化教育型。这是一种以获取新知识、满足求知欲为目的的较高层次的旅游，如了解风土人情，考察民族、语言、宗教、艺术、建筑，考古以及其他有专业性文化目的的旅游。

（5）宗教型。以宗教朝圣为目的，如伊斯兰教徒的麦加朝圣。

（6）业务型。指为个人或集团的发展需要而进行的各种业务旅游，如学术旅游、会议旅游、考察旅游、商务旅游。

（7）猎奇型。以满足特殊兴趣和爱好或寻求刺激为目的，如冒险旅游、探奇旅游。

（8）社交型。以探亲访友、结交朋友为主要目的。

第二节　旅游者的动机

旅游动机是旅游社会学对旅游者微观研究的重要内容，也是旅游社会学研究的重点和难点之一。从旅游发生的心理模式上看，心理失衡时产生旅游的内在动力，由于心理失衡而产生补偿这种失衡的旅游需要。旅游需要是现代社会调节心理失衡的必要手段，由旅游需要而产生旅游动机，进而产生旅游决策和旅游具体行为。旅游行为发生的心理模式，如图4－3所示。

旅游动机是旅游者旅游的理由和原动力，是由旅游需要催发的、受社会观念和规范准则所影响的、直接规定旅游行为的内在动力源泉。相对于具体的旅游消费行为而言，旅游动机是内在的不可直接观察的和无法直接探知的东西。

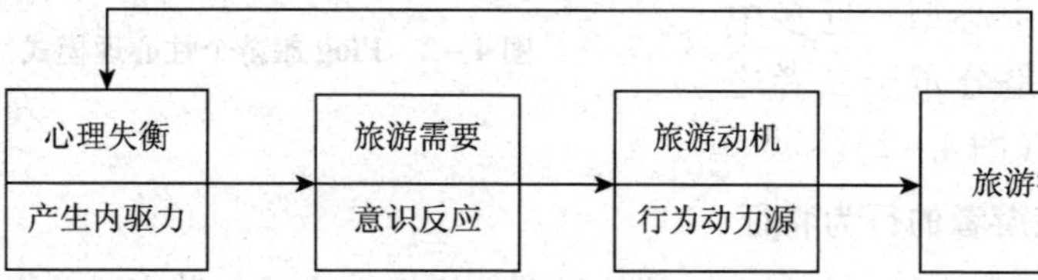

图4－3　旅游行为发生的心理模式图

一、旅游动机理论

旅游动机理论是旅游社会学研究者重点探讨的理论问题之一。心理学家提出了多种旅游动机理论，如：驱力—诱因理论、唤醒理论、期待价值理论、归因理论、成就目标理论、推—拉理论、逃避—寻求理论等。其中被旅游研究领域较多引用的是驱力—诱因理论、期待价值理论、推—拉理论和逃避—寻求理论。

（一）驱力—诱因理论

驱力理论认为，机体的缺乏感会引起人的非选择性行为，即需要产生驱力；驱力的强弱和缺乏的程度相关，驱力引起行为，使需要得到满足，进而减少驱力。驱力理论强调个体的活动来自内在的动力，忽略了外在环境在引发行为上的作用，诱因理论弥补了这种不足。诱因是指能满足个体需要的刺激物，具有激发或诱使个体朝向目标的作用。赫尔（Hull）认为驱力（D）、习惯强度（H）、诱因（K）和抑制（I）共同决定了个体的行为潜能（P），用公式表示为：

$P = D \times H \times K. I$

驱动—诱因理论的特点：在性质上是后向的，强调经验和学习在驱力形成中的作用，具有情感性；将目标或目标满足需求的能力作为一般的刺激源，行为具有非选择性；假设驱力减少意味着行为取得了积极的效果。

（二）期待价值理论

学者卢因（Lewin）认为，对达到目标的期待决定着行为，行为由对未来回报的信念所激发，“期待×价值”的公式可预测个体行为。这说的是旅游动机的期待价值理论。期待价值理论在性质上是前向的和期待的，具有认知性，并将期待作为行为的力量，行为具有选择性。

（三）推—拉理论

H. P. 格雷在《国际旅游——国际贸易》一书中提出休闲旅游的两种驱动力，即追求浪漫和追求阳光：追求浪漫是内在的推动因素，它催发了人们离开熟悉的日常环境前往异地了解异域文化和事件；追求阳光则是游客在客观存在的异域风光的吸引下促使旅游的因素。格雷将追求浪漫解释成“推动”因素，将追求阳光解释成“拉力”因素。动机可分为内在动机和外在动机，内在动机包含以驱力为基础的情感，外在动机包含认知。丹恩（Dann）综合相关理论，提出了旅游动机的“推—拉理论”。

在推—拉理论者看来，“推”的因素是指由于不平衡或紧张引起的动机因素或需求，它促使旅游愿望的产生。“推”的因素是内在的，只要能使内部的不平衡或紧张得到缓解的所有刺激都是行为指向的对象，因而行为具有非选择性。“拉”的因素和特定旅游吸引物及目的地自身属性相联系，由旅游者对目标属性的认识所产生，影响目的地的选择。

对于“推”与“拉”的因素的关系，有的学者认为“推”和“拉”两种因素是独立的存在，“推”在前，“拉”在后，“推”的因素促使旅游者做出出门旅游的决策，然后“拉”的因素再使旅游者做出去哪儿旅游的决策；还有一些学者认为，“推”和“拉”两种因素不是独立的，而是互相联系的，当内在的压力推动人们出门旅游时，目的地自身的外在压力也在拉动他们选择特定的目的地。

（四）逃避—寻求理论

艾泽欧－阿荷拉（Iso-Ahola）在《旅游驱动力的社会心理学理论：一种新的综合》一文中提出了“逃避—寻求”理论模型。这种动机模型包括两个动机力量：逃避和寻求。“逃避”指离开日常环境的愿望，“寻求”指通过到相对照的环境中去旅游获得内在的心理回报的愿望（图4－4）。“逃避”因子与“寻求”因子互为补充与综合，一方面，旅游的驱动力在于个人所处的环境和人际环境的欲望；另一方面，旅游驱动力来自个人想通过旅游获得某种心理上的回报。

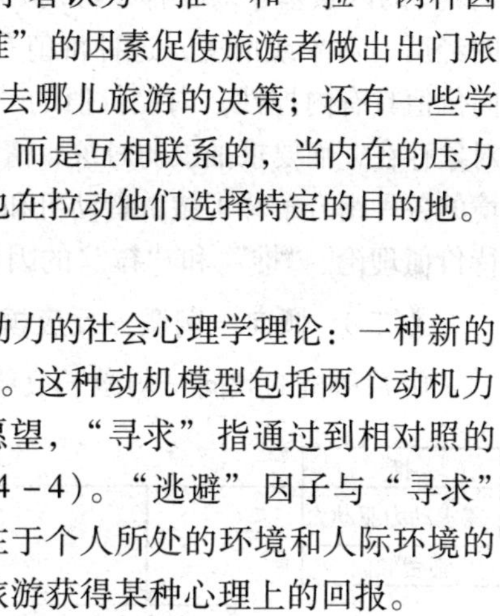

图4－4　“逃避—寻求”模型

此外，J. L. 克罗姆顿提出的“打破常规”动机论也有一定的代表性。他在“休闲度假的动机”中考察了39个旅游个体，认为旅游的基本动力是“打破常规”，这种动力指导人们在已知的度假方案或旅游目的地中按个人兴趣进行选择。不同的旅游动机可以概念性地置于一个不平衡的“文化—社会—心理”连续系统之上。具体从6方面进行概括：①逃避所感知的世俗环境；②自我发现和自我评估；③放松；④显示声望；⑤认同与回归；⑥增进社会交往。

二、旅游动机的形成过程

旅游动机是如何形成的？这也是旅游社会学研究旅游动机的题中应有之义。关于旅游动机形成的研究成果颇多，这里介绍比较有代表性的两种，一是“动机—期望模型”，二是“倾向—刺激—反应模型”。

（一）动机—期望模型

旅游动机的动机—期望模型是由格纳斯（Gnoth）提出的。格纳斯认为，需要被激活并表现为冲动，性质上是情感的，组织着个体的思想和行为，诱发特定的行为倾向，促使个体在周围环境中寻找能使之满足的对象。在旅游动机形成过程中，涉及情境参数和价值结构。价值观对动机的调节和控制有直接影响，决定着动机的性质、方向和强度。价值分为认知导向和情感导向。认知导向价值的“拉”的因素基于对目标、经历、对象或情境的认识，具有外控性，要求有具体的经历、对象或情境，这种价值是特定对象所固有的，因而很难被替代。情感导向价值具有内控性，内控价值的“推”的因素是以驱力为基础的，不要求具体的对象存在，而要求抽象的对象、情境或过程，因而具有可替代性。动机、价值和情境的各种组合解释了旅游者动机和感知的多样性。动机—期望模型将驱力理论和期待价值理论、“推”和“拉”的因素结合起来，体现了动机过程的复杂性。

（二）倾向—刺激—反应模型

旅游动机的倾向—刺激—反应模型是由古森斯（Goossens）提出的。古森斯认为，旅游者的需求和动机，是一种“推力”因素，如逃脱日常环境、地位、放松、增进友谊等，旅游者面对的情境变量，是一种“拉力”因素，“推力”和“拉力”是一个动机硬币的两面，在旅游者的大脑中紧密融合，其中起中心作用的是“涉入水平”，即某时间点的动机、唤醒或兴趣的心理状态，以重要性、愉快价值、风险的可能

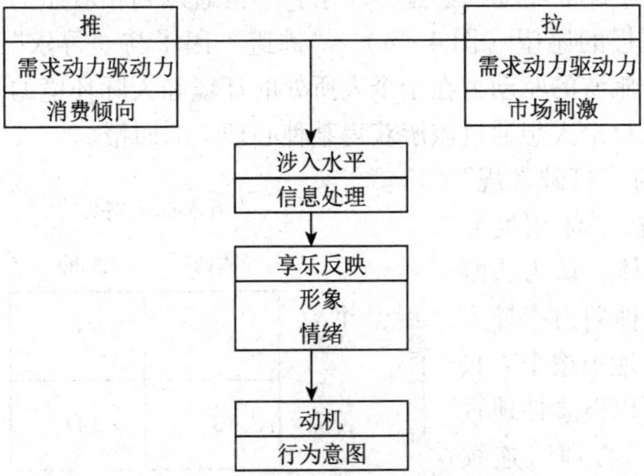

图 4-5　倾向—刺激—反应模型

性等的感知为特征。旅游者对相关信息进行认知和处理，引起快乐的反应如心理影像和情绪，情绪带有动机性质，从而导致动机的产生（图4－5）。

三、旅游动机的多源性

在现实生活中，旅游动机是多源的，因人、因时、因地而异的。

（1）社交、尊重和自我实现的需要。按照马斯洛的需要层次理论，旅游活动可以是满足人们社交、尊重和自我实现的需要的一种手段。通过旅游这一象征性的社会行为，可以结交新朋友，得到团体接纳，从而满足个体的爱和归属的需要。

（2）探索的需要。解释人们所以去旅游的另一种假定是人的好奇心和探索欲望。好奇心可以产生必须设法对付的心理紧张状态，例如登山、滑翔、跳伞、潜水、坐热气球或航海，异域文化体验，都可以给旅游者带来某种满足感。

（3）冒险的需要。大多数健康的人都喜欢冒险。受冒险的需要所驱使的人，力求满足对自身与世界的好奇心。冒险的需要因素既是体力需要，也是智力需要。人们的旅游行为，特别是到遥远的、艰险的地方去旅游，能够激发人的竞争本能。

（4）一致性的需要。在现实生活中，人类总是寻求平衡、和谐、一致，力求没有冲突和能够预知未来的事情，这就是一致性。不一致则会产生心理紧张，这种心理紧张发生时，个体期望寻求预知的、一致的事物来解除。一致性的概念可以解释许多在旅游环境中出现的情况。在旅游的情境中，旅游者尽量寻找标准化的旅游设施和服务，就是这种寻求一致性的体现。那些众所周知的名胜古迹、高速公路、饭店、商店能为旅游者提供一致性，会给旅游带来和谐舒适感。

（5）复杂性的需要。人们对生活多样性的需要是最基本的旅游动机之一。人类对新奇的、意外的、变化的和未知的事物都有一种向往和追求。旅游能给人们不变的生活带来新奇和刺激，使人们解除由于单调而引起的心理紧张。旅游是人们逃避厌烦和由厌烦造成的紧张的最普遍的方式，在新奇、惊讶、不可预见的事物中寻求刺激以求得缓和。

四、旅游动机的经验研究

（一）研究目的

旅游动机经验研究的主要目的，可以归纳为以下几个方面：制定适合研究对象的旅游动机测量工具，并进行动机测量，分析旅游动机的主要方面；探讨旅游动机和人口统计学特征、旅游特征的关系；比较不同目的地、不同国家旅游者的旅游动机；以动机为基础对旅游者进行分类，分析旅游者类型与所期望的目的地属性之间的关系；考察不同类型的动机量表的相关性；研究动机的动态变化；分析推—拉因素的相关性；定性动机数据分析方法的比较。

（二）研究设计

旅游动机研究设计的侧重点，一般是“推”的因素和“推”与“拉”因素的结合，但目前研究“拉”的因素的成果占较大比重。

旅游动机研究的分析方法，最常用的是因子分析、T 检验、方差检验等数据分析法，几乎每一个定量分析都用到这些方法。定量研究基本上都采用李克特量表进行测量，只是强度分类不同。旅游动机研究调研样本，大多为旅游者，其容量一般情况下应当超过 1000 人。旅游动机研究的调查方法，大多采用面访的方式，一般在交通站点和景区进行。

（三）研究项目

不同的经验研究在目标群组、研究重心上有所不同，得出的动机模式也是多种多样的。不同的结果也许并不冲突，而只是由于研究设计的不同，或者只表明不同文化、不同类型的旅游者有着不同的旅游动机模式。

旅游动机研究的重点项目，主要有两类。一类是研究旅游动机“推”的因素，如逃避日常生活，身心放松、休息，参观文化、历史吸引物，和家人、朋友一起，大胆、冒险感，寻求刺激和兴奋、有趣，遇见新的人，看见不同的新的东西，增长知识。另一类是研究“拉”的因素，因为“拉”的因素与具体的对象、情境和目的地属性相联系，项目显得很分散，频率较高的有 7 个：美丽的风景、阳光、天气，历史文化吸引物，住宿、运动等设施、信息，旅游商品，服务费用，各种美食，交通便利，有趣的夜生活。

（四）研究成果

旅游动机研究的成果汗牛充栋。大体而言，主要集中在目标群体动机的测量、动机因素与人口统计学特征、旅游特征的关系、旅游动机的比较以及推—拉因素的关系。这些成果可以帮助我们进一步认识研究旅游动机对发展旅游的重要意义。

（1）目标群体动机的测量。学者克朗普顿（Crompton）的研究认为，旅游者参加节事活动的动机包括 6 个方面：考察文化，新奇，回归，恢复平衡，熟人的社会交往，外在的社会交往，促进家庭关系。张（Zhang）认为，中国旅游者去中国香港旅游的“推”的因素，主要是知识、地位和促进人的关系，高技术形象、消费和可进入性是主要的拉的因素。塞缪尔（Samuel）指出，韩国居民参观国家公园的“推”的主要因素，分别是家人一起、学习、欣赏自然资源、健康、逃避日常生活、冒险、友谊，“拉”的因素则是重要的旅游资源、信息、便利的设施、交通、可进入性。

（2）动机因素与人口统计学特征、旅游特征的关系。学者塞缪尔的研究指出，不同的性别、年龄、职业和收入组的旅游动机存在显著差异，说明旅游动机随人口统计学特征的变化而变化。张（Zhang）考察了收入对动机的影响，认为收入差异导致旅游者追求新奇和选择可进入性方面的差异，另外，知识和地位动机也明显影响旅游次数。日本学者香（Heung）研究了日本休闲旅游者，认为性别影响寻求利益动机，年龄影响考察动机，收入和职业对各个动机领域均无明显影响，到香港的次数、停留的时间和信息来源各自对某些动机领域产生显著影响。这些研究结论存在不太一致的地方，可能是因为研究设计和不同文化背景的影响。

（3）旅游动机的比较。学者科扎克（Kozak）比较同一客源地的旅游者去不同目的地旅游的动机差异和在同一目的地旅游的来自不同客源地的旅游者的动机差异，发现4个比较组在绝大多数的“推”和“拉”的动机领域都存在显著差异，说明客源地和目的地会直接影响旅游动机。

（4）推—拉因素的关系。学者塞缪尔和金都发现“推”和“拉”因素之间存在显著的相关性。瑞安（Ryan）按照旅游动机对旅游者进行聚类分析，认为旅游者类型达11种之多，不同类型的旅游者对目的地属性的偏好存在明显的差异性。

第三节　旅游者的角色冲突

角色，原是戏剧用语，指舞台剧中的人物。20世纪20年代，美国社会心理学家米德（G. Mead）首次将其引入社会心理学，进而发展为社会学的基本理论之一。角色是指处于一定社会地位的个体，依照社会客观期望，借助自己的主观能力，适应社会环境所表现出来的行为模式。角色的含义可以从三方面理解：首先，角色是社会中存在的对个体行为的期望系统；其次，角色是占有一定地位的个体对自身的期望系统；最后，角色是占有一定地位的个体的外显与可观察行为。

社会角色是指与人们的某种社会地位、身份相一致的一整套权利、义务的规范与行为模式，它是社会对具有特定身份的人的行为期望，是构成社会群体或组织的基础。旅游者社会角色主要指社会对旅游者的行为期望，人们为旅游者设置了一整套的有关权利和义务的规范及行为的模式，只要他在旅游过程中，都要担当这种社会角色。旅游者也只有按照社会对旅游者的行为期望去担当的角色，并按照角色行为规范去活动时，他的角色行为才是适当的。反之，旅游者不按角色要求活动，就会出现旅游角色扮演不当的现象。

一、旅游者的角色扮演

旅游者在摆脱了现代社会现实的社会角色之后进入旅游世界，以旅游者的角色进行旅游活动。旅游社会学依据社会角色理论，从社会互动的角度出发，对旅游者的角色扮演进行分析。

（一）社会角色理论

社会角色理论是一种以角色概念为核心解释人类行为的一种理论，用来研究旅游者，可以解释旅游者的角色行为，包括旅游者角色的外在表现、旅游者角色的权利、义务和行为模式、旅游者角色的行为期待、旅游者角色的组织基础等要素。

(1) 旅游者角色的外在表现。当我们看到手拿旅游地图，身着休闲或运动装，乘坐旅行社大巴的人，很自然会想到他（她）是一个旅游者。然而，有的时候我们又很难判断谁是旅游者，因为旅游者角色表现比较复杂，常常发生错误地判断旅游者社会地位的事情，有时甚至忽略了他们的存在，主要是因为旅游者缺乏一个角色扮演的环境氛围。

(2) 旅游者角色的权利、义务和行为模式。旅游者角色一方面拥有旅游的权利，另一方面必须履行角色应尽的义务。旅游活动使旅游者角色形成了一定的、具有特色的行为模式，这就要求承担旅游者角色的人学会特定的待人处世的方法，否则会让人感到角色行为表现不恰当。

(3) 旅游者角色的行为期待。充分享受旅游审美、装束得体、维护旅游者自身权利、遵守旅游者的义务，这些是公众对旅游者最基本的期待。当旅游者不能满足公众对他们的行为期望时，人们就会认为旅游者的角色不当。

(4) 旅游者角色的组织基础。旅游组织是由旅游角色构成的。旅游者、导游、司机和服务员等组成了旅游群体，旅游者角色是旅游群体和旅游组织的基础单位，如果没有旅游者角色，旅游群体与旅游组织就不复存在。

（二）角色距离理论

角色距离是个人素质、能力、水平与他所要扮演的角色之间的差异现象，体现为表演者对其扮演角色表示某种轻视的分离行为。个人对于他所承担的角色，扮演得优与劣，水平高与低，很大程度上与角色距离有关。

旅游者角色的参与程度问题，实际上是旅游者角色的距离问题。旅游者角色的参与程度因人而异，即使不同的旅游者是以同样的目的共同来到一处景点，面对的是相同的景物人物，但在扮演旅游者角色时却可能表现出大不相同的参与热情、能力和程度。部分旅游者在旅游观赏中走马观花，不求甚解，部分旅游者却全身心投入，这便是参与程度的差异。旅游者的角色距离问题直接影响旅游者角色的实践程度。

（三）符号互动主义的旅游者角色认知

互动是指个人与个人、个人与群体、群体与群体之间，由于接触、接近而发生的交互作用的方式和过程。社会互动反映了人与人的动态关系，是复杂的社会现象的根源。

符号互动主义的旅游者角色认知，主要是“镜中我”和旅游者的“自我表现”。

（1）镜中我。库利（Charles Horton Cooley）[①] 在分析自我概念的发展中谈到了个人与社会之间的相互依赖关系。他认为个体间彼此互动相互理解对方的意思，并从他人的观点中看到自己，把人们从他人如何评判自己中认识自己的过程称为“镜中我”。在旅游世界里，对于旅游者来说，旅游服务人员、旅游地居民都是明镜，旅游者通过他们反看自己的形象，这就是“镜中我”。“镜中我”在提高自我角色认知和扮演角色的同时，不断进行角色自我认知和自我调整。

（2）自我表现。戈夫曼（Erving Goffman）[②] 认为生活就是演戏，表演者最关心的是留给观众什么样的印象。在旅游交往中，旅游者关注着他们所接触的各式各样的观众，不断地思考这些观众对他们的印象。旅游者在进行角色表演时需要“外部装置”，即自我表现的社会情境，包括旅游场景、旅游设备设施、旅游者服饰以及其他背景道具。旅游者的自我表现是在旅游交往与互动中形成的，并在交往与互动中依靠对别人行为的判断和理解而进行调整。旅游者通过判断对方、揣度对方的反应，从而做调节自我行为。

二、旅游者的角色类型

旅游社会学研究中，对主体角色的类型学研究是社会现象学对旅游主体理论认识的核心内容。岩纳基斯（Yiannakis）和吉布森（Gibson）运用主要因素分析方法，从“熟悉与陌生”“刺激与宁静”“结构与独立”3 个二元统一体层面，归纳得出了旅游者个体经历差异的 14 种特殊角色形态，不同的角色形态有不同的旅游行为表现。

（1）热爱阳光的旅游者角色。独钟于以“3S”为代表的热带和亚热带滨海旅游景观。

（2）追求行动的旅游者角色。以上夜总会，与异性交往，追求浪漫经历为

① 库利（Charles Horton Cooley）：美国早期著名社会学家和社会心理学家，也是美国传播学研究的鼻祖。1887 年获密歇根大学学士学位，1894 年获该校博士学位。此后一直在密歇根大学执教。曾任美国社会学会主席。库利理论研究的重点是探讨个人如何社会化，并贯穿于他的 3 部极具分量的著作——《人类本性与社会秩序》（1902）、《社会组织》（1909）和《社会过程》（1918）之中。

② 戈夫曼（Erving Goffman）：美国社会学家，符号互动论代表人物，于 1922 年出生于加拿大曼维尔，1945 年毕业于多伦多大学，1953 年在美国芝加哥大学获博士学位。1962 ~ 1968 年任美国加利福尼亚大学伯克利分校社会学教授。1968 年在美国宾夕法尼亚大学任本杰明·富兰克林人类学和社会学教授。1981 ~ 1982 年任美国社会学协会主席。1945 ~ 1951 年曾在英国设得兰群岛进行实地调查，并据此写出他的第一部重要著作《日常生活中的自我表现》。

主要目的。

（3）人类学者的旅游者角色。主要感兴趣于“当地人”和旅游地的语言、文化与风俗。

（4）考古学者的旅游者角色。主要感兴趣于古代人类文明的历史以及考古遗址和遗迹。

（5）有组织的大众旅游者角色。主要感兴趣于参加包价或团队旅游，风光摄影以及购买旅游纪念品。

（6）追求刺激的旅游者角色。感兴趣于身体性和精神性刺激的旅游活动。

（7）开拓探索的旅游者角色。喜欢探险旅游，尤其是对未开发的旅游地进行初始的探索性旅游。

（8）豪华观光的旅游者角色。兴趣集中于食“国际化”的饭菜、住一流的饭店、飞头等舱、游世界级的景观、上名流夜总会、与社会贤达交往。

（9）追求知识的旅游角色。以更加了解自己和他人、洞察生活的意义以及了解他人的生活方式和环境为主要目的。

（10）独立的大众旅游者角色。一般游览大众化的旅游景观，但自己安排旅游行程。

（11）上层旅游者角色。都要乘坐最好的交通工具，食宿于一流的饭店和餐馆。

（12）流浪者的旅游者角色。旅游中过嬉皮士般的生活，游览于各地不同的景点。

（13）逃避者的旅游者角色。喜欢在安宁和僻静的旅游地，不慌不忙、从容地游览。

（14）热爱运动的旅游者角色。在旅游中保持积极的运动态势，喜欢参与自己爱好的康体旅游项目。

三、旅游者的角色特点

对于旅游者来讲，旅游者角色具有自致性、开放性、非正式性、表现性、高参与性等显著的特点。

（1）自致性。自致性是相对于先赋性而言的，即非个人与生俱来的或成长过程中自然获得的，而是通过自己的努力和活动而获得的角色，自致性体现了个人的自主选择性。旅游期间旅游者所扮演的所有角色几乎全部属于自致角色。由于旅游者在角色扮演中加入了很多自主选择，在实际扮演中往往出现问题。

（2）开放性。所谓开放性是指旅游者角色的权利和义务没有严格而明确的规定，其行为很少有限制，在扮演角色时有较大的自由空间。人们摆脱了常规角色的约束而挑战一种新的角色，这正是旅游的魅力所在。当然，自由并不是绝对的，旅游者必须尊重当地的道德标准和风俗习惯，否则就会引发角色冲突。

（3）非正式性。旅游者角色是伴随着旅游的发展而出现的，而旅游尤其是大众旅游直到近半个世纪才发展起来。社会还没有形成对这一角色的统一的要求和规范，角色期望还是很模糊的，旅游者的角色扮演实际上是对角色期望的匡正。

（4）表现性。表现性又称为非功利性，如同学者、艺术家，旅游者旅游的目的并不是为了获得经济上的报酬，而是追求个人表现，同时又消耗时间、金钱和精力。他们追求的是心理上的满足，当然有时也带有功利色彩，但那种纯而又纯的功利性旅游者在现实中是很难找到的。

（5）高参与性。旅游者要想成功地扮演角色，就必须高程度地参与角色。那些走马观花，不求甚解，草草了事的旅游者是无法体会到旅游的精髓的。当然，角色参与程度要受个人的身心健康状况、教育文化层次，还有性格和审美能力等因素的限制。社会心理学家萨宾（Sarbin）把角色的参与程度从低到高分为7个层次：①零参与，②漫不经心参与，③传统仪式参与，④生物参与，⑤神经质深度参与，⑥情迷意乱的参与，⑦精神与外物合一的参与（表4－1）。

表4－1　角色参与程度示例

参与程度与角色类型	角色实例
零参与	街上行人、电影院观众
漫不经心参与	浏览商品的顾客
传统仪式参与	婚丧仪式中参与的亲友
生物参与	母亲对子女、专心致志的科学家、虔诚的教徒
神经质深度参与	职业赌徒
情迷意乱的参与	深恋的情侣
精神与外物合一的参与	神灵附体的道士

四、旅游者的角色冲突

社会角色和旅游角色分别隶属生活世界和旅游世界，旅游者的行为是通过旅游者角色扮演来实现的，所有的旅游者都必须扮演旅游者的角色。在角色扮演中，由于受到旅游者角色特点的影响和个人的因素，部分旅游者在角色扮演中可能出现角色冲突和角色扮演的失败。当个体的角色行为与角色认识或角色期望产生不协调时，就会发生角色冲突。一般情况下，角色冲突发生在两个层面上，一是自我角色冲突，二是人际关系角色冲突。

（1）自我角色冲突。旅游者在角色扮演中可能出现两种情况。第一种，自我角色认知与实际角色认知心理矛盾，旅游者需要摆脱现实社会角色全身心地投入旅游者的角色，但在实际旅游过程中部分旅游者往往无法摆脱社会角色，将社会角色与旅游角色相叠加，就容易导致自我角色认知心理矛盾。第二种，一人同时扮演多个角色从而造成角色行为冲突，依附于现实生活的社会角色具有很强的社会地位标识性，过多地将这种具有地位不平等的标识性带入旅游世界，就容易在旅游行动中造成旅游者行为冲突。

（2）人际关系角色冲突。当自我角色与其他角色的行为规范和利益相矛盾时，就可能发生人际角色冲突。旅游者的自我角色冲突主要表现在当他置身异国他乡时，会有茫然失措的感觉，找不到自己的"位置"。一方面，旅游情境的诱惑力往往使旅游者忘记了身在何处，社会伦理意义上的"善"会偶尔缺失。另一方面，在有限的时空中谋求最大限度的愉悦这种企图，也会使旅游者角色产生伦理脱离的倾向。当旅游者盲目地将自己视为旅游这个大舞台上的主角，而其他人似乎都是配角时，就可能发生旅游者的人际关系角色冲突。旅游者的人际关系角色冲突危害是较大的，旅游者与相关企业间的冲突一般是平等的，往往通过投诉的方式可以获得解决，而旅游者与当地居民间的冲突却往往是复杂的社会问题，其中暗含着某些伦理道德问题。

五、角色扮演的失败

角色失败是角色扮演过程中发生的极为严重的角色失调现象。由于多种原因，旅游者的角色扮演或终止扮演，半途而废，或困难重重，步履艰辛，使旅游者无法成功地扮演旅游者角色。角色失败通常可以分成两种情况。第一种情况，角色的扮演者不得不半途退出角色，例如，旅游者在扮演角色过程中违反了基本的法律条规，其角色将被终止。第二种情况，扮演者虽然没有退出角色，但实践已经证明其角色扮演失败了，例如败兴而归的旅游者。角色失败虽然不是旅游活动中的普遍现象，但它对旅游者个人、旅游企业和旅游地社区带来的不利影响是致命的。角色失败往往是角色紧张和角色冲突恶化的结果，只要及时解决角色紧张和角色冲突，角色失败是可以避免的。

第四节　自由化的旅游者——背包客

一、背包旅游的内涵

相对于无个性的大众团体旅游，个性旅游不仅表示了一种旅游态度，也提倡了一种新的旅游追求，更彰显了旅游者自身的格调。制度化的旅游遵守的是传统的大众旅游形式，而非制度化的旅游则是由一般中产阶级的年轻旅游者参加的，在这种状况之下，出现了各种可供旅游者选择的特殊旅游形式，包括背包旅游、野游、太空旅游、DV旅游等。而背包旅游作为其中最具个性的旅游方式，吸引了越来越多人的注意。近年来，我国的背包旅游活动方兴未艾。

背包旅游起源于西方，在英语里称为“backpacker's travel”“backpacker tourism”或“budget travel”。背包旅游是自助旅行的一种，它不同于一般的大众旅游，而是一种比较自由化的旅游方式。

二、背包旅游者的类型及特征

背包旅游者又称“驴友”，在英文中为Backpacker，是由Backpacking一词演变而来，泛指三五成群或者单枪匹马四处游逛的人，也就是背着背包做长途自助旅行的人，现在主要是指那些喜好登山、徒步、探险等寻找刺激的自助型旅游者。

（一）背包旅游者的类型

根据“旅游经历模式”，从旅游动机和旅游者对日常生活的态度来考察，可以将背包旅游，分为6种类型：休闲型、逃离型、经验型、试验型、存在型和人本主义背包旅游者。

（1）休闲型背包旅游者。休闲型背包旅游者为了满足“休息一下”的诉求，暂时摆脱日常生活的压力，进行背包旅游活动，以达到快乐、休闲的目的。这种类型的背包旅游以休闲活动为主，例如看电影、电视，欣赏或参与一些节庆或体育活动。旅游者虽然参与当地的一些休闲活动，但是他们仍然认为自己的生活是有意义的，在旅游活动结束后还是会回到自身生活中去。

（2）逃离型背包旅游者。逃离型背包旅游者希望通过旅游来逃离日常生活，减轻自身的社会压力，放松心情。旅游者会参加当地一些活动，但是不会真正融入其中，只是寻求快乐的旅游心情。

（3）经验型背包旅游者。经验型背包旅游者希望在旅游过程中寻求到“真实”的生活状态，他们在当地居住，但并不会改变自身生活方式，也不会去从事他们认为的“真实”的生活方式。

（4）试验型背包旅游者。试验型背包旅游者在旅游过程中会从事当地人的生活方式，和当地居民一起吃住，来体会当地的生活状态，以达到追求不同生活方式、了解当地文化特色目的。

（5）存在型背包旅游者。存在型背包旅游者的目的是逃离日常生活，寻求深层次的旅游经历，所以他们会深入到当地的生活中去，以维持他们的精神生活世界，寻找自身的精神寄托。

经验型、试验型和存在型背包旅游者都是逃离自身的日常生活，来寻求全新的旅游经历，只是他们深入当地生活、文化的程度并不相同。

（6）人本主义背包旅游者。人本主义背包旅游者注重探求当地文化，参加当地的各种传统活动，但是他们不会脱离自己的文化信仰。人本主义背包旅游者与休闲型背包旅游者有些类似，只是旅游动机层次不同。

其实，这些背包旅游者类型的界限并不是固定的。随着旅游者经历和旅游时间的变化，他们的旅游动机也会随之改变，一个背包旅游者可以从一般的休闲型旅游者发展成为存在型的旅游者。在一次背包旅游活动中，可能是多种背包旅游者类型的混合物。

（二）背包旅游者的特征

1. 背包旅游者的人口统计学特征

背包旅游者大多是年轻人。尽管有越来越多的国家的人参与背包旅游，但背包旅游者仍以西方旅游者为主。背包旅游者的组成越来越复杂，包括生活富裕并受过良好教育的青年、高中毕业生、刚结束兵役的青年、放假的大学生、公休者或度年假的人和各种组织的志愿者等，多数背包旅游者处于人生的十字路口或转折时期。背包旅游者的年龄主要集中在18～33岁的群体，尤以22～27岁的青年居多，他们大多数受过良好教育，基本等于或高于社会的平均受教育水平。他们有明确的返回常规生活的意图，旅行时间多在2～18个月。

由于东西方经济文化的差异和独生子女政策等特殊原因，我国的青少年独立能力较西方青少年差，背包旅游者有着与西方背包游客群体不同的人口统计学特征。首先，旅游者的年龄以22～35岁为主；其次，受教育水平大大高于全国平均水平；再次，从职业构成上来看，青年白领、教师、在读硕、博研究生和自由职业者构成背包旅游者主体；最后，从客源分布上看，他们全部来自于大城市，尤其是东部沿海经济相对发达地区的城市。

2. 背包旅游者的动机特征

背包旅游者的旅游动机，可以分为4种群聚，即摆脱工作压力并追求身心放松的群聚、追求社会交往和刺激的群聚、追求旅游实现个人发展的群聚以及追求旅游成就感的群聚。这些群聚体现出明显的国别差异、人口统计学差异以及旅游生涯阶梯的层次和阶段差异。

背包具有明确的旅游指向性，他们把“与人交流”当作主要的旅游动机，获取更多在日常生活中不能获得的信息，喜欢享受当地的生活方式，寻求自然美景，体会当地的风俗民情，领略当地的文化特色，或者从事冒险活动，趋向于比其他旅游者前往更多的地方旅行、寻求特殊的和与众不同的经历。

在国外旅游社会学者看来，流浪式旅游与反文化情绪相关，这类旅游者试图摆脱常规生活，旅行途中常伴随着吸食毒品、放纵生活等现象。漫游是青年旅行的一种形式，漫游者与大众旅游不同，他们追求直接的文化接触和新鲜事物，具有自发性，寻求冒险。漫游者的主要动机是寻求独立了解自我，通过漫游方式促进个人成长，同时了解、学习各种文化。经常性背包旅游者，不满足于周期性假期，渴望扩展他们的旅行，又必须量入为出，他们试图逃离常规生活的枯燥与单调，躲避工作，不愿解决事业上的难题，想要拖延工作、结婚和逃避其他的责任。这类旅游者以快乐主义和自我发展动机为特征，包括体验真正的自由、到国外探险、尝试不同的定位和满足对异域风情的好奇心等，但他们一般不是反文化者和吸食毒品者。这些人来自各行各业，多属于中产阶级，年龄在 30 岁上下，往往是单身。

3. 背包游客的行为特征

（1）旅游活动以非正式的和参与性的休闲活动为主。背包旅游者的旅游活动主要是一些参与性强或者是带有一定刺激性的活动，如游泳、冲浪、潜水和丛林旅游等，体现出与大众旅游不同的舒适、休闲的特性。

（2）旅游过程中注重与其他人进行交流。对于背包旅游者来说，在背包旅游过程中除了寻求刺激和从事冒险活动以外，还有一个重要的目的就是与当地人或者其他旅游者进行交流，从而增加其旅游价值。他们与旅游地居民的交流，了解当地的民俗风情；与其他旅游者的交流，主要是旅游线路和背包旅游经历，有的时候也会涉及一些私人问题；与旅游业服务人员尤其是饭店服务人员进行交流，特别是在偏远的地方，旅游人数少，希望能够从服务人员那里获得对其旅游活动有用的信息。这就要求为背包旅游者提供食宿设施的服务人员拥有与人交流的较强的社交能力，积极与背包旅游者进行交流，为他们提供旅游指导。

（3）旅游计划弹性而自由。背包旅游需要的不仅仅是时间和装备，还需要旅游者拥有充沛的体力、足够的经验、镇定的神态和对旅游天生的狂热。大部分背包旅游者是独自旅行或者少数人一起旅行，他们独立组织旅游活动，没有固定的旅游计划，也没有固定的旅游路线，一般是自行独立设计旅游行程，甚至没有任何的旅行计划和路线，特别是在行程和食宿方面，往往临时决定。他们喜欢自己探索旅游线路，寻找原始的、未受破坏的地区，偏爱旧装备和破旧的衣服。

（4）旅游时间偏长。相比于一般游客，背包旅游的时间一般要长得多，有时还会根据当时的环境情况进行调整，例如获得了新的旅游信息或者有新的背包游客加入。国外的大部分背包旅游者一般去不富裕的第三世界国家游走，也会到邻近的一些富裕国家去旅游，例如美国、澳大利亚、日本等，在这些富裕国家他们可以寻找一些兼职赚取费用，来延长他们的旅游时间。据调查，背包旅游者在澳大利亚最少停留时间是 4 个星期，大部分停留 4～12 个星期，而一般旅游者的最长停留时间基本不超过 4 个星期。

（5）偏重选择廉价的旅游设施。背包旅游者为了节省旅游费用，维持其长时间的旅游活动，一般选择便宜的旅游设施。他们一般骑自行车或乘坐当地有特色的、价格便宜的交通工具，如公共汽车。有的时候也搭乘过路的汽车，所以背包旅游者又被称为搭乘便车的旅游者。在住宿方面，背包旅游者主要选取廉价的住宿设施，背包旅游者比其他旅游者更有可能在一个廉价的住宿设施里花费最少的费用留宿一晚，甚至在朋友或者亲戚家里、背包客饭店、野营帐篷和青年旅舍寄宿。当然，对餐饮的要求也不高，清洁卫生即可，可以称得上是“最低限要求者”。背包旅游者常常把所有物品背在肩上，喜欢为商品和服务等费用讨价还价，同时要防范小偷，远离人群，寻找新景点。

三、背包旅游对旅游地的影响

国际旅游通常被欠发达国家政府的旅游管理人员视为经济增长的引擎，但重点多放在大众旅游上，而忽视了背包旅游的作用。事实上，背包旅游对旅游地经济方面和非经济方面的影响是十分广泛的。

（一）经济生活影响

（1）有利于经济协调发展。背包旅游者冒险的本性和较长的旅行时间意味着他们的支出会分布在更多的地区，包括边远的、经济较不发达的地区，可以使这些地区的地方经济和当地较贫穷的人获益，提高当地人在旅游发展中的参与程度，有助于平衡地区经济发展，实现可持续发展战略。从这个意义上说，背包旅游可以称为“平衡旅游”。

（2）有利于招商引资。由于经济的快速发展和通货膨胀，许多国家和地区在扩大和改进旅游设施方面的成本变得非常高。例如泰国和印度尼西亚都存在同样的问题。在这种情况下，为背包旅游者服务的住宿、餐饮设施因为规模较小、投资少、运作成本低，相对而言更容易发展起来。

（3）有利于促进当地居民受益。只有找到让当地居民参与的有效途径，才能使他们从身边的旅游发展中获益。背包旅游开发项目所需的进入成本较低，可让更多的地方资本参与进来。当地人可以拥有旅游项目的所有权，在当地人拥有自己企业的情况下，他们可以形成组织以促进本地旅游发展，增加社区组织的力量，并和外国企业进行谈判。

（4）有利于增加旅游收入。虽然发展背包旅游能获得的利润要低于大众旅游，但还是高于当地人从事农业生产所获得的利润。大众旅游的收益主要流向城市，而背包旅游的收入则可使当地乡村的部分居民获益。尽管背包旅游者的旅游消费少于大众旅游者，但这种旅行持续时间较长，其总支出远多于其他旅游者。

(5) 有利于减少外汇漏损。尽管大众旅游的年平均房间外汇收入总额大于背包旅游，但用于大饭店建设和运作所需的外汇也更多，即外汇漏损量更大。与其他类型旅游者相比，背包旅游者更喜欢购买当地的产品和服务，而不是进口的商品，由此减少了外汇漏损量。

(6) 有利于扩大就业。尽管背包旅游活动不能提供大量的就业机会，但它会为当地人经营自己的旅游服务项目创造机会。在大型国际饭店中当清洁工与在自己开的小店中当老板，感觉也是不同的，后者使当地人有自我实现的满足感。

（二） 文化生态影响

(1) 有利于复兴传统文化。背包旅游者喜欢与当地人接触，向他们学习、了解地方文化。背包旅游者更愿意参观当地的博物馆、美术馆、历史遗址、动物园、植物园和公园，以较好地了解当地的历史和文化。这会带来旅游目的地传统文化的复兴、对当地长者的尊重和当地居民对传统文化的自豪感。

(2) 有利于环境生态保护。背包旅游者喜欢以自然环境为基础的活动，如航行、潜水、丛林徒步和登山等。背包旅游者消耗的资源较少，如用冷水浴和扇子代替热水浴和空调，因此背包旅游的方式更为环保。

（三） 社会生活影响

(1) 有利于信息交流。背包旅游者相互间的旅游信息交流频繁，借助其口碑传播能迅速建立旅游目的地的知名度。背包旅游者在出行准备、出行途中和出行归来的整个过程中都会与其他背包旅游者进行信息交流，以了解或帮助他人了解目的地的旅游信息，并借以炫耀自己的背包经历。“葡萄藤”，即旅游信息与故事的交流，已经成为背包旅游者确认自身身份和传播特定旅游线路的主要方式。外语水平的提高和互联网的普遍利用，使国内外的背包旅游者可以超越地域、超越时间对旅游目的地进行口碑宣传。由于这种宣传对旅游者来说可信度高，较之目的地其他形式的正式推广影响要大得多。对于中国广大的旅游景区，尤其是西部地区一些鲜为人知的旅游目的地来说，背包旅游群体这种非正式组织的口碑推广和网络宣传能有效提升景区的知名度和美誉度，如国内目前被背包客奉为“天堂”的四川稻城、亚丁，云南泸沽湖、梅里雪山、高黎贡山，新疆喀纳斯湖、帕米尔高原，西藏阿里、林芝等地区，这些多为边远的大众旅游足迹罕至的地区，数年之前尚不知名。某些旅游热点地区则完全是通过背包旅游者的踏勘和驻扎才得以繁荣兴旺，如丽江古城、阳朔西街、大理洋人街等，它们直到现在还发挥着背包客集散和信息交流中心的作用。

(2) 有利于树立积极的旅游形象。背包旅游者在旅游中的示范效应和对目的地自然与人文严格保护与尊重的旅游态度，对提高经济落后地区的人民素质和保存当地良好民风有积极作用。背包旅游者追求最真切的旅游体验，希望从社会的最基层去了解目的地。与原住民的交流被他们视为了解当地社会最直接的途径，因而也是最重要的旅游活动内容之一。背包旅游者与当地居民的双向交流活动能够极大地促进原住民思想的开放与旅游接待观念的树立。原住民通过模仿和学习，行为举止、卫生习惯和文化理解力等都能得到改善和提高。背包旅游者与当地居民的接触在所有旅游者中是最多人性化和最少商业化的，并且由于背包旅游者是最好的生态旅游者，他们对当地民风民俗不仅不会产生负面影响，而且会使相对闭塞与落后地区的人民在受到开放地区的较高素质的旅游者影响后加快其文明化程度的提高。云南的虎跳峡徒步路线的成功就是背包旅游者良好示范效应的经典案例，在与当地人民频繁的交流中，背包旅游者不断对他们的服务及产品设计提出善意的建议，徒步路线沿途居民不仅靠开办家庭旅馆和饭店脱离了贫困，而且其文化修养、服务意识乃至外语水平都有了提高。可见，背包游的开发不但不会像大众旅游那样侵蚀经济欠发达地区的良好民风并造成过度商业化，而且有助于当地社会精神文明水平的提高。

案例分析

背包旅游

一、大学校园兴起背包旅游

“背包客”这个词常常给人的感觉只属于外国旅行者，他们背着鼓鼓囊囊的大包，穿梭在各个城市间，尽情地享受着异国风情。然而不经意间，这种旅行方式也为敢于接受新鲜事物的大学生所接受。

小钱是华东师范大学学前教育专业大三的学生。3个月间，她先后去了印度和柬埔寨两个国家旅行，过足了“背包客”的瘾。她之所以选择不跟团而独立出去旅游，是因为这样的方式更自由，可以自己选择想玩的地方，玩得更尽兴。

小钱第一次去印度旅游的时候有点紧张，所以整整准备了1个月，一本导游手册来来回回翻了好几遍，就怕旅行的时候会出意外。在印度的时候，还是遇到了很多意想不到的困难，因为当地的语言不是英文，听他们说英语常常听不清楚，很难交流。最主要的困难是不熟悉当地的风俗。印度人点头表示No，摇头表示Yes，第一天搭新德里到阿格拉的火车时，就因为这个问题而搭错了火车，最后换了车才到达了目的地。

小钱感觉整个旅行的过程是最美妙的。在旅途中，每到一个地方，都会碰到许多其他国家的“背包客”。比如在印度斋浦尔的一个小旅店里，大家晚上会聚在一块小草坪上弹吉他唱歌，交流各个国家的文化风俗、推荐好的景点，这样的气氛不出去是感受不到的。有的时候，几天前碰到过的一个朋友，分开了几天在另一个地方会再度碰到，这种感受很奇妙。

小徐是上海外国语大学金融系大四的学生，刚刚只身从新加坡旅行回来。一个人在外8

天，学到的东西让她获益匪浅。收集信息的能力和规划能力都提高了，因为自助游，所有的一切都要自己打点，包括订机票、订旅馆，制定旅游的路线等。制定旅游路线不是那么简单的，如果跟团的话，常常会有依赖性，你就永远不会留意这些微小的细节。

省钱也是旅行之后才体会到的。小徐旅游的钱都来源于平时兼职赚的钱，所以花的时候会选择最省的方式。比如，在住旅店的时候会货比三家，选择最实惠的住宿；再如，选择最省钱的旅线。小徐前4天都住在宾馆，后来觉得太贵就搬到了青年旅舍。

小徐感觉自理能力提高了，语言沟通能力提高了，胆子也大了，还有随机应变能力也有所增强。“在国外必须用英语交谈，我感觉自己的英语交际能力明显提高了，如果下次有机会的话，我一定还会选择用这种方式出去旅行。”

小徐在新加坡旅游的时候，曾经碰到过一个日本“背包客”，她跑上来第一句问“你是日本人吗”，小徐摇摇头，她又问“你是韩国人吗”，小徐又说“No”，最后她才问“你是中国人吗”，当那位游客得知小徐是中国大学生独身出来旅游时，表示这样的现象很少见。大家在旅店一起聊天的时候，许多经常出去旅游的欧美大学生都提到：“中国大学生选择自助游的人比较少，往往选择跟团。”

大学生出国“背包客”的出现值得深思。一方面，大学生能自如地使用英语，走到任何地方都没有交流上的阻隔，将自助旅行变成可能。另一方面，这代表着一种新的思想在校园里已经逐渐形成，他们要求独立，要求自理，要求自由自在的生活方式，这种旅游的观念正逐步和发达国家的大学生旅游观念统一起来。许多大学生表示：“如果有了足够的钱，一定会选择‘背包’的方式出国旅游。这不是时尚，而是一种属于自己的生活方式。”

资料来源：http：//news. lvren. cn/html/lvyouzixun/2006/1117/11662. html

二、背包客撑起泰国旅游

全球著名旅游指南系列丛书《孤独星球》的泰国册作者乔·卡明斯认为，低消费的国际背包旅游者将是推动泰国旅游业复苏的主力军。每年有难以计数的背包旅游者到泰国旅游，卡明斯编纂的《孤星》泰国指南是他们的必备资料。该书每年售出7万~10万册。

为了更新资料，卡明斯在2004年12月16日印度洋海啸发生后的第11天专程到灾区走访。他说：“我看到，已经有背包客陆续前往没被海啸冲毁的海滩。很明显，背包客将是这些地区旅游业复苏的第一市场。”在海啸中遇难的背包游客相对较少，这是因为背包旅游者大多为了省钱而住在远离海滨的地方。不过那些至今仍失踪或无法辨认身份的遇难者中最多的可能也是背包旅游者。

背包旅游从20世纪60年代末、70年代初开始在亚洲兴起。很多来自欧美等国的青年人揣着很少的钱到各地旅游，长达数月甚至数年，他们追求的是异国情调、学习他国文化、精神的升华以及身心的解放。如今，背包旅游者的范围已经扩大到拥有专业知识、属于中上阶层的“雅皮士”甚至有一定经济能力的成年人，他们虽然有钱，但却不愿意把钱花在住宿上，更愿意花在数码产品、机票或其他昂贵设施上。

泰国、斯里兰卡和印度都是背包客喜爱的目的地。泰国官员邀请卡明斯乘警用直升机巡视了海啸灾区。在皮皮岛降落后，卡明斯乘船查看了每一个海湾和海滩。他还走访了其他一些地区的陆上设施。卡明斯发现，受损较严重的多是滨海的高档设施，而所有的低档饭店因为离海较远，“大概是海滨旅游设施中受损最轻的”。

卡明斯预计，国际背包旅游者“至少是目前这个旅游旺季的支柱，甚至在下个旺季都如此”。反观其他客源层，如中产阶层、家庭和高端游客，可能不太愿意再来灾区。

背包客如果这个时候来肯定可以得到较多的实惠。卡明斯说：“客房会大减价。机票会大减价。很多地方都推出了优惠措施，这些无疑会让预算较紧的背包客动心。”

卡明斯是美国加利福尼亚州旧金山市人。他第一次到泰国是在28年前，以后为了编写泰国指南而多次前来，1997年在泰国定居。他写完最新版的泰国指南刚刚一周，无情的海啸便发生了。“我们决定2005年4月时再来一次，重写一下安达曼沿海这部分。”他说。

资料来源：http：//news. sina. com. cn/o/2005－06－14/061161636 90s. shtml

【练习思考】

1. 名词解释：旅游者 旅游动机 旅游角色 驱力—诱因理论 期待价值理论 推—拉理论 逃避—寻求理论 动机—期望模型 倾向—刺激—反应模型 背包旅游
2. 你是如何理解旅游者的含义的？
3. 旅游者可以分为哪些类型？
4. 旅游者有哪些特征？
5. 你是如何理解旅游动机基本理论的？
6. 旅游者的旅游动机是怎样形成的？
7. 为什么说旅游动机具有多源性？请举例说明。
8. 谈谈社会角色理论的基本观点。
9. 举例分析旅游者角色类型的普遍性和特殊性。
10. 分析说明不同旅游者的个体心理特征对旅游地选择的影响。
11. 分析说明角色扮演与角色冲突对旅游者自我认同的影响。
12. 旅游者角色有哪些基本特点？
13. 结合案例，分析旅游者角色冲突的原因。
14. 举例分析背包客对旅游地经济文化的影响。
15. 结合案例，分析背包游客的特点及其对旅游行业的影响。

第五章

社会学视野的旅游吸引物

【学习要点】

1. 理解旅游吸引物的概念、类型及其基本特征。
2. 理解旅游吸引物的属性和价值。
3. 掌握旅游吸引物与旅游资源、旅游产品的关系。
4. 掌握旅游吸引物的社会构建过程。
5. 掌握旅游与非物质文化遗产的关系。
6. 认识作为旅游吸引物的遗产旅游在旅游业中的重要地位。
7. 理解旅游物化载体的作用。
8. 掌握博物馆与非物质文化遗产之间的关系。
9. 认识现代旅游中旅游者的文化需求。

【基本概念】

旅游吸引物　旅游物化载体　遗产旅游　博物馆　非物质文化遗产
旅游文化体验

第一节　旅游吸引物的分类

一、旅游吸引物的内涵

在现实条件下，能为旅游业所利用，并且能激发人们的旅游动机，吸引旅游者进行旅游活动的一切自然客体与人文因素的总和，统称为旅游吸引物。旅游吸引物的范围非常广泛，旅游吸引物是吸引人们进行旅游活动的事物和因素，只要是能激发旅游者外出旅游动机的一切事物都可归入旅游吸引物，包括旅游资源、节庆和文体活动、适宜的接待设施、优良的服务、快捷舒适的交通条件。旅游吸引物不仅包括传统客观事物，而且包括旅游者及旅游经营者的共同作用（表5－1）。

表5－1　国外代表性旅游吸引物概念一览表

学者	视角	主要观点
Lew	旅游吸引物构成要素	吸引游客离开家乡到其他地方的所有要素
Pearce	旅游吸引物特征	吸引旅游者和经营管理者注意力的，有特殊的人类和自然界特征的知名地方
Lawton	旅游吸引物特征	吸引管理者和旅游者注意力的，有特殊的人类或自然界特征的知名事件、遗址、区域或相关现象
Lei per	旅游吸引物构成要素	游客或人的要素、中心或核心要素、信息或标识要素三要素相结合形成旅游吸引物

旅游吸引物与旅游资源、旅游产品的概念有千丝万缕的联系。有些学者把旅游资源也称为旅游吸引物。学术界普遍认为，从现代旅游业来看，凡能激发旅游者旅游动机，为旅游业所利用，并由此产生社会、经济、生态效益的因素和条件，包括自然因素、社会因素或其他任何因素，都可构成旅游资源。旅游产品是旅游者在外出旅游过程中消费的产品和劳务的总和。旅游资源是吸引人们前来游览、娱乐的各种事物的原材料，它们本身不是游览的目的物和吸引物，必须经过开发才能成为有吸引力的事物。旅游资源既非旅游吸引物，也不等同于旅游产品，随着社会的进步，生产力和科学技术的提高，生活方式的变迁，使得越来越多的旅游资源成为旅游吸引物，而旅游资源的开发就是将这些资源不断地组合成旅游产品的过程。同一个旅游吸引物在不同的时空背景下会成为两种截然不同的结果，那种把所有旅游吸引物都看作旅游资源（泛资源论）和将旅游资源混同于旅游产品（唯资源论）的观点都是不符合旅游业发展实际的。因此，旅游资源（自然、人文）经人为建构而成为旅游吸引物，而旅游资源或旅游吸引物经合理开发营运而成为旅游产品（图5－1）。旅游吸引物是具有吸引旅游者前去旅游的客观物质及精神存在，是旅游者、旅游经营者集合的旅游吸引系统。

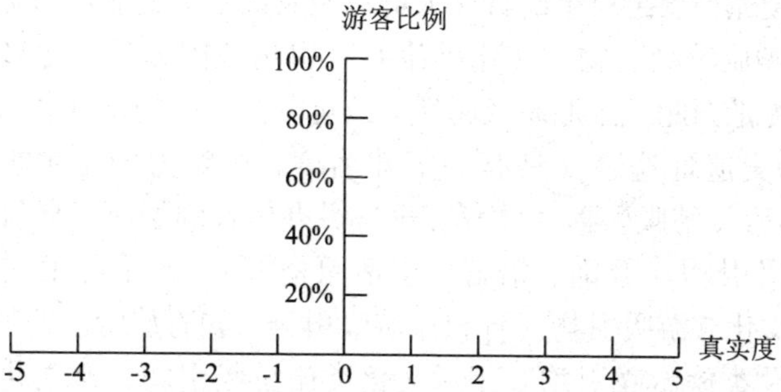

图 5－1　旅游资源、旅游吸引物与旅游产品间的关系

关于旅游吸引物、旅游对象、旅游资源、旅游产品四者之间的关系，参看图 5－2。图中，箭头方向表示概念之间的从属关系，1 表示某些旅游媒介物可以直接异化为旅游对象，2 表示某些旅游媒介物可以直接异化为旅游资源，3 表示某些旅游对象可以直接构成旅游产品，4 表示旅游吸引物是和旅游者相关的概念，5 表示旅游者和旅游产品存在着的关系，6 表示旅游产品是与旅游经营者直接相关的概念。

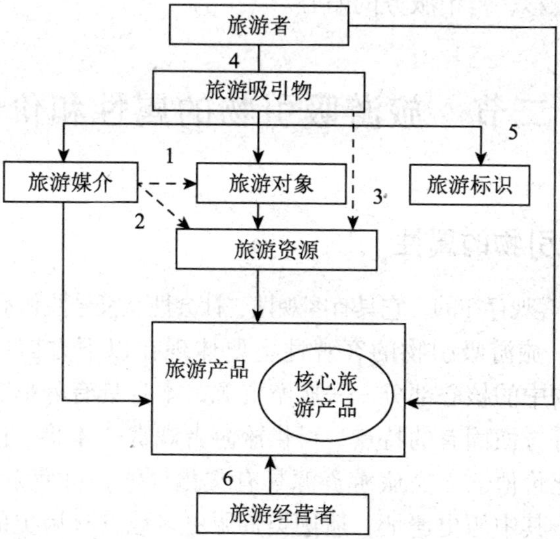

图 5－2　旅游吸引物、旅游对象、旅游资源、旅游产品关系框架图（转引自陈才等）

二、旅游吸引物的分类

从旅游吸引物的定义可以看出，旅游吸引物包括旅游资源的基本类型、旅游者中直接或间接充当旅游对象的特殊人群以及具吸引力的旅游营运。

（1）文化类旅游吸引物。文化类旅游吸引物范围较广，尤其在物质基础越发厚实的时代更是如此。按形态及属性大致可分为：博物馆（包含物质文化及非物质文化）、历史遗址遗迹（具有一定知名度、影响力的历史事件、人物、场所、建筑）、体育旅游吸引物（体育赛事、举办体育的场所、体育运动本身等）、民族风俗旅游吸引物（服饰、语言、生活习俗等）、音乐美术文化类节庆或展出、特殊类型文化旅游吸引物（寻根旅游吸引物、知青旅游、购物旅游）等。

（2）非文化类旅游吸引物。相对文化类旅游吸引物，非文化类旅游吸引物更为广泛。山岳、水体、动植物为主的许许多多的景观、边境旅游等。

（3）特殊旅游者。这里主要指旅游者中那些有意或无意成为其他旅游者旅游对象的群体，如海滨旅游中的浴场美女，风景名胜区中写生的人群，他们在享受旅游的同时成为其他旅游者的旅游审美对象，正所谓“你站在桥上看风景，看风景的人在楼上看你”。

（4）有效的旅游营运。旅游资源经开发后若没有符合市场要求、深入游客内心的旅游营运策略和手段，旅游资源同样无法成为旅游吸引物。旅游营运者用尽心思策划并付诸实施的打动旅游者的营运方式也是特殊的旅游吸引物，如旅游网络信息平台的精彩、营销服务的贴心。

第二节　旅游吸引物的属性和价值

一、旅游吸引物的属性

旅游吸引物是客观存在的，它具有客观性、社会性、符号性和系统性等四大属性。

（1）客观性。旅游吸引物的客观性主要体现在以下方面：①观赏性、审美价值。旅游吸引物中的核心部分——旅游资源，本身具有外形、色彩、声音、光影、质地、结构等方面固有的特点，可供旅游者观赏、体验，进行最常见的感官审美。②历史文化价值。人文旅游资源具有文化价值，可使游客获得文化信息，获得心智的提升。其中历史遗址、遗迹类资源更多地具有历史的、考古的、文化的多重价值。③科学教育价值。正因为旅游吸引物具有观赏审美价值和历史文化价值，因而也具有了科学教育价值。那些历史的或现代的有关科学发现、发明，科学探索场所、事件或名人，如中国古代四大发明、张衡的地动仪、南京紫金山天文台、中国卫星发射中心等，已经成为科学教育的基地。

（2）社会性。旅游及旅游吸引物都是社会文化发展的产物，旅游吸引物当然具有社会属性。旅游吸引物本身具有的客观属性还需要符合社会价值的需要，才能很好地被旅游运营者开发利用，打造成旅游产品。旅游吸引物也只有符合社会价值取向，才有更多的游客前来旅游体验。

（3）符号性。在社会变化和旅游发展中被人为符号化建构是旅游吸引物的又一特征。人们想起世界著名的旅游吸引物，总能在大脑中形成与之相关或作为代表的社会符号，如巴黎埃菲尔铁塔、伦敦塔桥、印度泰姬陵、埃及金字塔、中国长城和天安门、希腊帕特侬神庙等，均在世界化、社会化过程中被成功地符号化。因这种符号化而使旅游吸引物更好地得到传播。

（4）系统性。旅游吸引物具有社会属性，社会在不断地被人类推向未来，旅游吸引物也随社会变迁而变化。旅游吸引物是以旅游资源为核心的集旅游媒介、特殊旅游者、旅游运营手段等于一体的有机系统，具有系统性，会产生整体大于部分简单叠加之和的系统效应。

二、旅游吸引物的价值

旅游吸引物可以为旅游经营者开发和利用，成为吸引旅游者的工具和手段，从而产生生态价值、文化价值、经济价值。

（1）旅游吸引物的生态价值。旅游吸引物中的生态资源，因得到旅游者喜爱而变得更珍贵。虽然旅游者的进入可能破坏或影响一部分生态环境，但同时生态的影响会受到前所未有的重视、关注，相比之前的自生自灭，被旅游者选择的生态旅游吸引物会得到更科学的保护和合理利用，走出人与自然和谐共处的科学之路。

（2）旅游吸引物的文化价值。旅游吸引物的广义文化价值可以推广到任何一种旅游吸引物上去，因为广义的文化是指人类创造的一切物质和精神的总和。即便自然资源也或多或少地留下了人类的足迹，更毋庸说人文旅游资源早已被深深打上人类文化的烙印。

（3）旅游吸引物的经济价值。旅游吸引物的直接对象是游客和旅游运营者，无论哪一种对象，在商品社会和市场经济中，旅游吸引物都将被包装成旅游产品进行旅游运营者和旅游者之间的买卖。旅游者的旅游是购买并体验旅游产品的过程。

第三节　旅游吸引物的社会建构

一、旅游吸引物开发的文化影响

旅游作为一种现代社会经济文化现象，与文化密不可分，并能产生多种结合形式。旅游吸引物是旅游业发展的一个重要元素，是吸引旅游者并为旅游业所利用开发后产生经济效益、社会效益和环境效益的事物和因素。在我国旅游业高速发展的20多年里，中国旅游产业以超常规的速度，进行着跨越式的发展，成功地完成了由旅游资源大国到世界旅游大国的转变。

据相关组织对美、日、法、英、德5国游客访华动机的综合调查资料，第一是了解民众生活（占100%），第二是了解历史文化（占80%），第三是游览风光（占40%）和品尝佳肴（占40%）。旅游业在中国会有如此迅速的发展势头，与我国所拥有的丰富旅游吸引物密不可分。广袤的土地疆域、多样的气候地形、悠久的历史文化、独特的民族民俗等都是吸引游客的良好资源，其中多彩的民族文化和多姿的民俗生活显得更为突出。

中国是一个有着5000多年悠久历史文化的文明古国，文化旅游资源极其丰富。中国的文化旅游产品可分为以下几个层次：以文物、史迹、遗址、古建筑等为代表的历史文化层，以现代文化、艺术、技术成果为代表的现代文化层，以生活习俗、节日庆典、祭祀、婚丧、体育活动和服饰等为代表的民俗文化层，以人际交流为表象的道德伦理文化层，以宗教圣地、各种宗教活动为代表的宗教文化层。中国旅游业发展开发过程中的文化因素起着越来越重要的作用。

文脉是旅游吸引物开发之本。文脉是指一个地域所处的地理背景，是一种综合性的、地域性的自然地理基础、历史文化传统和社会心理积淀的多维时空组合。旅游开发规划应当充分重视对文脉的发掘，景区开发规划既可以顺应当地的文脉，也可以突破文脉，从而达到出奇制胜的目的。文脉在旅游地形象设计特别是城市旅游形象策划中具有重要地位，城市旅游形象策划的内容必须来自当地文脉，要想体现城市的独特个性，唯有充分挖掘和分析城市的文脉，唯有地方差异才是绝对的和无限的。旅游项目的文脉开发一般采用文脉协调、文脉突破、文脉协调与文脉突破结合3种方法。但是，一个旅游项目要体现怎样一个主题，怎样体现某一个主题，并不是一个简单选择方法的问题。一个城市或地区的文脉一般有多条，有主有次，有强有弱，旅游项目的主题应当尽量反映最强的文脉，但更要全面考虑分析，所选文脉尽量不要和已经成功的旅游景点代表的文脉冲突、重复；对于雷同文脉的开发，应当注重规划设计特色化、交通区位上占优势和尽量立足本地市场控制投资额等。而非文脉项目的决策则应根据潜在客源市场而定。

旅游文化的合理开发利用是旅游吸引物开发需要完成的一项重要任务。一般而言，在旅游吸引物开发过程中，要遵循这样一个思路：文化精华的提炼——文化资源向旅游产品转化论证——文化主题的确定和开发策划——文化旅游产品开发。当前要特别关注专项旅游文化开发和区域性旅游文化开发。

专项旅游文化具体包括历史文化、民族文化、宗教文化、节庆文化、服务文化等单一的文化形式。目前在中国国内比较受关注的是民族文化和节庆文化。中国是一个少数民族众多的国家，每个少数民族都有着自己独特的民族文化，如何合理有效地开发利用这些民族文化资源，是关系到中国（特别是西部地区）旅游业有无吸引力、有无地方特色和民族特色的重要问题。民俗文化的旅游开发，可归结为 6 种形式，即集锦荟萃式、仿古再现式、原生自然式、原地浓缩式、短期流动式、主题附生式。

区域旅游文化开发研究可以分为对大区域、城市、旅游区 3 类大小不同空间地域的文化综合开发研究。城市本身的发展就是文化内容层层积淀的结果，旅游文化是城市文化中最富内涵、最为生动、最具魅力的部分，旅游文化的合理挖掘可以使城市文化表现得更为形象和生动。

旅游文化是在不同文化的冲突中产生的，而且即使是在旅游文化内部也同样存在着矛盾冲突。旅游文化的这种属性导致了旅游地本土文化发生变迁的必然性。旅游对旅游地文化具有潜移默化的影响作用，其中积极影响有促进对外文化交流、促进本土文化复兴、本土文化现代化等，消极影响有本土文化商业化、文化遗产遭受破坏等。总的说来，只要合理开发，旅游发展对旅游地社会文化环境的积极影响远大于消极影响。旅游地社会文化环境是一个系统机构，旅游地在未有旅游介入以前，是一个以自循环、自流通、超稳定为基本特征的地域空间系统。此时旅游地社会文化环境在没有或者很少有其他外力的作用下而处于静态平衡状态，当旅游地着力于开发旅游资源、改善旅游环境后，伴随着旅游者的大量流入，旅游地社会文化环境系统便在外界各种“流”的注入下，改变了过去的平衡状态——平衡系统出现波动和紊乱。

在旅游吸引物开发中，要着重发掘、提炼和开发民族文化中最具代表性和特色的旅游资源，形成具有民族文化内涵的、特色鲜明的民族文化旅游产品。当下民俗旅游中存在着过度商业化的现象和被曲解、被加工等问题，要重视民族文化的保护，正确处理民族传统文化与现代化、民族文化保护与旅游开发的关系，坚持旅游中高品位的文化内涵，以实现民俗旅游的可持续发展。

未来的旅游业竞争主要是旅游文化方面的竞争，人们对旅游资源、旅游服务的需求更趋向于文化性强、科技水平高、富于参与性的项目，因此，旅游业管理者和从业人员的文化素质和经营管理水平必须相应地提高，才能与国际接轨，适应时代的要求，使中国的旅游业立于不败之地。

二、旅游吸引物的社会建构

在旅游社会学看来，旅游吸引物是一个包括旅游者、核心吸引物和标识物的系统。旅游者的要素说明，旅游吸引物的建构必须放在与旅游者相对的位置上，标识物的要素则表明，旅游吸引物不仅包括吸引物本身（即它的某种特殊客观属性），而且包括人为建构的信息和符号。

社会对吸引物的建构作用之一，在于吸引物的符号化过程。旅游吸引物的符号属性往往代表着社会的价值理想和选择。借助于大众媒体和市场营销手段，旅游客体成为某种社会的价值与理想的符号。从社会建构的角度看，旅游客体的符号化过程包括两个方面：第一，与大众媒体、大众传播和教育等知识传播过程相联系，社会分别赋予不同的客体以某种价值与意义，从而使得这些客体成为社会的价值与理想的承载符号，并成为社会中的神圣客体；第二，在旅游开发过程中，旅游开发者借助市场营销手段而树立某一旅游客体的形象，提升其旅游价值，赋予其神圣意义。

从消费者行为的角度看来，旅游客体（吸引物）的意义向旅游消费者的转移，可以通过消费赋予其购买的物品或活动以意义并使其神圣化。任何东西都有可能被神圣化，神圣化的过程在很大程度上是一个投资的过程。消费者可以通过仪式、朝圣的旅程、特质赋予、礼物馈赠、收藏、继承以及权威认可等方式，赋予物品神圣的意义。由此可见，旅游吸引物的符号建构和旅游者对旅游吸引物的消费，事实上是社会价值理想的建构和意义转移过程。一方面，在旅游客体的符号化过程中，来自社会世界的某种神圣价值与理想被转移到旅游客体中；另一方面，旅游者通过消费和体验代表着某种神圣价值与理想的旅游客体，获得了非凡的体验，并表达了对符号化的社会价值的认同。

麦克拉肯（McCracken）的“意义转移”模型（图 5－3），有助于说明旅游吸引物的符号建构和意义转移过程。根据麦克拉肯的观点，消费者对商品的消费过程，不但是对商品性能的使用过程，而且是对商品的符号意义的消费过程。而

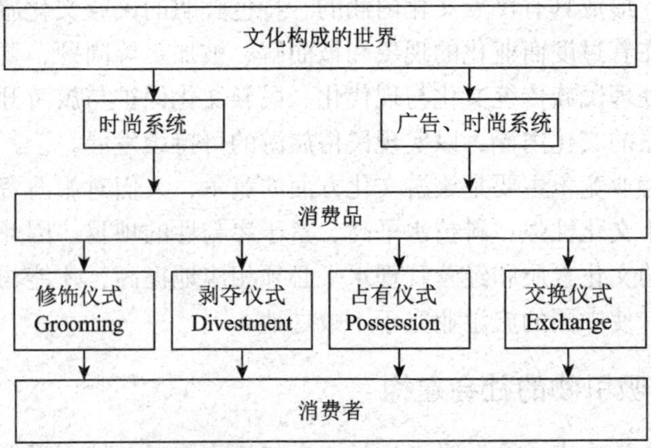

图 5－3　麦克拉肯的“意义转移”模型

商品意义的来源，是从文化世界里“转移”过来的，商品生产者通过两种手段来进行这种意义转移，一是广告，二是时尚。正是由于商品成为文化意义的符号，因此，消费者对商品的消费过程同时也是对商品的意义的消费过程。也就是说，通过商品消费，将商品的意义转移到消费者身上。其中，消费者一般是通过4种仪式来进行意义转移的：交换仪式、占有仪式、修饰仪式、剥夺仪式。

旅游客体的符号化过程同样涉及“意义的双重转移”。第一重意义转移是人们将社会世界中的神圣价值与理想转移到旅游客体上，使这一旅游客体成为承载某种神圣价值与理想（意义）的符号与象征，从而成为旅游吸引物。第二重意义转移是旅游消费者在体验旅游吸引物的过程中，将旅游吸引物所代表的神圣价值与理想（意义）转移到消费者身上。第一重意义转移过程涉及社会对旅游吸引物的意义的集体建构过程，第二重意义转移涉及旅游者个体对旅游吸引物的意义的消费过程。而每一次旅游消费，都是对旅游吸引物的意义的再生产过程。从图5-4可以看出，在吸引物的意义建构和价值转移中有两个过程：一个是旅游吸引物的文化生产过程，这个过程主要是由旅游产品开发者和生产者完成的，它是将社会文化世界的意义价值转移到旅游吸引物，并赋予其某种消费价值和符号价值的商品化过程；另一个是旅游吸引物的消费过程，这个过程是由旅游消费者完成的，在这一过程中，旅游者通过对旅游吸引物的朝拜仪式、凝视仪式、摄影仪式、购物仪式（如购买纪念品）等，将吸引物主观化、情感化，旅游者与旅游吸引物进行无言的对话与交流，并在旅游者内心产生移情（empathy）作用。作为吸引物替代品的旅游纪念品，也成为个人的价值收藏。旅游纪念品和摄影图片是旅游吸引物的意义向旅游者转移的见证物，并可在日后不断重温。

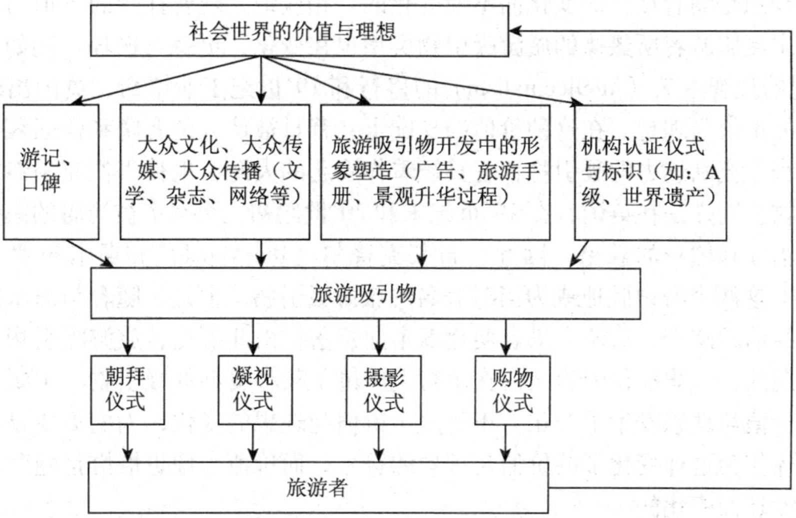

图5-4 旅游吸引物的符号化与“意义转移”模型

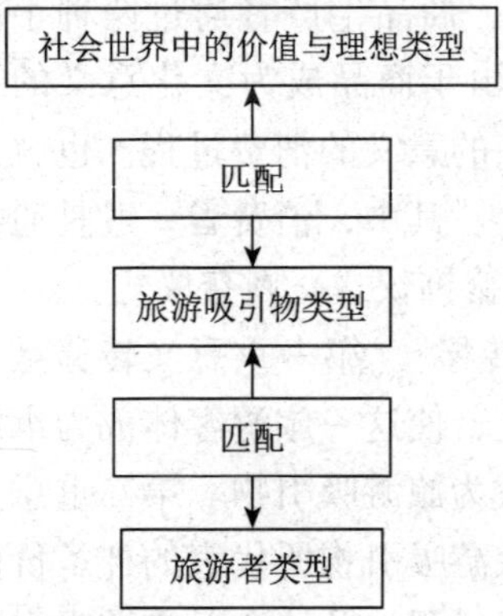

图 5-5　价值与理想、旅游者和旅游吸引物之间的双匹配过程

需要提出的是，旅游吸引物的意义转移过程包含了双重匹配过程（图5-5）。第一重匹配是旅游吸引物与社会的价值与理想类型的匹配过程。不同类型的价值与理想，需要与不同类型的旅游客体（吸引物）匹配。比如，有关本真性的价值与理想，一般与经济不发达的社区、淳朴的民风、传统的民俗或历史比较悠久的文物等旅游客体相匹配；有关崇尚自然的价值，一般与自然景观相匹配；而有关想象与幻想的价值，则往往与迪士尼乐园、环球影城等主题公园相匹配等。第二重匹配是旅游吸引物与旅游者类型的匹配。不同的旅游者，寻求不同类型的旅游吸引物，并体验不同类型的旅游价值。旅游的过程正是通过对旅游吸引物的崇拜，而获得某种价值体验和精神力量，并进而将自我提升到一个理想的境界。可以说，旅游吸引物的价值向旅游者转移的过程，就是旅游者的“精神充电”的过程。正如从麦加朝圣归来的信徒获得了精神力量一样，旅游者旅游归来也体验了一种超越日常状态的精神境界。在此意义上，旅游者对旅游吸引物的体验，是人生中一种周期性的赋予生活以意义的制度。旅游吸引物的社会建构过程实质上是社会意义和价值建构的过程，也是旅游吸引物的符号化过程。

上述意义的双重转移过程说明了旅游吸引物的动态变化与循环过程。社会的价值与理想是随着社会的变化而不断变化的。相应地，随着社会的价值与理想的变化，主流旅游者所热捧的旅游吸引物类型也在变化、更替与循环。例如，由于18 世纪的理智主义（intellectualism）的盛行和 19 世纪工业革命，英国出现了浪漫主义的价值与理想。在这种价值的支配下，昔日被认为是恶魔和盗匪藏身的森林，被当作充满魅力的吸引物，昔日被看作险恶的大海，也被当作充满浪漫情调的吸引物。同样是在英国，在 19 世纪末和 20 世纪初，海水浴被当时的医疗界认为具有治疗和健身的效果，因此，布莱克普尔（Blackpool）和斯卡布罗（Scarborough）这两个海边胜地成为当时著名的旅游吸引物。但是，随着与海水浴相关的医疗神话的破产，这两个景点便逐渐走向衰落。由此可见，旅游吸引物是具有生命周期的，并非仅仅因为人们在感官上厌倦了某种类型的吸引物，主要是因为社会的价值与理想发生了变化。正是由于价值与理想的变化，人们需要寻找新的旅游客体作为这种变化了的价值与理想的符号，而价值与理想恰恰是随着社会与文化的变迁而变化的。

第四节　作为旅游吸引物的非物质文化遗产

大众旅游给已经开发的旅游产品形成巨大的冲击。从经济方面看，它给旅游资源的开发者带来了良好的商业氛围和巨大的经济利益，使部分旅游资源利益相关者在旅游资源开发中得到了实惠，也在一定程度上刺激并促进了当地经济的发展；从社会发展方面看，旅游资源的开发吸引大量游客的到来，增加了当地居民与外界信息交流、文化交流的机会，使旅游地居民能够更好地了解和接受来自发达地区的思想意识，在一定程度上促进了地方社会的发展。作为旅游吸引物的旅游资源，无论是自然资源还是人文资源都需要保护，旅游资源在商业运作中普遍面临开发与保护的问题，其中遗产旅游资源的要求更为苛刻、更具有代表性。

一、旅游的物化载体

（一）旅游的文化需求

现代旅游是现代社会文化发展的产物。从广义上讲，现代社会文化是人类在现代社会历史发展过程中所创造的物质财富和精神财富的总和，从狭义上讲就是精神财富的总和。旅游业既是文化性很高的经济产业，又是经济性很强的文化事业。人类各种形式的旅游活动，归结起来，不外乎是有关物质性和精神性的两大类活动，而且两者是不可能截然分开的。在整个旅游过程中，旅游者在物质享受的同时得到精神享受，在精神追求中得到物质享受，精神活动和物质活动相互依存，互为条件。因此，旅游者所进行的一切活动实际上都是社会文化活动。社会为旅游者提供的旅游客体（吸引物），包括各种旅游资源和各种设施设备及服务都富有深刻的社会文化内涵，都与社会文化有着密切的联系。

（1）旅游者是依赖社会文化背景而产生的。旅游者首先要有旅游消费支付能力和充足的闲暇时间，其次要有旅游的需要和动机，即足以使旅游者产生旅游动机的文化条件（包括旅游者本人的文化素质、游览地的社会文化环境等）。

（2）旅游资源是一定社会文化的物质载体。旅游资源包括自然旅游资源和人文旅游资源两大类，都是一定社会文化的物质载体。旅游目的地的人文资源包括社会政治、经济、法律、宗教、历史、科学、艺术和民俗风情等因素，都是社会文化因素，它具有国家、民族和地区的文化色彩；而自然旅游资源虽然是天赋的自然地理条件，但这些自然地理条件都必须经过人类的劳动加以开发改造，将自然景观赋予人类智慧的印记，没有文化内涵的纯天然景色是难以成为现实的旅游资源的。不管是人文资源，还是自然资源，都凝结着人类的精神文化，都是社会文化的物质载体。

（3）旅游设施和旅游服务是一定社会文化的表现形式。不管是直接或间接为旅游服务的现代设施设备，都是以现代社会生产力和科学技术作为后盾的，都是科学技术在旅游业开发中的物质转化。各个国家、不同民族和不同地区的旅游设施设备，都具有不同的历史的艺术的文化内涵，具有异族的文化特色。所以，旅游设施既可以作为一种旅游媒介提供给旅游者使用，又可以供旅游者作为异族文化艺术来欣赏，从而增加它的魅力。

1976 年在国际古迹遗址理事会（International Council on Monument and Sites，ICOMOS）大会上正式通过了《文化旅游宪章》。1999 年 10 月，新的《国际文化旅游宪章（重要文化古迹遗址旅游管理原则和指南）》在墨西哥召开的国际古迹遗址理事会大会上通过，为旅游观光和著名古迹遗址或收藏之间的动态关系提供指南。宪章中有 6 条文化旅游观光原则，推崇行政区与当地居民参与管理、保护、研究遗产的价值，使当地行政区获益、访客的经验值得、满意又有乐趣；遗产地区与观光之间价值涉及冲突时，为了现在及未来的子孙，应以持续方式来管理，并致力于保护和提高遗产的特色。

在《国际文化旅游宪章》中，有几项值得注意的事项。第一，文化资产是可以借由观光发展其经济特性；第二，观光必须让当地人感觉有所尊严；第三，文化观光是长期的经济策略；第四，文化观光的真实性议题。国际古迹遗址理事会通过的《国际文化旅游宪章》，对博物馆尤其是国际博物馆协会“博物馆与文化旅游”产生了重要的影响。2000 年国际博物馆协会（International Council on Monument and Sites，ICOM，简称国际博协）通过了《博物馆与文化观光旅游宪章原则的建议》（*Proposal for a Charter of Principles for Museums and Cultural Tourism*，PCPMCT，以下简称《博物馆建议》），2006 年国际博物馆协会通过了《金边 - 万象文化多样性与遗产旅游宪章》（*Charter on Cultural Diversity and Heritage Tourism*），2008 年国际博协与世界博物馆公谊会联合会（World Federation of Friends of Museums，WFFM/FMAM）通过了《世界可持续文化旅游宣言》（*Declaration of the International Council of Museums and the World Federation of Friends of Museums（WFFM）for Worldwide Sustainable Cultural Tourism*）全面继承了国际古迹遗址理事会《国际文化旅游宪章》的思想，为进一步推进文化旅游尤其博物馆旅游做了重要的指引。

（二）旅游物化载体的重要性

旅游的物质象征较多地体现在旅游客体的物化上，也表现在旅游设施的物质化、旅游服务中的物质化及旅游商品的具体物化。旅游虽然是一种社会文化活动和经历，但这些活动、经历必须直接以物质表达或间接辅以物质加以承载，以点带面或管中窥豹地展示曲折的过程和抽象、虚幻、丰富的意境及博大精深的内涵。

（1）自然资源的物质存在性。旅游资源中自然资源以天然存在的方式，直观地、物质性地呈现在自然界。名山景观、江河海洋、平湖深潭、清泉浅溪、火山遗迹、地质公园、森林公园、动植物保护区等，均直观地以物质存在。

（2）文化资源的物质承载性。文化旅游资源往往有深刻的文化内涵和更博大的精神空间。但在向游客展示、传达的过程中，不得不借助有代表性的实物以承载厚重的文化，如文化遗址、文化遗迹、历史书籍资料、历史遗物、生产工具、服饰、生活用具等有形的可观可感可联想的物质性文化承载体。

（3）旅游设施与服务中的物质化。旅游接待中必需的物质设施有酒店、宾馆及其中的设备设施等。在具体服务中，服务人员除具备良好的形象、优雅的体态、甜美的笑容、熟练的业务技能外，也必须借助一定的具体物件、器皿来提供优质服务。

（4）旅游商品的具体物质化。旅游商品作为旅游产品中一个不可或缺并日益重要的部分，无论是文化产品还是非文化产品，作为出售的商品，都是实实在在的物品。如地方土特产、民间工艺品、旅游胜景模型、明信片、画册、书法作品、书籍、音像制品等。

（三）旅游物化载体的作用

旅游是面向大众的，游客审美层次各异、文化水平不同、体验感悟能力有别，所以除少部分有特殊针对性的旅游产品外，大多数旅游对象均以物质存在或物化载体的形式展现。这些物化载体可以满足几乎所有游客最浅层次的感官审美，还可以将欲表现和表达的丰富、抽象的文化巧妙以物化展示，更可以满足旅游这个包含“食、住、行、游、购、娱”多要素产业的综合特点。

（1）满足旅游者感官审美。无论是何种旅游产品，最基础的不外乎直接的感官审美。自然景观主要是直接以自然存在体现自然之美。人文景观除有了人的精神文化内涵外，表现在外的依然是具体的物化设施，这些设施一样传递着感官美，如精美的历史建筑。

（2）将抽象的精神、文化物化展示。人类的物质文化和非物质文化构成了文化。物质文化可以以物质展示，精神文化因为本身的非物质性更加考验展示的技巧。非物质文化要借助具有代表性和表现力的具体物化设施和作品，如书籍、建筑、乐谱、雕塑、绘画等物化载体才得以展现。

（3）满足旅游的综合性需求。旅游是包罗万象的，涉及多元要素，最常提到的就是“食、住、行、游、购、娱”。要满足旅游的多元素的综合性要求，还得以物化的形式或借助物化设施得以实现。

二、遗产与遗产旅游体验

（一） 旅游遗产的定义

遗产旅游的定义，国内外学者的角度和重心表现不同。国外学者主要倾向于以遗产的旅游产品属性及旅游者的体验感受来界定遗产旅游的概念，我国学者对于遗产旅游的认识则更倾向于一种保护性开发。

1. 国外学者对遗产旅游的解读

有的学者从旅游者方面解读遗产旅游。认为遗产旅游不应该被看作是一种任意性的行为，而应该把它看作是一种社会心理的需要；遗产旅游是一种过程，或者作为一种产品，为了在旅游动机和遗产旅游之间建立一种联系，人们必须了解动机的形式；遗产旅游是由旅游者与资源之间的交互作用而产生的一种经历，是作为一种旅游者对特殊地点的感觉而产生的现象。

有的学者从旅游资源方面解读遗产旅游，认为遗产集中了我们继承的一切，遗产旅游能从历史建筑物、艺术品、美丽的风景中得到任何意义；把遗产旅游定义为一种利用社会文化资源吸引参观者的经济活动。

有的学者从旅游动机与旅游感知方面解读遗产旅游。认为遗产旅游的定义应基于以下两个概念：第一，旅游者的动机，即他们是否由于遗产吸引而决定游览；第二，旅游者对一个地区的感知，即他们是否视作其为自己遗产的一部分。但也有学者认为，采用如此方式描述遗产旅游的概念，会导致遗产旅游和历史旅游之间的界定不明确，在处理遗产旅游和历史旅游的相关问题特别是管理问题时会导致混乱。

2. 国内学者对遗产旅游概念的理解

我国学者对于遗产旅游的认识则更倾向于一种保护性开发。

目前我国对待遗产旅游开发的态度主要可以分为两种。一种是开发派发展模式，认为世界遗产不是一成不变的保护、开发和利用。另一种是保护派发展模式，认为世界遗产应该保护第一，开发第二，“莫使遗产成遗憾”。也有学者认为将世界遗产地开发为当地主要的旅游产品是一种必然的选择，是一种政策性博弈结果；遗产旅游中必须注重真实性和完整性的保护，反对将“把门权”“保护权”与“管理权”分开，并提出创新机制的思想。

对遗产旅游的解释与分析，尽管学者观点各不一致，但他们基本都认为旅游者文化与遗产的经历与体验需求是他们的主要动机，遗产旅游是一种经过升华的“怀旧思乡”之情。对现状的不满和对未来的失望，使很多人开始“怀旧”，将过去的美好等同于将来的美好和怀旧与保守，强调秩序与传统，希望唤起过去的权威，不管他们是真实的或者只是一个娱乐包装的“伪事件”，对旅游者而言，都是一种有意义的旅游体验。

按照西方“遗产”的概念，遗产大概可以分为文物保护单位、历史文化名城、自然保护区、森林公园、风景名胜区、地质公园以及世界遗产等类别。尽管“遗产旅游”作为一个包含生态旅游在内的普及性概念开始被国内学者提起，遗产旅游仍是一个国内学者较少涉足的研究领域，很少人将旅游与遗产作为一个有机整体来研究。

（二） 遗产旅游的影响

遗产旅游的产生对遗产保护的积极意义。遗产旅游可以展现民族主义，而旅游者对遗产的观念和认识是形成和维护国家特征的关键。遗产旅游活动也可能促使旅游产品空间结构与产品类型的变化。受地租的影响，遗产地的旅游活动会逐渐向遗产地外围扩张，遗产地的游客数和旅游经营的成本与收益变化紧密相关，旅游者的类型也会随之而改变，很容易导致遗产地走向衰落，进入一个“恶性循环”。

从现有文献来看，对遗产旅游与遗产管理的研究有以下几种趋势：从遗产地研究转向遗产旅游者研究，再到遗产旅游者与社区、政府等利益相关者的关系研究转变；从遗产保护的“硬”技术研究转向遗产保护的“软”技术研究；从遗产旅游的哲学与心理层面的研究转向遗产旅游市场研究，开始着手研究遗产的营销，将游客进行市场分层；从纪念物、文物、建筑等遗产的研究转向文化与自然遗产的研究；转向游客体验与遗产保护的互动研究。

遗产旅游活动会对遗产地的环境、经济、社会文化等多方面产生影响，这种影响既可能是积极的也可能是消极的，但现有文献大多是关于旅游的消极影响方面的研究。在遗产旅游对经济活动、社会影响、遗产旅游业的发展对促进当地经济发展、提高遗产地居民就业率、遗产地产业结构、遗产地的真实性与完整性、遗产本身的价值等方面认知不足，研究不够。

（三） 遗产旅游体验

遗产旅游体验，相对旅游者直接体验而言，存在一定的距离。这种距离既包括时空差异距离也包括文化差异的距离，它造成了旅游者体验的困难性。让旅游者进行比较完美的遗产旅游体验，认知是遗产旅游的核心。让旅游者体验遗产的魅力，首先要对遗产有一定程度的认知，对特定旅游遗产的认知是旅游体验的基础和核心，现代化的遗产解说可以在一定程度上帮助旅游者形成一定水平的遗产认知。个人对遗产地的认知与旅游的类型有关，同时指出与遗产地有密切联系的人可能与其他人表现得不同。

遗产旅游体验中，最关键的问题是真实性。

(1)“舞台的真实”。游客虽是“世俗的探秘者”，但他们也渴望获得原真性体验，但是因为旅游业创造的“非原真性或舞台型体验”，而游客自己又无能力辨别真伪，从而不得不接受。遗产旅游中的“非真实性”与遗产地旅游建设和经营的5个方面有关，即：遗产旅游地的命名、旅游地的格局和提升、神圣化、机械性复制、社会性复制。

（2）感受的真实。旅游者的意识形态所形成的真实性和社会阶层分化有关，真实性是游客旅游体验后产生的对旅游吸引地或其某一方面的感受。所有旅游者对历史体现的感受都是真实的。旅游者的感受同性别、收入、受教育水平有关，这些因素塑造旅游者的旅游体验和产生的真实性。

（3）演绎的真实。游客找到的“真实”，不是基于过去的真实，而是对过去的现代演绎。旅游过程游客所追寻的真实性并不是真实的，大多是在原有遗产基础上被修饰过的，但是多数游客还是会认为自己经历的就是真实的遗产。

事实上，遗产旅游中游客所感知的真实性是多元化的，这种多元的真实性反映了旅游吸引地解说对游客体验和情感影响的重要性。一般情况下，旅游者确立真实性经过3个思考程序：加强同化、认识感知和反馈的协调。

（四）　遗产体验与遗产解说

在遗产旅游中，解说是旅游体验重要的组成部分，是保证旅游体验质量的关键因素。服务、教育和娱乐的升华就是解说，解说是一种揭示遗产资源意义、信息以及与人类关系的交流过程，并为了最终改变旅游者行为。

旅游解说是一种信息传递。遗产地解说系统的含义就是运用某种媒体和表达方式，使特定信息传播并到达信息接收者中间，帮助信息接收者了解相关事物的性质和特点，并达到服务和教育的基本功能。解说是一种信息传递服务，目的在于告知及取悦游客并阐释现象背后所代表之意义，提供相关咨询来满足每个人的需求与好奇，同时又不偏离中心主题，以激励游客对所描述事物产生新见解与热诚。

遗产解说的作用是给人们传达一个地方的意义，从而更喜欢它，理解它的重要性，产生保护的积极态度，解说是用来提高对场所的欣赏，传达符号意义，促进态度和行为的改变。旅游地解说可以通过影响游客的情感而影响游客的真实性体验。遗产解说是从信息交流到游客获得愉悦感的整个过程。遗产旅游与其他类型的旅游的区别，通常在于游客在景点的学习兴趣以及是否愿意承认教育是遗产旅游体验的重要一环。解说的目的是帮助旅游者和其他游客体验某种资源或某个事件，如果没有解说，旅游者可能完全无法获得此类体验。

遗产地解说是保证游客旅游体验质量的关键，成功的解说是有效管理和保护有形遗产，实现可持续发展旅游的关键，但解说也会妨碍游客在遗产地的自身感受，如果讲解员过分热衷于宣传而不是介绍，那么解说有可能会妨碍游客的体验。

三、非物质文化遗产对旅游的作用

联合国教科文组织于2003年10月在制定的《保护非物质文化遗产公约》中，对非物质文化遗产的定义和内涵做出了界定。“非物质文化遗产”是指被各群体、团体，有时被个人视为其文化遗产的各种实践、表演、表现形式、知识和技能及其有关的工具、实物、工艺品和文化场所。各个群体和团体随着其所处环境、与自然界的相互关系和历史条件的变化，不断使这种代代相传的非物质文化遗产得到创新，同时使他们自己具有一种认同感和历史感，从而促进了文化多样性和人类创造力的发展。

“非物质文化遗产”包括5个方面：①口头传说和表述，包括作为非物质文化遗产媒介的语言；②表演艺术；③社会风俗礼仪、节庆；④有关自然界和宇宙的知识和实践；⑤传统的手工艺技能。从非物质文化遗产的概念和大致分类及旅游的目的来看，其对旅游的作用有以下几个方面：

（1）丰富旅游的内容。传统旅游的内容有：以自然资源为主的观光旅游，以历史遗址遗迹或名人居所、宗教朝圣等为主的文化旅游。总的来讲，旅游时间仓促，旅游形式不够丰富，旅游体验性不够突出。而非物质文化遗产旅游的提出和重视，大大地丰富了传统旅游内容，弥补了传统旅游的空缺。

（2）增加旅游的文化性。旅游的产生源于旅游者的社会文化需求，决定了旅游始终是一种社会文化行为。非物质文化遗产的出现以及以此为旅游对象的旅游产品，更加突出地表明了旅游的文化属性，突出地表明了旅游文化的体验性。

（3）促进旅游产品结构调整。非物质文化遗产相关旅游产品进入旅游市场后，对原有旅游产品市场有所冲击，这种冲击打破了原来区域旅游产品结构的平衡，促使旅游产品结构进行调整，以符合旅游市场新的供需要求。

（4）呼唤旅游者及从业人员的文化认知。非物质文化遗产区别于传统旅游资源，它更需要旅游者的文化认知、文化追寻及细致的文化体验，也需要旅游从业者对非物质文化遗产的文化感知及素养。非物质文化遗产的出现呼吁社会对其关注，尤其呼唤了旅游者及从业人员的文化认知。

四、旅游对非物质文化遗产的影响

旅游是人们为寻求精神上的愉快感受而进行的非定居性旅行和在游览过程中所发生的一切关系和现象的总和。旅游具有许多特点，其中旅游的异地性和旅游是旅游者的社会文化行为及与之相关的现象的特点，已经能够对非物质文化遗产产生重大的影响。

（一）旅游对非物质文化遗产的积极影响

旅游对非物质文化遗产的积极影响是显而易见的。对目的地来说，旅游的乘数效应使得目的地区域的综合经济更加繁荣，旅游目的地有更好的经济实力去保护或进一步开发、传承、创新非物质文化遗产。旅游也促进旅游目的地社会相关行业发展，因而引起目的地政府及旅游业的重视，引发相关制度对非物质文化遗产的倾斜。

旅游的异地性特点可以使旅游目的地的非物质文化遗产在旅游者的空间位移中得到传播与扩散。如中国剪纸，旅游者前来感受剪纸的艺术魅力，学习剪纸的技巧甚至爱上并研究这项民间技艺，购买剪纸旅游商品珍藏或馈赠亲友，旅游沿途及回家后向别人描述剪纸艺术……这些旅游者的心理和行为，都必将对这项民间艺术、中国珍贵的世界非物质文化遗产起到积极的传播、推广作用。

旅游者对目的地非物质文化遗产的青睐和向往，能激起旅游目的地居民的民族自豪感和目的地主人的尊严，对目的地社会情感是一种有利因素。这也将进一步唤起当地人对非物质文化遗产的喜爱、继承与再创造。

（二）旅游对非物质文化遗产的消极影响

旅游对非物质文化遗产的消极影响也是不可忽视的。因为旅游异地性的特点，其他地方旅游者的到来带来了新的生活方式和思想，其中部分新的生活方式和思想将自然冲淡、稀释目的地原有的民俗民风，随着时间的延长甚至导致非物质文化遗产的消失。

伴随非物质文化遗产开发的成功，旅游者蜂拥而至。为获得经济利益，旅游目的地运营者生产大量劣质的非物质文化产品，获得短暂利益的同时扭曲、异化了原本美好、丰富的非物质文化遗产。

五、旅游与非物质文化遗产关系的处理

旅游对非物质文化遗产的影响如同旅游对旅游目的地的影响，具有积极和消极的两面性。如何保留其积极影响，减小或规避消极影响是处理旅游与非物质文化遗产的关键。

（1）提升旅游目的地当地政府的文化意识。在旅游开发的政府主导局面下，非物质文化遗产当地政府的文化意识尤为重要，政府的意识直接或间接决定开发的成败。只有当政府有了鲜明的文化保护和传扬意识及决心，才有相关的决策和有力的执行，才能杜绝或减少旅游保护、开发中的短视行为。

（2）倡导旅游者对非物质文化遗产的保护和推广。在旅游宣传的同时，呼唤旅游者文明旅游，体验文化旅游，与旅游地一起形成“共同参与、分享遗产、

推广文化”的旅游氛围。还可通过公开征集旅游标识、口号，评选“十佳文明旅游者”“优秀旅游推广者”等活动，来吸引旅游者的高素质旅游行为。

（3）提升当地居民的自豪感和保护意识。当地居民是非物质文化遗产的见证者和最好的保护者。用非物质文化遗产的珍贵与稀有性提升当地居民的自豪感和主人翁意识，激发居民自发保护、创新遗产的热情，为游客提供服务的热情。

（4）运用合理的非物质文化遗产保护开发方式。不同的非物质文化遗产开发保护的方式各不相同。如民俗类非物质文化遗产，多提倡民俗生态开发，注重整体环境的原生态，保护文化遗产的本来面目；歌曲、民间技艺类非物质文化遗产，多用博物馆来保留相关历史发展进程、资料，成立保护协会，举办相关节庆或举行相关赛事。非物质文化遗产当地应当由多方专家组成规划团队，认真研究该遗产的历史、文化，找到合适的保护、开发策略。

六、非物质文化遗产的开发、保护和管理

非物质文化遗产是文化旅游的核心之一。非物质文化遗产旅游是发展中国家旅游的亮点，但在非物质文化遗产旅游开发中面临日益严重的规划、保护和管理等方面的问题。需要在考虑遗产资源开发利用管理的同时，从遗产旅游解说、遗产的旅游市场、遗产地规划保护、遗产旅游和当地社区之间的相互依赖性方面，考虑发展遗产旅游和遗产的保护问题。

（一）非物质文化遗产旅游中的利益分析

非物质文化遗产的利益相关者，主要指遗产在旅游开发过程中涉及的各种利益群体或个人，他们包括当地社区、政府、企业以及旅游者和其他一些相关人员。

（1）社区是最重要的利益相关者。在很多发展中国家，很多遗产如建筑、人类遗址、古城、博物馆等都常常处于当地社区中，当地居民已经是遗产不可分割的一部分，他们的存在有助于增加遗产地的活力，也因此有助于保持遗产地吸引旅游者的魅力；同时，旅游者日花费的10%～15%变成了当地居民的收益，可以促进历史文物的保护也因而提高当地居民的生活水平。另外，遗产旅游还会促进社区土地所有关系，新旧竞争关系，以及新旧生活方式关系的改变。

（2）政府在旅游开发中的作用。政府是遗产的规划、管理、营销者，也是遗产地旅游开发中的利益竞争者。在推动旅游发展方面，当地政府主要是建设基础设施，提供公共管理，进行遗产规划与保护，对遗产进行宣传促销。但现实情况表明，缺乏可靠的数据是政府决策不明的主要阻碍，政府对遗产地旅游决策更多是从可看到的经济与就业角度来考虑。

（3）企业是遗产地旅游的开发者。遗产是社会组织的一部分，因此当私营企业为旅游者提供遗产旅游经历的行为与遗产保护相冲突时，他们经常会遭到批

评，企业在遗产地建设的人造景点很难被当地居民和游客认同。这些问题往往与遗产或文化的产品再造的可感知的真实性密切相关。

（二） 非物质文化遗产的开发利用

非物质文化遗产开发利用，不仅可以为当地经济的发展提供广阔的空间，而且可以增强地区的知名度、吸引力、文化认同感和遗产保护的社区参与性。旅游业一定程度上为经济发展提供了广阔的潜力空间。如果有适当的管理，旅游业可以有效复兴地区文化并保持其特征。

加强对非物质文化遗产的保护，是非物质文化遗产开发利用的题中应有之义。通过有效科学的手段对非物质文化遗产进行保护，是遗产旅游的一个永恒的话题。目前，遗产保护由“硬”技术研究向“软”技术研究转变，强调游客体验与遗产保护的互动性。历史、文化、自然科学家以及当地社区居民们，对文化、自然遗产保护做出巨大的贡献，但保护工作的“博物馆化”并不能真正保护当地的遗产。遗产旅游管理是遗产开发利用、遗产保护的中心环节，遗产旅游管理利用正确恰当政策的引导，可以实现遗产旅游可持续发展。加强政策引导，加强管理机构建设，做好遗产资源开发规划，是做好非物质文化遗产的开发利用工作的必要措施。

第五节 作为旅游吸引物的博物馆

一、遗产的双重属性

2003 年 10 月联合国教科文组织第 32 届大会通过了《保护非物质文化遗产公约》，2004 年 8 月我国加入《保护非物质文化遗产公约》，成为第六个签约国。2005 年 3 月国务院颁布了《关于加强我国非物质文化遗产保护工作的意见》，2005 年年底国务院下发了《关于加强文化遗产保护的通知》，从此，“非物质文化遗产”这一外来词语正式进入中国官方语言，并进而成为当前中国文化语汇中最为流行的新词之一。此后，中国的物质和非物质文化遗产保护工作有了明确的政府部门分工，物质遗产工作继续归属国家文物行政部门，非物质遗产工作则归在国家文化行政部门新设立的非遗工作职能部门。与非物质文化遗产保护的学术和非学术活动日益活跃相比，中国的博物馆却逐渐淡出“非遗”保护的中心。也许是其处于“非遗”保护行政体系之外使然，而对博物馆“根本的共同点就在于它的实物性”的通常认识更使这种状态不受到怀疑。然而，将文化遗产划分为“物质”与“非物质”绝非遗产本身就有这样的天然类别，一项具体的遗产，其同时具有物质与非物质双重属性。科学认识这种双重属性，对于文化遗产的科学保护以及保护主体的选择有着重要意义。

（一） 物质遗产的非物质属性

《保护非物质文化遗产公约》中规定，凡提名列入“世界遗产名录”的文化遗产项目，必须符合下列一项或几项标准方可获得批准：①代表一种独特的艺术成就，一种创造性的天才杰作；②能在一定时期内或世界某一文化区域内，对建筑艺术、纪念物艺术、城镇规划或景观设计方面的发展产生过大影响；③能为一种已消逝的文明或文化传统提供一种独特的至少是特殊的见证；④可作为一种建筑或建筑群或景观的杰出范例，展示出人类历史上一个（或几个）重要阶段；⑤可作为传统的人类居住地或使用地的杰出范例，代表一种（或几种）文化；⑥与具特殊普遍意义的事件或现行传统或思想或信仰或文学艺术作品有直接或实质的联系。在以上鉴别标准中，很明显地纳入了对遗产的“非物质”文化（或艺术）的评价标准。“独特的艺术成就”“创造性的天才杰作”“建筑艺术”“文明与文化传统的特殊见证”“与思想信仰或文化艺术有联系”等，指的正是那些文物、遗址、建筑群所承载的“非物质”文化的价值评估。

非物质形态的价值都寓于物质形态之中，成为物质遗产价值评判的重要标准，这就是物质遗产的非物质属性。我们试以“鼎”这样一种常见的器物为例来说明。作为食器的鼎，进入青铜时代后成为最常见和最神秘的旌功记绩的礼器，更被视为传国重器、国家和权力的象征，包含了丰富的精神价值。鼎所承载的非物质文化属性包括两个方面：一是与其的制造术相关的工艺、技术、规范、禁忌等；二是与其功能相关的礼仪、典章和权力象征等，后者则更有深刻内涵，“鼎”即因后者而成为“鼎”。类似鼎这样的青铜时代的器物，是一定社会历史的产物，它所承载的非物质文化原真信息已经随着时间的推移和历史环境的逝去而逐渐消失——尽管人们可以通过考古发现和科学研究来追寻甚至部分还原那些逝去的信息。所以此类文化遗产，它的主体性质是物质性的，被归于物质遗产。再以世界文化遗产故宫为例，“紫禁城是中国5个多世纪以来的最高权力中心，它以园林景观和容纳了家具及工艺品的9000个房间的庞大建筑群，成为明清时代中国文明无价的历史见证。”世界遗产组织的评价着眼于古代建筑杰作，宫殿建筑瑰宝和珍稀文物宝库的主体意义，然而故宫所蕴含的信息和价值岂止如此。故宫是明清两代的皇宫，24位皇帝相继在此登基执政，前朝后寝，是其主要活动场所，是中国最高权力中心、政治和文化中心，国家政治运行和皇家伦理的一幕幕活剧在此上演了500多年，其间包含着难以尽数的典章、礼仪、程式和禁忌，显示着帝王权威的神圣和神秘，统治着亿万臣民的心灵。然而随着王朝的覆灭，那些非物质形态的皇权与宫廷礼制也随之消失，只有依附于这座宫廷建筑群的皇宫建筑营造术，作为非物质文化遗产去研究、保护。可以设想，故宫内保留的任何一项皇家礼仪或者宫廷艺术，无论是皇帝临朝理政的程式，还是各种皇家典礼、舞乐等，都可成为非物质文化遗产项目，如同联合国教科文组织已公布的“人类口头和非物质遗产代表作”中，韩国“宗庙祭礼”“雅乐——越南宫廷音乐”“柬埔寨皇家舞剧”一样。故宫曾经拥有的“非遗”因为不被认识而消失。

（二）非物质文化遗产的物质属性

关于非物质文化遗产物质属性理解，首先可以从其物质载体、生成物、介质来考察。例如“人类口头和非物质遗产代表作”的昆曲，它的演出剧场、舞台、布景、道具、服装、伴奏乐器，剧本曲谱，还有各类介质的音影记录、文献资料，这些物质载体附属于昆曲，构成其物质属性。不仅如此，在一个昆曲特定表演场所，角色台上的表演与看客台下的观赏，共同构成了一个昆曲表演与欣赏相互依存的空间。这一空间和其中的人及一切器物共同构成了这一非物质文化遗产的物质载体，其中的灵魂是角色的表演。失去了表演与鉴赏的空间，此项“非遗”就将变异。因此，更应从“空间”来认识“非遗”的物质属性。又如“人类口头和非物质遗产代表作”古琴艺术，是中国历史上渊源久远的一种器乐形式，古琴韵味含蓄，虚实相生，讲求弦外之音、空灵意境。古琴自古是文人自我陶冶的一种雅好，所谓君子乐不去身，君子和琴比德，唯君子能乐，融审美追求和道德追求为一体。古琴很少在公众场合演奏，只是文人雅集的内容，古琴艺术所拥有的物理空间应是文人雅集的场所，只有在这样的空间里，才能体现其高雅的韵味。古琴艺术的物质性，不仅体现于古琴乐器本身，而且应体现在文人雅集的特定空间。现在展示古琴艺术时，热衷于在广场、剧院这样的空间，但事实上其作为“非遗”的特征的韵味已损失大半。

（三）遗产的整体保护

看到物质性和非物质性构成了文化遗产的双重属性，如“鼎玉龟符”“鼎食鸣钟”“铸鼎象物”“鼎鼐调和”“九鼎八簋”这些成语描述的器物，反映着一项项风俗礼仪、典章制度，同样，非物质文化遗产的“表现形式”离不开物质载体和空间，如昆曲、古琴的古乐器、古曲本等会成为博物馆的典型藏品，古戏台、琴台会成为文保单位。一项物质遗产可以承载无限量的非物质文化信息，其所拥有的非物质信息成为评判其价值的重要内容；一项非物质文化遗产有着不同质态的物质载体，又需要不同层次的存在空间，这些载体和空间又决定着它的存在和消亡。遗产的物质和非物质两种属性，彼此依存、虚实相生，你中有我，相互包含，合而为一，共生共长，共同构成了遗产的基本要素。将文化遗产划分为“物质”与“非物质”，仅是由于理论研究和保护实践的需要而产生的，绝非遗产本身就有这样的天然类别。一项文化遗产只是因其主体性质和表现形态更多地体现为物质和非物质属性，而被认定为物质或非物质遗产，并因此保护的重点和方式有所不同。但对于文化遗产研究，要强调综合的研究，如在研究文物时，除了研究其物质形态的形成之外，大量的课题是在研究其功能、承载的传统、民俗、礼仪、有关的信仰和知识等此类非物质文化内涵。而在研究“非遗”时，除了对“表现形式”保护的研究外要重视其依存的特定空间保护的研究；同样，文化遗产的保护，强调的是整体性原则，在保护其主体属性时强调物质属性和非物质属性的双重保护、整体保护，这才是对待文化遗产的科学态度。

二、博物馆对文化遗产的保护

保护文化遗产是博物馆的主要职能。作为构筑记忆、收藏历史的科学和艺术的殿堂，现代博物馆在其发展的数百年历史中，形成了保护人类和人类环境见证物的深厚的学科经验和工作规范，为人类文化和自然遗产的保护做出了重大贡献。保护非物质遗产是国家和全社会的共同责任。在目前各类涉及文化遗产保护的机构中，博物馆有着特殊价值和优势。

（1）博物馆对人类和人类环境遗产的保护是永久性的。博物馆的稳定性是任何遗产保护机构所不可比拟的。

（2）博物馆受到国家法律的保护，博物馆管理体系相对成熟，从《文物保护法》到《博物馆管理办法》《藏品管理办法》等规章，博物馆的社会地位和职业规范确保了遗产在博物馆的安全性远高于其他机构。

（3）博物馆拥有遗产保护的技术设备、完善的保护制度、训练有素的管理人员和几百年积累下来的管理经验，文化遗产一旦进入博物馆将会受到比别的机构更高的专业保护而使之延年益寿。

（4）博物馆有常设的开放场所和基本陈列，比较其他机构组织的临时性会展、节庆，它的日常展示机制和社会服务功能更有利于遗产的传承、传播和公众参与，也更经济和便捷。

（5）博物馆保护的是人类和人类环境遗产中的精华，进入博物馆的任何遗产都必须经过规范程序进行科学研究、鉴定甄别和挑选。这确保了进入博物馆遗产项目的代表性、真实性和珍稀性，从工作规范上杜绝假遗产、伪民俗进入遗产保护领域。

（6）博物馆的功能在不断地发展，博物馆新的发展潮流是从“以物为本”的传统，转向“以人为本”的新领域，新的博物馆形态如生态博物馆的出现，已为文化遗产的“表现形式”和“文化空间”的保护提供了可行的模式。博物馆在保护遗产方面的特殊价值和优越性是其他机构难以替代的。

三、博物馆文化旅游

“没有哪一所博物馆是一座孤岛，博物馆是‘文化系统’的组成部分。”（罗兰德·阿宾，1992）。这句话凝练地表达了两层意思：其一，概括了博物馆作为文化载体（物质文化与非物质文化）的事实；其二，博物馆与其他文化载体紧密相连建构文化系统。

国内外学者都认为，文化旅游业得到蓬勃发展的原因很多，其中有两个主要的原因：一是文化表现出一种特性（自身的或其他文化的）；二是文化（情感）价值根源于自然的，以及可移动或不可移动的人文遗产。这两个原因反映出文化旅游和博物馆之间的本质联系。

传统意义上的博物馆馆藏的构成是以实物形式构筑的历史记忆。但是，从根本上来说，博物馆应该为人类生活、人类社会合理和谐的秩序提供文化意义上的论证，也包括提供表现人类文明进程和生存理想的历史演进，以及与之相应的价值构成和思维方式。因此，在反思和批判中提出并建构体现现代公共理性和人类公共利益旨向的博物馆文化理念，是博物馆表现自身存在和实现自身价值的现代方式。这一文化理念和价值的实现，不能仅仅以保存过去的材料痕迹的方式来维持，它也要求保藏非物质文化遗产，因为非物质文化遗产凝聚了人类的创造力并推动了人类的活文化。

随着社会分工的细化，博物馆的功能出现分化。博物馆功能的相对增减也是社会发展的必然，博物馆的建设发展正在成为重视文化、提倡学习、建立知识创新型社会的重要标志。博物馆特别是地方博物馆肩负着为保存地方文化传统、为本地政府提供决策所需的信息资源、为本地区经济发展服务、支持地方建设的社会职能。非物质文化遗产保护不仅能继承和发扬民族优秀文化传统，而且能实现经济社会的全面、协调、可持续发展。通过非物质文化遗产抢救、保护，博物馆从封闭式服务走向民间。汲取民间营养，吐故纳新，我们将看到的是博物馆功能的扩展和其丰富内涵所延伸出的广阔的视野。因此积极参与本地区的非物质文化保护工作是博物馆的社会职能的体现，是博物馆义不容辞的职责。在这项文化工程中，博物馆应该以参与者的身份，积极配合相关的政府部门，发挥自己在文献信息保护技术、科研等方面的优势，为非物质文化遗产保护做出贡献。

从社会学角度讲，旅游本身即是一种社会文化行为。随着时代进步所带来的物质资料富有、生活制度的变革、科技日新月异、信息产生及流动的快速及多样化、地区间人们行为观念的交互影响等而渗入到更多的领域，文化旅游也将会出现更多的分支。博物馆在社会进步中已具有更多形态、属性和功能，但最核心的是对文化的表达、传承和构想。在博物馆自身发展和社会要求下，博物馆将以更丰富的内容和形式来承担多元化文化的使者。基于对文化的需求和供给，旅游（尤其文化旅游）与博物馆之间产生了前所未有的默契和紧密的联系。这必将对旅游和博物馆及社会文化产生深远的影响。

第六节 旅游吸引物的文化体验

一、旅游文化体验概述

从20世纪中后期布斯汀（Boorstin）将旅游体验定义为一种流行的旅游消费行为开始，旅游文化体验已经被西方旅游学术界中具有旅游或者相关专业背景的学者们关注了40余年，然而旅游文化体验并非旅游研究领域中的显学。这一研究状态自20世纪晚期得以改变，国外的旅游学术文献里涌现了不少旅游体验方面的成果。自20世纪晚期开始，国内旅游学术界开始尝试性地对旅游体验进行研究。

在“旅游体验”的研究方面，目前国内主要集中在产品、服务和营销方面，尤其强调以旅游者为中心。主要研究成果集中在如下几个方面：

（一）产品主题化和参与性

主要参照派恩和吉尔摩的“体验经济”论，提出应该按差异性原则将旅游体验主题化，确定景区主题的标准，以正面线索强化主题印象，淘汰消极印象，充分利用纪念品，整合多种感官刺激营造体验氛围。有的从主题化角度建议要拓展节日文化及旅游产品，强化体验的品牌形象，以带给消费者整体感和统一性，产生感应与联想效应。还有的认为应根据主题线索设计体验“剧情”，策划各种活动项目，突出旅游消费者的参与性和互动性。

（二）服务个性化和情感化

主要是从员工为游客服务意识、对游客中心建设以及服务质量管理，建构旅游个性化服务系统，旅游开发商为景区塑造与众不同的个性，满足消费者个性化需求；增加与旅游者沟通的机会，从而增强旅游者对旅游吸引物的理解和感知，并激发其参与热情等方面，为旅游经营活动出谋划策。

（三）产品和营销的氛围营造

主要集中于如何为产品营造体验氛围的理论和实践。有的从直接体验的视觉、活动、声音、味觉、触觉和功能方面的出行、游览、住宿、饮食、购物、娱乐等相关要素着手，系统地探讨旅游项目的体验设计。有的从主题提炼与体验线索设计、场景设计和体验氛围营造、意象塑造与体验意象设计等方面探讨旅游产品的体验设计。有的提出寓教于乐、造梦、身临其境3种方式进行体验旅游项目策划。有的则从经营者的角度对景点旅游氛围的层次、主要内容、管理对策作了初步探讨。有的认为景区应增强活动的真实性，使旅游者融入自己所扮演的角色中，指出景区的建筑应符合景区要塑造的主题，项目的设计应有助于增强游客的真实感，景区从业人员应把自己融入扮演的角色中，为旅游者创造真实的氛围。还有的认为必须使员工融入“剧场的氛围”，与游客互动，才能创造出令游客难忘的深刻体验。

应该说，旅游文化体验的研究对于中国旅游业的发展起到了一定的促进作用。但这些研究还是过于笼统，细化不够，而“旅游体验”的塑造恰恰是需要从细节开始的。将旅游体验等同于旅游业体验，在旅游体验中片面强调以旅游者为中心，忽视旅游体验构成中的社区因素以及旅游体验的负面影响，都是不恰当的。

旅游活动可以为人们直接观察到的是旅游者和旅游业的各种行为和相互关系的部分，这个部分可以称之为旅游活动的表层结构，也是旅游活动的外壳。在旅游活动过程中还有一种现象存在，就是人与人之间的关系，这种关系可以体现在旅游过程中的多种形式上，有的有形，有的无形，有时这种关系转化到人与物的关系上，这些关系大都不易为人们所觉察，只有通过分析判断才能知道它的存在，因此可以称之为旅游活动的深层结构，也是旅游活动的内涵。旅游作为人类社会的一种精神文化活动，从本质上决定了文化因素是“旅游体验”成败的关键，而文化往往是通过一些符号或物质载体体现出来的，这其中涉及“真实性”的问题。同时，文化的载体也包括人，旅游经营者和旅游地居民也是旅游者完整体验的必要组成部分，尤其是文化特征差异性较强的旅游地居民（包括当地旅游从业者），本身就是旅游者体验的对象。只在经济学角度单纯从供需关系上研究“旅游体验”是有所欠缺的，还必须结合人类学的相关理论从真实性及主客关系上进行探析。一个忽视了为旅游地的主体与客体设计心灵对话的规划文本，即使对旅游地的经济要素安排得再好，也无法拿到相当可观的无形情感消费的附加值。

二、旅游活动的文化体验价值

人为什么会去旅游？国内外学术界尝试回答上述问题的已经不乏其人。在这些研究中，影响比较大的有3个方面，即旅游的内驱力、旅游需要和旅游动机。

事实上，旅游作为一种发生在闲暇当中的娱乐性行为，娱乐性会像空气一样弥漫和浸透到所有的教育、遁世和审美体验当中。在旅游过程中，对美的追求也使旅游体验无时无刻不镶嵌在美的背景当中。所以，娱乐和审美的要素或成分，会在各种旅游体验当中存在。

在整个旅游体验过程中，旅游者通过各种体验方式，实现情感世界和精神世界的回归的旅程。表面上看，旅游过程好像一个卸掉了责任感的娱乐过程，但仔细分析就发现，不管是从社会群体意义上还是从旅游者个体意义上看，这个过程都体现了一种精神世界的追求。

宋代名儒程颢欣赏优游的生活态度，很强调闲情，他的两首名诗描绘的是一种“偷得浮生半日闲”的情调：

春日偶成

云淡风轻近午天，
傍花随柳过前川。
时人不识余心乐，
将谓偷闲学少年。

秋　日

闲来无事不从容，睡觉东窗日已红。
万物静观皆自得，四时佳兴与人同。
道通天地有形外，思入风云变态中。
富贵不淫贫贱乐，男儿到此是豪雄。

元明时期著名道士张三丰某年秋天与道徒们“游岳云之上，止吟风之馆”，他跟众道徒说：

吾极爱此金秋之气，至清至肃，安得提一壶酒，一张琴，一枝笛，登陟乎高峰之顶。笑玩大地山河。烟涝涝，云淡淡，看日暖暖之林墟，波渺渺之长川。彼时笛声起乎林梢，琴声发乎石上，酒气通乎红泉碧嶂之间。山禽自鸣，空翠洒落，真快事也。

这是一种天人合一的人生境界。

中国的佛家，都在名山大川间建寺造塔，都在犹如人间仙境的优美名胜中修炼身心，认为“境由心造”，要“因心造境”。“内外不住，来去自由，能除执心，通达无碍，能修此行，即与般若波罗经晒无差别。”也要求扩大视野与胸襟，从生老病死和利害荣辱中解脱出来，与气象万千的宇宙天地、生生不息的自然胜景一起走向“物我两忘”的自由境界。对自然山水，他们也都在寻求丰富的审美内涵和文化意蕴。

旅游是一个通过情感的无拘无束的体验来获得精神的满足和意志力的实现的过程。从这一点看，旅游本身带有人本主义的意味，是人类生活最高境界的体现方式之一，也是能够使人找回自我、救赎灵魂的通道之一。

现代社会的激烈竞争使人们产生焦虑、受挫、苦闷、忧虑、失望、冷漠等不良的情绪与心态，具有迫切需要防卫、逃避、自我调节的心理趋向，并试图通过旅游活动在自然中寻求一种情感的净化和物质上、精神上、心理上的放松满足感。人们崇尚自然，回归自然的心理需要不断地增长。尽管人们外出旅游的动机不可能相同，但无疑几乎都是为了追求美好的东西。旅游者的旅行游览活动是一种寻觅美、发现美、欣赏美、享受美的综合审美实践，其主要对象首先是包罗万象的大自然。

除此之外，欣赏民俗风情，了解地理、历史、文化、物产，购买纪念品，研究人文景观、建筑特点，抄录对联匾额碑刻等活动，也都能给人愉悦的体验。旅游者在游览过程中，除自然文化体验上的满足外，还会鲜明地感受和评价旅游区域的社会文化。旅游地社会的产品、社会的风尚（道德、伦理、人情及民风等综合美）、社会生活（生活环境、节日习俗、服饰打扮的有机整体美）、社会制度，甚至人的相貌等方面，都可使旅游者在游览中获得社会的审美价值，以寻求一种心灵上的补偿和感情的升华。

旅游文化体验的价值，主要体现在如下几个方面：

（一）赏心悦目的直接感受

在心理学上，一般把人们对客观世界的认识分成3种方式，即直觉、知觉和概念。直觉是只有形象，而且只注意于形象。比如来到泰山之巅，往观景台边上一站，极目远眺，山石花木尽收眼底；侧耳细听，隐隐地似闻鸟语水鸣；再加上阵阵花香不时沁入你的心扉，一时之间，呼吸屏住了，思绪断绝了，泰山之美的形象直接抓住了。这种当文化体验主体面对文化体验对象时直接地表现出来的一种心理活动形式，就是赏心悦目的直接感受。文化体验活动的本质就在于能使知觉从受制于行动的需要中解脱出来，直接和实在相对，所以直觉即是一种解离和发现的过程。解离即指要解除一般人心灵的积习，把知觉从出于行动需要的束缚中解脱出来；发现即指在面对时要不假思索，不受干扰地以独特的方式表现他所见之事物的独特性。在他看来，所谓直觉感受即指这样一种心理活动能力，它似乎能不假思索地从对象的感性形式中直接观照到它特有的本质的内涵，并将此凝聚为某种审美意象，这是一种快速而直接完成的形象思维活动。

形象的直觉感受性具有三个特点：第一，感受的直接性。即感受者直接面对事物的感性形式，不绕弯路，开门见山，在快速的瞬间一见钟情式地获得对对象的审美把握。游览一处胜景，也许起初并不意识到何以如此美，但目不暇接的美景会令你叹为观止，流连忘返，会在不知不觉中被唤起美感，获得美的享受。第二，感受的独创性。这种感受又要摆脱种种实用观念、科学观念的束缚，即如朱光潜所说，当你面对一棵树的时候，不能像植物学家那样考虑到树的品种，像木匠那样想到树的用途，而要凝神观照，目不旁涉，凝思寂虑地从对象中获得与众不同的独特发现。第三，感受的审美性。感受者在面对事物的感性形式时，要把自己全部思想感情，整个的心灵灌注到对象中去，与对象相契合，相拥抱，形成一种文化体验交流，感受者凭借自己自由自觉的本质，奔向迷人的文化体验对象。在主客体完美的交融中，凝结出审美意象的成果。

直觉是一种审美地把握世界的心理方式，是美感体验的一种特殊形式。它驻足于审美事物的外观和感性形式，能够凭借感性形式所引起的视觉快感、听觉快感及快乐的内心化，迅速地做出审美判断，发现美与不美，辨认出秀雅与粗俗，和谐与不和谐。旅游者往往是凭借直觉对美的景观世界产生美感反应，在瞬间的心与物相遇之中，观审者的情感体验与物象的形质特征两相对应和会通，“应目会心”，“应会感神”的直觉体验。

从文化体验意义上讲，生命是一种运动的形式，敏锐的直觉能力最容易在对复杂的、多样的生命运动形式的观察中获得。旅游能够引导人们亲身体验周围的现象世界，使自己的感觉和知觉逐渐适应对象世界的对称、均衡、节奏、统一等美的活动模式，最后形成对这样一些模式的敏锐的直觉力和选择力。面对景观世界，在娱悦耳目的同时，也诱导人类的深层感悟力，因为诉诸感官的景观世界同时是个诉诸悟性的意义世界。因此，从小就让人们接触艺术、走向自然，与溪流低语、与山川感应、与艺术对话，不仅可以强化他们的直观感受印象，加速感知内化过程，而且连续性的文化体验教育可以使他们在成年之后仍保持健全活泼的童心，使直觉思维持续发展，从而提高人的文化体验感知力。

通过旅游，人们可以直接感受到自然界多种生命运动的形式，经历无数次崇高、细腻、曲折、坚韧、顽强等生命运动形式的洗礼，内心与外物之间在相互作用和碰撞中逐步形成一种契合，生命运动的种种模式与复杂的情感体验之间的对应关系便会在感知印象中变得稳定、持久和巩固。在这种情况下，一旦特定的外在形式落入视域之内，便会通过知觉自动选择和筛选，与特定的人类情感模式联系起来，引起一种特定的感受。甚至在主体不经意的一瞥中，生发出永恒的审美价值。罗丹说：“所谓大师，就是这样的人：他们用自己的眼睛去看别人见过的东西，在别人司空见惯的东西上能够发现出美来。”

（二）悦神悦志的审美领悟

旅游文化体验心理活动并不只停留在赏心悦目的直觉感受中，眼前耳旁的迷人情景还能继续撩动你的思想情感，人们的情感被触发了，记忆被唤起了，开始进行活跃的想象和理解活动。一旦这种饱含着情感的想象力和理解力的相对自由的活动达到和谐的程度，人们会体验到全身心的感动，或者舒畅怡悦，或者惊心动魄，有时甚至达到“销魂”的地步，会不期然地引发出一种精神亢奋的状态，不知不觉地进入对象所指引的某种境界，似乎有所发现，有所领悟，眼前有限的、偶然的、具体的文化体验对象中似乎蕴含着某种无限的、必然的、甚至是“只可意会，不可言传”的文化体验意味。这就是悦心悦意的审美领悟，是旅游文化体验心理活动的另一个重要特点。

人们到大自然中去旅游，与山峦、河海、森林、洞穴等沟通，与植物、动物对话，使人的自然意识被激活，促使人类的自然本性得以复归。人在自然中，整个肉身感触传导给智慧大脑的是幽谷鸟鸣、清水芙蓉般的天籁。由于张力同构的作用，人的自然生命有机体会因受到积极诱导和调节而进入有序而活跃的状态，人的自然意识会被激活而汇入情景交融的心理空间，自然人性的情韵会油然充溢于整个心胸，从而使人变得格外爱意无限，纯真澄明。热衷于乡间旅游的英国人威廉·柯贝特在他的《乡行纪实》中说："即使是在严冬，那些矮林灌丛看起来也是美丽的，它们是心灵的一种慰藉，使人从那里可以得到庇护与温暖。"

当人们用审美眼光打量山水，其实已经把人生审美化了。当人们流连在自然山水光景之中时，它既是人生的一种诗情，也是一种积极的生活姿态。因为它对自然生命的奇迹充满了温情与依恋、崇拜与赞叹。人们对自然生命的感受和热爱，无须艺术活动那样专门技能的训练，是一种朴素而又高雅的精神生活。

旅游过程不仅是人性向自然和谐回归的过程，也是人类走向大自然，回归与大自然和谐共处的过程。在旅游文化体验中，大自然是最重要的文化体验对象，融入大自然之中，领略天地自然生态之大美，是工业化时代人们所梦寐以求的文化体验的生存方式之一。在对自然的文化体验中，旅游者参与到生物多样性的繁荣场景中去，和大自然的生命整体融合成一片，与天地万物融为一体，体验"天地与我并生，万物与我为一"的天人合一境界。在中国古代许多贤哲那里，体验自然美和生态美，就是展示生命最深刻的内容，同时领悟永恒宇宙的奥秘，从而使自己在宇宙生命总潮流中获得美的享受和审美的人生。

旅游作为一种现代人释放心理压力、缓解情绪紧张、回归自然和谐的生活境界的方式，越来越成为现代人生存的不可缺少的方面，成为现代人生命存在的有机组成部分。它不是可有可无的点缀，而是远离自然的现代人回归人性自然、和谐完整的重要途径，甚至可以说是最重要的途径。人起源于自然，是自然的一个组成部分。都市化的进程使得越来越多的人摆脱往日农耕文明状态的贫穷和落后，同时也日益阻隔了与自然化的生活空间的触觉联系。足穿鞋袜，阻碍肌肤和土地的接触；工业烟尘弥漫，妨碍了呼吸器官对新鲜空气的摄取；高楼大厦林立，隔离了视觉对广袤绿色原野的扫描；车水马龙的喧嚣，窒息了音乐的耳朵对宁静和清纯印象的敏锐感受。这种都市生活的消极面，在具有审美情趣的旅游中，特别是以有野趣、贵清真的山水旅游之中，可得到相应的克服。

（三）茅塞顿开的精神升华

在日常生活中，人们更多的是以一种实践和功利的态度对待万物，这种占有事物的态度会妨碍享有事物的形象，因此反而会减缩人生的意义世界，降低生存的精神境界。超功利性的旅游正是让人生学会欣赏，学会在欣赏中丰富自己的意义世界，在欣赏中提高自己的精神境界，并逐步形成一种文化体验的人生态度。

旅游的本身就是人生的价值，它使生活变成了乐园，成为当代人类主要的创造性交往的生存方式和生存空间，为构建人类审美的人生提供了演习的机会。

在旅游过程中，把世界看作是一个文化体验现象，是一件自我生殖的艺术品。通过文化体验和旅游活动，把人生艺术化、审美化，赋予生活以价值，创造出新的欢乐，以对抗现实和超越的种种局限。

从美学的角度考虑，旅游所具有的适情顺性的个性化特点，是对社会化的规定角色在一定程度上表现出来的负面效应的反拨和匡正。人的社会化，使人成为本原意义上的“文化”人，这是社会进步的重要阶梯，是社会维持安宁稳定的重要环节。当千姿百态的人性世界为统一的社会规范所规定时，人的个性化需求就会在某种意义上被遏制和压抑，解脱的方式之一便是去旅游。旅游若能撇除经济条件等外在因素的牵制，人们可以享受选择旅游目的地和旅游方式的充分自由，就能在一定程度上消解过于僵化的社会标尺给人带来的非常态负价值的心理影响。品味欧阳修的七绝《画眉鸟》，不难体会旅游的适情顺性给人生所带来的自由感：“百啭千声随意移，山花红紫树高低。始知锁向金笼听，不及林间自在啼。”

旅游为人类构建了一个更加有意义的世界。旅游通过其特有的方式，抚慰人的疲惫的身躯，提升人的生活品位，净化人的心灵。旅游是从文化环境和物质环境的外在压力下解脱出来的一种相对自由的生活。旅游提供的不是一条愤世嫉俗的现代意义上的逃避之路，而是一条回归之路，即返回人性和人类自然、自由和和谐的状态中来。在这种状态中，每个人都会真正地成为自我，享受着心灵的自由和生命的快乐，达到审美化的生存之境。

在整个旅游文化体验心理活动中，旅游者在“耳目”和“心意”的愉悦中会获得某种直觉感受和文化体验领悟，但这并不意味着旅游文化体验心理活动的终结，它还会继续向更高的层次发展，进一步达到悦神悦志的精神升华的境界。所谓悦神悦志的精神升华，是指主体在观照文化体验对象时，经过感知、想象、情感、理解等多种心理功能的交互作用，获得精神意志上的完善、飞跃和升华。这是一种高级而深刻的心理活动成果的体现。许多旅游者都会有这样的审美心理体验：当你历尽千辛万苦终于登上泰山绝顶，那种“会当凌绝顶，一览众山小”的浩然气概会在心头油然升起。一时间，什么人间的纷扰烦恼，蝇头的个人私利统统被抛诸脑后。你会深感自己的精神境界升华了，由“小我”涌入到“大我”的洪流，获得一次超越。

旅游文化体验活动能使人从生理的兴奋和快感转移到心理的舒适和愉悦，从而使人的情感获得某种宣泄和补偿，进而获得陶冶和净化，改善人们的心理气质和精神面貌。人们是通过感觉器官才能和外界建立审美关系，外物必须首先作用于感觉器官，然后才能够显得美。感觉器官受刺激可以给人们带来兴奋和快感，兴奋和快感却不一定等于美。

大自然中的“雄美”的美育作用在于使旅游主体对旅游客体形象、形态、气势、氛围的雄壮、博大，惊险、热烈、威武而产生仰慕、敬畏、紧张、惊恐、痛快、豪迈、狂喜等生理、心理上的反应，最终的美感体验是：摒弃了怯懦、悲观，荡涤了萎靡、烦琐，增加了豪情，平添了勇气，热爱生活，立志奋进，征途拼搏，积极追求，自强不息。秀美的旅游景观，可使旅游者心绪平缓、温和、轻松、宁静、淡泊，心境愉悦，明净、逍遥、恬适、超然。幽美之境尤能使人凝神静思，潜心自修，怡情养性。奇美有奇特之美、奇丽之美、奇异之美、怪诞之美。奇美之美育能使人悦志畅神，开发智商，机敏干练，聪慧灵巧。美不胜收的旅游景观，以它丰富的内涵和多姿多彩的形式美，培养和提高了旅游者对现实世界（包括自然和社会）及艺术世界的审美情趣、审美感知能力和审美鉴赏能力，促进人们不断完善自身的审美结构。

在整个旅游文化体验心理活动中，赏心悦目的直觉感受是这一美感活动的外貌和呈现形式，悦心悦意的审美领悟组成这一美感活动的具体内容和过程，令人茅塞顿开的精神升华则是这一活动的终极结果。这三者既展现了旅游文化体验心理活动不断递进的层次，又突显为旅游文化体验心理活动最主要的特点。

三、旅游吸引物的文化体验

可以把旅游者通过审美体验所获得的愉悦称为旅游审美愉悦。就其意义而言，旅游审美愉悦是旅游者在欣赏美的自然、艺术品和其他人文现象时所产生的一种心理体验，是一种在没有利害感的对照中所得到的心理享受。这种体验在本质上是一项集自然美、艺术美和社会生活美之大成的综合性审美实践活动。

旅游者在游览过程中的自然审美，几乎贯穿于旅游活动的始终，是一种最普遍的现象。面对奇妙的自然万物，人类能够随心所至，自由地构形绘影。其基本形状，如天空、山岳、江河、泉瀑、鸟兽……让人看了觉得可喜可乐、心情轻松，使人顿生超凡脱俗之感。自然风景资源的形、光、音、色造就了自然旅游景观的形状美、光泽美、色彩美、音韵美。瞬息万变的佛光、云瀑布、海市蜃楼等变幻造景更为大自然增添了神秘美、变幻美。

（一）崇高体验的旅游愉悦

在历史上中外美学家对这两个范畴都多有论述。英国经验派美学家博克认为，崇高感的主要情感内容是恐惧，这与优美感的主要情感内容是爱有着根本上的不一致。通过崇高体验而得来的快感，往往是由痛感转化而来的。在博克看来，恐怖是崇高所能产生的快感的源泉。但是，审美对象所引起的恐怖不同于行为主体面临实际生命危险时所产生的恐怖，二者在情感调质上是不同的。对实际生命危险的恐怖只能产生真切的痛感，而对崇高对象的恐怖却夹杂着快感。崇高感发生的条件一定要一方面仿佛面临危险，而另一方面这危险又需不太紧迫或是受到缓和：如果危险或苦痛太紧迫，它们就不能产生任何愉快，而只是恐怖。但是如果处在某种距离以外，或是受到了某些缓和，危险和苦痛也可以变成愉快的。这正是“审美距离说”，由于这种距离的存在，才使审美主体在面对对象的恐怖时实现了超越，从而获得崇高体验所带来的快乐。假使没有这种超越，恐惧的情绪就会直接压制崇高感，从而使美感体验的可能性荡然无存。

对于个体旅游者而言，崇高感的获得来自某种超越，尤其是在感觉上对巨大、有力的感性形式，对重大、深刻的理性内容以及对美与丑相斗争的艰巨过程所获得的超越。

1. 自然山水中的崇高审美形态

中国山水素有南秀北雄、阳刚阴柔的美学风貌，山水景观体现了雄、险、奇、秀、幽、旷6种美学风格。

（1）雄伟壮观。雄伟壮观给人一种崇高的美感，例如，山体的厚重雄壮、拔地通天，水体的气势磅礴、场面壮观。拔地通天的山体最为雄伟壮观。例如泰山素有“天下之雄”的美誉，原因是泰山高度仅有1524米，但相对高度却达1360米，凌驾于齐鲁大地丘陵之上，泰山的山体庞大，基础宽厚，给人以厚重感和稳重感，因此有“稳如泰山”的说法。自古以来，历代名人对泰山雄伟的描述：孔子“登泰山而小天下”，汉武帝“高矣、极矣、大矣、壮矣”，唐代大诗人杜甫“会当凌绝顶，一览众山小”。东汉光武帝刘秀欲登泰山封禅，虎贲郎将马第伯试登之后报告道路的险状，曰：“仰望天关，如从谷底仰观抗峰，其为高也，如视浮云；遥望其人，端端如杆升，或以为白石，或以为冰雪。久之，白者移过树，乃知是人也。”文人的渲染造成了雄伟的形象，成为一种标志。在如此环境之下登顶，旅游者陡然之间形成的那种“会当凌绝顶，一览众山小”的审美感受，就是一种典型的崇高感。这种感觉产生自登泰山之前的景仰之情，以及登顶之后所产生的超越之情。气势磅礴的水体的场面最为壮观。山西吉县西南的黄河壶口瀑布，两岸为高山峻岭所夹，河床是宽达30米、深约50米的峡谷，汹涌的黄河水奔腾至此被挤压抬高，形成万马奔腾之势，场面极为壮观。黄果树瀑布位于贵州省镇宁布依族苗族自治县的白水河上，瀑布高74米，宽81.2米，流量每秒16立方米。每当夏秋汛期，漫天倾泻的瀑布翻崖直下，捣金碎石，万练飞空，发出雷鸣般的轰响，震得地动山摇，展示出大自然无敌的力量与气势。瀑布跌入深潭后，激起轩然大波，水柱腾空而起，万朵浪花四溅，水烟云雾飘逸，神秘，朦胧，壮观。倘若丽日当空，黄果树瀑布则宛如一条溢彩溅金的巨龙，它所喷吐的烟雾，常常形成五彩缤纷的霓虹，景色分外迷人。旅游者莅临黄果树瀑布，这种恐惧成为一种强烈的刺激，唤起应付危急情境的非同寻常的巨大生命力，它使心灵震惊而又充满蓬勃的生气，所以也就包含着令人陶醉的快乐。这种快乐就与崇高感有关。

（2）惊险峻峭。华山历来被称为“削成而四方，其高五千仞”。华山之险是由于花岗岩随着地壳运动上升速度较快造成的，山的四壁非常陡峭，直上直下，没有坡度，几乎与地面成90度角，峰顶与谷地的落差达千米左右。华山险峻的景点很多，有回心石、千尺幢、百尺峡、擦耳崖、上天梯、苍龙岭、长空栈道等。其中苍龙岭是华山最长、最险的绝径之一。岭长500多米，宽仅1米，岭脊光滑圆溜，刻有300多级石级。环顾四周，层峦叠嶂，连绵起伏；俯瞰脚下，万丈深涧，风吼云乱。岭脊时而露出云层，时而没于烟雾，宛如一条沉浮游弋于云海之中的苍龙。相传唐代著名文学家韩愈（字退之）当年登华山走到此处，回望山下，云腾雾绕，不见归路，顿觉性命休矣，于是抱头恸哭，并将写好的遗书投下悬崖，诀别家人。苍龙岭尽头的石壁上至今尚留有“韩退之投书处”5个石刻大字。又如山西恒山的悬空寺，始建于北魏后期，距今约1400年。历代都重修，但原来的结构没有改变。悬空寺是在悬崖上凿洞，插入木梁，寺的一部分建筑就架在这一根根木梁之上，另一部分则利用突出的岩石作为它的基础。游人在远处见不到这些木梁，却见到不少细木柱斜顶住寺的底层。游客见到此景会想：这些颤颤悠悠的木柱能顶得住这样一座寺庙吗？当人们仔细观察，发现承受重量的除木柱外，还有那些插入岩石的巨大木梁后，对古代匠师的智慧，不得不由衷地生发出感叹和敬佩了。前人评价悬空寺是：“面对恒山，背倚翠屏；上载危岩，下临深谷；凿石为基，就岩起屋；结构惊险，造型奇特”。因为寺建在悬崖上，以曲折玲珑取胜。上载危岩，下临深谷，进寺后，有楼梯可攀上楼，这里并不显得多么惊险，但当你在楼上，沿着紧贴在崖壁的通道，由南往北走，通过一条栈道，走到北边的那座三层三檐的楼阁时，就会发现这里的地势已相当高。往上望上载危岩，往下看下临深谷，脚下的楼板又有晃动的感觉，真是惊心动魄，惊险之至。在寺的栈道石壁上，刻有“公输天巧”4个大字，赞赏悬空寺的建造技艺。公输就是鲁班，也叫公输般，春秋战国时代人，被认为是建筑工匠的祖爷。这四个字是说，这座建筑物简直是鲁班那样巧夺天工的匠师所为。当地有一句形容此寺惊险的民谣：“悬空寺，半山高，三根马尾空中吊。”明代大旅行家徐霞客在游记中将悬空寺称为“天下巨观”。四川峨眉山金顶、安徽黄山天都峰、江西庐山五老峰以及辽宁凤凰山叠翠峰与箭眼峰之间的老牛背，都是中国极其险峻的风景。这种外观的自然景观让人产生一种带有痛感的愉快。这种感觉复杂，富于变化。观赏的对象过于险峻，使观者的抵抗力在它们的威力之下相形见绌，显得渺小微不足道。随着恐惧感的解除，痛感逐渐转化为愉悦感，压抑渐次转化为振奋，游者经历了先惊后喜，化险为夷的心理体验，心灵处在动荡不已、跌宕起伏的状态之中，有助于提高个体挑战自我极限的能力，升华道德精神。

（3）旷远宏阔。旷景是以宽阔的水面或平川为主体而构成的风景，视域开阔，没有遮挡物，一望无际。旷景因观赏位置不同，又可分为平旷和高旷两种。其中，平旷以水面和平川得景，人与景亲近不隔，视域平面开阔。例如500里滇池，烟波浩渺，平远辽阔，极目远眺，胸襟开阔；800里洞庭，“八月湖水平，涵虚混太清。气蒸云梦泽，波撼岳阳城。”杜甫《登岳阳楼》：“昔闻洞庭水，今上岳阳楼。吴楚东南坼，乾坤日夜浮。”范仲淹《岳阳楼记》：“衔远山，吞长江，浩浩汤汤，横无际涯；朝晖夕阴，气象万千……”高旷则是以高山峰顶览胜，人与景拉开距离，视域自上而下散开，空旷开阔。《登鹳雀楼》“欲穷千里目”，《黄鹤楼送孟浩然之广陵》“唯见长江天际流”，登临旷远宏阔的景区，令人心胸开阔、心旷神怡、豁达豪放、醒目壮志，给人一种超拔壮阔的审美感受。

2. 人文景观中的崇高审美形态

中国有许多生产民俗传承，诸如生产经验民俗、英雄崇拜民俗、自然崇拜民俗、神话偶像崇拜民俗。

生产经验民俗多为长期生产实践积累形成的良俗。云南绿春骑马坝傣族有一种“巡田仪式”，为了不误农时，此地传承了早稻须在农历正月十三日之前插完的习俗。正月十三这天，全寨的人敲锣打鼓聚在一起。当公推的一位长者讲完话宣布巡田开始时，人们便列队从东到西巡视田坝。内容是生产大检查，看秧是否插完，插秧的质量如何，田水是否自然流通和适量，有无损人利己的抢水、偷水现象，禁伐区内的树木是否遭到破坏。如有违犯，便对当事人加以处罚。湘西土家族的“薅草锣鼓”、哈尼族的吹“栽秧号”，也类似“巡田仪式”。

英雄崇拜民俗是对生产能手等当作英雄崇拜和给予奖励。独龙族狩猎，分配猎物是见者有份，但对直接捕获猎物者要奖以兽头和兽皮。受奖者把野兽头骨悬挂在门前，人们见了便生敬意。这些生产能手是活生生的英雄形象。

自然崇拜民俗是拜高山、古树、巨石、岩洞等自然物为神，向它们求福禳灾的习俗。原始社会生产力极其低下，人们认识自然的能力很差，相信万物有神，总存畏惧心理。进行生产活动，在他们看来是同神打交道，为了求神保佑，便产生种种自然崇拜习俗。自然崇拜习俗至今在某些民族和地区仍有传承。在那些奉行图腾崇拜的民族中，则以所崇拜之物为不可亵渎侵犯的神。万不得已有所触犯，便须通过仪式赎罪。东北鄂温克族的熊图腾崇拜，称公熊和母熊为祖父母，万一猎熊，须举行一系列的仪式来讨好熊，为自己解脱。自然崇拜民俗的审美价值，主要在于提供审美创造素材。

神话偶像崇拜民俗是把神话中的主人公当作偶像崇拜，以求生产丰收和生活安泰的习俗。蒙古族普遍供奉的“保牧乐”和“吉雅其”，就是神话传说中的畜牧保护神。神话偶像崇拜民俗的神秘性固不可信，但是所歌颂的英雄形象却有一定的审美意义。

对原始宗教的审美也是崇高审美。以巫术为例，巫术是原始人的观念和信仰，是原始宗教的一种形式。原始人认为：有一种超自然力——神在主宰自然和社会，人要得福消灾就须求神庇护，而最有力的方式是通过神在人间的使者——巫师施行巫术来沟通人神关系。巫术没有美的本质，但作为人类社会初级阶段的一种文化现象和后来人类文化的一个源头，又有一定的审美价值，这主要是巫术岩画的艺术美、巫术舞蹈变异的艺术美。

巫术岩画在中国和世界广大地区均有发现。如中国云南沧源、耿马、麻栗坡大王岩岩画，甘肃张家川、黑山岩画，青海哈龙沟、巴哈毛力沟岩画，宁夏贺兰山大小西伏沟、苏峪口岩画，黑龙江鄂温克岩画，内蒙古白岔河、夏勒口、阴山山脉狼山地区岩画，新疆北部、天山以北、库鲁克山岩画，广西花山岩画等。除花山岩画有祭水神的舞蹈场面外，其他岩画描绘的主要是人物和野兽构成的狩猎等场面。古人作这些岩画，一般都是企图以巫术力量控制自然，使狩猎成功。它们是人类悠久的文化遗产，而且以具体可感的形象反映了社会生活，无疑具有艺术审美价值。

巫术舞蹈的艺术美，在中国和世界许多民族和地区也有变异传承。中国景颇族的“龙洞戈”，跳时一人领先，众人随后，回旋曲折，时而挥刀示威，时而齐声呐喊，歌声鼓声相伴，动作粗犷，节奏强烈，所表现的就是古时狩猎的预演或猎后的欢庆。这类舞蹈都源于古代狩猎生活中的巫术仪式，但随着社会的进步其娱神性多已变异为娱人性。

（二）优美体验的旅游愉悦

与崇高体验不同的是，优美体验无须经过这种转化而得到的愉悦体验。优美感的产生，不仅表现为美的对象引起感官直接的快适的感受，还表现为直接的感情上的愉快，而这样的结果来自审美对象本身所具有的美学特性和审美主体之间心理特性在结构上的某种契合和呼应。比较崇高感的形成，优美体验过程中审美主体的整个心理活动都是和谐统一的，各种心理要素之间的功能彼此协调、自由运动，从而使心情处于相对宁静、和缓、轻松、舒展的状态。

例如，苏东坡《饮湖上初晴后雨》对西湖的描写：“水光潋滟晴方好，山色空蒙雨亦奇。欲把西湖比西子，淡妆浓抹总相宜。”范仲淹在《岳阳楼记》中所述：“登斯楼也，则有心旷神怡，宠辱偕忘，把酒临风，其喜洋洋者矣。”又如王维在《山居秋暝》中所描述的境界十分相似：“空山新雨后，天气晚来秋。明月松间照，清泉石上流。竹喧归浣女，莲动下渔舟。随意春芳歇，王孙自可留。”

当人们观赏这样美妙的景色时，心里总是洋溢着一种难以名状的喜悦。人们常常以对象引起的心理愉悦感来表达其美感。这种感觉与岑参在《走马川行奉送封大夫出师西征》中说的那样："君不见走马川雪海边，平沙莽莽黄入天。轮台九月风夜吼，一川碎石大如斗，随风满地石乱走……"给人们带来的心灵上的触动显然不会是一样的。

1. 自然山水中的愉悦审美形态

（1）柔美秀丽。秀是一种与雄相对应的审美形态，一般指山水形象的秀美、玲珑、柔和。形成这种审美形态必须具备两个方面的因素：一是山体由茂密的植被覆盖，即山体很少裸露，郁郁葱葱的感觉，在色彩上充满着暖色调，放眼望去，一片绿色的草地和枝叶繁茂的林海，南方的自然条件更容易形成"秀"的审美形态，降水量充沛，气候湿润，代表如峨眉山、武夷山。二是山体必须缓和，没有悬崖峭壁，水面平静，不是惊涛骇浪。给人的感觉必须是非常放松，主体与客体之间没有对立冲突，形成一种和谐的审美关系，比如桂林漓江山水、西湖、浙江富春江。典型的代表是峨眉山。郦道元在《水经注》中引《盖州记》的话说："去成都南千里，然秋日清澄，望见两山相峙如蛾眉焉。"这两段话都将峨眉山形比作美女的两道秀眉。不仅如此，而且由于峨眉山雨量丰沛，气候温润，漫山遍野，植被葱茏茂密，更兼烟云缭绕，真似"云鬟凝翠，鬓黛遥妆"的少女，态媚色秀。

（2）幽深静寂。封闭的空间，迂回曲折、一眼看不到底，非常有层次感，往往有崇山深谷，高大的森林，阳光穿透树木照在地上，不是很明亮，伴随着鸟的鸣叫和小溪流水的潺潺之音，给人一种非常幽深、宁静的感觉。主要的形象特征是："深山藏古寺，曲径通幽处。"其中典型代表是："青城天下幽。"青城山山上林木葱茏，岁寒不凋，古木遮天，浓荫蔽空，苔藓满壁，藤萝缠绕，修竹摇曳。整日万籁无声，偶尔树叶的婆娑，涧水的叮咚，山雀的啁啾，反而把环境映衬得更加安静，宛如一幅天然画卷，一座人间仙境。"千岩迤逦藏幽胜。"青城山的道观建筑，一处处、一座座，无不体现一个"藏"字：或藏在峡谷之中，或藏在繁枝密叶之间。

（3）奇异独特。奇异独特主要是指相对于常见的普遍地形地貌而言，形态千姿百态，幻怪离奇，它往往出人意料，给人以惊喜的效果。天下名山最奇的莫过于黄山，黄山四奇：峰奇、石奇、松奇、云奇。

①峰奇：黄山千米以上的山峰有 72 座之多，三大主峰为莲花峰（像一朵盛开的莲花），天都峰（群仙都会），光明顶（像一只倒扣的钵头）。

②石奇：黄山险峰林立，危崖突兀，峰脚直落谷底，山顶、山腰和山谷等处广泛分布着花岗岩石林和石柱，巧石怪岩犹如神工天成，形象生动，构成一幅幅

绝妙的天然图画，其中有名可数的有120多处，著名的有“松鼠跳天都”“猴子望太平”等。

③松奇：松是黄山最奇特的景观，百年以上的黄山松就数以万计，多生长于岩石缝隙中，盘根错节，傲然挺拔，显示出极顽强的生命力，已命名的多达近百株，玉女峰下的迎客松更成为黄山的象征。还有许多形象化了的松树，如凤凰松、黑虎松、蒲团松。

④云奇：“自古黄山云成海”，黄山是云雾之乡，以峰为体，以云为衣，其瑰丽多姿的“云海”以美、胜、奇、幻享誉古今，尤其是雨雪后的初晴，日出或回落时的“霞海”最为壮观。怪石、奇松、峰林飘浮在云海中，忽隐忽现，置身其中，犹如进入梦幻境地，飘飘欲仙，可领略“海到尽头天是岸，山登绝顶我为峰”的境界。

2. 人文景观中的愉悦审美形态

（1）居住民俗审美。

①居住形式。古代民族，特别是北方游牧民族习用的居住形式是帐篷型，古代百越民族居住的建筑，尤其云南西双版纳的竹楼是典型干栏型，而南方和北方大量存在的居住样式还是上栋下宇型。多样形式的居住，呈现出丰富多彩的建筑美。

②民居布局均有不同。各民族屋内火塘和厨房的位置、房间的分配、什物的堆放，以及祭祀、供奉、禁忌等，都有自己的一套习俗和独特的文化内涵。通过对这些文化内涵的了解，可以获得许多审美情趣。

③民居住室的造型艺术。建筑技术比较先进的民族，对室内装饰、雕刻、绘画都有讲究。云南大理白族民宅，特别讲究门楼的装潢和门窗的雕刻。诸如此类的民宅，富有较高的建筑艺术美。

④住宅与周围自然环境的和谐。如大理白族民宅，院内一般配置有各式花卉的花坛，整个建筑与苍山洱海的自然景观相映成趣，形成恬静幽雅的审美特征。傣族的竹楼与四周的椰林竹木融为一体，构成亚热带的特有风光。

（2）服饰民俗审美。服饰民俗是人们穿戴的风俗习惯。由于各民族的经济生活、文化传统、审美观念、自然环境等不同，形成了不同的服饰民俗，在服饰上呈现出诸多的美。

① 式样百花争艳。中国55个少数民族，各有各的民族服装。就是在同一民族中，其服饰也还有性别、年龄、时令甚至社会地位的区别。例如，满族妇女的旗袍，穿在身上显得自然明快，经改进已成为中国妇女最喜爱的一种中式服装；维吾尔族妇女喜戴“尕巴”（四棱小花帽），再佩戴耳环、手镯、项链等装饰品，加上画眉（两眉连成一线）和染指甲，颇富特有的民族风情。

② 色彩异彩纷呈。不同民族、同一民族中不同支系和不同性别及年龄的人

们，对服饰有不同的色彩追求。例如，贵州苗族服饰绮丽多彩，所谓黑苗、花苗、青苗、红苗、白苗、紫姜苗，就是据其服装颜色来区分的；朝鲜族妇女上穿白色短衣，下配长大黑裙，显得特别素雅。

③ 花样独特新颖。节日盛装都具有本民族的艺术特色。苗族的节日盛装更是服装艺术的展示。贵州东南清水江一带苗族妇女的花衣（“银衣”），以绸缎为面，土布衬里，用彩线在绸缎面上刺绣禽兽花卉，多彩生动。其百褶裙常在500褶以上，裙面或绣花，或挑花，或镶花，花团锦簇。还很讲究佩饰，头、颈、胸、背、肩、手、足银饰达50多种。全身银饰，一般重达1000克，甚至有1500～2000克的。苗族独有的银饰工艺品，以及挑花、蜡染、刺绣，因极富民族特色并具有艺术性而享誉国内外。

（3）饮食民俗审美。中国各民族的饮食民俗异常丰富多彩，既有营养学价值又有美学价值。主要包括食品制作和食用习俗、饮料制作和品饮习俗、居家饮食习俗、节日饮食习俗。

① 食品制作和食用习俗。人类经历了生食、熟食、烹饪三个阶段。为了保存食物的营养和鲜美之味，中国不少少数民族仍传承着生食和半生食的习惯。云南大理白族吃“生皮”（猪里脊肉），赫哲族吃“生鱼片”，侗族生吃腌鱼肉，都别具风味。中国被世界称为“烹饪王国”。烹饪是在熟食的基础上进一步对主食品和副食品的精心搭配制作。中餐烹饪方法有煎、炒、烹、炸、煮、蒸、烧、烤等数十种，所用甜、酸、咸、辣、鲜等调味品上百种，而且各民族各地区有独特的烹调技艺，食品色、形、香、味、质美俱全。

② 饮料制作和品饮习俗。饮料包括水、酒、茶、动物奶汁等。特别是饮酒和喝茶，是中国各民族的普遍习俗。“酒”字在甲骨文中已有出现，可见早在商代饮酒就已经成为中国人的习俗。喝茶的习俗，在中国也早已形成。汉代就有以茶做地名者。《汉书·地理志》下“茶陵”条，即指位于茶山之阴的地方，就是长沙郡的茶陵县。唐代陆羽嗜茶，创造了煎茶法，并著有《茶经》，被后世称为“茶圣”。许多民族和地区，对喝茶十分讲究。广东、福建等地有“茶道”，讲究喝“工夫茶”。藏族喜喝酥油茶、奶茶和甜茶。云南拉祜族婚俗行茶礼，即确定婚期以后男方须向女方送茶、盐、酒、肉、大米、木柴为聘礼，而茶是绝对必须有的。他们流行一句话：“没有茶，就不能算结婚！”酒茶之乐，使人们沉浸在融和美好的气氛之中。

③ 居家饮食习俗。居家饮食是平时的家庭饮食。其习俗的内容主要是：每日用餐的次数及时间；用餐时对产妇、老人和病人的优待；不同时令对食品结构的调整；招待来客。居家饮食习俗具有道德的、科学的、礼仪的等等文化内涵和审美性。

④ 节日饮食习俗。中国各民族共同的和独有的节日很多，但都有娱乐性这

个特点，不仅食品丰富多彩，而且制作方法五花八门。节日喜悦场面的形成，是以美食为中心的。

（4）民间口头文学民俗审美。民间口头文学是用口头语言传承的文学，是民间文学的主要形式。人们通过对民间口头文学的审美欣赏，既可以直接获得艺术美的享受，又可以领略丰富的民俗风情。民间口头文学可分为三大类，即讲述、韵唱和说唱。

① 讲述。讲述是用口头语叙述人和事，是民间神话、传说、故事的主要载体。神话一般是从原始社会先民们那里传承下来的关于世界起源、自然现象和社会生活的原始理解，它的主人公是主宰自然和社会事物的神和半神，反映了先民们认识水平低下和可贵的幻想精神，但其内容是不可信的。像“夸父追日”“后羿射日”“女娲补天”、“精卫填海”等皆是。传说晚于神话，是民间长期流传下来的对过去事迹的记述和评价，有的以特定历史事件为基础加上人的想象，有一定的可信度，但也有的是纯属幻想的产物，然而它们都在一定程度上表现了人民群众的要求和愿望。我国各民族都有大量的传说，其中风物习俗传说占了很大比重。故事的产生更晚于传说。故事是讲过去的事，侧重于事件过程的描述，有人物、情节甚至细节。故事一般具有现实性和幻想性，源于史实，但又不等于历史。故事的种类繁多，尤其是爱情故事、英雄故事在民间传承相当广泛。

② 韵唱。韵唱主要是民歌，其次也有押韵的谚语和谜语。唱歌民俗在我国各民族中都很盛行，许多民族被称为“歌的民族”，许多民族地区被誉为“歌的海洋”。民歌的内容，多为传达爱情、抒发情志、赞颂劳动、赞美英雄等。其形式多为短篇，但也有长篇叙事诗、抒情诗。藏族的《格萨尔王传》、柯尔克孜族的《玛纳斯》、蒙古族的《江格尔》，被誉为我国三大史诗，在国际上享有很高的盛誉。

③ 说唱。说唱又叫说说唱唱，是运用散文（说）和韵文（唱）讲述故事的形式。有以说为主加唱的，常见于儿童故事的说唱。也有以唱为主加说的，多见于英雄史诗的说唱。

（5）民间游艺民俗审美。民间游艺是具有娱乐功能的艺术，往往伴随其他民俗活动开展并得以传承。其种类很多，最为流行的是：民间音乐和舞蹈，民间竞技和游戏，民间工艺。

① 民间音乐和舞蹈。民间音乐和舞蹈是二者融为一体的，音乐是舞蹈的伴奏。民间舞蹈的社会内涵，主要有3个方面：一是劳动生活，多以人的生产动作和作为狩猎对象的禽兽的姿态来表现，如鄂伦春族的黑熊舞、拉祜族的斗鸡舞、阿昌族的猴舞、独龙族的孔雀舞和打苞谷舞等皆是。二是巫术仪式，巫术仪式本是娱神的，但在传承中有些逐渐演变为娱人的民间舞蹈。三是纪念活动，如纪念某个英雄人物或某个历史事件。

② 民间竞技和游戏。竞技和游戏二者也往往融合起来。我国各民族都有许多竞技游戏习俗，如赛马、射箭、摔跤、赛龙舟、斗牛、斗鸡、踢球、踢毽子、打秋千、跳跷跷板、放风筝、爬竿等。其审美意义在于，给人们提供健美的审美对象和欢乐的审美气氛。一年一度的蒙古族的“那达慕”大会，以赛马、射箭、摔跤为主要项目，表现出草原民族的勇武机智之美。大会还进行贸易活动，物品如山，人潮似海，衣着花团锦簇，人们笑逐颜开，别具一番民族风情美景。

③ 民间工艺。民间工艺包括民间绘画、剪纸、雕塑、刺绣、陶瓷、漆画、皮影、脸谱等。它们汇成民间工艺艺术海洋。

（6）社会关系民俗审美。社会关系民俗是通过某种独特方式把人与人的关系固定下来并约定俗成的民俗事象。主要包括家族和亲族民俗、村落民俗、民间组织和民间职业集团民俗、岁时民俗、人生仪礼民俗等。最有审美价值并广泛传承的是村落互助民俗、节日民俗、婚姻民俗。

① 村落互助民俗审美。村落互助包括生产互助、生活互助、建立公共设施等。它自身是一种美德，又创造了许多美好事物。生产互助在我国自古传承有共耕制和换工互助这两种形式。新中国成立后共耕制已逐渐消失，但换工互助至今仍有存在。换工互助能够克服生产中的许多困难，带来生活的美。生活互助是各个家庭之间通过人力、财力、物力的互助办好生活上的大事，如修建房屋、举办婚事、操持丧事等古风也传承至今。公共设施的项目很多，如道路、桥梁、水利、学校和其他集体活动建筑，以及墓地等等。自古以来，其修建多由村民出力出钱。其结果是方便了群众，美化了村落。

② 节日民俗审美。中国自古传承的节日民俗很多，大致可分为宗教性节日民俗、生产性节日民俗、年节民俗、纪念性节日民俗、文娱性节日民俗。宗教性节日包括原始宗教节日、现代宗教节日，其中有的活动有一定的审美意义。云南永宁地区纳西族支系的摩梭人信奉的“干木”女神崇拜，是一种母权制社会形态下的自然崇拜。每年农历七月二十五日是祭祀女山的重大节日，鸡叫时分青年们便带上酒食来到干木山下，点燃松毛向女神敬献贡品，往篝火中洒酒、丢鲜花，绕女山一周，在这里赛马、野餐、唱歌跳舞狂欢和露宿，沉浸在幸福美好的气氛中。生产性节日民俗是在农、林、牧、副、渔、猎等生产实践的基础上产生的，有些具有一定的科学性，但又往往把丰收寄托在神灵的帮助上。然而它毕竟反映了人民的劳动生活和良好愿望，而且带来了喜庆气氛，流行最为广泛的“新米节”（又叫“尝新节”）就具有一定的审美意义。年节民俗是除旧布新的重大节日。我国许多民族因岁时不同而各有自己的年节，但汉族和绝大多数少数民族的年节是春节。过年节的共同特点是穿新衣，吃美食；讲禁忌，求吉利；祭祖先，敬鬼神；访亲友，系感情；张灯结彩，千家万户喜气洋洋。纪念性节日是纪念受人们

崇敬的历史名人或神话、传说中人事的群众性活动。我国几乎各个民族都有自己的纪念性节日。纪念性节日民俗，以被纪念者的美好形象给人以审美感受。文娱性节日一般起源于生产、宗教、战争等历史事件，但是随着历史的变迁，逐渐突出了文娱性，冲淡了生产性、宗教性和战事性，成为具有联欢性质的群众性活动。

③婚姻民俗审美。我国传统习俗，人生有4件大事，即诞生、成年、结婚、丧葬。这些大事都有一定的仪礼，每种仪礼都烦琐复杂。其中有相当多的陋俗，也有一些良俗。比较有审美意义的，要算婚姻民俗中的一些良俗，即入赘习俗、五服内不通婚习俗、开放式择偶习俗。入赘是男子到女方成家的古老婚姻习俗传承。汉族旧时入赘现象甚少，入赘男子多为讨不起老婆的穷汉，受人歧视。但是在许多少数民族中，情形就不同了，入赘男子在女家享有与其他成员一样的权利，因此入赘民俗一直盛行。这种习俗对于破除"男尊女卑"的传统观念，实行男女平等，带来幸福美好的家庭生活，都有一定的积极意义。五服内不通婚的习俗，在我国较普遍传承。五服即从高祖、曾祖、祖父母、父母到自己这五代人。五服内不通婚，指未超出五代的同姓男女不通婚。这种习俗对于避免近亲繁殖、实行优生是有好处的。我国传承的择偶习俗，有封闭式和开放式两种。旧时在封建家长制和买卖婚姻形态下，女子（主要是汉族女子）无权过问自己的婚姻大事，只能凭"父母之命""媒妁之言"成婚，酿成了许多悲剧。这是封闭式择偶习俗，是陋俗。开放式择偶习俗，是指达到成婚年龄的男女青年自由地选择配偶，在我国少数民族中较普遍地传承。壮族的"歌圩"、仫佬族的"走坡"、白族的"石宝山歌会"、苗族的"芦笙会"、瑶族的"坐歌堂"、西北各民族的"花儿会"等未婚男女青年聚会，都是自由选择配偶的好场所。傣族的"串卜绍"（傣语，即"串姑娘""丢包"），瑶族的"交客姑"和"带后生"，侗族的"行歌坐月"，苗族的"游方"，布依族的"赶表"，则是以歌为媒选择配偶的独特方式，颇具诗情画意。

（三）回味体验的旅游愉悦

中国上下五千年文化给这种旅游活动中的艺术欣赏创造了无穷无尽的资源，下面以建筑、园林、雕塑为例，管中窥豹。

1. 建筑艺术

中国古代建筑在世界建筑中自成体系，形成了特有的艺术风格与构造特征，例如完整的木架构体系，群体组合的配置形式，均衡对称的布局原则，美丽动人的构件造型，装饰色彩与等级的紧密结合，三段式的外观特征等。

(1) 完整的木架构体系。世界上没有哪一个民族的建筑文化像中国这样具有亲木文化情结，在近现代西洋建筑东渐之前，如此漫长地热衷于土木结构及其群体组合。其主要优点：一是取材方便、加工容易。意大利佛罗伦萨主教堂于1420年动工，1470年完工；同期的紫禁城1407年动工，1420年完工。法国凯旋门1430年完工；同时期乾隆建造承德普陀宗乘之庙开始于1767年，1771年完工。二是灵活性强。由于墙壁不负担屋顶和楼面的重量，建筑物具有极大的灵活性，门窗开设比较自由，并发展成精妙而独特的中国门窗文化。三是抗震性强，墙倒屋不塌。木材具有一定弹性，梁柱的框架结构有较好的整体性，因而木架构房屋的抗震性能较强，墙是隔断不承重，防御地震。如山西应县释迦塔。在我国现在保存的古塔当中，应县木塔无论在建筑规模或建筑艺术上，都有特殊的地位，可以称得上是我国以至世界古建筑中的一件珍品。修建于1056年的应县木塔，除了石头基础外，全部用木头建造，各层用内外两圈木柱支撑梁架，而木柱之间，使用了60多种斜撑梁、木枋和短柱，规格和手法变化多样，组成不同方向的复梁式木架，使整个塔的构架联结成一个整体，既坚固，又美观。这座塔900多年来，经受风雨侵蚀以及多次地震、战争的破坏，依然巍然耸立。

（2）群体组合的配置形式。以木架构为主的中国古代建筑体系，平面布局的基本原则是以“间”为单位构建单体建筑，再由若干个单体建筑构成庭院。单体之美，只有体现为“群”的一部分时才有价值，也只有存在于“群”中，其艺术价值的丰富性才能得到充分展现。甚至可以说，“群”是中国传统建筑的灵魂。太和殿的威武壮观只有在紫禁城的森严氛围中才能得以表现，祈年殿也只有在松柏浓郁的天坛环境中才有生命。群体组合使中国古代建筑远远超过了其他造型艺术的复杂性和深刻性，获得了极为特殊的美学风格和震撼人心的艺术效果。

（3）均衡对称的布局原则。受中国古代社会的等级观念和宗法意识影响，古代建筑的庭院与组群布局大多采用均衡对称的方式，以纵轴线为主、横轴线为辅进行设计建造。一般庭院布局大体可以分为两种。一种在纵轴线上先安置主要建筑，然后在院子的左右两侧沿着横轴线以两座体量较小的次要建筑相对峙，构成三合院；或在主要建筑的对面再建一座次要建筑，构成正方形或者长方形的四合院。四合院的四角通常用走廊、围墙等将四座建筑连接起来，成为封闭性较强的一个整体。这种布局便于安排家庭成员的住所，符合中国传统文化中的礼制观念。另一种四合院则在纵轴线上建造主要建筑，在其对面建造次要建筑，在院子的左右两侧用回廊将前后两座建筑联结成一体。这种以回廊和建筑相结合的方法可以起到艺术上大小、高低、虚实、明暗的对比效果，同时回廊各间装有直棂窗，可向外眺望，扩大空间感。除上述各种布局方法以外，汉朝以来还有很多在纵横二轴线上都采取对称方式的组群。与四合院的建制相反，它以体形巨大的建筑为中心，周围以庭院环绕，在外面用矮小的附属建筑、走廊或者围墙构成方形或圆形外郭。历代坛庙等礼制建筑采用的多是这种布局方式。以均衡对称方式为原则构成的古代建筑具有层次感和空间感，是一个可以满足各方面用途又成为一个完整的建筑艺术群体的严密整体。以北京故宫为例，它的总体布局是沿着南北轴线纵向布置起来的，以天安门为序幕，外朝三大殿为高潮，景山作为殿尾，既有主有从，又前后呼应，是中国古代建筑的杰出代表。因此可以说，中国古代大组群的建筑形象，恰如一幅中国的手卷画，只有自外而内，从逐渐展开的空间变化中，才能体味到它的美妙与精华所在。

（4）美丽动人的构件造型。善于将建筑的各种构件进行艺术加工是中国古代建筑的突出特征之一。以木架构为结构体系的中国古代建筑，它们的柱、梁、枋、檩、椽等主要构件几乎都是露明的，这些木构件在用原木制造的过程中大都进行了美的加工。月梁、驼峰、撑拱、牛腿、菊花头、蚂蚱头、麻叶头；屋顶上的鸱吻和宝顶、瓦当；屋脊上的瓦头雕刻花草、禽兽等纹样，增加了建筑鲜活的生命感；门窗、石礅、木柱。总之，中国建筑从整个形体到各部分构件，利用木架构的组合、各构件的形状以及材料本身的质感等进行艺术加工，达到建筑的功能、结构和艺术的统一。

（5）装饰色彩与等级的紧密结合。善于用色是中国古代建筑的突出特点之一，而且色彩的使用与主人的身份地位要契合。中国古代建筑惯用大面积的原色，包括黄、红、青、绿、蓝、白、黑等。以故宫为例，由天安门、午门走入宫城，进入游者视域的是碧蓝色的天空，蓝天下是成片的闪闪发亮的金黄色琉璃瓦屋顶，屋顶下是青绿色调的彩画装饰，屋檐以下是成排的红色立柱和门窗，整座宫殿坐落在白色的石料台基之上，台下是深灰色的铺砖地面。这蓝天与黄瓦，青绿彩画与红柱红门窗，白台基和深地面形成了强烈的对比，给人以极鲜明的色彩感染。在山清水秀、四季常青的南方，房屋色彩受气候、环境、社会等方面的影响，多用白墙、灰瓦和栗、黑、墨绿等色的梁架、柱装修，形成了与环境相调和、秀丽淡雅的格调。安徽徽州地区一带的祠堂、民舍都是白粉墙，黑色的瓦和灰色的砖、石墙脚，黑、白、灰组成了这个地区乡土建筑的主色调。浙江永嘉楠溪江自然风景区一带的民舍，用的都是当地的材料，穿斗式的构架，露出木料本色，柱间都是白灰墙，顶上盖着黑瓦，在黑、白、灰中加上赭石色的木柱，配上起翘的屋顶，弯弯的曲线，朴素而且秀丽。

（6）三段式的外观特征。就外观而言，中国古代建筑由台基、屋身、屋顶三个部分组成，称为“三段式”。台基是中国古代建筑的基础部分，具有承托建筑物、防潮、防腐的实用功能，弥补单体建筑物不够雄伟壮观的美学功能，还有昭示身份和权力的象征功能。屋身是中国古代建筑的主体部分，采用梁柱式结构形成梁架，梁架与梁架之间组成“间”。建筑的屋身一般由若干间组成，开间越多，等级越高。古代能工巧匠经过长期的实践，创造出造型独特的“大屋顶”，这是中国古典建筑区别于西方古典建筑最鲜明的特征。这种屋顶不但体形硕大，而且是曲面形，屋顶四面的屋檐两头高于中间，整个屋檐形成一条曲线，令原本笨重的屋顶变得轻盈活泼，好似一条充满活力的天际线，柔和而有韵律，古代文人形容其为“如鸟斯革，如翚斯飞”，成为整座建筑极富神韵和艺术表现力的一部分。在唐、宋、元、明、清各个时代，无论宫殿、陵墓、寺庙等大型建筑，还是普通的民间建筑，这种大屋顶的造型都很常见。古人在实践过程中还创造出了形式不一的屋顶式样，包括庑殿式、歇山式、攒尖式、悬山式、硬山式、卷棚顶等不同形式的屋顶。

2. 园林艺术

园林是自然与人工的完美结合，既是对自然的模拟，于方寸之间显露自然的意趣；也是对自然的加工，一草一木都能显出造园者的匠心独运。中国园林是中国风景美的一种人工物质载体。自然风景的结构，是各种形式的自然因素有规律的组合，包括地形、水系、植被、色彩、声音、线条等。大自然是美的源泉，组成中国园林风景的审美元素大致有形象美、色彩美、音响美（听觉美、嗅觉美）、节奏韵律美等。园林艺术是人类长期社会实践的产物，具有历史必然性与民族性，同时又不乏个体的特殊性。与山水园林为伍者，有不与众谋、全生养性之“道隐”，也有沽名钓誉的“终南之隐”，更多的官僚衙署及皇家园林其实质或许并称不上“隐”，但同为山水林泉之乐。究其根本，“儒隐”也好，“道隐”也罢，所共通的审美理想在于“天人合一”。它是创造园林艺术、园林美的内在依据。

为了要进行审美活动，还要有审美的修养和能力。正所谓“涉浅水者得鱼虾，潜深水者得蛟龙”。有不同审美能力的人，可以从美景的色、形、音得到悦耳悦目的愉快；也可以进而从美景的表层内容得到情与意的享受；也可以进而从美景的“象外之象”“味外之味”得到畅神畅志的精神提升。

随着人们审美修养的提高，审美经验的积累，人们在旅游中一定会自觉地体会和感悟到它更丰富、更深广的审美内涵和文化意蕴。这也是永无止境，值得毕生去追求的。

3. 雕塑艺术

中国古代较少纯粹的雕塑艺术品，这是一般人不重视中国古代雕塑的主要原因。西方雕塑发源于古代希腊，古希腊人重视人体，将神塑造成完美的有血有肉的人。他们崇拜神，也崇拜和神一般完美的英雄——战士与运动家。为他们塑造供人膜拜瞻仰的偶像和纪念像。如此形成传统，在西方世代相传，成为一种纯粹的雕塑艺术。中国古代社会的制度、文化、哲学与宗教，都不同于古代希腊。

中国远古时期重礼教，尊鬼神，艺术重心倾向于工艺美术，在礼器、祭器上发挥艺术天才，并从陶器、青铜器、玉器及漆器等工艺品发展出以装饰功能为主的实用性雕塑，在历代都占有主流地位。

它们分为两大类：一类是纯粹的工艺品，例如象形器皿和供摆设的小型工艺雕刻；另一类为建筑（包括陵墓）装饰雕刻，例如一般教材中都会列举的南朝王陵石刻辟邪和唐代顺陵石狮。实用性除反映在装饰雕刻上以外，还反映在明器艺术与宗教造像上。明器是随葬用品，其中雕塑品占有重要地位，主要是俑和动物雕塑，例如秦始皇陵陪葬坑中的兵马俑和唐三彩俑。俑是人殉的取代物，动物雕塑也用来代替活体陪葬，它们的实用性很强，并非纯粹的雕塑艺术品。宗教造像也是如此，它们是供信徒顶礼膜拜所用的，以佛教造像最有代表性。佛教造像有宗教上特殊的造型要求，它们和古希腊那种以人为范本的真实自然的神像有所区别，在欣赏时需要了解经、规、仪、轨的种种规定，如佛像两耳垂肩，手长过膝等，否则很容易认为比例不准确，解剖有错误而加以否定。纯粹的雕塑一般以纪念性雕塑为代表。出于上述原因，中国古代雕塑的装饰性相当突出。这是它孕育于工艺美术所带来的胎记，无论是人物还是动物，也无论是明器艺术、宗教造像还是建筑装饰雕刻，都普遍反映着传统悠久的装饰趣味。佛像的对称式坐姿和图案化的袈裟衣纹处理，使之显出浓厚的装饰性。和写实的西方宗教神像相比，中国佛像因装饰性的虚拟成分，更带有一种非人间性的神秘，但又包含一种蔼人的亲切，因为装饰性既不同于生活真实，却又是中国人在生活中无处不在司空见惯的艺术真实，所以有此效果。同时，装饰性对于增强佛像所要求表现的庄严肃穆气氛，也十分有效。辟邪石狮的整体造型，完全经过装饰化变形，犹如青铜器或玉器上的某个装饰部件。身上更有线刻图案来加强这种装饰品格。装饰性的变形处理是夸张概括的手法之一。经过这样处理过的石兽，往往比写实的雕刻石兽更威风、更勇猛，且更神圣不可侵犯，能更好地发挥它们作为建筑装饰的功能。

案例分析

“冷资源” 变 “热产业”

2010年10月30日，北京市王府井商业街上的一派北国风光令人叹为观止：茫茫长白林海银装素裹，凝霜挂雪的雾凇，大红灯笼点缀下的雪乡小屋冰雕玉琢——雪屋、雾凇、雪人的实景营造，让北京市民身临雪乡，震撼不已。这是由吉林省政府主办的吉林省冬季旅游北京宣传周启动仪式。

在旅客吞吐量已突破4000万人次的上海浦东机场，旅客必经的过道上，有一个展示吉林风光的照片长廊。旅客走过这条长廊，犹如穿行在吉林省雄浑壮美的江河山川中……

这是2010年吉林省冰雪旅游推介中最具创意的两个场面。近期以来，吉林省上至由副省长带队的全省旅游代表团，下至旅游景区、旅行社的促销团，足迹遍布大江南北，一场场别开生面的冬季旅游推介活动，将一幅幅浓郁的关东民俗风情图呈现在人们面前。赏雾凇、泡温泉、杀年猪、包饺子、扭秧歌，到吉林过大年，成为全国冬季旅游市场中一道风景线。

吉林省具有丰富、广泛、优越的冰雪旅游资源。积雪期长、雪质好，交通便利、气温适中。雾凇、冬捕等景观壮美、奇特，分布地点多、区域广，是国内开展冰雪旅游活动的最佳区域之一。在全省培育旅游业支柱产业的总体目标中，建设冰雪旅游强省是其中重要一环。近年来，全省优先发展冰雪旅游，以长白山冰雪旅游为龙头，以各地开展的特色冰雪旅游活动为载体，不断推进资源整合、品牌提升、市场开发。经过综合开发建设，形成别具一格的冰雪旅游产品格局和特色鲜明的冰雪旅游目的地形象。目前，全省共有近30家滑雪场、92条雪道，已构成规模较大、设施先进、条件优越、体系完备的滑雪旅游基地群。

2010年，吉林省冬季旅游推介活动启动早，规模大、层次高、影响范围广。早在深秋时节，全省就启动了冬季冰雪旅游市场开发工作。副省长陈伟根率团分赴北京、深圳、上海等地，在京津唐、珠三角、长三角等主要客源地区，开展吉林省冰雪旅游系列推介活动。活动期间，以“冬季到吉林去滑雪”“到吉林过大年”为主线，推出冬季长白山、吉林雾凇、滑雪、冬捕、温泉、冬猎漂流和东北民俗等独特的旅游资源和产品。这些活动规模之大、层次之高、影响范围之广，都创下了吉林省旅游业历史之最，在当地掀起吉林旋风。为了使吉林旅游营销推广常态化，吉林省在北京、上海、深圳等地设立了旅游推广中心。

紧扣时代脉搏，谋划旅游节庆活动，各地冰雪旅游节的内容和形式不断丰富和创新。为进一步展示吉林省冰雪旅游资源，突出产品特色，形成市场吸引力，省旅游局适时组织“2010～2011吉林省冰雪旅游季主题系列活动”。其中5个重点旅游节庆，共设计安排150多项旅游活动，涵盖冰雪观光、滑雪娱乐、民俗体验、温泉度假等特色内容。活动从2010年12月初开始，将一直持续到2011年5月中旬。旅游节庆活动更加注重品质的提升。长春冰雪旅游节从最初的雪雕观赏，发展到如今以滑雪运动为主，成为集观赏、娱乐于一身的旅游品牌。推动冰雪旅游由观赏型向体验型的更高境界发展，滑雪正在升温成一项全民运动，展示出长春旅游健身、休闲度假的独特魅力。已经连续举办15届的吉林国际雾凇冰雪节，常办常新。2010年，吉林市进一步整合资源和活动载体，把冰雪观光、滑雪娱乐和温泉养生等优势产品融为“三位一体”，为这一传统的节庆活动注入新的活力；加入“赏凇滑雪过大年、两岸同胞手相牵”等新元素，数百名台湾游客前来观赏雾凇奇观，体验滑雪激情。

突出地域文化和多姿多彩的民俗风情。在2010年冬季旅游产品打造上，着力将冰雪旅游与东北独有的年俗特色相结合。省旅游局根据区位与交通、基础设施、经营管理等要素条件，精选出23个“到吉林过大年”农家乐旅游点。省内多家旅行社，相继设计多款以“冰雪过大年游”为主题的产品。松原凭借“三江一河两湖”和满蒙民俗风情，将“过大年”融入旅游活动中。游客不仅可以亲历“千米巨网潜入冰下、万尾鲜鱼呼之而出”的壮观场面，更能参与包豆包、抽冰猴、扭秧歌、杀猪宰羊拜大年的年俗体验活动。在“延边之冬”中，游人住在朝鲜族民居中，睡热炕、品民餐、观歌舞，感受朝鲜族家庭的温馨与淳朴。

资料来源：http：//www.jlsina.com，吉林日报，2011年1月5日。

古越歌舞，何时再造辉煌

2004年4月18日对于武夷山闽越王城景区来说是一个值得纪念的日子：“中国百姓生活游”武夷山开游仪式暨闽越王城开业仪式隆重举行。作为武夷山世界文化遗产的重要组成部分，闽越王城景区最终揭开了它的神秘面纱，迎接四海宾客的到来。景区酝酿三年精心筹备的互动表演节目——古越风情表演也正式拉开帷幕，20多位年轻演员45分钟的精彩表演让在场宾客惊叹不已。

一、三年努力：精心打磨一剑

闽越王城景区是武夷山世界文化遗产的重要组成部分，代表了一段消失了的文明，景区内包含了展示闽越千年灿烂文明的历史博物馆、占地48万平方米的2000多年前的闽越王城遗址、号称“华夏第一井”的西汉时期王宫御井、具有明清时期风格的古粤城村古村落。

2001年4月17日，武夷山闽越王城文化旅游有限公司正式成立。如何做好这个文化景点，将一段消失了的文明的风情和风格既跟旅游配套又跟保护紧密地联系起来，武夷山市景区管理委员会征求了许多专家的意见，在规划的基础上进行了许多的设想，最终确定用歌舞的形式表现闽越族的风情，加强文化景点中的动态成分。在福建省旅游局的支持下，省内最著名的导演、音乐、舞美、编剧、历史学家等十几位专家深入座谈了整整一天，确定了古越时期的音乐、乐器，以及宽袍大袖为主的汉代服装。闽越王城文化旅游有限公司与武夷山职业中专合作，专门为景区表演的需要，开办了一个闽越歌舞班，招收学员23名，这些学员毕业进入景区艺术团。舞蹈编排加入了一些建瓯挑幡、邵武傩舞等体现闽北文化内涵的内容，加强同游客的互动，且在宫廷、民间服饰方面以及演员的整个舞台造型、道具的准备上都做了一些努力，终于完成了整个舞蹈的编排。

二、一台歌舞：再现古越遗风

秦汉以来，古越民族在历史上已经消亡，给人们留下的是无数神奇的谜一样的传说，古越风情表演，正是通过舞蹈的形式，表现古越人那鲜为人知的带有神秘色彩的民俗民风。

古越风情表演首先是以祭祀开场，挑起整场演出的恢宏气势，然后用14个独立的小舞蹈进行串联，体现出宫廷风月、古越魂魄、市井风情三个侧面的内容。第一部分宫廷风月主要表现当时闽越国歌舞升平的景象，包括祭祀、傩舞、图腾舞、水袖舞；第二篇章以狩猎、捕鱼等反映民族风情的内容为主，有狩猎舞、雩鼓、浣纱舞、织布等；第三部分主要体现遗留的内容，包括酒歌，凸显闽越女子豪放、热情的性情。整场演出以大巡礼结束，用歌曲《千年走闽越》作为谢幕。

在闽越王城景区的首场正式演出无疑是成功的，台下观众的阵阵掌声足已说明了他们对古越风情表演的认可和喜爱。古越风情表演就此列入闽越王城景区的常规游览项目之中，以每天两个场次的表演成为景区又一特色旅游项目，成为旅行社、导游力推闽越王景区的一大亮点，为闽越王文化景区的发展推波助澜。

三、佤族当家：演绎新版古越风情

令人惋惜的是，古越风情表演的首场成功并没有为它将来的发展带来好运，从2005年6、7月开始，陆续有演员离开艺术团，直至2006年3月，原来的一批演员基本上人去楼空，取而代之的是以佤族青年为主体的一个全新的表演团队。由于人员流失比较严重，之前的舞蹈没有办法继续表演下去，之所以选择佤族演员，主要是他们粗犷、野性的性格特点比较符合当时闽越百姓的特点，而他们这种野性又无法演绎出之前舞蹈中反映的宫廷生活，因此在舞蹈的内容上也必须进行重新编排。

经过一段时间的休整，2006年11月11日，新版古越风情表演正式推出，改变了原来以独立的舞蹈进行衔接的形式，而是以舞剧的形式有情节地进行贯穿，在内容上进行了一些删减，表演时间也由原来的45分钟缩短为30分钟。为了加强舞台表演的效果，景区还对表演场地进行了重新改造，由露天表演改为室内剧场似的演出，并且加入了舞台的灯光效果。

然而，改版后的舞蹈，跳不出来那种味道，找不出汉代的感觉，旅游地的味道冲淡了舞蹈该体现的闽越文化的内涵，虽然有野性的味道，但无法体现出王宫部分的内容。

四、古越歌舞：　如何再造辉煌

闽越王城景区的观光内容趋向的专业性比较强，特别它是一个历史文化遗址，对一些普通的百姓或者是对历史方面缺乏兴趣的人，要让他对这个景点产生很大的兴趣也是不可能的，在这样一个文化景点中加入一些动态的内容，符合游览线路设计时由静到动，由低到高潮的基本要求，从产品的整个设计理念来说，是可行的。但在实际的操作中为什么不能持久下去？在市场运作方面肯定有很多的因素，我们在评价它的时候就不是光看这台表演本身的问题了。

"古越歌舞的辉煌与闽越王城景区的辉煌是相互依托的，这就涉及文化景区的经营问题。"专家认为，对于闽越王城这样一个文化景区来说，应该在完善景区产品的前提下进行宣传营销，而不应该在产品尚未完善的时候一味地强调营销。一方面，要协调好同省博物馆、文化厅的关系，提升博物馆展示内容和布馆的档次；遗址上可视性内容太少，可以增加一些图文并茂的东西，比如当时考古队进行挖掘时的一些图片，让游客至少在听讲解的同时可以接触到一些可视性较强的更直观的东西。另一方面，从表演本身来看，它的场面和投入可能都还不够，震撼力不够，于现代歌舞的发展来说还存在一个吻合的问题，涉及表演的投入问题；在演员的选择上也可以再进行一些研究，佤族的表演形式在全国很多地方都有，会给人一个先入为主的感觉，冲淡原有的文化特色。

实际上闽越王城景区本身的内容还是很有分量的，为什么没有人来看？客人越来越少？要从旅游产品的内容和营销上找问题，对症下药，进行策划。在产品尚未完善的情况下进行营销，是经营管理上的一种手段，这种手段是刺激中间环节，让导游在利益的驱动之下，促成游客进景区，实际上景点应该依靠的不应该是这样的中间环节，而应该是景点本身强大的吸引力。

一般来说，旅游吸引物体系由核心吸引物、次级吸引物、普通吸引物三个层次构成。在旅游城市中，由于历史遗存或政府规划的原因，这些层次有时会表现得不是很明显，但在主题公园中，由于是统一设计规划，旅游吸引物不同层次的特点最为显著。比如深圳世界之窗，最吸引人的便是入口处高108米的埃菲尔铁塔以及世界广场每晚的大型演出。

资料来源：http：//www. fjsen. com/wmf/2007. 01/29/content_ 129197. html

总统府成杂货店

南京总统府，作为一个中国近代史遗址博物馆，见证了中国近代史上的众多重大事件，是外地游客到南京必去的地方之一。然而，近两年来，来这里参观的游客发现，他们可看的东西越来越少，许多遗址变成了旅游商品商店。

一进总统府大门，东西两排数10米长的朝房商铺云集，江南云锦、南京桂花鸭、雨花石等当地特色旅游商品店多达19家。这两排朝房是太平天国时期供官员等待朝拜的地方，如今大多数游客已经不知道它的名称和由来。总统府二堂的收发站，用来收发总统府核心机构的机密函件，已成为经营雨花石的商铺。

原国民政府总统府办公楼里竟然也藏有商家。在办公楼一楼设置了一个“山寨”版的蒋介石办公室，供游人照相，旁边是一个旅游商品销售点，销售老式钟表、带有民国人物头像的扑克牌、明信片等。

观戏台的院落围墙上写着：民国政要手迹展，但墙上的介绍却是一个创意工作室的广告简介。雨花石饰品、笔墨纸砚是这个景点的主角。80 平方米的房屋里，名人书画仅有 15 幅，而且没有任何解释性文字。

在总统府景区地图上，关帝庙直接被标注为总统府品茶室。这家茶馆两年前进驻总统府，院内只有一个小木牌的介绍与关帝庙有关。游客走出茶室后问路：“请问关帝庙在哪里?”

据调查，总统府目前的商业点主要集中于中轴线以及煦园内。煦园内的 24 处景点，除望亭、鸳鸯亭等供游人休息的小景点没有商家入驻外，关帝庙、漪澜阁、观戏台、夕佳楼、桐音馆等 7 个比较大的景点都被卖刺绣、奇石、鱼食、奶茶的商家侵占。

“好多遗址都被商家侵占，所卖的旅游产品大多数都与总统府的历史毫不相干，这些旅游商品在南京任何一个景点都能买到。”游客们十分厌恶总统府内喧宾夺主的商业行为。

总统府是中国最大的近代史遗址博物馆，筹建于 1998 年，其历史可以追溯到 600 年前。明朝初年这里曾是归德侯府和汉王府。清朝为江宁织造署、江南总督署、两江总督府。清朝康熙、乾隆皇帝下江南时均以此为“行宫”，洪秀全以此为天王府。辛亥革命后，孙中山在此宣誓就职中华民国临时大总统。林则徐、曾国藩、李鸿章、左宗棠、蒋介石等也曾在此办公。毋庸置疑，总统府见证了近代以来中华民族的兴衰荣辱。

原“中华民国”行政院南楼，仅一楼是对外开放的图片展览区，其他房间已经被装修成为博物馆管理与建设办公室的办公区。历经战火摧毁和数次重修，总统府拥有的文物很少，加上旅游商业的日益侵蚀，目前总统府内这些与重大历史事件相关的介绍已经严重缩减。

总统府具有多重身份。它既是正在建设中的南京中国近代史遗址博物馆，又是国家文物保护单位，也是国家 4A 级旅游景区。在隶属关系上，总统府也较为特殊。南京中国近代史遗址博物馆是江苏省政协辖管的事业单位，由省政协全额拨款，其员工既有公务员，又有事业编制的聘用人员。

“总统府是个怪胎。”一位不愿透露姓名的官员说，“说是文物保护单位，不归文物局管，说是旅游景区，又不归旅游局管，总统府复杂、特殊的隶属关系制约了监管方的有效监督，表面上看对很多部门负责，但实际上却也很容易造成管理上的疏漏。”

造成总统府身陷商业圈的另一个重要原因则是法律对于合理利用的范畴并没有明确的界定。《文物保护法》对我国文物保护工作提出了 16 字方针：“保护为主，抢救第一，合理利用，加强管理。”到底怎样利用才算合理利用呢？出租用作旅游商店的遗址还怎么发挥博物馆的作用呢？

“博物馆的首要职责是陈列展览重要历史文物、现当代艺术品，总统府这种博物馆性质的景区可以有商业行为，但不能因为开发影响博物馆的职能。”江苏省文物局博物馆处处长宋有春认为，旅游商业应该出售与博物馆内容相符的产品。南京师范大学地理科学学院旅游系陶卓明教授说：“第一，景区可以调查分析游客对商业元素的接受程度，进而控制旅游产品商铺的数量。第二，应该实行购物区和游览区分区管理，既不影响游客对于博物馆文化内涵的理解，也不影响总统府商业价值的开发以及旅游资源的效益最大化。”

资料来源：（凤凰网 http：//news. ifeng. com/）

【练习思考】

1. 名词解释：旅游吸引物 非物质文化遗产 博物馆 遗产旅游 文化旅游
2. 什么是旅游吸引物？旅游吸引物有哪些类型？
3. 旅游吸引物的属性是什么？
4. 概述旅游吸引物的概念及其基本特征。
5. 旅游吸引物与旅游资源、旅游产品的关系是什么？
6. 旅游吸引物与社会变迁的关系是什么？
7. 结合案例谈谈旅游吸引物开发的文化影响。
8. 简要叙述旅游吸引物的社会建构过程。
9. 你是如何理解旅游的物化象征的？
10. 作为旅游吸引物的遗产旅游有什么意义？
11. 旅游与非物质文化遗产的关系是什么？
12. 如何处理旅游与非物质文化遗产的关系？
13. 概述博物馆与非物质文化遗产之间的关系。
14. 结合亲身经历，谈谈旅游活动的文化体验价值。
15. 结合案例阐述博物馆与旅游之间的关系，分析博物馆旅游发展的制约因素。

第六章

社会学视野的旅游消费行为

【学习要点】

1. 理解旅游消费的含义及其构成。
2. 理解旅游偏好对旅游消费决策的影响因素。
3. 掌握旅游消费决策过程及其基本影响因素。
4. 理解旅游消费态度的特征和旅游态度的影响因素，掌握影响旅游态度的方法。
5. 掌握旅游者的市场分割标准和方法。
6. 认识女性旅游消费市场的基本特征。
7. 掌握旅游消费的内容和分析旅游消费成本的方法。
8. 了解经济发展程度、生活方式变动、追求文化化、城市化水平对旅游消费的影响。
9. 了解文化语境中的旅游消费和文化差异对旅游消费行为的影响。
10. 了解旅游消费行为的文化走向。

【基本概念】

旅游消费　旅游消费态度　旅游偏好　旅游消费决策　市场分割
货币成本　时间成本　心理成本　消费文化　身份文化　情感文化
需求文化　心理预期文化

旅游者的旅游消费行为是在消费心理的支配下发生，并随着消费心理的发展变化而变化。旅游消费行为的实质是旅游消费者对旅游产品和服务的购买决策和购买行动过程。同其他消费行为一样，旅游消费行为有其自身的特点和规律，具有习惯性、不可逆性、模仿性和复杂性等特点。

第一节　旅游消费决策

一、旅游消费决策过程的影响因素

旅游消费决策是指个人根据自己的旅游目的，收集和加工有关的旅游信息，提出并选择旅游方案或旅游计划，并最终把选定的旅游方案或旅游计划付诸实施的过程。旅游消费决策过程实际上是旅游者对自己所面临的众多旅游机会进行选择的过程，在这一过程中旅游者需要根据机会的价值与机会实现的可能性进行判断。因此，部分旅游消费决策属于理性决策，部分旅游消费决策属于感性的决策，部分旅游者将旅游消费决策的机会和权力交与他人代为选定。

（一）旅游消费决策的机会组合

对于旅游者来讲，当他具有旅游需要时，就已经开始了为旅游消费决策收集必要的信息。旅游者一般会根据自己的旅游目的、动机、经济条件、闲暇时间、兴趣爱好、旅游经历、旅游愿望等诸多因素，对可能构成自身旅游的全部机会进行组合（图6－1）。这些旅游机会，有的是有价值但不可实现的，有的是可以实现但对此次旅游目的来说意义是不大的，在两种交叉情况下寻找被选机会组合。被选机会组合包含旅游消费决策机会组合，被选机会的唯一性选择构成旅游消费决策。旅游消费决策结果包括：是否旅游的唯一性选择；旅游备选方案的唯一性选择；旅游消费决策的选择等。

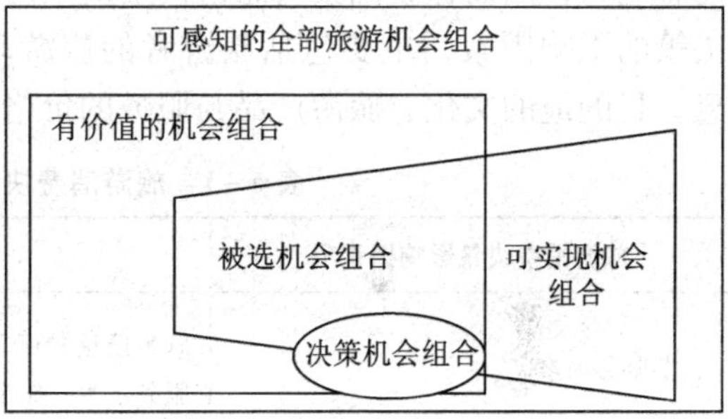

图6－1　旅游消费决策选择

（二）旅游消费决策的影响因素

1. 人口统计学因素

长期以来，人口统计学因素一直是心理学、消费者行为学等学科探索人们心理与行为的自变量，由此而建立的人口统计学模型，对相当多的行为现象具有极强的解释功能。在大量我国城市居民消费心理预期的研究成果中，实证了性别、年龄、学历、工作单位、居住城市等人口统计学因素，对消费预期具有显著的影响作用。旅游者的收入是一个对旅游消费结构起决定作用的因素，旅游者的收入丰厚，旅游消费的档次就高，参加的娱乐活动多，购物活动也多。一个人的受教育程度，会影响他们对旅游资源的认知评价，同样的旅游资源，对具有不同文化水平的人，吸引力是大不一样的。性别和年龄是影响旅游消费的生理因素，在旅游过程中餐饮、购物、娱乐等活动，都存在年龄和性别的差异。例如，影响上海市民选择旅游目的地决策的因素，主要是距离、目的地的性质、景观属性，以及决策者的年龄、职业、文化水平等。

2. 社会因素

在实际的旅游消费决策过程中，涉及的影响因素十分复杂。影响旅游消费决策的社会因素，主要是个人的心理因素和社会的因素（表6－1）。例如，人们不外出旅游的原因，金钱、时间、家庭或个人健康、工作离不开、恋家等因素，是旅游消费决策的阻止因素。旅游消费决策的主导因素是感知环境和最大效益原则。旅游者的感知、目的地环境的特点、旅游者所在社会的文化约束力量等，在旅游消费决策过程中起着重要作用。个人所处的社会环境，比物理环境具有更大的影响力，因而社会因素对旅游消费决策的影响更加重要。例如，出境旅游消费决策的影响因素，主要包括旅游者的旅游动机、旅游目的、旅游方式、旅游信息、目的地的文化、旅游产品与服务的价格、旅行社的品牌、亲友的意见等。

表6－1 旅游消费决策影响因素表

旅游消费决策影响因素项	旅游消费决策影响子因素
旅游服务因素	旅游信息发布、住宿服务、旅行社接待服务、旅游设施、旅游服务水平、旅游投诉处理、餐饮服务、社会治安状况
社会支持因素	社会旅游的风气、社会舆论、工作单位对旅游的态度、大众传媒的旅游信息、旅游咨询
个人心理因素	兴趣爱好、旅游经验、心情状况、满意程度
个人社会经济因素	旅游闲暇时间、生活的压力、旅游的金钱
群体支持因素	社会旅游时尚、好友旅游参照、家人支持程度、好友支持程度
其他因素	好友旅游推荐、旅游地距离、旅游广告

（1）旅游服务因素。旅游服务因素是影响旅游消费决策的首要因素。旅游服务是一个复杂的系统，包括客源地旅游服务系统、出行服务系统、目的地服务系统和支持服务系统，涉及吃、住、行、游、购、娱、咨询、信息、预订、导游、售后等具体的旅游服务，是人们进行旅游消费决策的重要依据。服务水平的

差异，是人们选择旅游目的地的决定因素。任何一个旅游者，都追求高服务质量和与自己的支出相适应的服务硬件。尤其是回头客，更是把旅游服务的质量作为决策的首选条件。

（2）社会支持因素。个人的心理和行为受社会环境的规范和制约。社会对旅游的宣传、倡导，并提供一定的便利，无疑会促进旅游风气的形成，给个人造成旅游压力。研究证明，从众是个人减轻社会压力，达成安全并保证身心健康的重要手段。

（3）个人心理因素。人的行为是他们的个人特征与环境相互作用的产物。个人心理因素会影响他们怎样认识、评价旅游环境，以及持有什么样的决策标准，从而影响他们最终的旅游消费决策。

（4）个人社会经济因素。日常生活的压力、金钱、时间等因素，是现代旅游的基本约束条件。对于现代人来说，在拥有金钱和时间的情况下，想要解除日常生活压力，最佳的途径就是外出旅游。

（5）群体支持因素。个人的心理和行为既受所属群体的影响，又受参照群体的影响。时尚、家人、亲朋好友等都会影响个人的旅游消费决策。在旅游活动中，很多情况下参照群体比所属群体拥有更大的影响力。

（6）其他因素。对旅游消费决策具有重要影响的，还包括几个难以归属到其他类型之中的因素，如旅游广告宣传、旅游目的地远近等。

（三）旅游消费决策过程影响因素的特点

1. 影响旅游消费决策的控制因素

（1）影响旅游消费决策可控因素。影响旅游消费决策的可控因素，包括旅游地形象、旅游产品品牌、经济发展水平、商务发展需求、旅行社及旅游服务质量等。目的地旅游形象导向模式和旅游产品品牌导向模式是影响旅游消费决策的关键。如丝绸之路入境游客仍以团队游客为主，约占八成，使旅行社成为影响入境游客旅游消费决策最重要的组织因素。我国文物古迹、山水风光长期以来是影响外国游客旅游消费决策的决定因素，中国经济创造的奇迹也成为影响旅游消费决策新的重要吸引力因素。旅游消费服务质量是影响旅游消费决策的可控因素。另外，旅游目的地安全、目的地资源产品吸引力，也是游客进行旅游消费决策时考虑的最重要的要素之一。

（2）影响旅游消费决策的不可控因素。影响旅游消费决策的不可控因素，包括可自由支配收入、闲暇时间、旅游欲望、人口统计因素、旅游经验、目的地距离、旅游花费等。此外，旅游风险也是旅游者消费决策时考虑的重要不可控因素。旅游风险包括旅游消费决策过程和旅行游览过程中的风险。旅游者在做出旅游消费决策、购买旅游线路后，要承担经济风险和心理上的风险，他们不能确信旅行社是否完全履行职责，担心本次旅行的安全；而在旅游行程中，又往往会因为旅游价值是否完全实现产生心理压力，担心导游人员和当地旅游部门的坑、蒙、骗现象以及在旅游各环节的连贯性上产生的各种危机，尤其还要承担旅行过程中受旅游目的地的各种环境影响而可能导致的社会问题风险、自然灾难风险等。

2. 影响旅游消费决策的主客观因素

（1）影响旅游消费决策的客观因素。收入水平的高低是旅游消费的经济基础，它不仅决定旅游动机的产生，而且影响着游客的旅游消费水平、消费结构及消费方式；充裕的闲暇时间为旅游提供了时间保证，从众现象对人们旅游行为产生影响，使多数人会在群体的影响与压力下，在行动上表现出与群体中多数人相一致；旅游目的地是激发旅游动机的物质基础，旅游资源和其中的设施，尤其是历史悠久、独特的名胜古迹和自然景观，是影响旅游者选择具体旅游目的地的重要因素；现代合理的交通路线、先进的交通设备、配套的交通服务设施及服务管理人员的优质服务等，可以减少游客经济上、时间上、机会上和体力上以及情绪上的代价，有助于旅游行为的产生。游客所处的社会经济系统对旅游需要进行加工和调控，产生了初步的旅游意向，旅游消费决策过程真正开始。旅游地的吸引因素和游客自身的心理因素共同作用，生成了游客对旅游地及旅游活动行为的感应图景，游客的初步出游计划形成。之后，游客斟酌出游方式和旅游费用而做出出游决策，旅游行为最终得以实现。

（2）影响旅游消费决策的主观因素。游客的好奇心、求知欲产生旅游欲望，从而产生旅游行为；个人偏好和性格特征可以产生不同的旅游动机和旅游行为；游客的文化程度和事业成就感、优越感也是旅游行为产生的巨大动力。旅游者在日常环境的行动中信息选择行为的无意识，同样是影响旅游消费决策的重要因素，因为这种无意识不仅对旅游类型的可能性产生偏爱，让部分旅游项目成为至爱选择，而且直接影响旅游者的消费决策过程。

二、旅游消费决策过程分析

旅游度假决策过程一般有5个基本环节：度假动机、信息收集、旅游方案评估、购买决策和旅游体验，而旅游体验实际上构成一个回馈环，影响着下一次旅游消费决策的形成。旅游者在进行旅游地选择决策的过程中，需要收集和加工大量的有关潜在旅游目的地的信息并最终做出相关抉择（图6－2）。个人旅游消费决策是旅游者在其内在动机、个人偏好和对旅游产品的认知与评价的基础上，对自己所面临的众多旅游机会进行抉择的过程，这个过程可以分为4个阶段：旅游需要的识别、旅游信息的收集、旅游方案的备选与评估、旅游消费决策的确定等。

（一）旅游需要的识别阶段

这一阶段包括潜在旅游者的生理和心理需要，以及在这种需要作用下产生的具体旅游动机。在个体偏好的影响下，潜在旅游者需要做出是出门旅游还是待在家里的唯一性选择。如果他（她）选择了出门旅游，就具备了由潜在旅游者向现实旅游者转变的条件，并积极地收集相关信息，制定相应的旅游目标。

（1）潜在旅游者旅游的生理需要和心理需要。人们内在的心理或生理处在某种缺乏状态，从而产生满足这种缺乏状态的愿望，即存在内驱力，加上外界情境的刺激，就产生了旅游需要。由于现代社会大量机械重复的工作以及巨大的工作压力，使得现代社会的人们需要通过旅游等途径进行身心方面的放松与调节，旅游作为现代城市生活的必需品，起到缓解人们与现代社会之间的矛盾关系的作用。

（2）个体旅游偏好决定旅游者对旅游价值的判定。旅游者通过自身兴趣、爱好对潜在的旅游方式、旅游目标、旅游时间等做出是否可行的价值判定，旅游者通过个体偏好的价值判定。他可能认为出去旅游是非常必要和有意义的而决定旅游，也可能认为现在旅游虽然可行但没有必要或者没有兴趣而决定待在家里放弃旅游。因此，个体兴趣是潜在旅游者向现实旅游者转变的关键环节之一。

（3）特定旅游目标的选择。在旅游消费决策过程中，旅游者一般会运用的两个基本评判标准：机会的价值和机会实现的可能性。旅游者对所感知的旅游机会分析评价中，依据机会所提供的价值和实现的可能性，形成两个组合：可考虑的有价值的机会组合和可能获得的机会组合。旅游者对两种组合进行评价，最终做出旅游消费决策。特定旅游目标的选择就是基于此基础的一项内在的判断活动。

（二）旅游信息的收集阶段

旅游者对于特定的旅游目标进行信息方面的调查活动，包括对现有信息的整理和对未知信息的收集。

（1）现有信息。现有信息主要包括旅游者的旅游经验，旅游广告、旅游常识等信息的无意识积淀，旅游广告、旅游知识的有意识积累等。现有信息影响人们进一步收集旅游信息的方向和偏好。

（2）信息收集。从信息收集的途径看，人们通过网络、书籍、朋友介绍、旅游广告等多种途径对旅游信息展开收集活动。在信息收集过程中，会收集同类信息及相关信息，但类别跨度较大的信息往往作为干扰信息加以摒弃。

（三）旅游方案的备选与评估阶段

旅游者经过对目标产品的初选，选择出可接受的旅游产品，然后对此类产品与目标产品进行对比评估，如果满意就予以保留，不满意就放弃。

（四） 旅游消费决策的确定阶段

旅游者从保留的备选方案中进行方案优选，接着预订或开始自己的旅游历程。对于放弃的选择，可能出现三种情况：一是可能调整旅游目标进入重新收集信息的阶段；二是重新进入旅游需要识别阶段，重新进行旅游调查；三是最终决定放弃旅游（图6-2）。

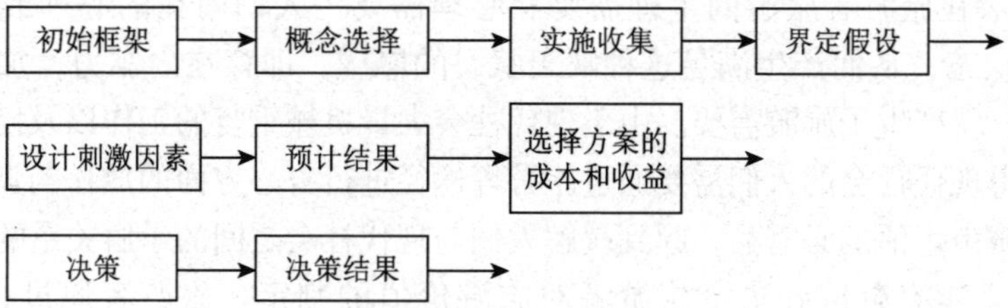

图6-2 旅游消费决策过程示意图

三、旅游偏好对旅游消费决策的影响

旅游偏好是建立在旅游者极端肯定态度之上的一种针对态度对象的行为倾向。通常情况下，旅游态度对象的性质越鲜明、越突出，旅游者估计越可满足自我的旅游需要，从而产生极端肯定的态度，进而导致旅游偏好的形成。

（一） 旅游消费决策 “趣向—取向” 的偏好性选择

个人偏好是旅游动机和旅游行为之间的重要环节，它决定了旅游者的行为选择：走出家门或者留在家里，只有选择走出家门才使旅游行为成为可能。旅游者掌握的对象信息越多越复杂，对象的吸引力越强，越容易形成偏好。

旅游者作为现代社会生活中的特殊群体，旅游行为主要表现追求情感体验，这种外在行为源自内心某种情感的匮缺，旅游动机源自于补偿匮缺的旅游内驱力。旅游行为的产生是长期以来所形成的一种心理防御机制的适当补偿。心理防御机制主要包括压抑、否认、投射、退化、隔离、抵消、转化、补偿、升华、反向等各种形式，源自于长期相对单调的现代生活和工作，以及对新奇事物的热爱和对外界认知的欲望。自我防御机制影响旅游者行为的“趣向—取向”的偏好性选择，并最终影响旅游方案的选择，影响旅游体验质量的主观感受并提高或降低旅游满意度，成为影响日后旅游行为的心理嵌入力量。

旅游者情感匮缺因个体的差异而表现不同，并决定着个体趣向的倾向性，个体趣向的倾向性主要表现在旅游动机、旅游选择、旅游消费、旅游方式的差异和不同。个体旅游取向受到旅游消费决策中诸多影响因子的干预和影响，在影响因子的作用下，个体行为取向有所不同，主要表现在旅游地的择取、旅游方式的选择和旅游时间的控制。现代人所承受的工作和生活的压力以及来自社会其他方面的压力，都有可能使人们处于某种压抑的状态，甚至为这种压力所累，身心俱疲，在这种情况下，外出旅游可以成为一种释放压力的重要的途径。

（二） 旅游偏好选择行为

在吃、住、行、游、购、娱等诸多方面，不同的旅游者有自己的旅游偏好，这种偏好在旅游消费决策中具有重要的影响。旅游偏好的形成受到诸多因素的影响，旅游者的性格、年龄、情感状态、文化程度、经济收入和工作性质等都是旅游偏好的影响因素。旅游偏好经历了由兴趣爱好的趣向到行为决策的取向过程，而趣向—取向之间的多次互动关系受影响因子的制约（图6－3）。

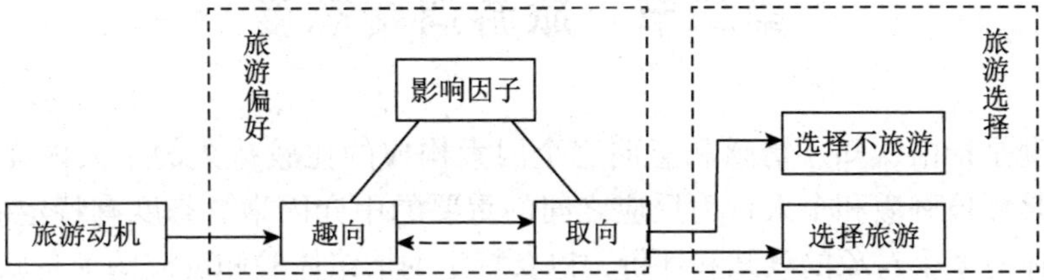

图6－3　旅游消费决策偏好性选择示意图

1. 旅游动机与偏好、选择

旅游动机是旅游行为的起点，旅游者不同的旅游动机产生不同的旅游需要，在旅游需要和旅游偏好的影响下产生旅游选择的行为。旅游选择，首先是选择去旅游或者不去旅游，然后选择旅游的方式、旅游的时间和旅游的目的地等，最后选择具体旅游细节，如旅游时间、旅游方式、旅游目的地等。例如，高中生在暑假如果有出游的愿望和可以实现的条件，他会有诸如休闲运动、观光旅游、修学旅游等多种旅游选择。如果他确定自己的旅游形式为自助式修学旅游，会根据自己学科分类确定不同的类型的学校作为备选旅游目的地；如果他是文科学生可能选择北京大学等学校，如果是理科生可能将清华大学等高校作为最理想的目的地；但考虑到自己的学习水平和未来可能考上的大学、旅游距离、家庭支持程度、未来就业、是否有亲友照顾以及自己其他兴趣爱好，他可能选择去上海、武汉、重庆或者大连等地的高校进行自己的修学旅游。

2. 旅游偏好因素影响决策选择

餐饮偏好是影响旅游消费决策的重要因素之一，很多游客旅游的目的之一就是要体验不同地域的餐饮文化。例如很多境外游客到中国旅游就希望品尝中国不同风味的菜品，感受具有东方情调的炊具、原料、辅料以及独有的餐饮文化。

旅游者对住宿条件的要求因经济条件、旅游目的和旅游方式的不同而不同，如背包客对旅游住宿的条件要求较低，学生自助旅游对旅游住宿的要求也不高，而豪华国际旅游、奖励旅游、商务旅游的消费者对住宿的要求较高。旅游地住宿条件对部分游客来说，住宿不仅是安全的需要，而且是身份享受的象征，住宿条件可能在旅游选择中起到决定性影响。

在旅游回忆阶段，旅游购物是旅游过程物化的象征，旅游中购买的物品可以帮助旅游者有效地进行展示或回忆，例如可以借助旅游物品向亲友展示、炫耀自己曾经去某地旅游过。女性在旅游购物方面表现尤为突出，例如，偏好都市购物旅游可能是女性旅游者的旅游动机和目的。

第二节　旅游消费态度

态度是指由认知、情感和意向三个因素构成的比较持久的个人内在心理结构，它是环境刺激和个人行为反应之间的重要的中介因素。态度有特定的对象，包括主体对某个对象的认知和评价，以及特定的情绪体验和反应的准备状态。旅游态度的对象是旅游，是指对某一旅游吸引物的认知、评价及出游意向等。作为影响旅游消费决策、旅游偏好的主要因素之一，旅游态度一方面受旅游者的需要、个性、兴趣、人口统计特征和旅游期望值等内在因素的影响，另一方面受旅游产品及其他相关信息的外在因素的影响。

一、旅游态度的特征

（一）性别与旅游态度

不同的性别，旅游态度是不一样的。例如，女性对旅游花费的态度和对旅游的价值判断上的态度，均不同于男性，这可能是因为长期以来，性别分工合作的模式是“男主外女主内”，女性除了工作之外，更多是负责家庭的生计。在家庭中，女性承担了母亲、女儿、妻子和主妇等多重角色，因而成为家庭消费活动的主体。在家庭消费活动中，她们较男性有更丰富的经验，也拥有更多的发言权。女性对家庭财力所拥有的基本把握，使她们在旅游花费中更积极主动。同时，自古以来，女性在审美方面比男性更加敏锐。在消费活动中，女性往往是以先驱的姿态出现的。年轻女性的心境和感性更是支配着流行，商品的流行大多随女性审美观的变化而变化。“街上流行红裙子”，便是女性消费作用的折射。因此，与她们相关的商品，都要受到女性的审视与关注。旅游作为一种特殊的商品，代表了当今的流行与时尚，迎合了对新兴事物反应敏锐的女性的消费及审美需求，大大刺激了她们的消费需要。

（二） 年龄与旅游态度

年龄对旅游态度有重要的影响。例如，旅游者的年龄越大，旅游花费越持积极的态度。受我国传统的影响，25 岁以下的年轻人一般还没有离开父母单独“成家”，他们虽然可能有了自己的一份经济收入，但对消费行为包括旅游行为没有充分的自由支配权。随着年龄增大，结婚生子时期，家庭主要消费行为集中在满足儿童吃、用、玩的需要上，当孩子较大时，父母也多有固定的收入，可被看作是消费水平最高、购买能力最强的家庭。这种家庭成员外出旅游的潜力很大，但是否都有可能外出旅游还很难说，因为中国传统文化是先攒钱后花费，父母应帮孩子“成家立业”的观念还普遍存在，所以储蓄意识非常强烈，即使有钱也不舍得用于旅游，如果参加旅游花费也很谨慎。老年人平时的消费支出较少，对于城市离退休人员而言，普遍存在工资“花不完”的现象，而旅游是最适宜“有闲+有钱”阶层人士的活动。由于我国居民收入持续增长及人均寿命不断延长，老年人无疑是越来越大的旅游市场，极具开发潜力。

当今社会，旅游已不再是年轻人的专利。事实证明，凡是针对老年人开展的如“夕阳红之旅”等旅游活动，都取得了良好的效果，往往是一经开辟就会受到老年人的积极响应。25 岁以下年龄段的人虽然在旅游积极性上与其他年龄段群体并无明显差异，但对旅游的价值评价显著高于其他年龄段（除 56 岁以上年龄段），这可能是这一时期的人身体状况处于一生的最佳状态，自身的学习、娱乐、交友、健身，求新、求奇等心理需求较为突出，旅游活动恰好有利于这些需要的满足，因此旅游态度较为积极。另外，在旅游消费的价值判断上，56 岁以上群体也显著高于 26～40 岁群体，这可能是老年人平常娱乐活动相对较少，而 26～40 岁年龄段的人相对年轻，也有自己的收入，娱乐活动相对丰富，因而对旅游的评判没有老年人积极。

（三） 地域差异与旅游态度

地域差异对旅游态度的影响也是显而易见的。例如，除对旅游的价值判断以外，对旅游业发展的态度、参与旅游活动的积极性和旅游花费的态度三个方面，省会城市居民的得分都显著高于县城居民。在可支配收入、受教育程度、拥有的信息量、交通方便程度及生活观念诸方面，省城居民与县城居民间存在的差异，是形成二者差异的基本原因。相对而言，省会居民高学历者比例较高，平时也注意收集各方面的信息，有较强的开放性，受外来文化的影响较大，而受教育程度较高的人，更渴望了解异地的风土人情，消费观念更容易跟上时代潮流，可供支配的收入相对稳定，讲学、交流、公务、商务和外出观光的机会较多，出游的可能性也就越大。

二、旅游态度的影响因素

决定旅游态度的基础是旅游者对旅游产品与服务的认识与评价。旅游产品的特色和旅游设施的建设是影响旅游体验质量的主要因素，旅游产品与服务的改变，必然会影响旅游者的态度。根据旅游者的需要不断地更新旅游产品和改善服务，提高产品的质量，降低成本，增加旅游目标的吸引力，是改变旅游者态度的最基本的有效方法（图6-4）。

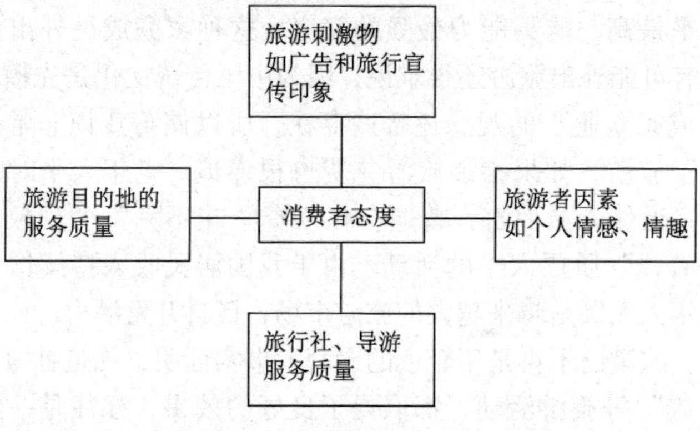

图6-4　旅游态度的影响因素

（一）认知差异对旅游态度的影响

旅游目的地是一个涉及景观、人、环境等因子在内的复杂系统，受主体认知水平、认知客体复杂性及相关因素的影响，旅游者对旅游目的地的认知具有区别于其他认知活动的特点。

（1）旅游者的个体心理特征。旅游者个体心理特征是影响旅游态度的重要因素。旅游者的旅游体验，主要与旅游者之前的经历、个性特征及亲历场所有关。知觉对旅游形象的影响集中表现在首因效应、近因效应、晕轮效应等方面。动机对旅游形象的影响作用，通常通过“推—拉理论”来解释。态度在旅游形象研究中常被分解为认知、情感和意动三个相互作用的因素，其中认知形象是情感形象的基础，情感形象是认知形象在情感方面的反映，而意动是由认知、情感所决定的对于态度对象的反应倾向。价值观决定了旅游者的行为方向和能达到的程度，其对旅游形象的影响主要表现在服务质量感知和满意度等方面。

（2）认知水平的差异性。受生活习惯、文化程度、兴趣爱好、民族、宗教信仰、职业、年龄等因素的影响，旅游者在认知水平上具有明显的差异性。由于旅游者的认知过程涉及较多的主观因素，导致认知结果带有浓厚的主观性、模糊性、差异性。

（3）认知内容的情节性。旅游者只是个人在人生大舞台中所扮演的众多角色中的一个，是一个简短的片段，通过与旅游目的地居民及旅游景观的短暂接触，他们无法对旅游目的地有一个全面的了解，而只能对其中印象最深刻的景观或情境有一定的记忆，这些记忆大多属于情节记忆。记忆是认知的结果，是旅游者对旅游目的地信息进行综合评价之后形成的相对稳定的印象。情节记忆是对特定经验的记忆，它接受和储存当时的短期事件或插曲，以及那些事件之间关系的信息，很容易变化和失去。情节记忆遗忘的敏感性较强，其信息容易失去，旅游认知形成的记忆属于情节记忆，容易被遗忘。情节记忆的信息丧失可归结为三个方面的原因：记忆衰退导致对旅游目的地的淡忘、新兴旅游目的地的替代、多个旅游目的地的互相干扰。因此，旅游目的地在进行印象管理时，应把握住旅游者的需求、竞争旅游目的地的社会印象，通过改进完善和对比形成旅游目的地独特的个性和特点。

（4）认知结果的片面性。旅游者常常会根据自己的认知能力和认知兴趣对旅游目的地进行判断，导致旅游者认知结果出现偏差。旅游者的旅游活动时间较短，同时受主体认知水平、认知客体和环境因素的影响，因此往往会使认知结果发生这样或那样的偏差。由于旅游者在旅游目的地的认知时间很短，无法深入彻底地了解旅游目的地的文化特征与个性，因此往往以第一印象来评价旅游目的地，即人们所说的首因效应。旅游目的地给旅游者的第一印象，即首次或最先的印象，对于旅游者对旅游目的地的认知具有极其重要的影响。在旅游活动过程中，当认知者对旅游目的地形成好的或坏的印象之后，人们还倾向于据此推论该旅游地其他方面的特征，即人们所说的“光环效应”。旅游者对目的地的印象还较容易受社会刻板印象的影响，即人们对某一旅游目的地的社会文化特征、风俗习惯和居民的行为方式固定化、模式化，从而成为旅游者评价旅游目的地的重要影响因子。

（二）旅游信息对旅游态度的影响

旅游者对旅游地的态度取决于对它所持的意见、观点或信念，而这些意见、观点或信念依据的基础就是以往人们对旅游地所感知的事实或信息。旅游者对旅游地态度一旦形成，首先表现出一定的稳定性。这种无意识注意下形成的有关信息的综合结果，既能够造成旅游者对旅游地形象产生积极态度，也会对旅游地形象产生消极态度，因此“固有信息”对旅游者态度的影响具有极大的盲目性和不确定性。

旅游者的信息来源主要有两个渠道，即“固有信息”和“诱导信息”。“固有信息”主要是无意识注意的结果，接收者处于被动地位，它来自于非旅游性的交流，其中有对旅游地有利的信息，也有对旅游地不利的信息。“诱导信息”是有意识的宣传行为，诸如广告、宣传画册、电视、报纸、杂志等，一般来说其出发点都是对旅游地有利的信息，但也不排除形象策划者由于对市场了解不够或考虑不周而导致对旅游地做出的不利信息。“固有信息”是根深蒂固的，保持的时间比较长久，具有一定的稳定性，“诱导信息”则具有较强的变异性。实际上，两个渠道的信息都来源于旅游地，所有信息的综合结果所能留给旅游者的就是旅游地形象。

态度也并非一成不变，在具有相对稳定性的同时，还具有可变性。这种可变性在很大程度上依赖于外部的刺激或一些条件发生偶然的变故，亦即“诱导信息”的介入，它可以将原有的无意识接收信息的行为通过一些激励手段变为有意识的积极接受，从而加强或改变旅游者对旅游地的态度。由于作为“旅游资源”的旅游地形象又具有可塑性的特点，因此旅游地形象策划者可以对旅游地的景点、饭店、城市环境、文化氛围、交通状况、服务质量等软硬件环境进行改造，并对原有信息进行切合实际的加工、整理，舍弃不利因素，突出其优势和特点，将变异后的旅游地形象以“诱导信息”的方式反复、不断地刺激旅游者，使旅游者形成对旅游地形象的积极态度，从而做出对旅游地较为有利的选择。

三、影响旅游态度的方法

旅游态度影响旅游消费行为，而旅游地的形象左右着旅游者的态度。研究旅游者对旅游地态度的实际意义，一是当旅游者没有意识到或者说根本不了解某一旅游地时，也就是说对某一旅游地态度未定型时，作为旅游地形象设计者应通过有效的手段去加强旅游者对该旅游地的积极态度；二是当旅游者对某一旅游地产生或形成消极态度时，旅游地形象策划者应采取措施改变旅游者的态度，化消极为积极消费行为，最大限度地争取客源。无论是加强态度，还是改变态度，旅游地都应该设法使旅游者首先意识到该旅游地的存在价值，吸引他们的注意，并将旅游地纳入其选择系统中，把对旅游地形象的综合评价结果看成是解决旅游地问题的可行性选择。

加强和改变旅游者对旅游地态度的方式，主要是通过诱导信息的输出，传递到旅游者的决策系统中，尽可能地对旅游者心理施加影响，使其态度向着有利于旅游地的方向发展。加强态度与改变态度是两种完全不同的模式，在具体操作上也有较大的差别，而无论是加强态度还是改变态度，其主体都是旅游地的政府、旅游企事业，他们都是旅游地形象的设计者。

（一）强化旅游者对旅游地的认知

(1) 增强潜意识。在旅游者处于组建旅游地认知“系统”阶段，诱导信息的宣传重点在于使旅游者对旅游地的认识由模糊变为清晰，突出旅游地的总体特征，从大处着眼，不注重细节描述，使旅游者对旅游地有初步的认识和了解，在他们的头脑中“挂上号”。

(2) 激发有意识注意。旅游地形象策划者应了解旅游者的心态，加大对旅游地信息量的投入，由对旅游地形象的总体特征的宏观宣传变为具体的、详细的微观宣传，吸引已有旅游意识的旅游者对该旅游地的注意。这一阶段宣传所要达到的最佳效果是使旅游者对旅游地的认识产生“光环效应”，也就是让旅游者通过对外部信息的吸纳，产生对旅游地印象由点到面、由此及彼的放大作用，这对其最终决策有很大影响。宣传手段可着眼于精美而又简明扼要的画像式形象宣传，它是沟通决策者和旅游地的重要媒介。

（3）激发旅游动机。宣传重点在于利用直接而又经济实惠的促销手段进行有针对性的宣传，从而加强旅游者对某旅游地的态度强度，使他们从单纯的意识或注意转变为对某旅游地的浓厚兴趣，从被动地接收信息变为主动地寻找信息。机票打折、优质服务以及物有所值的消费或免费赠送等，都可以刺激他们尽快做出对旅游地有利的决策。

（二） 改变旅游地的符号形象

（1）重塑旅游地形象。旅游地形象具有可塑性的特点对于改变旅游者对旅游地的态度具有积极意义。重塑旅游地形象的内容，包括重新给旅游地客源市场定位、对旅游地资源再评估、改变旅游企业管理方式、提高服务质量、改善旅游地环境，以及由这些变化带来的有关旅游地信息的重新组合和经过变通后的更有效的宣传促销的方式等。重塑旅游地形象对于当地政府、企事业来讲，投入是相当高的，但对于改变旅游者的态度则是最直接、最有效的办法。

（2）诱导性信息的介入。对于掌握信息有限的旅游者来说，态度的改变是比较容易的。由于信息有限，所以一遇到矛盾，态度就容易发生动摇，这时诱导性信息的介入会对他们的选择起到决定性的作用。对于掌握较多知识和信息、文化层次又比较高的旅游者来说，改变他们的态度需要刺激性较强而又是十分合理的信息，况且这部分人在开始接触新的信息时可能会有一些逆反心理，因此必须在宣传中讲求方式、方法、策略，这样才能消除他们的戒备心理，引起他们的注意和重视，才有可能改变他们的态度。具体方法常采用发行小册子、广告画、专栏报道、发行录像带甚至现身说法等。

（3）激发潜在旅游动机。潜在动机是指某一特定心理倾向。激发潜在旅游动机的目的在于提高它在人们心理活动中的地位，从而影响正在做出的决策，这种做法对于特质较明显的旅游地形象宣传更具针对性。比如一对夫妻在对旅游地做出选择时并没有意识到孩子兴趣的重要性，但当外在因素提醒他们别忘了孩子的兴趣时，他们就有可能改变原来的选择，去一个对子女更有教育意义的地方。如果某个旅游地的教育意义更显突出，那么它对于三口之家来说就存在被选中的可能性。潜在旅游动机的激发需要有关人士抓住时机，根据游客的特点分析游客的潜在需要，进行有的放矢的宣传促销。

第三节　旅游消费行为

一、旅游者的市场分割

旅游者分布于社会的多个阶层，不同国家地域、具有不同的生活习俗习惯，只有对旅游者进行细分，才能寻找旅游者的群体行为规律和特征。旅游市场分割，是借用旅游市场营销学的市场细分理论，通过旅游市场分割，锁定不同类型的消费者，进而研究其旅游者的消费类型和社会影响。

旅游市场可以依据旅游者的地理特征、社会经济特征、人口统计学特征、心理特征和消费行为特征，细分为不同的子市场。

（一）按地理特征细分市场

由于旅游者所处的地理位置不同，造成旅游者在旅游产品消费和旅游消费方式上存在地域性的差异。基于地理特征的市场细分，被旅游业广泛采用。

不同地域的地理位置、自然环境、经济环境与人文环境的差异，直接影响、制约旅游消费者的需求。按照地理区域划分，能够更好地研究旅游者的特点、需求数量以及变化趋势。世界旅游市场一般细分为欧洲市场、美洲市场、东南亚及太平洋地区市场、南亚市场、中东市场和非洲市场。中国旅游市场一般分为：华东地区、华南地区、华中地区、华北地区、西北地区、西南地区、东北地区、港澳台地区。

与地理特征相关的另一个细分标准是气候条件。气候条件的差异是人们旅游的主要因素之一，不同类型的气候由于其相适应的地形、水体、生物等，进而形成独特的旅游资源，如高山滑雪运动、哈尔滨冰雕节等吸引着大批的热带、亚热带游客。

（二）按社会经济类别细分市场

按照社会经济类别来细分市场，也是一种流行的旅游市场细分方式。这种细分方式的标准，主要是不同的社会经济变量。

（三）按人口统计学特征细分市场

按人口统计学特征细分市场，依据是旅游者的国别、种族、信仰、家庭、职业收入、受教育程度、年龄、性别等因素。相对于其他市场细分的方法，按人口统计学特征进行市场细分更容易衡量和区分。

(1) 按年龄细分。从年龄向度上看，处在不同年龄阶段的旅游需求存在明显的差异，群体行为区分较为明确，可以将旅游者分为青少年群体、中年群体、老年群体。青少年年轻、活泼，喜欢刺激、新颖的产品，消费水平较低，发展前景较好，如娱乐主题公园主要是针对青少年群体消费群体。中年人比较理性、潜力大，商务旅游居多，逗留时间长，消费水平高，注意旅游产品的品位等特点，如高尔夫运动等旅游项目主要针对中年人。老年人怀旧、喜静、收入稳定，时间充裕，比较关心旅游服务质量，以休闲养生、探亲访友、自然名胜、宗教旅游者居多。

（2）按性别细分。女性的旅游动机和旅游行为与男性都有明显的不同，文化因素、个人因素、家庭因素及心理因素是影响女性旅游行为的主要因素，如高尔夫通常被认为是男性活动，而女性则更喜欢逛街和购物，城市购物旅游、养生SPA等则主要针对女性旅游者。性别细分反映了大众旅游向纵深发展的趋势。

（3）按家庭结构细分。根据家庭生命周期，可以将家庭划分为：单身阶段、新婚夫妇、满巢期（Ⅰ）、满巢期（Ⅱ）、满巢期（Ⅲ）、空巢期（Ⅰ）、空巢期（Ⅱ）、鳏寡就业期、鳏寡退休期等几个阶段，不同阶段的家庭消费需求和消费特点不同，如新婚夫妇阶段有较强的旅游购买欲望和较强的旅游产品消费能力，喜欢浪漫新奇的旅游，而处在满巢期（Ⅱ）的家庭在选择旅游产品时更多地考虑孩子的旅游教育需要。

（4）按收入细分。旅游活动是建立在一定经济基础上的活动，收入状况直接影响着旅游产品的需求层次和需求数量。在研究旅游者群体行为时，经济收入水平作为一个重要的区分指标。

（5）按受教育程度细分。人们的教育水平和程度也是影响旅游的一个重要的因素，不同教育水平、教育背景的旅游者具有不同的旅游消费趣向，也直接影响着旅游者的消费方式和旅游产品消费选择。

（6）按国别细分。国家不仅是一个政治概念，而且是一个生活概念，国别的不同直接反映人们生活喜好和消费喜好的差异，也直接反映人们的旅游消费价值、消费方式、消费习惯。

（四） 按心理特征细分市场

按心理特征进行市场细分，主要依据是消费者的生活方式、性格特征、态度、兴趣和动机等。旅游消费是较高层次的精神消费，旅游消费选择更容易受到个性、性格等方面的影响，以心理特征来区分旅游市场，能够更准确地区分旅游消费群体的消费特征。

（1）按生活方式细分。人们的生活方式，可以分为传统型、新潮型、简朴型、奢侈型、潇洒型和高雅型等类型，不同生活方式导致旅游消费选择的不同。

（2）按个性细分。根据个体心理特点，可以将旅游者分为自我中心型、近自我中心型、中间型、近多中心型、多中心型5类。不同类型个性的旅游者在旅游消费选择和旅游产品消费选择方面的差异十分明显。

（五） 按消费行为特征细分市场

按消费者的行为来细分旅游市场，就是按照旅游者不同的购买动机、偏好、使用频率以及消费行为特征细分市场。

（1）按购买形式细分。购买形式是指旅游者购买旅游产品过程的组织形式和渠道形式。依据购买组织形式可以将旅游者分为团体市场和散客市场，依据旅游者购买的渠道形式可分为参团旅游和自助旅游。目前散客市场发展迅速、形式日益多样化，背包客、自驾游等旅游方式发展迅速。

（2）按旅游时间细分。闲暇时间是旅游行为发生的重要条件，根据闲暇时间对不同旅游者的旅游行为进行研究。根据旅游活动时间的季节性造成的旅游购买量的变化，可以将旅游市场划分为旅游淡季、旅游旺季和旅游平季等细分市场，也可以细分出寒暑假、春节、国庆等具体旅游市场。

（3）按购买频率细分。根据旅游消费频率，可以将旅游者分为较少旅游者、多次旅游者和经常旅游者等不同细分市场，进而研究不同旅游群体的消费习惯和消费特征。

二、旅游消费的构成

旅游消费按照不同的标准可以进行进一步细分，例如按照旅游产品的形态可以分为实物产品消费与劳务产品消费；按照旅游产品的消费属性，可以划分为生存性消费、享受性消费和发展性消费；按照产业单元归属，可以分为餐饮、住宿、交通、旅游产品、旅游娱乐等的指向性消费。

（一） 实物消费与劳务消费

从旅游消费对象的物资形态上看，旅游消费的产品包括有形产品、无形产品以及二者的结合产品。有形产品包括旅游资源开发的旅游景点、旅游纪念品，酒店提供的餐饮和住宿等方面的产品，旅游者对有形产品的消费是旅游感受和评价的客观基础。无形产品包括导游讲解帮助、旅游景点的相关服务、酒店服务等劳动服务性产品，这种产品消费质量的衡量，完全依赖于服务者和旅游者对服务效果的主观预期和评价，以及服务发生的特定环境。

（二） 生存性消费、享受性消费和发展性消费

生存性消费是指用于满足人们基本生理需要而进行的消费，如吃饭等，它是人们一致的消费需要，旅游者也离不开生存性消费。享受性消费是社会人的欲望的产物，是指人们在物质生活领域、精神生活领域谋求舒适、惬意和满足而做出的支付选择，旅游消费就是这种为得到精神放松和肉体放松而进行的享受消费。发展性消费是指为保证人们的基本体力和智力在现有水平之上不断获得发展而进

行的消费，它是人们谋求技能和智力进步而选择的一种积极支付，“读万卷书不如行万里路”，旅游消费在一定程度上也属于发展性消费。

（三） 吃住行游购娱的指向性消费

作为旅游构成的“六要素”，吃、住、行、游、购、娱在旅游产品概念中所处的地位不同，游览和娱乐可以单独构成旅游产品，而吃、住、行和购物，在一般情况下不能单独构成旅游产品，只可以作为旅游产品提供追加利益。从六要素的行业归属看，可以归属到不同的产业行业中去，并在旅游产业中发挥着不同的作用。

三、旅游消费的成本分析

旅游作为一种消费形式，通常要引起旅游者的各种支出，这些支出的总和即为旅游者的旅游消费的成本投入。旅游消费的成本构成主要包括以下几个方面：

（一） 货币成本

旅游消费作为一种弹性需求，首先受到家庭可自由支配收入的影响，即个人或家庭收入中扣除支付应交纳的所得税和日常衣、食、住等必需的生活消费开支以及必要的社会消费开支后的剩余部分。随着现代社会的发展程度，生活方式的变动，国家城市化水平提高，人们生活水平区域性的改善，货币成本影响旅游的权重逐步降低。

（二） 时间成本

时间价值决定旅游者的消费方式。时间是个人拥有的一种独特的、不可逆的稀缺资源，旅游是闲暇时间里的一种游憩活动，闲暇时间投入是旅游消费构成的重要成本。时间作为一种机会成本，在生命的不同阶段个人的时间价值在不断地发生变化，特别是在一个人的高收入工作年龄段，由于单位时间里的货币产出越来越大，因此造成旅游消费的成本投入相应提高。由时间所造成的机会成本的提高促使人们外出旅游时选择更便捷快速的交通位移工具和路线，以减少旅游时间成本。

（三） 心理成本

心理成本是指顾客购买产品时在精神方面的耗费与支出。消费者购买产品是一个从产生需求、寻找信息、判断选择、决定购买到实施购买以及购后感受的复杂过程，由于旅游者的动机、旅游态度、个性特征和文化差异等不同，造成旅游选择和旅游消费的不同心理成本。不同性格类型的群体由于不同的文化底蕴，其消费观念和消费偏好不同，造成他们之间的心理成本差异大，外向型旅游者心理成本投入小，内向型的人们要做出同样的旅游消费决策，则需要很大的心理成本投入。

四、旅游消费中的非理性行为

旅游者消费是旅游者通过对自然生态环境、社会历史文化的地域“交换”，产生消费行为或消费过程。旅游者的消费行为主要表现在对旅游地和旅游产品的信息接收、感知、选择、决策和体验的过程中。旅游者消费会表现出理性或非理性的消费行为。理性消费行为是指消费者在消费能力允许的条件下，按照追求效用最大化原则进行的消费行为。非理性消费行为是指消费者在各种因素影响下做出的不合理的消费决策，它一般表现为消费者不按追求效用最大化进行消费，或是消费时没有考虑收入的约束，或是不按边际效用递减规律进行消费，或是对消费品的判断认识不足等。旅游的非理性消费行为，具有下列特征：

（一）避冷就热，追求名牌

我国大众旅游起步较晚，大众的旅游消费心态和行为还处在初步阶段，追求著名旅游景点的观光旅游占据很大比重。这是因为：第一，旅游机会较少，很多旅游者旅游次数较少、旅游经验不够丰富，希望能够抓住难得的旅游机会一睹著名旅游景点的风采；第二，很多旅游者具有较强的从众心理，容易受到来自他人的影响，追求“大牌”或“热点”景区；第三，旅游信息不对称，由于旅游产品的无形性、生产与消费同时性、异地性和综合性等特征，供需方对旅游产品的信息获取严重不对称，使旅游者面对的问题更加复杂，决策出现非理性也是很普遍的现象。同时，旅行信息的不对称和旅游服务的事后性，可能造成旅游者对旅游服务质量的担心，进而追寻旅游热点来提高旅游服务质量的保证系数。

（二）时间集中，消费盲目

（1）闲暇时间的过度集中造成非理性旅游消费。由于多数人日常闲暇时间不够集中，只有在节假日才能构成有效的旅游时间，于是纷纷利用节假日出游，导致我国节假日旅游的异常火爆，春节、国庆等黄金周旅游甚至达到狂热的程度。

（2）旅游机会的相对稀缺造成非理性旅游消费。对于大多数人来说旅游是日常生活中比较稀缺和奢侈的活动，正是因为其稀缺，人们需要经过较长时间的等待才能获得，一经出游就很容易发生非理性消费行为，例如，盲目追求享受，在吃、住、行、娱等方面的非理性消费，导致旅游消费数倍于日常消费；最大化实现旅游猎奇活动心理，容易导致旅游过程中不健康的感官享受行为。

（3）对旅游活动物化意识过重造成非理性旅游消费。旅游活动的物化主要指旅游者通过拍照、购买旅游纪念品等方式，使自己的旅游活动在日后回忆时具备一定的固定介质。照片就是旅游者旅游回忆的很好的介质，它可以以精彩瞬间的方式记录旅游者的旅游活动，旅游购物也具备同样的功效，通过旅游纪念品回忆旅游的情景，或者借旅游购买物品炫耀自己曾经到过某地，人们的这种意识容易造成旅游过程中的非理性消费。

第四节　社会经济与旅游消费行为

旅游消费是一种享受和发展的消费。它的发展不是孤立的、随意的，而是受各种经济和社会因素影响的。其中经济发展程度、生活方式变动、国家城市化水平等因素，对旅游消费的影响尤为显著，在一定程度上起着基础性、决定性的作用。

一、经济发展程度决定旅游消费水平

经济发展程度决定旅游者的消费水平。经济发展提高了国民收入水平和人均收入水平，引发消费欲望，提高旅游消费的支付能力，使旅游消费成为社会的普遍性消费。

（一）世界经济的总体发展推动旅游消费

由于世界经济高速发展，旅游已从少数权贵豪富的特权享受，进入寻常百姓的家庭，成为现代生活方式的一个组成部分。旅游活动遍及全球，旅游者的足迹遍及五大洲以至南极洲，旅游的内容和方式日趋多样化，各类旅游产品和项目层出不穷，旅游业已成为许多国家国民经济的重要产业和创汇来源。与此同时，人们的闲暇时间越来越多，据统计，目前世界上已经有145个国家实行5天工作周制，部分国家和地区还将有可能进一步缩短工作时数。弹性工作制的推广、退休年龄的提前、人口的老化、就业妇女的增多、晚婚趋势的发展、移民和出境限制的放松，使更多的人有更多的时间、财力和兴趣参加旅游活动。

（二）改革开放以来中国经济的发展给旅游消费带来了机遇

20世纪80年代起，旅游从政治接待活动转变为经济产业起，旅游业成为由行、游、住、食、购、娱六个要素组成的综合性新兴产业。在接待对象上，从过去的半封闭式转为向世界全面开放；在接待区域上，从少数几个旅游城市到相继开放了400多座城市；在经营接待体制上，由中国旅行社和国际旅行社两家包揽发展为众多旅行社网络；在产业规模上，从少数几家旅行社发展为综合性的产业；在文化体系上，旅游的文化含量逐渐加重；在所有制构成上，从单一的全民所有制转向以公有制为基础的多种所有制结构；在管理体制上，从政企合一的指令性计划管理向政企分开的市场经济管理转变；在国际联系上，1983年10月中国正式加入世界旅游组织，成为其第106个会员国，继而当选为该组织的执委会

委员、东亚太地区委员会副主席国。

20世纪90年代中国旅游产业步入成熟期，旅游从以发展海外入境旅游为主、国内旅游为辅、限制国内公民出境旅游，转向入境旅游、国内旅游和出境旅游三者互相促进、共同发展，旅游产品结构适应世界旅游发展的新趋势。接待方式逐步实施国际标准，遵循国际惯例，与国际市场最大限度地适应和接轨，加入亚太和国际旅游市场的大循环。在旅游发展模式上，从粗放型、数量型、速度型模式，逐步转向集约型、质量型、效益型模式。对外创汇、回笼货币为重点的旅游业，逐步转向兼顾经济效益、社会效益、文化效益和环境效益的经济文化并重的新兴产业。

（三） 产业结构的升级换代为旅游消费提供了发展空间

当今世界经济体的产业结构变动趋势日益明显，第三产业所占比重越来越大，甚至在一些发达国家中已经成为主导产业部门。产业结构的变动趋势，表现为劳动力从第一产业向第二产业，然后再向第三产业转移。旅游业作为第三产业的重要组成部分，成为新的经济增长点，在某种意义上标志着产业结构的升级换代。产业结构升级换代的加快使旅游消费日趋扩大。由于产业结构的升级换代，第三产业规模越来越大，分工越来越细，直接把人们从繁重的工作、生产和生活劳务中解放出来，因此使人们具有旅游消费的条件和成为旅游消费者的可能。同时，各种服务配套发展，推动了旅游这一综合交叉经济门类的大发展，为旅游消费创造了物质基础条件，使人们实现旅游消费成为可能而且消费规模越来越大。

二、生活方式变动拉动旅游消费

中国国内经济正处于高速增长期，由温饱型向萌发享受型的消费发展。现代经济发展逐渐改变着人们的生活方式，突出表现在消费社会化、享受时尚化、追求文化化、家庭小型化等方面。这些方面的变动都对旅游消费产生很大影响。

（一） 消费社会化促进旅游消费

所谓消费社会化，即人们凭借社会服务，从繁重家务中解脱出来，由此增多了休闲时间，滋生了旅游消费的主观愿望。旅游活动的诸要素（包括吃、住、行、游、购、娱等）是人们消费社会化的集中表现形式。实践证明，生活社会化程度越高，旅游就越发展。

家务劳动社会化解脱了消费者。家务是消费者日常生活所必须承担的劳动，它消耗了精力，占用了自由支配的时间，使闲暇时间大为减少。缩短家务劳动时间的途径有两个方面：一方面家务劳动机械化；另一方面家务劳动社会化。家务劳动社会化的内容十分丰富，而且会越来越多。通常来讲，家务社会化程度制约着人们的消费方式和消费水平。

社会公共消费事业为旅游消费创造了条件。社会公共消费事业发展程度决定消费社会化程度。所谓社会公共消费服务，是由社会公共消费机构投资，社会有关开发和管理部门举办的直接以社会服务的形式满足人们的物质和文化需要的消费服务。发展旅游业可以扩展消费领域，扩大消费市场，包括有形物质商品的市场，也包括旅游等无形的劳务及文化消费市场。

（二） 享受时尚化吸引旅游消费

享受时尚化的本质在于在满足基本物质要求基础上，解决生活用品从“有没有”的状态上升为“好不好”的状态。它表现为求新颖、赶时尚。旅游消费是一种新兴消费领域，人们从中可以获取多方面全新的享受，旅游消费既是人们持续消费的内容，又容易受消费流行的影响，成为一种潮流。究其原因，一是旅游消费在某些方面是社会时尚在消费经济活动中的反映，是人们在生活消费中的一种行为模式的流行现象。旅游消费流行的渠道多、速度快，往往自发地形成一种“消费导向”，为众多消费者接受或趋从。二是旅游消费的特点是消费者范围广泛，不仅限于生活富裕的有钱人或生活孤独者，而且包括少年儿童、青年人及老年人。三是旅游消费所引起的对某种商品劳务的需求具有新特征，是在新的条件下人们的审美观念、价值观念的产物。四是旅游消费商品具有新奇性。

中国现期人们的收支预算通常有两种情况：一种情况是收入预算硬化，即人们的职业工资（包括国家工资及少量奖金）是收入预算的唯一来源。这种硬化的收入预算使人们在消费上必须量入为出，因而在某种程度上限制了消费的时尚性。只有当职业工资收入提高到一定水平时，旅游消费才具有社会经济基础。另一种情况是收入预算软化，即除了固定的职业工资之外，还有其他额外收入作为收入预算的来源，如第二职业收入、非固定的劳务费、高额年终奖金等，使人们可以追求自己向往的商品，这使得旅游消费具有更大的市场和潜力。

（三） 追求文化化推动旅游消费

旅游本质上是一种通过物质的和非物质产品组合，以服务为中介的精神文化消费。它从交换方面讲是经济活动，从旅游者获取的感受方面讲是精神和文化活动，可以满足多层次、多方面的文化追求。旅游消费本身是文化消费现象，旅游者在旅途中会获取综合文化享受，这种消费或消耗过程又是精神财富的消化、继承、积蓄再造和创新。旅游又是一种消费文化，包括物质消费文化和精神消费文化的总和，它贯穿于消费者物质和文化消费的全过程，包括消费品文化、消费服务文化及嗜好文化等。

旅游消费的层次体现了文化消费形态的两个基本方面，即物质形态和劳务形态。文化消费的形态是分层次的，有普及型或大众化的文化消费，提高型或高品位的文化消费，基于生存需要的文化消费，基于发展的文化消费。消遣型、娱乐型文化消费属较低层次，享受型、社交型、发展型和智力型文化消费属较高层次。旅游消费主要是享受型和发展型消费，但也包括消遣、娱乐消费等。

旅游消费实现了某些文化消费的功能：一是启蒙和教化，使人们摆脱和消除原始蒙昧状态，接受起码的历史文化和近现代文明及外来文化；二是社交，增进人们之间的社会交往和相互了解；三是享受和娱悦身心，使消费者得到精神享受；四是益智和发展个性，从而符合信息时代对复合型人才的需要；五是促进社会和谐，提高人们的文化素养，改善人与人之间的关系；六是扩展消费和启动市场。因此，文化消费有利于经济的有序发展，对经济运行具有推进作用。

（四）家庭小型化便利旅游消费

当家庭小型化、个性化出现以后，单位家庭人口下降，就业比例增加，年均收入、可支配收入和消费性支出增加。在消费性支出中，各种类型家庭的交通通信支出和娱乐文化支出都有上升。这是旅游作为享受型和发展型消费活动的最基本条件之一。人们具备了对旅游消费的选择能力和出游费用、时间支出条件，参与旅游活动更加便利。

三、城市化水平决定旅游消费潜量

经济社会发展影响生活方式，进而影响旅游消费。旅游消费与国家城市化是密切相关的。城市化是国家现代化的产物，其主要标志是一个国家经济社会在一定阶段市场化和工业化的程度。因此，国家城市化应该包括农村城市化和城市城市化。

城市是商品经济出现、社会生产分工细化和社会协作扩大化的产物。城市总体水平受一国经济发展状况和社会总体水平制约。中国国内的许多城市，尚有许多丰富城市功能完善城市作用的问题，其中社会分工协作和消费需求市场化也是提高城市的城市化水平需要解决的问题。解决好这些问题，对旅游业开发至关重要。

实现国家城市化，一要促进城乡二元经济结构的调整，提高农村经济整体水平，使乡村经济向城市经济过渡，提高农村城市化水平；二要解决城市发育不成熟的城市农村化的问题，提高城市的城市化水平。国家城市化可以促使市场经济的成熟，有利于改善旅游产品与旅游消费的商品交换环境；可以使经济和社会发展结构合理化，有利于产业间的协调，给第三产业和旅游业提供更大的发展空间；可以促使社会分工细化和社会协作扩大化，有利于向旅游业集中更多的人力、物力，生产和组织更多旅游消费产品；可以促使生活质量改善、内需增加，提高消费层次，改善消费结构，有利于旅游消费品进入消费领域，拉动旅游产品的增长和更新换代。

当前中国旅游消费的巨大潜力在农村。改革开放的中国，农业和农村的商品化、专业化、市场化经营逐渐发展，农业生产、农村面貌发生了很大变化，正在改变着农村生产方式和生活方式，为解决二元经济结构，提高农村城市水平提供了机遇。随着未来城乡二元经济结构矛盾不断解决，农村城市化水平的提高，人们从传统的生产方式和生活方式中解放出来，农村生产力将加快发展，劳动生产率会大幅度提高，社会分工将日趋细化，两个文明建设将取得不断进步，人们的消费观念和消费结构会发生新的变化，一个巨大的旅游消费市场就会在中国形成并成熟起来。因此，应重视旅游消费目前在农村的断层问题，认识农村城市化的滞后性、不平衡性及其发展潜力，分析旅游消费的潜量，提出开发农村旅游业的战略对策，扩大农村旅游市场。

第五节　旅游消费行为的文化走向

一、文化语境中的旅游消费

目前，关于“消费文化”的概念界定，国内学者主要有三种意见。第一种意见，认为消费文化是消费领域中人们创造的物质财富和精神财富的总和，是人们在消费方面创造性的表现，是人们各种合理消费实践活动的升华和结晶。消费文化是社会文化一个极其重要的组成部分，是消费文明的内在本质，是社会文明的重要内容。那些反映封建主义、资本主义腐朽的生活方式、音像制品、作品等，只能算是文化垃圾、非文化、反文化的东西。第二种意见，认为消费文化是指消费者的消费价值判断、指导思想与行为准则，以及反映在物质产品上的文化层次和文化趋向。消费文化有健康向上与颓废落后之别。第三种意见，认为消费文化是一种以推销商品为动力，无形中使现代社会的普通大众都被相继裹挟进去的消费至上的生活方式与价值观念。消费即文化，文化即消费。

欲说明消费文化的内涵，必须结合现时代的文化背景。消费文化是现代社会进入变革和转型期的一种特殊的文化模式，是对经济发展和文化发展彼此间出现的冲突矛盾起调节作用的新的文化形态。要说明这个问题，对文化与消费文化的关系应有所认识。

对于文化与消费文化之间的关系，王宁在《消费社会学——一个分析的视角》中是这样论述的：“从个体主义和行为主义角度看，消费是一种行为。从交流主义和符号主义角度看，消费则是文化。如果说消费行为学是把消费行为和文化看作两个各不相同的东西，那么，消费社会学则认为，消费本身就是文化。这不仅仅是说消费受到文化的影响、驱动和制约，也不仅仅是说文化本身离不开消费，依赖于消费，要以消费为工具和载体，而且是说，消费本质上就是文化，因为消费及其消费品均是表达意义的符号体系和象征体系。所谓消费文化，就是伴随消费活动而来的，表达某种意义或传承某种价值系统的符号系统。这种消费符号不同于一般意义上的满足需求的自然性、功能性消费行为，它是一种符号体系，表达、体现或隐含了某种意义、价值或规范。文化规则及其历史积淀赋予了消费行为的等级和层次，一个人能够消费什么，并不完全取决于个体选择，它在很大程度上是由文化场域对关系位置的配置所规约的。这种在消费活动中呈现出来的行为和物品符号体系，就是在这里所讲的消费文化。”就旅游这个特定场域来说，消费不再是一种简单的使用价值的自然属性得到实现的过程，它承载着消费主体对某种事物或现象进行评价、认同而做出的姿态，是生活方式的一个组成模式。旅游消费行为的背后展示着旅游主体、旅游客体与旅游中介等之间产生的社会联系，当把个体的背景置于其社会义务，并把旅游消费背景置入社会过程之中时，商品以其对理性生活的一种极其实在的贡献而展现。

事实上，在旅游消费过程中，每一个旅游客体对旅游主体的价值都取决于它与其他旅游客体之间的互补系列中的地位，“物以稀为贵”，同样是历史古镇，对生活在不同地方的旅游主体的意义迥然不同。旅游客体在旅游主体的旅游过程中被重新编码，赋予指向性的意义，从这个意义上说，只有把旅游主体、旅游客体与旅游中介等三者共同置入文化视野中进行考察，才能理解上述三者在旅游消费活动中呈现出来的具体行为。下文以旅游消费行为主体旅游者为载体，将旅游主体、客体与中介三者共同置入文化视野当中，对三者之间的文化关系进行全面阐述。

旅游者的和谐旅游消费是一种以和谐（包括）为本质诉求的旅游消费，旅游者的旅游消费以促进人自身、人与社会、人与自然的全面和谐为行动指南和终极目标，即在旅游消费中实现人的全面发展、经济社会的可持续发展和自然生态的可持续利用。

在旅游消费过程中，旅游者通常要对自己的身份、情感、需求和心理预期进行定位，而定位的正确与否，直接关系到和谐旅游消费的实现与否。

（一） 身份文化

一般说来，旅游者在旅游消费中主要扮演三种角色：经济性角色、文化性角色和环境性角色。首先，从经济意义上讲，旅游者是旅游产品的消费者，是被服务者，但也是消费行为过程中的参与者、合作者（事实上，他们与服务者以及其他旅游者等结合成暂时的利益共同体）；既是权利享受者，也是义务承担者。其次，从文化意义上来说，旅游者既是异地文化的体验者，又是客源地文化的传播者和维护者。同时，旅游者在某种程度上又是“民间外交大使”，是国家和地区形象的代表。最后，从环境意义上来讲，旅游者既是优美环境的欣赏和享受者，又是环境生态的保护者，在倡导“负责任旅游”的生态旅游中尤其如此。

如果旅游者对自我角色定位错误，单纯以权利享受者、文化体验者、环境享受者自居，而全然忘记同时为义务履行者、文化传播者和文化责任承担者、环境生态保护者，或虽有角色意识，但意识淡薄甚至失落，造成消费行为的过程和结果与自我身份不相符合甚至背离，就产生了身份定位的异化。值得注意的是，身份的异化又将进一步演绎出情感、需求、心理预期等方面的异化。

（二）情感文化

旅游消费中，旅游者对消费对象（旅游产品和相关资源）和服务提供者、消费伙伴、消费地的自然和文化环境、当地居民等应有一个基本的情感定位，其中平等、友好、博爱、赞叹、感恩应是主旋律。如果这一定位被扭曲了，就构成情感定位的异化。当前，情感定位异化的突出表现为由旅游者的非平等心态或盲目的优越感等非正常情感所外化出来的、对其他主体或客体所表现出的“傲慢”，如甲方对乙方的傲慢（以旅游合同中的“甲方”或“上帝”自居，不尊重甚至侮辱乙方人员的人格）；城市旅游者对农村居民的傲慢（不尊重对方的生活或风俗习惯，对其农作物肆意践踏和破坏，特别是来自发达地区或大都市的旅游者表现出“阳春白雪”对“下里巴人”的傲慢和无礼）；高学历、高职位、高收入旅游者对低学历、低职位、低收入旅游者的傲慢；经济贡献者对被贡献地居民的傲慢（以“扶贫者”自居，对旅游地的经济社会发展状况表现出轻视或不屑一顾）；对自然和环境的傲慢（随意采摘植物，随意惊吓和击打动物或强迫动物做超负荷的表演，随意丢弃垃圾等废弃物，在旅游地随意展示不文明行为，破坏文物古迹等）。

（三）需求文化

旅游者在一定程度上“求新、求奇、求异”的旅游动机是产生旅游需求进而付诸旅游行为的原动力。但是，旅游者在旅游六要素“食、住、行、游、购、娱”方面的需求必须合理而可能。当这一需求超越或凌驾于“合理而可能”的原则时，需求定位的异化就出现了。需求异化的主要表现有：在“食”方面，超出法律、法规和当地宗教习俗允许的范围，要求非正当的物质摄取，如追求所谓“吃野味”的体验，要求餐饮服务方提供穿山甲、白鹤等国家保护动物的食物制品，忽视宗教禁忌要求回族人提供猪肉制品等；在“住”方面，追求酒店的星级、设施的豪华、用品的精致、感官的舒适，对水、电、纸张、日用品等进行过度消耗等；在“行”方面，追求交通工具的档次，盲目进行炫耀性消费；在“游”方面，为追求旅游的“原生态性”，侵入自然保护区的核心区（旅游禁区）或宗教禁区，不正当地使用交通工具或制造异常声响，干扰动植物的生境或宗教活动的正常秩序，造成事实上的生态干扰和文化干涉；在“购”方面，在旅游购物中（尤其是出境旅游购物中）进行攀比式、炫耀性购物，导致疯狂购物、超高消费；在“娱”方面，苛求民族或地方节日活动的非节日性表演，甚至奢望在景区、度假区尤其是在境外旅游地实现一时的无度享乐与放纵。

（四）心理预期文化

旅游者对旅游活动过程中的自然环境、人文环境、服务设施设备以及其他物质和精神供给都有心理预期定位，并根据情势的变化做及时地调整，如在“黄金周”或旅游旺季等时间段或者贫困落后地区等地域适时降低自己的心理预期，以提高旅游消费的满意度。旅游体验满意度的高低往往与旅游者的心理预期的高低成负相关：预期越低满意度越高，反之亦然。

当心理预期定位不当或过高时，心理预期定位的异化就不可避免。心理预期定位的异化使旅游者对旅游消费中的不便和困难估计不足，对克服困难的心理、知识、技能准备不够，当过高的心理预期与现实之间的差距一旦显现时，旅游者即感到失望、沮丧、焦虑、紧张，进而做出不当乃至过激言行，如吹毛求疵、责难、恶语相向，甚至无理投诉等。特别是在“黄金周”这样景区（点）人满为患、宾馆客房紧张的特殊时期出游，如不对心理预期做更低调的调整，其异化所导致的负面后果就表现得更为明显和激烈。显然，心理预期定位的异化必然导致旅游体验质量的降低，甚至使整个旅游消费过程归于失败。

旅游者对自己的身份、情感、需求和心理预期的定位，基于物质和文化需求的满足、人的全面发展、社会可持续等诸多因素，将礼仪、道德、自律、文化认同、生态伦理等多重社会因素凝聚而成的多维人生观和价值观。因此，必须采取有效的对策来促进旅游者正确定位，包括全社会应夯实和谐消费的人文基础，引导旅游者树立和谐旅游消费观，加强对旅游者的教育，特别是加强旅游服务提供方（包括旅行社的导游员、景区的服务人员等）对旅游者进行即时的、现实的、现场的教育，对旅游者的消费行为进行动态的指导、劝说和纠正。

二、文化差异对旅游消费行为的影响

英国文化人类学家泰勒在其代表作《原始文化》中，给文化下的定义是“文化或文明，就其广泛的民族学意义来讲，是一个复合整体，包括知识、信仰、艺术、道德、法律、习俗以及作为一个社会成员的人所习得的其他一切能力和习惯。”如果将民族价值观作为基本出发点，并以此为视角看文化，那么文化应该做如此解释：文化是一个民族长期社会实践中积淀而成的精神状态、价值观或思维方式，包括行为方式、标志、思想和与此相关的价值标准。文化是动机、决策的影响因素和阻碍因素。文化作为一套信仰、价值观念、态度、习惯、风俗、传统以及行为方式，必然影响旅游者的生活志向——他所扮演的角色、他与别人的关系、他感知事物的方式、他感到需要的物品和服务以及其他的作为消费者的具体行为。影响旅游消费者心理的个人的社会的因素，都不可避免地要打上文化的烙印。

从消费者行为学的角度讲，文化可定义为“用来调节某一特定社会消费行为的信念、价值和习惯的总和”。价值观构建了人们的信仰和态度，并指导着人们的行为。文化价值观本身具备两大基本特征；时间稳定性和对个体行为的影响性。时间稳定性表现为一个现代社会的文化价值观系统较强地依赖于传统文化价值观，对个体行为的影响性表现为文化价值观影响人类的行为。对于价值观，美国学者罗基切是这样定义的：“价值观是人们关于什么是最好的行为的一套持久的信念，或是依重要性程度而排列的一种信念体系。通俗地讲，它是关于什么是重要的、什么是不重要的，什么是值得做的、什么是不值得做的一套信念。”如果要对影响旅游消费行为的因素进行一个从大到小的排序，文化特征及价值观毫无疑问是影响其旅游消费决策的根本因素，是旅游动机产生、旅游方式选择、旅游产品偏好、旅游目的地形象感知的深层次内因。

与此同时，文化是某一群体或社会所共有的现象，并常常表现出与其他群体或社会的明显差异，形成文化丛、文化群、文化圈，进而产生文化差异。这种文化差异在影响旅游动机产生、旅游方式选择、旅游产品偏好和旅游目的地形象感知的同时，又是构成可以满足人类好奇心的一种推力，文化差异使旅游者前往异国他乡旅游。

综上所述，文化对旅游行为的影响调节作用主要表现在两个方面：一是文化决定旅游者的消费观念和行为规范；二是文化造就和影响旅游者的消费习性和具体消费行为。此外，文化的差异还是对境外游客最具吸引力的资源，也是中西方旅游者在旅游消费行为上不同表现的根本原因。

（一）消费伦理文化对旅游消费行为的影响

消费伦理是建立在一定的物质生活条件之上的，并受到文化传统的深刻影响。尽管人类在消费伦理方面有许多共同点，但由于中国和西方在物质生活条件和文化传统方面的明显区别，中西方消费伦理有其不同的特点。

在近代以前，中西消费伦理思想大多强调节俭为消费的伦理原则，这绝不是偶然的。生产决定消费，在物质产品不丰富的条件下，坚持节俭的消费伦理原则有其客观的历史必然性。在近代以后，中西伦理思想开始出现重大差异。西方社会进入了工业革命时期，生产力的发展要求与之相适应的消费观，鼓吹享乐，追求奢侈消费的观点开始抬头，一直发展到现代西方社会的消费主义。而中国在近代以后，尽管有思想家批判传统的崇俭思想，例如谭嗣同，但节俭依然是中国现代社会的主流。

中西消费伦理的差异与中西文化传统中对人性不同角度的理解有关。西方文化张扬人性中的自然性，特别是文艺复兴时期以后，为了反对封建禁欲主义，强调人生享乐，因而为孟德威尔等的消费观以及现代西方的消费主义提供了文化土壤。中国文化突出人性中的伦理一面，强调以人的伦理性制约人的欲求，宋明理学的“存天理，灭人欲”更是把对人性的压抑推到了极端。把握了中国文化关于人性问题的观点，就不难理解节俭为什么在中国历史上始终成为消费观的主流。

近代以后，西方关于消费观问题的争鸣是围绕如何推动经济的发展而展开的，即用节俭的消费观推动经济的发展，还是通过刺激消费、拉动消费来推动生产。对消费问题，不仅要进行经济的评价，而且要进行伦理的评价。在两者中间，西方显然将经济评价放在优先的地位。而中国则不然，中国的文化是伦理性的文化，古代中国在对消费的评价中，伦理评价处于优先的位置。

由于中西方消费伦理的不同，影响旅游消费意识及行为差异的因素也各不相同。第一，旅游消费意识不同。从传统观念来说，中国人按孔夫子的说法是父母在不远游，而且这种远游也不是现代意义上的旅游，而是游学交友，正如明末清初大思想家顾炎武所说“读万卷书，行万里路”。游山玩水、休闲度假式的现代旅游在崇尚读书与提倡节俭的传统中，被普遍认为是既不求上进，更浪费钱财的行为。由于受传统观念的影响，即使在比较富裕的今天，旅游也多少让人有奢华之感。所以，在现实生活中，普通的中国人在旅游消费上除了要具备一定的经济条件、相应的闲暇时间，还需要从观念与心理上消除来自传统的束缚。与中国人把旅游消费视为一种奢华的享受不同，西方人更把旅游视为一种生活方式。在工作之余，外出度假、旅游观光是西方人的生活习惯。第二，旅游消费行为不同。对户外活动的爱好，对大自然的向往，使西方人把旅游消费作为生活中必不可少的重要部分。现代西方青年常常一边读书，一边打工，一边旅游。很多青年学生在大学毕业之前就已经游走过许多国家与地区，并以此自豪。中国的青年学生则大多寒窗苦读，甚至于到成家立业也不一定萌生游走全国各地的愿望。

培育国内消费者的旅游意识是推动中国旅游业腾飞而亟待开展的一项工作。要做好这项工作应注意以下两方面的问题：一是加强旅游消费的宣传，营造一种良好的旅游文化氛围。要结合中国人的特点，细说旅游消费不仅仅是一种生活享受，而且十分有益于人的身心健康。旅游是通过与人文景观、自然景观的接触，体验生活的乐趣，它对于消解现代社会由于工作紧张、城市喧嚣所带来的身心疲惫的亚健康状况很有帮助。从这个意义上讲，它是一种十分有效的保健措施。旅游使人乐观、开朗，有助于形成一种积极向上的人生态度。旅游能够开阔人的视野，增长知识与才干。旅游还有助于增添家庭生活乐趣、和睦家庭关系、增强家庭凝聚力。总之，要把旅游与现代人的生活方式联系在一起，造就一种旅游人生的观念。二是提高旅游服务的质量，增强消费者的旅游意识。旅游是一种消费行为，旅游服务质量的好坏直接关系到消费者的旅游满意度与舒适度。服务质量好，消费者的旅游意愿会加强，反之，则会削弱。从这个意义上讲，旅游服务不但关系到消费者旅游意识的培育，而且涉及如何使消费者的旅游意愿转化为旅游消费行为。只有当人民大众热心参与旅游活动，旅游业才能得到真正可持续的发展。

（二） 文化差异对旅游消费行为的影响

1. 文化差异的表现形式

人类的衣食住行等需要是一致的，而人类的文化具有差异性。寺庙由于宗教信仰的需要而产生，同是寺庙，希腊的神殿、欧洲的教堂、中国的道观、印度的佛寺、阿拉伯的清真寺各有不同，它们不仅代表了不同的宗教信仰，而且体现了不同的建筑文化与精神文化。在不同的历史、环境、民族等种种因素作用下，人们创造了各具特色的物质产品、经济生活、工艺技术，也创造了特殊的风俗、习惯、伦理、道德以及宗教、语言、制度等社会文化。

文化的差异性在文化共性中显而不露。衣食住行、婚丧嫁娶、风俗习惯、道德伦理等在每一种文化里都存在，但其所包含的内容本质在不同文化间存在着极大的差别。同是建筑（单体），西方的造型与色彩多变，各具特色，而中国则沿袭祖制，缺少变化。表象上的区别相当明显，但文化的差异性不仅仅在这表象的不同中。现象是由本质决定的，表象的不同在于其文化本质的不同。变化与特色意味着创造力与个性化，西方的文化崇尚自由与个性，建筑的变化正是西方文化精神的体现。而沿袭祖制、缺少变化意味着对传统与礼法的重视，中国文化中“传统”与“等级”的观念很强，“礼制”从古至今一直将人的个性压制在群体中，建筑的形制也是对中国文化理念的一种反映。这些文化本质上的不同不是一眼就可以看出的，它隐藏在表象的背后，需要分析研究才能辨别。

文化差异具有多重性，主要体现为空间性和时间性。

(1) 空间性。空间性是指文化（诸如语言、宗教信仰、艺术形式、生活习惯、道德观念、社会组织、经济特色等）在不同的地域呈现不同的特点。文化与地域是紧密联系的，但文化区域不一定就等同于行政区域。文化区域不仅是一个空间地域概念，而且是一个随时间的演替、历史的发展而不断变化的空间单位。一个文化区中，常有许多共同的文化因素：民族同源、语言相近、宗教和风俗习惯同一等。从空间上划分文化是非常复杂的。文化区划分的因素是多种多样的，没有统一的划分标准，通常是以一定的经济体系、社会组织、行为系统、宗教信仰、人种语言等文化现象的差别作为划分根据。有以某一种文化因素作为标志而划分的文化区，如根据宗教因素划分的伊斯兰文化区、基督教文化区、儒教文化区、印度教文化区等，也有以多种文化特征——语言、宗教、经济类型、社会组织、居住形式多种因素为标志划分的文化区，如根据多种文化因素（主要是宗教和语言）可以划分出西方文化区、伊斯兰文化区、印度教文化区、东亚文化区和非洲文化区等。文化区是一个动态的概念，它在形成后并非一成不变，随着文化的扩散、接触、融合，随着文化中心的变迁，文化区也会变化。

（2）时间性。随着时间的流逝，每一种文化都会发展变迁，一个时代的文化有一个时代的特点。千姿百态的文化环境和文化景观在时间上延续，形成一个个特定的时代的文化。许多文化在历史的风沙中消失了，仅留下些许残迹，供后人凭吊与追忆，如美洲的玛雅文明等，但更多的是物质文化虽然消亡了，文化精神却在社会的发展中延续与发展，如中国的儒学文化等。传统的累积与时代的发展巧妙结合形成了今天的文化气象，历史与现代对比、交融。

2. 文化差异下的旅游需求

旅游动机是旅游需要的表现，是在旅游需要的刺激下促使人们离开居住地外出旅游的内部驱动力。因旅游资源等条件而形成的不同类型的旅游目的地，只能满足相对应的旅游需求类型。旅游动机决定着旅游类型。由于旅游动机不同，选择的旅游类型不同，人们对旅游目的地的选择也就存在一定的差异。在旅游动机作用下，旅游者的旅游目的地选择具有十分显著的地区指向性。

文化的差异是吸引境外游客最具魅力的资源，也是中西方旅游者在旅游消费行为上不同表现的根本原因。人们在社会中生活，按照自身的各种需求创造了丰富多彩的社会文化，在社会长期的发展过程中这些文化又反过来给生活于其中的人们打上了特有的烙印，使不同文化下的人类需求折射出不同的文化色彩。

世界民族的多样化造成了世界文化的多样化，各种文化经过几千年的发展，根深蒂固地沉淀在人们意识深处，对人们的文化传统、价值取向、民族精神、宗教信仰、生活方式等造成深远的影响，这种影响是不容易在一朝一夕中被消除的。文化多样性的发展使各种文化在全球化中越发活跃起来，而丰富多彩的文化恰好适应了旅游发展的需要。感受异国风情、了解异国文化一直是旅游的主要目的之一。因为每个国家的文化、风俗都不相同，所以人们才有了出外游历、增长见闻的需要。不同的国家、不同的城市、不同的生活方式、不同的价值观念、不同的语言、不同的历史，使各个旅游目的地对人们充满了吸引力。

旅游过程是一种连接历史又通向未来的连续的“文化流程”。跨文化旅游使旅游者超越了自身生活空间的限制，在异国他乡沿着时间长河溯流而上或顺流而下，领略历代人类的生活和创造。人类在历史的演进中创造了大量的文明，走进凝结着人类智慧和才能的文化内涵丰富的艺术历史长廊，旅游者可以体味作为主体的人类的生命历程，产生对历史和文化的深深认同，相伴而生的是丝丝的敬畏和淡淡的亲切，转而变成一种心灵慰藉，一种与历史、与文化同呼吸共命运的祥和。正是由于中西方的旅游产品各有特色，而猎奇本身就是刺激旅游的重要因素。旅游活动在整体意义上就是透过本国、本土和本地文化的视界，去审视异国、异地、异质文化的新奇性价值，从而充分享受旅游观光的乐趣。

三、旅游消费行为的文化走向

（一）现代社会旅游消费行为的文化走向

随着旅游业的发展，人们可支配的收入和闲暇时间的增加，人们的旅游需求越来越强烈，旅游需求也趋于多样化。主要体现在四个方面，即旅游消费主体多样化，旅游消费功能多样化，旅游消费内容多样化，旅游消费方式多样化。

1. 旅游消费主体多样化

随着世界经济的发展，旅游业也产生着巨大的变化，旅游服务意识和服务手段与以往相比都有了很大的发展，旅游的舒适性增强，更多的人产生了强烈的旅游需求。旅游活动不再是身体强壮的年轻人的专好，老年人和儿童的旅游需求也在增长。由于旅游功能的开发，旅游活动具有了保健、医疗、疗养的功能，一些身体不十分健康的人可以在旅游活动中获得有益于健康的收获。社会经济的发展使更多的人拥有了可自由支配的闲暇时间和金钱，社会福利在向更好的方向发展，在物质生活条件有保障的情况下，旅游不再是富有阶层的奢侈享受，转变为一种更为大众化的文化消费，更多社会阶层的人们产生了旅游需求。从世界范围来看，过去发达国家的旅游消费水平和消费能力较高，而发展中国家则相对较低，尤其是远程出境旅游方面，发展中国家和发达国家之间存在着很大的差异。新的情况是，非传统旅游大国的出境旅游正在迅速增长，世界范围内的旅游消费主体群在增大。

2. 旅游消费功能多样化

旅游消费主体的多样化，导致旅游功能需求日趋多样，旅游消费的含义更加广泛。人们的旅游消费需求不仅表现在对旅游景观形貌声色及文化内涵的要求和欣赏，而且表现为对旅游服务的审美感知和评价，并将旅游服务的审美性作为旅游需求的组成部分。在旅游过程中除了观光和审美的需求之外，健康、生态、交际等也成为旅游的功能需求。一些旅游者希望在旅游过程中得到健康和快乐，也会有一部分旅游者希望在旅游过程中结识更多的朋友，将旅游作为一个流动的交际空间，培养友情，而一些公司将奖励旅游作为增强员工间的感情联络，增强团队合作精神和力量的重要选项之一。

3. 旅游消费内容多样化

旅游市场和与之相对应的旅游消费行为正在发生着巨大的变化，旅游消费内容呈现出多样化趋势。一方面，以观赏自然风光、人文景物为主要内容的传统旅游形式正在复兴，但传统的观光旅游和文化旅游的内容却在发生着变化。首先，旅游者对异质文化的态度由观赏而变为体验，其在旅游地文化中的身份也由观赏者变为经历者，旅游的目的也已经不再仅仅是为了增长见识，而成为理解旅游地文化，并将旅游地文化和自身的背景文化形成一定程度的交流。其次，传统的旅游形式对生态环境和旅游文化环境提出更高的要求，对景观的独特性的要求也更明显。最后，流行文化正成为旅游的热点，比如有影响的电影和电视的拍摄现场，影视故事的发生地，与各类明星有关的场所等等，都因为有旅游者喜爱而成为旅游热点地区。另一方面，对新型旅游产品的需求有所增加。随着人们旅游消费需求的多样化，传统的旅游形式已经不能完全适应人们的需求，现代旅游业出现了很多新型的旅游产品，对新型旅游产品的需求仍将继续增长，如家庭旅游、健康旅游、生态旅游等。

家庭旅游是很受欢迎的旅游形式，包括夫妻度假旅游、婚礼旅游和儿童旅游。如今儿童的旅游需求越来越明显，更多的家庭希望孩子通过旅游得到快乐和知识，因此儿童已经开始影响到家庭旅游目的地和旅游目的物的选择，甚至儿童可以参加不需要家长陪伴的团体旅游项目。与传统的家庭模式相比，现代婚姻家庭的一个重要特点就是不少的夫妻决定不要孩子，丁克家庭拥有更多的闲暇时间和可自由支配的收入，夫妻旅游成为新型的旅游产品，拥有广阔的市场。另外，新婚旅游（包括婚礼旅游）也成为颇受欢迎的旅游产品，目前在世界范围内已经形成了一批婚礼旅游胜地。旅游者对家庭旅游的需求不仅呈现出越来越普遍的趋势，而且表现出个性化的特征，从旅游目的地和旅游方式的选择到对旅游服务的要求，无不如此。

现代社会竞争日益激烈，来自各方面的压力越来越大，同时自然环境存在严重的恶化趋势，健康成为社会关注的焦点问题。在人们的旅游需求中，对健康的诉求呈现出新的特征。健康旅游覆盖了很多的旅游类型，比如度假是为了放松身心，缓解压力，调养身体；沙浴、海泥浴等是为了保健和治疗；温泉或其他形式的疗养旅游等也有更大的市场。

生态旅游由于对环境影响较小，更符合生态环境保护要求，被认为是一种可持续发展的旅游产品。生态旅游活动令旅游者更加接近原生态的自然，无论是获取知识还是开展体育冒险活动，都可以给旅游者带来更大的满足感和旅行的独特感。

4. 旅游消费方式多样化

除了传统的旅游消费方式，近年来出现了一些新的旅游消费方式，如自助游、自驾游、新包价游、巡游等。

自助游的最大特点是比较自由，不受线路、时间的限制，可以充分满足个性需求，因而在年轻人中间越来越被当作一种时尚而受到推崇。

经济的发展使得私家车的拥有量越来越大，汽车自驾游因为活动自主性强、自由度高，可以不受团体旅游的时间和旅游项目等的约束，可以随着自己的意愿决定旅游的线路、时间和速度，更好地享受旅游过程的惬意和轻松，因而受到很多私家车拥有者的喜爱。

包价旅游不是新出现的旅游方式，但如今包价旅游的概念有了新的变化，方式和内容更加灵活，旅游者在旅游过程中拥有更多的选择和决定权，比如饮食、旅游行程安排等，因而可以称为新包价旅游。这种形式的旅游，旅游者可以更好地制订旅游计划，可以在旅游活动开始之前就能够预见自己的旅游费用，也可以使旅游过程更加轻松，因而受到很多旅游者的喜爱。

巡游是指在一定时间内逐一观赏和体验某一区域景点和其他旅游项目的旅游方式。这种旅游方式花费较大，所需时间也相对较长，过去很长时间内被认为是少数成功人士的特有的休闲旅游方式。旅游业的发展使巡游的消费价格有所降低，更多的人有能力选择巡游的旅游方式，更多的旅游者已经开始接受和选择巡游的旅游方式。

（二）后现代社会旅游消费行为的文化走向

人类文明经历了两次巨大的变迁浪潮，正面临着第三次浪潮文明。第一次浪潮——农业革命，使人类从原始的渔猎采集生产方式进入到以耕种畜牧为特征的农业为本的时代。第二次浪潮——工业革命，在短短的两个多世纪里，使欧洲、北美洲和地球上其他地区人们的生活发生了革命性的变化。第二次浪潮迄今仍在蔓延，许多至今依旧属于农业社会的国家，工业化的势头未见减弱。但从世界范围内来说，第三次浪潮已经兴起，20 世纪后 30 年里先后遍及大部分工业化国家，开始席卷全球，其潮头所到之处，一切为之改观。

后工业社会第一个也是最简单的特点是使大多数劳动力不再从事农业或制造业，而是从事服务业，如贸易、金融、运输、保健、娱乐、研究、教育和管理。未来社会的发展将把更多的人从各种束缚中解放出来，不去干那些束缚人的工作，更多的是从事创造性的工作。工作对人来说不再是一种被迫，而是一种志愿，变工人农民为知识分子、技术人员、社会管理人员。几个人操作机器即可以完成以前成百上千人的工作，解放出来的人有了更多的旅游时间。后现代社会经济活动的主要内容，多多少少是以目前所说的旅游活动为中心的，例如，唤起壮丽、矜持、华丽、敬畏或社会性、宗教性、自然性以及与万物一体性感情的仪式和艺术性的活动，创造禁忌、图腾制、戒律严格的宗教传统与习惯，为自己而进行的读书、著作、绘画、演出、作曲、工艺制作，观光、游戏、竞技、仪式性行事、展览会、公演，美食主义者到处品尝佳肴，贵族形式主义者的生活样式，享乐主义者以家庭为中心的价值观，包括访问、招待和聚会，狩猎、钓鱼、郊游、露营、泛舟，学习和利用趣味性技能，非经济性动机的园艺、管理、室内装潢、手工艺品使用等，会话、议论、讨论、政治活动和社会性活动，大部分的福利、社会保障机能，其他的度假如改变情绪、扩大经验、冒险、兴奋、娱乐，等等。20世纪最后的10年发生的全球信息化进程，已不可逆转地将人类提升到一个新的社会文明阶段。人类即将进入娱乐经济时代，“娱乐因素”将成为产品与服务竞争的关键，消费者不管购买什么，都在其中寻求“娱乐”的成分。在这种“娱乐导向消费”的驱使下，会有越来越多的产品、服务提供娱乐功能和娱乐因素，只要能让人感受到轻松有趣，跟旅游娱乐甚至文化艺术有关的人、事、物，都是娱乐经济不可缺少的组成部分。当其他产业不断仿效娱乐业或大致采取相同的策略时，社会便进入了“娱乐经济时代”。创造体验一直是娱乐的核心，如今的娱乐体验已在影视、游乐园之外的产业中生根，新科技的发展带起互动游戏、动态模拟、虚拟现实等新的体验，更进一步刺激电脑业的新发展。

在后现代思潮的影响下，20世纪80年代以来，国际旅游市场明显出现了一些新的变化。进入90年代，一种全新的旅游消费模式正在形成。世界旅游组织指出：随着人们旅游消费行为的改变，世界旅游业开始迈进新的时代。在这个新的时代里，旅游业的各个环节都具有了新的特点，旅游消费表现出不少新的特征。

旅游消费主体群的年龄结构发生改变，中青年所占的比例逐步增加。在西方，推崇努力工作的新教伦理思想对人们的影响似乎日渐式微，享乐思潮渐隆。过去，西方国家普遍主张少壮努力工作，暮年以丰厚的积蓄广游世界，因此老年人在旅游市场中所占份额较高。近年来，越来越多的中青年步入旅游市场，在紧张工作之余外出度假，寻求身心的放松，丰富人生的经历。在美国，“二战”以后生长起来的中青年人大都受过良好的教育，有积极进取的精神，他们普遍认为，消遣性旅游度假是一个人成功的重要表现，因此逐渐成为旅游市场的主体。在欧洲度假市场上，一个相对年轻而富有的、主要由商界和高技术专业人员组成的消费群体正在崛起，晚婚、晚育、小型家庭使他们具有比前辈高得多的消费水平和不同的消费模式——喜欢外出度假，向往遥远的旅游地。就是在国民素有“工作狂”“重节俭”之称的东方国度日本，近年来出境旅游人次数的年增长率超过两位数，而持既要奋斗也要享乐价值观的所谓“新人类”是旅游市场增长最快、最引人注目的客源层，许多国家或地区的旅游地都把日本的女青年作为重点促销目标。中国国内旅游市场也有类似的情况。从20世纪80年代中期以来，不少青年人主张工作、享受两不误，虽然受收入水平低的限制，不得不选择乘坐火车硬座车厢、携带大包方便面出游，甚至在异地投宿朋友、亲戚之家（有人戏称这种旅游方式为“乞丐式”旅游），但旅游的热情甚为高涨，成为生长最为旺盛的客源层。

全球步入旅游新时代，旅游需求进一步细分、供给与分配灵活化。旅游市场细分不再只是理论上的一个词语，类型众多的较小规模的专门市场，如商务客、度假者、老年人、女青年、蜜月旅行者、双薪无子女家庭、特殊兴趣爱好者等，在分割、取代原来的大众市场。每一个细分市场都有其一定的特点和与众不同的需求，从而构成总体需求的多样性和每个小市场的特殊化。

旅游者的渴望参与的意识越来越强烈。旅游者更希望自己是表演者、运动员（即使是场外的）而非一般的旁观者。在高度工业化的今天，几乎没有谁能生产出一件完整的产品，产品的生产都不能归功于任何个人，但能够看着自己的作品并发现它是一件完整的作品，在大多数人的心理上似乎是非常重要的，所以人们利用自己的闲暇来寻求这种满足——由自己单独完成某一件事，并自豪地宣称“这是我做的”，抑或带着个人表演的希望来参加活动、分享成功的喜悦。

现代旅游者的需求趋于多样化，而文化旅游动机明显强化。出于求知的欲望，希望学习和探索异国他乡的文化、历史、艺术、风俗、语言、宗教的旅游者日趋增多，文化旅游成为一种颇受青睐、生机盎然的旅游形式。构成旅游市场主体的中青年旅游者大都受过良好的教育，求知欲望强，乐于了解异地文化和接受新思想，把旅游和学习合二为一，从中开阔思路，拓宽视野，获得高层次的精神享受。新技术革命推动了由工业社会向后工业社会的转化，第三次浪潮文明的曙光已染遍了半个天空，人们的社会行为观念发生了显著变化，意识到文化与经济、政治乃至人类未来发展的重要关系，开始自觉地关注文化，推崇文化的多样性。冷战结束之后，世界经济出现一体化倾向，国家之间、地区之间、人民之间的交流和联系越来越密切，进一步刺激了文化旅游动机的强化，而新技术成果在交通、通信等行业的应用又为跨大区文化旅游动机的实现创造了条件。

在由工业化向后工业化转变时期，人类的自然价值观发生了明显的改变，人与自然的和谐关系得到真正的重视，许多人希望返璞归真，逃离都市喧嚣，走向清静、优美、开阔、洁净的大自然，使主体与客体在融合中同时得到升华。于是，追求淳朴、回归自然、享受自然的旅游动机在全世界范围内得到强化，生态旅游、乡村旅游、海洋旅游、探险旅游方兴未艾，成为世界旅游发展的一种潮流。

综上所述，后现代思潮已成为现代旅游消费行为的重要影响因素，而文化因素成为影响后现代社会旅游消费行为的决定性因素之一。适应后现代思潮中旅游经济、娱乐经济、体验经济的需要，旅游企业必须发展自助式、自选式、组合式等全新的旅行方式。

案例分析

老龄群体与旅游消费行为

在包头市，随着家庭经济收入增加，人们的生活方式和质量大幅度提升，越来越多的老年人开始改变现有的休闲方式，将外出旅游、度假当成生活品位的调剂。很多老人们希望趁着生活条件改善、身体还好的时候，多出去走走看看祖国的大好河山。孝顺的子女也乐意为父母定期安排外出旅游机会，送老人外出散心，陶冶性情。

“夕阳红旅游线路”是包头市这几年新兴的一项旅游业务，其市场份额逐年增大。从事多年旅游业务的包头世纪旅行社总经理说：“旅行社推出的‘夕阳红’旅游业务，已经聚集并形成了一个人数近百人的高端老年‘回头客’团队。旅行社会定期根据老人们的出游需求，安排设计好旅游行程，满足老人们的个性需求。”有专家表示，随着我国逐步进入老龄化社会，“银发消费”必然成为未来的朝阳产业。旅游行业只有根据不同年龄段的老人，有针对性地开发特色旅游市场，锁定目标消费群体的消费特征，尤其是重视购买能力较强的、正在产生的“新一代”老年人，为更多的老年人提供便捷、温馨的消费环境与市场，便能迎来“银发消费”的新时代。

冬季到三亚度假，已在内地老年人群中形成一种热潮。进入11月份后，赋闲在家的内地老人纷纷组团来到三亚，候鸟老人游客量升至三亚旅游总体市场的30%以上。冬季是航空市场的淡季，候鸟老人飞天涯便成为航空市场中难得的兴奋点，各航空公司纷纷推出飞往三亚的候鸟航班。南方航空公司往返三亚航班增加了14班，哈尔滨、贵阳、乌鲁木齐等城市往返三亚的航班大幅增多，机票价格也相对优惠，主要面对组团到三亚过冬的老年人旅游团；海南航空公司增加了重庆往返三亚的航班，为老年散客群体提供优惠的机票价格；山东航空公司增加了济南—福州—三亚航线，由波音737机型每周二、四、六执飞。航空公司纷纷增飞航班不仅为候鸟老人提供了诸多便利，而且直接促使机票价格走低，郑州、广州等地飞往三亚的机票价格甚至低于火车票价。三亚市旅行社协会负责人说，与其他旅游市场目标群体相比，三亚对老年人游客更具吸引力。舒适的气候、优越的自然环境等是老年人最为看重的冬季度假资源。大小洞天景区内3000株千年松树形成的不老松景点、南山景区内海上观音和吉祥祈福园区都是老年人热衷的观光地。

不少旅游企业看好老年人这块市场“大蛋糕”，而在不少旅行社看来，老龄群体旅游是块“鸡肋”，他们认为，“老人落后时尚不懂旅游”，“老人要求高麻烦多”，“老人旅游不购物”，“老人团，钱难赚”，“老年团的成本比较高，出行麻烦”，“老人就像小孩子，需要照顾的地方非常多，有时候一个导游不够，还要配备随队医生，这会增加出游的成本。老年团的团费一旦贵了，选择的出游线路也随之变得困难，老年人消费能力比较弱，价格高的团不太愿意参加，带老年团难以给公司带来盈利空间”。

随着我国逐步进入老龄化社会，“银发消费”必然成为未来的朝阳产业。旅游行业只有根据不同年龄段的老人，有针对性地开发特色旅游市场，锁定目标消费群体的消费特征，尤其是重视购买能力较强的、正在产生的“新一代”老年人，为更多的老年人提供便捷、温馨的消费环境与市场，便能迎来“银发消费”的新时代。

资料来源：武晓丽，濮阳市老年居民旅游消费行为分析及市场营销策略［D］．长安大学学位论文，2009；凤凰财经网（http：//finance. ifeng. com/roll/20091109/1440894. shtml）

【练习思考】

1. 名词解释：旅游消费 旅游消费态度 旅游偏好 旅游消费决策 市场分割 货

币成本 时间成本 心理成本 消费文化 身份文化 情感文化 需求文化 心理预期文化

2. 什么是旅游消费？旅游消费是怎样构成的？
3. 哪些因素影响旅游消费决策过程？
4. 旅游偏好如何影响旅游消费决策？
5. 旅游者市场是如何分割的？
6. 女性旅游消费市场有什么特点？
7. 分析说明女性市场细分对女性旅游市场开发的作用。
8. 结合实例，分析旅游消费决策过程。
9. 什么是旅游消费态度？试述旅游消费态度的基本特征。
10. 性别、年龄、地域差异是如何影响旅游态度的？
11. 认知差异、旅游信息是如何影响旅游态度的？
12. 假如你是一位旅游行业主管部门负责人，如何来影响旅游者的旅游态度？
13. 什么是旅游消费行为？旅游消费是怎样构成的？
14. 旅游者消费行为的演变会对旅游业产生哪些影响？
15. 举例分析旅游消费的成本。
16. 旅游中非理性消费行为有哪些特征？
17. 列举旅游消费中的非理性行为，并分析其产生的原因。
18. 生活方式如何影响旅游消费？
19. 城市化水平如何影响旅游消费？
20. 列举旅游市场细分的标准。
21. 如何细分女性旅游消费市场？
22. 各个年龄段的女性旅游市场有什么特点？
23. 为什么说文化是影响旅游者消费行为的根本因素？
24. 文化差异是如何影响旅游消费行为的？
25. 试评消费伦理文化与旅游消费行为关系。
26. 试述旅游消费行为的文化走向。

第七章

性别化的旅游现象

【学习要点】

1. 理解社会学中的性别理论，掌握研究社会性别的意义。
2. 理解社会性别的概念及其基本特性。
3. 认识旅游现象中的性别差异和性别地位。
4. 掌握不同性别旅游者的安全感知和购物行为。
5. 掌握女性旅游者的基本特征。
6. 掌握性别化旅游消费的基本特点。
7. 掌握影响女性出游的因素。

【基本概念】

社会性别　性别化　性别地位　性别理论　社会性别制度理论
女性自我概念模型理论

随着大众旅游的快速增长，女性旅游消费市场日趋活跃，女性旅游市场成为旅游界开发的热点。旅游现象中的性别问题，尤其是女性旅游者的旅游动机、旅游消费偏好和旅游消费行为等诸多问题，引起了旅游社会学家的广泛关注。

第一节　社会学的性别理论

性别理论是研究分析社会现象的一种重要理论范式。性别理论关注男性与女性的社会性别差异，关注男性与女性的共同和谐发展，其独特的性别分析为社会发展提供了一个新的观察视角。

一、社会性别研究的意义

（一）社会性别的概念及其基本特性

性（Sex）是指区分一个种群的男性与女性成员的生理特征。性别（Gender）指的是与男性和女性相关的社会与心理特征。性别的认同是社会和文化所确定的性别界限，它与性别的生理定位无关。

社会性别是指由社会和文化所形成的对男女差异的理解，是属于女性或男性的群体特征和行为方式。人们对性别的区分更带有社会和文化的内容，如勇敢、坚定、临危不惧会被人称赞为具有真正的男子汉品格，温柔、贤惠、善良会被人认为具有女人味。社会性别是后天注入的长期教育和环境影响的结果，是社会变迁及社会的政治、经济和文化等的相互作用的结果。不同历史时期的政治、经济和文化的特点产生不同形式的社会性别关系。在同样的历史时期，由于不同的社会制度和政治制度也会产生不同的社会性别关系。社会性别是一个社会性的、历史的、动态的概念。

社会性别具有以下基本特性：

（1）社会性别的历史阶段性。社会性别最显著的特点就是它具有明显的历史阶段性。不同历史阶段的性别角色模式变化充分表明社会性别的这一特征。工业革命前后，男女性别角色模式不一样，两性对社会所起的作用大不相同，社会对男性与女性各自扮演的角色和所起作用的期待也不同。在传统社会中，性别角色规定最集中的表现是“男耕女织”，“男主外女主内”，随着生产力的进步，现代社会的流动与开放改变了这种性别分工模式。20 世纪末，男女共同参与经济活动的各个环节、共同管理国家事务、共同从事文化建设、共同分担家务，在全世界已经成为一种普遍现象。

（2）社会性别的社会性。每一个社会都以自己特有的方式建构社会性别，如何建构则取决于这个社会中政治、经济和文化诸多因素相互作用的合力的大小和方向。社会性别一旦被建构，便明显地打上这个时代特有的烙印。20 世纪 80 年代以来，现代化进程中的中国社会各个领域发生了天翻地覆的变化，促使社会性别也随之发生变化。中国经济体制改革带来了经济高速增长，引发了政治、文化、经济等诸领域的全面改革开放，激活了社会的各个层面和各种因素，加速了社会流动和社会分层，在整体上打破了过去同质、单一的格局，从而使整个社会的异质性大大增强，多元化普遍出现，这种变化的基点之一便是男女两大群体的充分分化。

（3）社会性别的共塑性。社会性别是男女两性共同塑造的。社会性别是异性间的相互塑造，无论男性还是女性都是社会性别的塑造者和被塑造者。对于个体来说，社会性别的形成有一个过程，从对社会性别的一无所知，到逐渐根据约定俗成的惯例和社会规范去思考问题和付诸实践，在社会化过程中获得社会性别。所谓男性气质形成于男性与女性的社会交往中，所谓女性气质也是女性在与男性的社会交往中形成的。个体是如此，群体也类似。社会性别也是自塑的，男性或女性对待自身社会性别的态度对于社会性别的形成具有举足轻重的作用。

（二） 社会性别研究的意义

在联合国和世界妇女运动的推动下，性别研究获得了极大推进，促进了传统性别观念的深刻变革。

（1）性别研究纳入社会决策。政府在立法、公共政策、各种方案和项目的宏观决策时，从男性与女性不同的社会需求与发展的角度考虑整个社会的发展。社会性别纳入决策主流，客观公正地认识和评价两种性别的不同需求，有利于两种性别潜能的发挥和两种性别角色利益的保护。正确的社会决策取决于它所依赖的决策因素的正确性。由于性别研究从社会性别的角度关注社会发展，使男女两性获得真正的性别均等和有效的发展，从而提高政府社会决策的科学性。政府要在每一项重大社会决策之前，进行社会性别分析，要有清晰的社会性别计划方案，并分别研究该项政策可能对男性和女性各带来什么影响，如果分析的结果对男性和女性产生了不平等的影响，就要避免做出错误的决定。在该项政策实施后，要定期审查其执行情况，评价该项政策对男性和女性在实践发展中产生的不同影响是否公平，以保证男女双方都是平等的受益者，从而有利于整个社会和谐平衡地发展。

（2）性别研究促进传统社会性别观念的深刻变革。从社会性别的视角观察社会，是深刻认识社会性别关系、认识性别歧视、分析性别盲点的钥匙，这是其他视角所不能代替的。这个由男女共同构成的人类世界，虽然多数国家已经普遍认可了男女平等的原则，接纳男女平等的现代观念，同时女性也拥有较多的权利，更多地介入社会生活中，但对妇女的歧视依然普遍存在，妇女的劳动以及再生产劳动往往表现为非价值化。她们对人类的贡献至今未得到文明社会的认可和合理补偿，其经济收入明显低于男性；大众传媒则通过对社会规范、角色、等级的种种描绘强化社会性别成见，影响受众的社会性别认识和行为。社会性别视角的引入，促使人们反思和审视以男性为中心的文化机制。揭示隐藏在社会文化中的导致两性不平等的构成因素，揭示性别关系的特殊性、复杂性，可以进一步规范两性关系，规范人类社会的生活和道德观念，以利于和谐社会建设。

二、社会性别理论

（一） 社会性别制度理论

盖儿·卢宾在借鉴马克思主义政治经济学、弗洛伊德的精神分析学和列维·

施特劳斯的结构人类学等观点的基础上，提出了“性/社会性别制度”的概念，从起源于男性之间对女性交换的性别压迫，到通过性别认同而产生的社会性别制度，对两性不平等关系进行了深层剖析，指出社会性别是一个男人统治女人的制度，社会通过社会性别系统去控制性观念、性行为和生育过程。社会性别概念穿透厚重的经济层面，提示隐藏在物质生活规则背后的性别制度。

社会性别制度作为一个分析的范畴，它是多层次、多义和多角度的。

（1）“性差异”的社会性别观。社会性别制度理论认为，把社会性别化的行为特征定义为内在的个人属性，忽视社会情况、人际间持久的相互交往，忽视“性别差异”本身包含的对人的等级排序，过于倾向于生物决定论。

（2）“地位”和“角色”的社会性别观。社会性别制度理论把社会性别看成是已获得的“地位”，把伴随这种地位而来的特别期望和模式化行为称为“角色”，认为不同的性别具有固化的社会角色。这种理论揭示了人们认识性别地位和性别角色的过程。

（3）人际关系的社会性别观。社会性别制度理论把社会性别视为人际关系的体系而不是个人属性，把解释性别关系的重点从个体移到了社会结构。社会性别制度理论认为，社会性别关系跨越种族、阶级、年龄和体制，存在于社会生活所有方面，蕴藏在社会结构中，并通过社会意识形态加以巩固；社会性别关系是不对称、不平等的，在社会结构上存在支配与被支配的关系，并由此在机遇、资源、权力、责任也被不平等地分配着；社会性别次序，是支配与被支配、建立霸权与抵制这种霸权关系运作的场所。

（4）强调过程的性别观。社会性别制度理论把社会性别界定为在特定场景里通过社会相互交往塑造的社会价值体系，认为一旦性别差异建构起来，就被用来强化社会性别的“本质”，在社会行为中进一步表现出来，并合法化地作为社会机制的组成部分。社会性别制度理论强调社会性别是一种社会结构、一种机制，这种机制被建造在社会的主要组织中，如经济、政治、意识形态、家庭等。

（二）女性自我概念模型理论

詹姆斯（James）在《心理学原理》中第一次提出自我概念，并指出自我概念分为经验自我和纯粹自我，而经验自我又分为物质自我、社会自我、精神自我，社会自我高于物质自我，精神自我高于社会自我。罗杰斯（Robinson）认为，自我概念是个人现象场中与个人自身有关的内容，是个人自我知觉的组织系统和客体自身的方式。霍金斯（Hawkins）认为，消费者的生活方式是消费者自我概念在消费行为中的投射，消费者消费生活方式的研究实质反映了消费者的自我概念。同时，女性消费行为受到女性的社会角色影响，女性社会角色是社会对女性行为模式的期待，女性消费行为要考虑到自己所属的家庭、单位、朋友等的预期，合理地表现自己，以便与各种角色和地位相适应。中国学者杨晓燕针对中国女性消费者提出了女性自我概念系统结构5F模型，认为中国女性消费者具有5个维度的自我概念，即家庭自我、情感自我、心灵自我、表现自我以及发展自我。女性旅游消费行为是女性自我概念系统结构的外在投射，5种“自我概念”对女性旅游消费行为具有不同的影响：

（1）家庭自我的女性旅游者的消费行为特征。“家庭自我”突出的女性消费者，选择旅游方式时更倾向于与家人一起的家庭旅游，旅游过程通常是以照顾家庭成员为主，她们更关注打折、赠品等促销活动。她们比较喜欢观光和购物旅游，不喜欢参与性的旅游景点。

（2）情感自我的女性旅游者的消费行为特征。“情感自我”比较发达的女性消费者，特别关注产品和品牌的情感内涵和象征意义。这种类型的消费者是女性消费者中最“精明”的一族，对价格比较敏感，选择产品和服务时以物有所值为基本的原则。她们喜欢与人结伴旅游，在旅游途中愿意与人交流和沟通。

（3）心灵自我的女性旅游者的消费行为特征。“心灵自我”比较突出的女性消费者，追求个人精神自我的满足。她们偏好文化、宗教、历史、哲学等，比较喜欢人文历史文化底蕴比较深厚的古迹，更倾向访古游、宗教游；旅游消费中注重消费的实用价值，个人消费遵循需要和节俭的原则，广告和促销对这类消费者的影响不大，她们属于冷静型消费者。

（4）表现自我的女性旅游者的消费行为特征。“表现自我”比较突出的女性消费者，追求时尚，虚荣心较强。这类消费者通常兴趣广泛，比较关注广告，容易受到外界环境的影响，受到营销传播的影响最大。她们通常都是新线路、新景点的最早尝试者，比较喜欢体现个性的探险游，更愿意参加一些刺激的游乐项目。旅游中喜动厌静，喜欢参与性、体验性较强的旅游产品。

（5）发展自我的女性旅游者的消费行为特征。“发展自我”突出的女性消费者，偏好可以象征自己社会地位和身份的品牌。她们更关注商务旅游、会议旅游，以得到忙里偷闲的旅游享受。由于工作和生活的快节奏，这类消费者通常会选择方便快捷的购买方式，最好是上门服务的推销方式。在消费过程中，这类女性追求奢华，旅游过程中娱乐、购物支出较大。

第二节 旅游现象中的性别地位

一、独生子女与性别平等

我国实行计划生育政策，绝大多数城市家庭子女为独生子女。独生子女就是一个家庭只有一个孩子，不管孩子是男性还是女性，这就使得女性在中国城市社会中的地位得到了极大的提高。独生子女作为家庭中的唯一子女成为核心家庭的核心，肩负着一个甚至几个家庭的未来和希望，享受唯一的继承权，享受家庭能够提供的最好的生活条件和受教育机会。在独生子女家庭中，孩子没有性别对比。无性别对比家庭教育中成长的一代，“被赋予”的社会性别角色得到了淡化。只有一个子女的家庭在对孩子实施的性别教育中，相对淡化了性别差异与“被赋予”性别的不平等，女孩“被赋予”的性别活动禁忌要比有性别对比家庭少得多。20世纪80年代之后出生的独生子女的父母被动或被迫接受了性别平等的观念，独生子女组建的新家庭性别歧视基本消失，男女平等观念得到了城市社会的普遍认可。独生子女政策深刻地改变了中国家庭的中心，缩小了社会性别差异。

（1）独生子女的继承权促使性别平等。在我国城市里，男女独生子女结婚并诞生新的独生子女的现象已十分普遍。父辈独生子女对其家庭财产的继承权具有唯一性，子辈独生子女同样享受着唯一的家庭财产继承权。这种继承关系改变了我国传统文化中的重男轻女，只有儿子才有权继承父母的财产，而女儿不能继承父母财产的观念。独生子女的财产继承权，极大地改变了女性在家庭中的地位，也改变了社会对性别差异的歧视性看法，我国城市社会普遍接受了男女都一样的地位平等观念。

（2）独生子女受教育促使性别平等。20世纪80年代之后的城市人口中，大多数是独生子女，他们已经成人并且大多数已经组建了新的独生子女家庭，其儿子或者女儿已经成为受教育的对象。在我国传统文化中，孩子是父母的未来、希望和精神家园，孩子是父母生命的延续，父母希望孩子继承其全部优点，父母没有实现的愿望希望在孩子身上得以实现，子女和孙辈是老年父母的精神寄托。在独生子女组建的家庭中，不管是男孩还是女孩都是3个以上家庭的精神家园，是核心家庭的核心，他（她）在受教育过程中得到3个以上家庭的支持与关爱，比同等经济条件下非独生子女享受优越的教育关爱，可以最大限度地调动各方面的资源来满足受教育的需要。

（3）独生子女婚姻促使性别平等。在传统文化中，性别角色造成婚姻中的不平等，嫁夫改姓就是男女婚姻地位不平等的反映之一。独生子女的出现，使男女婚姻的不平等现象大大减弱，彻底改变了男性在婚姻家庭中占据优势和主导的情况。如果说20世纪80年代之后出生的子女的父母是被动（被迫）接受男女平等的观念，20世纪80年代之后出生的一代则是主动地接受男女平等的观念，因为从他们出生开始，就较少地受到来自家庭和社会的性别歧视，在没有性别对比的家庭中成长起来的一代，在自己的婚姻和家庭中很好地展现了性别角色的平等。他们在对自己独生子女的教育中，性别差异和性别歧视将进一步弱化。可以预见，20 年后，二代独生子女在婚姻和家庭中的地位将更加地平等。

(4) 独生子女普遍就业促使性别平等。虽然目前还存在一些女性不适合或无法从事的工种，工作性质造成的性别歧视在一定程度上还大量存在，但不可否认的事实是，随着社会的进步和电子智能化的广泛运用，原本不适合女性从事的重体力工作，逐步向女性开放，独生子女的普遍就业促使性别平等。

(5) 独生子女带来平等的旅游机会。独生子女们改变了我国性别地位观念，带来了平等的旅游机会。男女平等在 20 世纪 80 年代之后人群身上得到了最大限度的认同，他们作为首批独生子女群体，享受着核心家庭核心的待遇，加上当前我国便捷的交通和快速发展的经济以及社会对旅游的鼓励，他们已经成为我国旅游的主力。他们的孩子在 3 个及以上家庭的要求和资助下，获得了更多的旅游机会。独生子女家庭的独生子女的旅游已经成为常态化和生活的必需。

二、旅游就业与性别平等

作为公共服务业的一个组成部分，旅游业中有近一半的女性从业者，在餐饮服务和旅馆住宿服务中甚至高达 90%。女性参与旅游就业很多是在社区基础上自发组织起来的，她们大多从事低职位的、缺少发展机会的、低报酬的、临时性的工作。据调查，即使在酒店业，女性处在中层和高层经理位置的只有 4%，在顶端的只有 1%。在发达国家，女性工资大致是男性工资的 80%，而在欠发达国家则只有 10% ~70%。

旅游行业就业中的性别不平等现象，与对性别的角色分工认识有关。人们一般认为女性适合于某些特定工作，而很多女性也如此界定自己的就业范围。性别角色差异不是旅游业才有的问题，而且除了雇佣习惯外，缺少公开的招聘程序和客观、系统的操作程序也是导致性别区分恶性循环的原因。内部选拔多是非正式的，且多由男性居多的高层管理人员决定。女性缺少培训机会、晋升机会，也就缺乏管理经验，在人才选拔上自然比不上男性，从而形成恶性循环。妇女工会组织数量很少也使得女性更难争取到平等就业的机会。另外，出现性别划分可能还与旅游业自身的性质和企业需要有关。

第三节 旅游现象中的性别差异

一、基于性别差异的旅游者

人们一般习惯用理性、勇敢、果断、大方及粗心等词语来形容男性，用感性、胆小、细心、文静等词语来形容女性。随着女性独立性的增强，男女间这些差异的界限开始变得模糊，但是两性在旅游活动中还是存在着一定的差异，如购物、娱乐和爱好等方面。

（1）性别差异影响旅游动机。旅游是一个有性别差异的社会产物，与旅游发展有关的所有因素都与性别有关。男女旅游者往往具有不同的旅游动机和旅游行为，参加与自身性别有关的旅游活动。例如青年男性和青年女性的旅游动机，就有较大的差异。

（2）性别差异影响旅游偏好。女性与男性旅游者的旅游偏好明显不同。男性更想利用假期来逃避日常生活的喧嚣，获得身体的放松，获得情感的放松。女性参加旅游考虑更多的是文化、加深家庭成员间的感情以及树立家庭声望。

（3）性别差异影响旅游消费行为。英国学者莱恩（Laing）调查了英国旅游者的消费行为，发现58%的女性对历史性、文化性的观光、散步和购物表现出很高的热情，而82%的男性则喜欢参加被动型的、放松的旅游，喜欢日光浴和参加具有特定目的的旅游活动。卡尔（Carr）对某度假村中年龄15～34岁的男女旅游者进行了调查，研究个性、性别和旅游行为之间的关系。其研究结果指出，在个性与性别相互作用下，女性在度假中喜欢购物、照相、宾馆周围散步，而男性喜欢有锻炼项目的活动，喜欢品尝当地食品、享受日光浴和进行有目的的活动；购买旅游纪念品时性别与旅游行为的关系比较明显，而另一些活动则没有明显的性别差异，如参加体育活动等（表7-1）。

表7-1　男女旅游者消费行为比较表

频率	购物		照相		运动		日光浴		参观		游览		去戏院		品小吃		散步	
	女	男	女	男	女	男	女	男	女	男	女	男	女	男	女	男	女	男
非常频繁	28	12	18	12	12	12	28	30	17	22	56	61	6	2	11	27	24	20
频繁	20	6	20	11	4	15	18	24	21	18	23	24	5	5	17	15	32	21
不经常	16	22	17	19	19	23	12	18	19	21	7	6	14	19	19	18	19	28
很少	38	60	45	58	85	50	42	31	43	39	14	9	73	74	53	46	25	31

（4）性别差异影响旅游信息选择。不同性别旅游者在旅游想象力方面也存在着差异。女性旅游者普遍认为，广告语更能帮助她们生动地想象旅程。学者德沃拉（Debora）和尼尔（Daniel）的研究表明，通过观看广告获得旅游信息的女性占91.1%，而男性只有68.8%，认为旅游广告是认识一个地方的好方法的女性达95.1%，而男性只有73.7%。

二、基于性别差异的安全感知

根据马斯洛的需要层次理论，安全是人类最基本的需要之一。旅游活动都在异地进行，旅游者处于一个相对陌生的环境中，安全是旅游者考虑的一个重要因素，而女性旅游者对安全问题更加关注。女性旅游者不仅在飞机、公共汽车、地铁等交通工具上经常遭到性骚扰或性袭击，而且在一些旅游景点、酒吧迪斯科舞厅、夜总会、娱乐场等场所，女性旅游者也是目的地男性或者其他男性旅游者的性袭击对象，女性旅游者遭受性侵犯的比例是当地女性的3倍多。女性对危险的感知会影响她们对休闲设施和出行时间、出行方式等的选择。女性旅游者可能寻找同伴，有时候还会寻找男性做伴，以增加安全系数。

（一） 对危险的感知度

不同性别的旅游者对危险的感知程度是有差异的。英国学者卡尔（Carr）调查了伦敦城市度假环境中青年旅游者对危险的感知程度，发现在白天对危险的感知男性与女性之间并无明显的区别，而在夜晚则差距甚为明显：认为夜晚要更为危险或稍许危险的女性占65.28%，而男性只有31.25%，女性对危险的感知度超过男性1倍以上（表7－2）。

表7－2 伦敦青年旅游者危险感知

（单位:%）

被感知危险等级	白天		夜晚	
	女性	男性	女性	男性
非常危险	0.00	0.00	0.00	0.00
危险	5.31	1.20	13.89	1.56
有点危险	26.55	24.10	51.39	29.69
低危险	42.48	42.17	30.56	46.88
无危险	25.66	32.53	4.17	21.88

（二） 对危险的感知因素

据调查，出境旅游者对安全的感知因素，主要是健康、政治稳定性、恐怖主义、具有异国风情的食物、文化障碍、一个民族的政治和宗教教条等。女性旅游者在出游前和旅游过程中最大的顾虑是人身安全，其中暴力和性骚扰是最大的困扰因素，而国内女性旅游者的不安全感主要集中在住宿、交通、休闲等方面。

（1）在酒店的不安全感。女性旅游者在购买旅游产品时，对飞机会不会晚点、酒店是否比自己的期望差、酒店会不会很吵等问题往往比较担忧，尤其是对酒店设施担忧更多。女性旅游者大多认为靠电梯的房间有安全感，她们不喜欢灯光昏暗的酒吧和长长的、曲折的走廊。出于对安全的顾虑，大多数女性不喜欢店员大声说出其房间号、姓名。女性比男性更容易对酒店的小食品、水等方面感觉不放心。

（2）在交通工具上的不安全感。女性旅游者尤其是商务旅游者对飞机上的安全、卫生以及空中服务小姐性别歧视服务有较大的担忧和顾虑。如果邻座是男性，多数女性会感觉很不自在，尤其是睡觉的时候。多数女性希望飞机上有专门的女性洗手间，以保证其安全更衣、化妆。另外，还有一些女性在飞机到达陌生目的地时感觉最不安全。不少女性在平常的生活和休闲中有很大的不安全感，尤其是在地铁站、公交车站等车时最感觉害怕。女性旅游者对使用公共交通工具的顾虑主要来自于对身体和性方面的不安全感，大多数女性乘坐公共交通工具害怕被性骚扰。

（3）在休闲、游览中的不安全感。女性旅游者普遍认为，伊斯兰国家、印度、拉丁美洲等地区对独自出游的女性来说是不安全的，有的学者甚至描绘出“女性恐惧地图”，标出地球上不适合女性出游的地区和国家。大多数女性对公共空间的安全表示担忧，往往把一些公共区域如国家公园、森林公园等地方视为“危险地带”，不敢单独到公园、游乐场、俱乐部等公共休闲场所活动，因为在那些地方最容易遭遇性袭击和暴力侵害。

三、基于性别差异的购物行为

旅游者的购物行为，也因男女性别的差异而有所不同。大量事实表明，购物消费在女性旅游花费中占有非常大的份额。一项在美国威斯康星州进行的调查显示，女性旅游者购物每年达到1700万美元，相当于整体旅游消费的31%，超过了其他诸如交通、住宿等的花费。旅游购物不仅仅是一种经济活动，还是一种文化经历，旅游购物能够给女性旅游者带来快乐和刺激。旅游的经历，对不同区域景点和文化的了解，所处的生命周期阶段，都对女性旅游者的购物行为具有影响力。

超过70%的家庭的购买行为是由女性来实施的。许多年龄在17～39岁的青年女性和她们的孩子一起在商场购物，没有什么计划性，而40～56岁的女性喜欢在专门商店和季节性的旅游商店购物，她们与朋友或爱人一起，较为频繁且有计划地购买一些高质量的商品，绝大多数为满足自己的需要。

在购物行为上，女性旅游者与男性旅游者既有共性也存在差异。相比男性旅游者，女性旅游者愿意在购物上花费更多的时间。女性旅游者最偏爱的购物品是手工艺品、礼物和纪念品，尤其是购买旅游纪念品的主力军，而且更注重购物经历，更倾向于在与店主以及工艺品生产者之间的相互交流中了解一些关于旅游纪念品的情况。作为购物经历的一部分，她们对观察工匠们示范蜡染、木雕等技艺非常感兴趣。年轻女性旅游者对收藏类旅游商品的兴趣不大，而对食品类、服饰类旅游商品的兴趣较大。

第四节　性别化的旅游消费

生活方式的改变，个人角色的演变，社会群体的形成，女性的广泛就业，旅游政策法规的完善，社会治安的稳定，促使女性旅游消费迅猛扩张。在迅速膨胀的旅游市场中，女性旅游者的增长率超过了男性，女性商务旅游市场更是快速发展，特别是年轻女性市场最具有活力。女性旅游市场不仅是一个现实的市场，而且还是一个潜力巨大的市场，已经成为旅游业的新宠。

一、女性游客的消费条件

现代女性的旅游休闲生活在旅游消费市场中扮演着重要的角色，起着举足轻重的作用。随着社会的进步和经济的发展，女性的闲暇时间增加了，经济地位提高了，社会角色改变了，加以治安稳定的保障，大大改善了她们旅游消费的社会条件。

（一）经济地位提高

现代社会，女性享有与男性平等的就业权，同工同酬及受教育权。女性的广泛就业，使她们不再附属于男人，在家庭中由以前的依附地位变为独立地位，再加上我国家庭中女性常常握有经济支配权，女性的经济地位发生了根本性的变化。经济上的独立和收入的保障，是女性萌发旅游动机、参与旅游的关键因素。

（二）社会角色改变

进入20世纪80年代以后，在世界范围内，女性逐渐活跃于社会的各个领域，女性的家庭角色、社会地位都在改变和提高。现代女性更多地接受高等教育，参与社会分工和协作，从事重要的领导工作和管理工作，并取得了与男性同样的成就。

在现代家庭生活中，女性仍然是家务劳动的主要承担者，但随着女性就业率的提高、经济的独立、核心家庭以及独生子女的普及，弱化了家庭内部女性需要承担的责任与义务，强化了女性在家庭中的日常行为的主导作用，提升了女性在家庭中的地位。家庭旅游决策主要有4种类型，即丈夫支配性决策、妻子支配性决策、共同影响—个人决策、共同影响—共同决策。在这4种类型的决策中，妻子同样起着关键作用，直接影响家庭的旅游决策，尤其是关于旅游天数、交通工具、旅游消费等的决策，一般都是丈夫听从妻子的安排。

个人在所属的正式与非正式团体中都承担着特定的角色，群体的价值观和行为影响个人的价值观和行为。正式或非正式群体对旅游者的旅游态度、闲暇时间的安排都有重要的影响。现代女性独立、自主的社会地位减弱了对男性的依赖性，她们希望有更大的选择权承担自己希望承担的角色。女性团体对现代女性的旅游消费有着积极的影响作用，在很大程度上促进了女性旅游消费。

（三）闲暇时间增加

随着社会的发展、经济地位的提高、文化素质的改善，现代女性的闲暇时间大为增加。女性闲暇时间可以分为绝对闲暇时间和相对闲暇时间，绝对闲暇时间主要指因减少花在工作、家务方面的时间而获得的自由支配时间，相对闲暇时间主要指因社会观念的转变而获得的自由支配时间。

传统女性在工作、生活、家务等方面的时间花费相当惊人，随着社会经济的发展，社会条件大为改善，社会生产机械化智能化、消费服务的社会化、生活服务的社会化、交通服务的便捷化，大大减少了女性在工作、生活、家务等方面所花费的时间，从而获得更多的闲暇时间。

由于普遍实行每周工作五天、休息两天的“双休日”制度，法定节假日增加，职业女性获得了更多的闲暇时间。与此同时，由于机械化社会生产、智能化办公的普及，再加上网络科技的发达、办公异地性的增强，女性社会劳动时间相对缩短，闲暇时间增加。消费服务的社会化使得女性能够通过社会提供的专业化服务获取大量的消费品，而不需要自己亲自动手，如家政公司提供的服务部分地解脱了女性繁重的家务，餐饮业的发达使得更多的家庭社交活动选择在外就餐，纺织服装业的发展使得女性不再为家庭成员做衣服劳累等，进而使女性从繁重的家务、烦琐的厨房活动中解脱出来，增加了女性的闲暇时间。生活服务社会化以及家庭电器智能化程度的提升，使得女性家务劳动的强度大大降低，劳动时间社会化服务的发展在递减，这就大大增加了女性的自主支配的闲暇时间。随着现代社会的发展，以飞机、高速铁路、城市轨道交通为代表的现代交通服务业的日益大众化，提升了整个社会运作的速度，也增加了女性闲暇时间。

传统女性在家庭中扮演着“内勤”的角色，大家庭、多子女拖累了她们的社会交往活动。社会经济的发展改变了人们的观念，晚婚晚育、家庭的小型化、社会性别的淡化，“解放”了女性，使她们获得了更多的闲暇时间。

随着青年女性的婚姻观念的改变，使婚龄、育龄的时间普遍推迟，从而使青年女性获得了较为充裕的闲暇时间。随着人们婚姻和家庭观念的转变，传统几代同堂的大家庭逐渐趋于小型化。我国城市中82.9%为核心家庭，独生子女家庭在90%以上。家庭小型化、子女的唯一化，使得女性减少了照顾老幼的时间，增加了自由支配的闲暇时间。

（四） 治安稳定保障

女性较男性更加关心旅游的安全问题。旅游安全主要包括两个方面：一是旅游者的人身财产安全；二是旅游消费利益安全。旅游者人身财产的安全取决于良好的社会治安和旅游基础设施。近年来，很多国家为了发展旅游业，政府花费相当大的力气抓景区、景点的社会治安和基础设施建设，就世界范围而言，旅游者的人身财产安全都能得到保证。另外，旅游政策和法规的出台及完善，从立法上保障了旅游消费者的合法权益。安全问题的解决，为女性旅游者解除了心理障碍，从而增强了旅游消费的信心。

二、女性游客的消费动机

相比男性旅游者，女性的旅游动机更注重于完善自我、追求时尚、缓解压力、扩大交往、康乐健体。

（1）完善自我。现代女性注重修养和学识，积极塑造自己的文化层面和精神层面，有着多层次、多方面的文化追求。女性接受高等教育越多，其旅游消费就越高。旅游消费本身就是一种文化消费现象，能够起到启蒙、教化、社交、娱悦身心、发展个性和提高文化素养的作用，所以旅游消费会被更多的知识女性所接受。另外，旅游过程是一种审美活动，只有较高的文化修养，才能体会山川大河、文物古迹的内在美，才能感受自然、历史的心灵震撼。女性往往外出旅游作为学习当地文化知识，探索当地自然景色，认识当地人文地理的机会。对追求知识、完善自我的现代女性来讲，旅游消费具有极大的魅力。

（2）追求时尚。追求时尚是女性最基本的特点之一。现代女性经济独立，注重生活品质，了解流行趋势，常常通过购买高档次、高质量、高价格的名牌商品等奇异、超俗、典雅、洒脱的消费方式，来显示自己的某种过人之处。旅游是一种可持续消费的商品，旅游消费是一种新型的消费领域，非常容易受消费流行的影响而成为一种时尚，并形成一种“消费导向”，因而为众多的女性所接受或趋从。

（3）缓解压力。职业女性要扮演好员工、好妻子、好母亲等多重角色，伴随着工作与生活节奏的加快，她们在体力、精神和心理方面所承受的压力越来越大，抑郁症、神经衰弱的女性明显多于男性。旅游活动是一种心情放松的审美过程，人们通过旅游可以暂时逃离现实、缓解紧张、消除疲劳、释放剩余精力，得到美的享受，产生愉快的情感和积极的活力。

（4）扩大交往。人是社会化的人，都希望得到他人的接纳，渴望参加某个团体或组织。相比男性，女性更需要向知心朋友倾诉，渴望他人的支持、帮助、保护、喜爱、规劝、指引、安慰。人们往往很难忘记某次旅游经历，对于与自己有共同经历的朋友更是记忆犹新，所以旅游对于加深友谊起到很大作用。

（5）康乐健体。完美的体形，漂亮的外貌，迷人的气质，是每一位女性的梦想之事。为了健康健美，青年女性会参加各种锻炼，如爬山、去健身俱乐部等，外出旅游也就成了女性康乐健体、美梦成真的理想之旅。

三、女性游客的消费决策

旅游决策的复杂程度取决于旅游者的社会经济特征或旅游目的地的具体特征及其相关的可变因素。

在家庭旅游决策中，一般有3种类型，即“丈夫主导型”“妻子主导型”和“夫妻共同决策型”。研究表明，决策的类型与家庭的收入水平有关，低收入家庭通常是妻子主导型，中等收入家庭多为共同决策，而高收入的家庭多为丈夫决策型。夫妻一起生活的时间越长，他们共同决策的可能性就越大。旅游的决策过程要受家庭是否有小孩的影响，家庭中有孩子，丈夫往往在决策中占主导地位，而无小孩的情况下，联合决策更普遍。职业女性比家庭妇女外出旅游的可能性大，而且参与旅游决策的概率也很大。随着性别角色的变化，夫妻共同决策的可能性有下降趋势，妻子独立决策的可能性有上升趋势。

一般而言，家庭的旅游决策，2/3或更多的旅游决策如需求的确认、信息的搜寻、目的地的确定等都是夫妻共同决策的结果，丈夫主要影响度假信息的搜寻、度假花费、度假时间、住宿的选择等。出发前的任务、目的地的选择是妻子高度参与的领域，特别是在选择目的地和搜集资料方面妻子起着重要作用。不管是什么任务，只要发生在目的地，妻子们都更加积极地参与决策。妻子很少参与旅程中处理钱财的活动，而较多参与“购物”“准备行李”和“选择餐厅”的决策。事实证明，女性正在积极地参与许多旅游决策，但妇女的传统角色和某种模式化角色仍然起着作用。

掌握女性参与旅游决策的情况，有助于旅游代理商、旅行批发商、旅游服务提供者有针对性地制定宣传策略和营销策略，提高工作效率。

四、女性游客的消费行为

女性旅游者数量不断增多，女性旅游者的消费水平也在快速增长。不同年龄阶段的女性旅游消费的频率和方式的不同，女性旅游消费具有实惠性、方便性、差异性、高安全性等特征，需要把握女性游客的消费行为特征。

文化因素、家庭因素、个人因素、心理因素是影响女性旅游行为的主要原因。在这些因素影响下，女性旅游行为表现出喜欢历史和文化、散步、购物、饮食、健身、干净卫生、安全、舒适和个性化的特征。例如，上海女性旅游消费具有人数规模化、方式科学化、态度理智化、表现个性化、动机休闲化、思维开放化等特征，未来女性旅游消费行为将会表现得更独立、更自由、更高档、更普遍、更精致。

（一） 女性游客消费行为的总体特征

（1）旅游信息来源。女性游客获取旅游信息的来源很多，然而她们往往认为第一手的经验更为可靠和重要，朋友和熟人提供的经验没有偏见更为可信。例如，有一项调查结果表明，“朋友介绍”影响最大，占58.6%；其余依次是互联网（37.7%）、旅游公司宣传（27.3%）、杂志中的旅游介绍（25%）、报刊广告（14%）、电视广告（11.4%）、其他（16%）。

（2）出游动机和方式。调查表明，女性的出游动机依次为：放松自己（37%）；参观独特的风景名胜，增长见识（28.9%）；减压（18%）；和家人在一起（16%）；结交朋友（15.9%）；了解其他地方人的生活和环境（14.5%）；其他（19.7%）。69.1%的女性通过旅行社安排出游，说明女性还是乐意在旅游过程中尽量省力省心。女性单独出游的以年轻人为主，女性参加自助游的以35岁以下年轻女性为主，而中老年女性大多和家庭成员一起出游（表7-3）。

表7-3 女性出游方式

（单位:%）

年龄段	单独通过旅行社	单位组织	家庭通过旅行社	自助游
25岁以下	11.7	2.0	4.1	10.6
25~35岁	6.2	6.1	18.0	15.3
36~55岁	0.1	3.1	11.0	10.0
55岁以上	1.1	1.0	12.5	2.1

（3）旅游目的地的选择。在旅游目的地的选择方面，女性游客不分年龄、职业与文化层次都偏好山水风光，反映了女性希望回到大自然中去，追求人和自然和谐的境界。历史遗迹对各个层次的女性吸引力也较大，而文化层次高的女性更加青睐历史文化遗迹。女性更愿意选择“名气大”的历史遗迹，尤其是各处世界文化遗产，如西安秦始皇陵和长城，而不愿意选择那些相比之下“名气较小”的景点。

（4）出游交通工具的选择。对出游交通工具和目的地选择影响最大的因素是收入水平。调查显示，家庭人均月收入在1000元以下的女性选择顺序是火车、汽车、飞机、轮船，且多为近郊一日、两日游；家庭人均月收入在1000~2999元的选择顺序是火车、飞机、汽车、轮船，她们选择出省旅游，时间多为3~5天；家庭人均月收入在3000元以上的选择顺序是飞机、火车、汽车、轮船，其中家庭人均月收入在3000~4999元的女性有72.6%选择国内5天以上旅游，27.4%有出国旅游动机，家庭人均月收入在5000元以上的则有57.9%有出国旅游动机。

（5）影响女性出游的因素。影响35岁以下女性出游的前三项因素分别是交通不便、拥挤和费用昂贵，而影响35岁以上女性出游的前三项因素分别是安全、疾病和交通不便。这说明，年轻女性自信、乐于冒险，而年龄较大的女性则对自身安全更为重视，更愿意选择成熟的旅游目的地。

（二）不同年龄女性的旅游消费行为

（1）青年女性（19~25岁）。在出游频率上，青年女性旅游者远高于其他年龄段女性，但在总消费上青年女性旅游者的消费却低于中青年女性和中老年女性；在消费结构上，住宿、游览、饮食的消费最高，其次才是娱乐、交通、购物，而学习、交流、娱乐作为青年女性旅游者的主要旅游动机，其消费比例还很低，青年女性的消费层次较低。

青年女性旅游频率最高，旅游动机最强烈，这与其较低的消费层次、传统的消费结构形成反差，原因是这些女性要么是在校学生，要么是刚刚工作，空余时间相对宽裕，没有家庭负担，但经济收入有限。针对这个年龄段的女性旅游者，相关旅游企业可以在淡季推出特价产品，在旅游产品中多融入新鲜的学习和娱乐元素，增加其旅游的情趣，满足其旅游需求。

（2）中青年女性（26~35岁）。中青年女性大多是未结婚但已有一定的经济基础，或者刚结婚尚未有孩子。在旅游频率上，中青年女性比青年女性和中年女性要低一些，但消费水平在所有女性旅游者中居首位。在消费结构上，交通、游览、餐饮在消费额中占比最大，尤其交通消费比青年女性要高得多，可见中青年女性更注重旅游过程中的舒适和享受，经济已经不是首要的选择标准。在旅游动机上，中青年女性主要集中在游览观光、放松身心、休闲度假等方面。单身未婚在职女性的花费尤其引人注目。这些女性大都寄宿在父母家，没有或很少家庭支出，可自由支配收入较多，因此被称为“单身寄生族”。这些“单身寄生族”女性追求时髦，讲究时尚，热衷出国旅行，频繁出入高档消费场所。她们尤其喜欢购买昂贵的奢侈物品来提高自己的生活品位，对商品不仅要求质量上乘，而且要求设计个性化。一些高消费的休闲娱乐开始受到这一族群的欢迎，如高尔夫球运动、温泉游、SPA、森林有氧游、美容健身活动等。目前这类女性已经成为世界各国旅游业营销的焦点。

（3）中年女性（36～45岁）。中年女性的出游频率仅次于青年女性，她们虽有一定的经济基础，但受限于家庭支出的压力，消费水平介于青年女性和中青年女性之间，属于中等水平。中年女性旅游者的消费集中在吃、住、行等旅游的基础消费方面，购物愿望是所有年龄段女性中最强烈的。中年女性除了休闲度假、游览观光、放松身心外，以照顾老小为目的而旅游的比率明显高于其他各群组的女性。中年女性家庭意识较强，出游更多考虑到小孩、家庭或者长者，因此购物消费也相对比较高。针对中年女性家庭观念突出的特点，旅游企业可以推出一系列家庭游、亲子游、母女游等。日本交通公社进行的游客市场调查显示，家族旅行占国内游市场的43%，境外游市场的26.3%，其中家长和孩子组合占国内游的10.4%和境外游的10.8%，而家长和孩子的组合中大部分是母女搭配。于是，日本交通公社开发了很多迎合母女组合的旅游项目，如“母女谈心游”“母女休闲小镇游”等，大受日本中年女性的欢迎。

（4）中老年女性（46～55岁）。中老年女性旅游者旅游频率较低，旅游消费总额仅次于中青年女性，平均每次旅游的消费水平处于较高水平；旅游消费结构主要是交通、住宿、游览，但饮食消费比其他各群组低；出游动机除了一般的休闲度假、放松身心、游览观光外，还有健身疗养。中老年女性旅游者正处于更年期阶段，在生理和心理上均发生了很大的变化；更年期女性正值家庭的“空巢”阶段，闲暇时间充裕；经过年轻时期的奋斗，事业已获得一定成功，有稳定的经济收入；孩子的独立也减轻了家庭经济负担，可自由支配收入较多，女企业家就大都集中在这一群组。所以，这一群组的女性具有较强的旅游消费能力，但由于处于特殊的心理时期，她们对旅游产品和服务普遍比较挑剔。目前，我国对于中老年女性旅游市场的开发力度不够，各地旅行社应该针对其消费水平高、停留时间长、健身疗养愿望强烈的特点推出一系列旅游产品，让这些女性在旅行中延缓或平稳度过更年期。例如，酒店可以开发一些适合中老年女性营养需要的菜肴，吸引和刺激中老年女性消费。

（5）老年女性（56岁以上）。老年女性旅游频率明显低于其他各群组女性，旅游消费总额上也非常低；旅游动机以休闲度假、健身疗养为目的，尤其是健身疗养的愿望比其他各群组要强烈得多。另外，由于老年女性生理方面的原因，老年女性旅游产品的安全、健康、卫生必须得到保证。我国旅游市场对老年人的重视程度不够、服务及配套设施不完善，再加上中国老年人在青年时期缺乏休闲技能的积累，休闲观念传统、落后，闲暇时间大多消磨在电视机前，对旅游等积极的休闲活动项目参与率很低，我国老年女性的休闲质量处于很低的水平。在未来

30～40年，中国将经历世界上最快的人口老龄化过程，而老龄化过程的两个显著特征是高龄化和女性化。我国相关旅游企业和部门应该对老年女性旅游市场引起足够的关注，帮助其建立健康的休闲习惯，有针对性地推出老年女性旅游产品，如避寒暑旅游产品、金银婚纪念旅游产品、医疗保健旅游产品、保健修学旅游产品、宗教朝圣旅游产品等。

案例分析

德国女性旅游网细化旅游消费群

德国出现了专为女性提供旅游服务产品的网站 www. frauenblicke. de。据介绍，专门面向妇女游客的旅游服务产品开发结果十分喜人，现已有大量不同种类且符合市场需求的旅游产品上网供应。这当中除了酒店业所提供的有关住宿和其他特别活动外，由旅游主办者和研究班主办者所筹备的各种方案预计也能引起特别关注。划船旅行、野外生存训练、周末写生、文学旅行以及城市游览等都是符合女性兴趣与需求的旅游活动。除了独立旅行或结伴、组团出游的女性游客外，带着孩子外出游玩的母亲们也是某些旅游产品供应商的宣传对象。不愿独自旅行的女性还可以在网络的虚拟图钉墙上寻找自己理想的旅游伙伴。此外，www. frauenblicke. de 网站还向女性朋友们提供了大量有关梅克伦堡出色女性人物的有趣故事。

旅游网站在发达国家越来越成为旅游的重要支点。旅游业者和旅游者都越来越懂得通过网站实现自己的目的。例如在德国，不仅有国家旅游网，而且各个城市都有自己的网站——德国三大河流交汇的巴伐利亚州帕骚市在其门户网站 www. passau. de 上提供了有关其历史、城市发展和休闲旅游产品供应等信息，还在“旅游”一栏中专门开辟了一个用以介绍如主教府邸和萨尔瓦托教堂等名胜古迹的网页。点击“说明”一栏，有兴趣者还可以搜寻到所有有关帕骚的旅游信息，并将之打包下载。其他如“餐饮”和“住宿”等网页也提供了能帮助游客进一步完善旅游计划的重要信息。北莱茵·威斯特法伦州的首府杜塞尔多夫也通过该城网站 www. duesseldorf. de 详细及时的旅游信息向世界各地的游客发出了热情邀请。它以“运动”与“文化”为主打标题，下分多个特别主题。而与丰富多彩的在线旅游信息介绍相一致，该城的主页也会每天改变它的颜色。此外，另一个位于北莱茵·威斯特法伦州的城市温特堡也通过两个全新的网页对本市作了全面介绍。计划赴德进行休养度假的游客可以登录 www. pauschalen. winterberg. de，在不同的内容介绍板块中寻找自己需要的旅游信息。

女性早已成为现代社会中最为重要的消费群体。德国梅克伦堡，前波莫瑞旅游协会主席西尔维娅·布莱驰奈德女士说：“说到底，女性作为旅游行业的从业者充当着核心角色，作为该行业的消费群体她们身上也存在着巨大的开发潜力。在全联邦范围内，独自旅行的女性所占比例已达到了5%，而且她们在度假旅游方面的支出超过了平均水平的30%。所以，无论从哪方面来说，为这个消费群体多做一些，都是有利可图的。”

资料来源：http：//www. jxnews. com. cn/oldnews/n1125/ca767443. html.

“女游” 时代呼唤女性关怀

2009年，重庆市出游人数已超过1. 15亿人次，其中女性游客所占比例已达到6成。自由行、购物团，女性的消费趋势迅猛增长，现在一个香港购物团，女性游客几乎占据了70%，有时还会达到90%。西部最大旅游连锁超市海外旅业百事通收客量达20万人，女性游客约占67%。新亚国旅全球通收客超20万人，女性游客超过7成。

大量的数据显示，整个出游市场上，女性出游比重逐年递增，主要集中在女性所钟爱的购物线、美容线、与婚庆有关的婚纱线、蜜月线及高端奢侈消费产品，各大产品增长比率均有不同，最高涨幅约在5%。女性对市场的高端产品反应很灵敏，接受速度很快，出游的消费潜力巨大，且每年递增。她们舍得花钱，更敢于花钱。

《新女报》调查发现，尽管女游客已占大多数，但距离真正的“女游”时代还很遥远。旅游行业在硬件设施、软性服务等方面，缺乏对女性需求的敏锐和关怀，缺乏对女游客市场的开发和关注。例如：

——荤段子取悦男性。跟团出游时，女性游客会被迫听男游客大讲荤段子。更有甚者，在一些汽车团上，导游会带头讲荤段子，让很多女性游客一路面红耳赤，尴尬至极。

——女厕所拥挤，男厕所冷清。在绝大多数景区、加油站、商场等，女厕所蹲位不足，常常看见排队上厕所的场面。据论证，男女厕所蹲位比例应当达到1∶3。

——休闲场所“女性关怀”空白。在旅游发达国家，为女性游客提供专用餐厅、酒吧、客房、列车包厢等，而国内这方面几乎是空白。

——性别歧视。很多游客抱怨：出游路上，导游都会吹嘘去哪里看美女，组织观看女演员表演，让女性很尴尬。

——单性别导游。旅行社提供的导游往往或者男性或者女性，有些不太方便，最好是男女导游各1名（不要情侣关系），男导游负责游客的安全，女导游负责讲解。

——拖累人的亲子游。一个妈妈带孩子参团是很尴尬的，孩子闹腾，还会影响别人。旅行社最好能请幼师专业的老师或实习生随团照顾孩子。

资料来源：http：//blog. sina. com. cn/s/blog_ 4b799cdb0100glqy. html.

无性别公厕，可否广而推之

“黄金周”期间，排长队上公厕让许多女游客叫苦不迭，这道特别的“风景线”再次引起大家关注，有人提出应在公共场所建设“无性别公厕”，也有人反对：连火车卧铺车厢都要按性别分了，公厕怎能再“男女混用”？

大多女性朋友恐怕都有过这样的遭遇：逛街或到旅游景点游玩，内急想去洗手间，大老远就看见等待如厕的女士们已经在门口排起了长队，无奈之下，只好加入焦急等待的行列中；而那一边，男士们悠然进出，即使排队也等不久，真让人妒忌，巴不得借以解决“燃眉之急”——女性如厕，怎一个苦字了得！旅游高峰期，这一现象更为严重。

一些景区和公共游乐场所厕所数量和厕位与游客数量相比，确实显得少。因为生理原因，女性平均占用厕所的时间比男性长，如厕就更难了。每到一个地点游玩，大家都免不了漫长的等待——那些去上厕所的女同胞都得排队。

于是，有人提出建设“无性别公厕”，这样既节省空间，解决女性如厕难的问题，又可以方便一些上厕所时需要异性陪护的人，比如孩子、病人、残疾人等。试想，父亲独自带着四五岁的女儿上街，突然孩子想上厕所了，是让父亲带她去男厕还是去女厕呢？

在有些旅游区已经出现此类“无性别厕所”，厕所的门上同时标着男性和女性的形象标志，厕所不大，里面除了一个共用的洗手池外，有两个门可从里面反锁的蹲位。和一般的蹲位不一样的是，这两个蹲位的挡板特别高，顶部接近天花板，底部紧贴着地，没有缝隙。关上门，就成了一个“私密空间”。

虽然有着独立密封的隔间，但毕竟对于如厕这个历来很隐私的事，让男女在一个大空间内进行，这种方便，大家能接受吗？据调查，大多数不能接受的人担心的是由此引发的比排队等候更尴尬的事，比如门锁坏了怎么办？粗心大意随手门没关好被异性一把推开怎么办？更担心的是，被一些居心不良的人钻了空子怎么办？

在“保护隐私”口号越来越被叫响的今天，“无性别公厕”，究竟能否被推广开呢？看来得请设计和建设者们好好下一番功夫。

资料来源：中国日报网 http：//www. chinadaily. com. cn/dfpd/hainan/2011 - 03 - 16/content _ 2035618. html.

【练习思考】

1. 名词解释：性别化 性别地位 性别理论 社会性别制度理论 女性自我概念模型理论

2. 研究社会性别问题对旅游业有什么意义？

3. 社会性别的基本特性是什么？

4. 试述旅游现象中的性别地位。

5. 举例说明旅游现象中的性别差异。

6. 女性旅游的兴起对旅游发展有什么影响？

7. 女性游客是如何感知旅游安全的？

8. 分析影响女性购物的因素。

9. 女性旅游者有哪些基本特征？请举例说明。

10. 概述女性游客的消费条件、消费动机、消费决策、消费行为。

11. 哪些因素会影响女性出游？

12. 独生子女政策对旅游产生了什么影响？

13. 性别差异如何影响旅游者的旅游动机、旅游消费行为？

14. 旅游行业如何迎接“女游”时代的到来？

第八章

旅游世界的本真性

【学习要点】

1. 认识旅游本真性的概念和类型。
2. 了解旅游本真性的研究重点和研究流派的主要观点。
3. 了解不同旅游者群体对真实性的追求。
4. 掌握旅游体验质量判断的多维度性质。
5. 掌握导游讲解帮助、人际交往帮助、导游帮助交往对旅游体验质量的影响。
6. 掌握民俗旅游本真性的判定标准和方法。
7. 认识游客体验与商业性好客的关系。
8. 了解旅游者主观感受对旅游体验质量评价的影响。
9. 掌握民俗旅游本真性的判定方法。
10. 了解游客体验与商业性好客的关系。
11. 掌握开发本真性好客旅游的方法。

【基本概念】

旅游本真性　单向本真性　双向本真性　客观本真性　主观本真性
民俗旅游　好客旅游　旅游体验　旅游体验质量　光环/遮蔽效应

1973 年美国学者麦坎内尔（MacCannell）在《舞台的本真性》一文中首次将“本真性”这一概念引入旅游动机、旅游经历的社会学研究，从此旅游体验中的本真性问题，成为旅游社会学研究最多的领域之一。

第一节 旅游本真性的可能性

一、旅游本真性的界定

（一）旅游本真性的概念

本真性“Authenticity”，又译作原真性、原生性、可靠性、准确性等。关于旅游本真性的概念，学术界有许多不同的阐述，存在极大的争议。

学者王宁将本真性概念总结为5个特征：第一，本真性没有一个可供依赖的、绝对的、静止的原初；第二，我们对“原初”的定义是为了服务于当前的需要而建构的，因此是争议性的；第三，真实的旅游经历是多元的；第四，扭曲的形象往往会被贴上“真实”的标记，从这个角度讲，本真性是游客旅游前的期望的反映；第五，曾经是不真实的事物，随着时间的推移，在经历了一个“突现的真实”过程后，会被重新定义为真实。

部分学者认为本真性并不是类似于物体一样的东西，等待着人们去发现和鉴别，相反，本真性是一种社会和文化建构。布鲁纳（Bruner）认为，本真性应该具有4种不同的含义：逼真、地道、原创和鉴定权威，本真性涉及一系列特征，“原创”只是其中的一种特征。对本真性的解释涉及权力和“谁来界定本真性”的问题，专家眼中的本真和旅游者眼中的本真是不同的，因此需要判定“在什么条件下”“为了什么目的”的本真。

旅游体验的本真性是受到情景约束的。一个旅游者如果体验的旅游对象不是真实的，他（她）会有什么样的感觉？西方著名社会学家波斯汀（Boorstin）认为，大众旅游的游客追求肤浅的、别人策划的假事件，观察假景观，轻信地欣赏着“假事件”而不会感到不快乐。美国学者麦坎内尔（MacCannell）认为，现代人生活在“不真实”之中，只有借助旅游去寻找“本真性”，旅游者认为和自己生活的不真实相比，他者的生活才是真实的。游客希望借助旅游寻找本真性，然而却总是失败，因为旅游业是商业驱动型产业，获利是其首要目标，他们通过精心策划景观的“真实”欺骗游客，旅游中的真实只是“舞台的真实”。

（二）旅游本真性的类型

在旅游社会学者看来，本真性主要有两种类型：一种是单向本真性；另一种是双向本真性。

（1）单向本真性。客观主义者将本真性看作是旅游客体属性的本真，建构主义者将本真性看作是旅游客体解释和构建的本真，后现代主义者认为“仿真”比原物更加真实已达到一种完美的“超真实”境界，而存在主义者则强调旅游者感觉中的旅游客体的本真。单向本真性的主要体验方式是观光，单向本真性是一种与眼睛或“旅游者凝视”的联系。

（2）双向本真性。游客的参与和东道主的合作共同构成互动本真性得以产生的条件。在双向本真性的体验过程中，旅游者不再是被动的观众，而是参与到东道主的生活中去，并与东道主一起建构双向的本真性。双向本真性是一种源于游客与东道主（有时则是游客与游客）之间的交流和互动的本真。在这里，游客不再满足于被动观众和旁观者的角色，而是寻求理解当地人的生活，渴望在或大或小的范围内参与到当地人的生活中去，他们不再是被动的观众，而是积极的参与者，通过与东道主的互动来体验本真性，成为本真性的建构方之一。东道主也不仅仅是为游客出演各种“剧目”的演员，而是与游客进行真情互动的参与方，客人和主人之间形成了一类“本真的社交”。在现实旅游过程中，好客旅游者和观光者寻求不同类型的本真性，观光者追求单向本真性，而好客旅游者则追求双向的本真性。

二、旅游本真性的可能性

一般看来，游客当然关心旅游客体的真实性，当然希望看到旅游客体的本真状态，当然希望最大限度地感受旅游客体带来的震撼和愉悦。但从旅游者的旅游动机看，并不是所有的旅游者都以追求旅游客体的本真性为旅游的动机和目的。

背包旅游、修学旅游、考古旅游和文化旅游中的部分游客，以追求本真为直接的旅游目的。贝格（Berghe）的游客调查表明，有着较多休闲时间的游客往往会追求“本真性”。哈金（Harkin）调查的一位英国游客对本真性的追求高到讨厌别人称他为“旅游者”。瓦勒朗（Wallerand）从心理学研究的角度也证明游客追求本真性。

以希望追求“本真性”为目的的旅游者，希望看到实物的本真性，也不介意通过科技手段和其他途径更直观地领略事物的本真。尽管现代游客具有追求旅游客体本真性的旅游动机，但现代旅游的产业化屏蔽了旅游客体的本真，游客只能欣赏到商业改造过的“舞台的真实”。海洋巡游游客希望远离“气泡”，寻找真实的他者生活，却总是逃离了一个“气泡”，又进入另一个“气泡”。皮尔斯和莫斯卡多（Moscardo）调查了澳大利亚的6个历史主题公园，认为许多复制的历史景观会被展示为“真实”，而这种“真实的复制”是游客参观某些景点的动机。

以休闲娱乐为目的的旅游者，并不介意旅游吸引物的“真实性”。在波斯汀（Boorstin）看来，现代游客不以追求旅游客体真实性为目的，而是在轻易地欣赏

“假事件”，他们既不关心旅游客体的本真性，也没有辨别旅游客体本真性的能力。

如果游客追求旅游客体的“本真性”，那么又追求何种程度的本真性？如果现代游客以追求本真性为目的，在追求旅游客体本真性的程度上则存在差异。一方面，不同旅游类型对旅游本真性追求程度存在差异，例如休闲垂钓游客和江河海钓游客之间追求旅游客体本真性之间的差异十分明显。休闲垂钓游客明明知道池塘里的鱼是人工饲养的，但垂钓过程是真实的，并能轻而易举地享受钓鱼的快乐。海钓游客无法容忍人工饲养的垂钓，他们享受的是海钓运动带来的体力、耐力考验以及因此而带来的运动快乐。另一方面，同一类型的旅游对旅游本真性追求的程度不同，不同层次的旅游者或者不同旅游目的的旅游者在同一类型的旅游中，对旅游客体的本真性追求存在明显差异。例如个别雀友爱好者到峨眉旅游，是为了体验在峨眉顶峰打牌的感觉，虔诚的佛教信仰者到峨眉山旅游则为了一睹峨眉佛光，部分游客到峨眉旅游的原因就是他没有来过想看看而已，好客旅游者和原生态旅游者可能对峨眉毫无兴趣，因为他们对旅游客体的本真性有很高的要求，不喜欢成熟的商业化旅游景观。

如果游客以追求本真性为目的，那么他们能否实现追求本真性的目的？

在现实中，追求单向本真性的典型的旅游形式是观光旅游。不同类型的游客对本真性的关注和要求不同。例如，知识分子比起工人来说对本真性的关注程度更强，评价标准也更严格。更具体来说，不同的游客具有不同的旅行经历，因此对本真性鉴别程度和能力不同。

旅游者旅游的目的和动机之一是追求本真性，他们想去体验真情实意的好客，体验那种能够导致主客之间的互动本真性的好客。在传统社区的商业化旅游尚未开发或处于开发早期阶段，东道主由于受到传统道德和习俗的约束，展现出难得的好客真情，传统社区东道主的好客往往被游客看作是真情实意的，因为它直观地展示了传统社区对待陌生人的传统本真性好客。因此，未开发或者开发未成熟的民俗旅游地，即旅游服务功能不够完善之地，就成为旅游者追求本真体验的向往之地。但是，商业性好客背离了游客追求本真性的目的。旅游供应商利用高科技手段，尽最大可能提供热情、周到、细致的服务，帮助旅游者追求旅游客体的本真性，例如民俗旅游中周到的好客服务，但是，旅游者对这种商业性的好客并不领情，不再把商业化好客看作是好客真情的流露，而看作是一种表演，一种人格化的金钱交易，甚至认为商业性好客的存在阻碍了他们追求旅游客体的本真性。因此，在某种程度上来说，游客本真性的体验是难以实现的。

第二节　旅游研究中的本真性

一、旅游本真性的研究重点

旅游学术界对旅游本真性问题的研究，主要讨论的是旅游经历的本真性，即现代游客在何种程度上追求本真性，他们能否实现追求本真性的目的；通过分析游客是否关心“本真性”问题来解释游客行为的差异；旅游目的地如何帮助游客实现旅游体验的本真性。

（一） 客观的本真性

客观的本真性，就是以旅游客体的本真性或旅游主体感觉中的旅游客体本真性为研究视角。学者们主要从客观主义、建构主义、后现代主义、存在主义4种角度讨论客观本真性问题。客观主义、建构主义和后现代主义的研究，强调旅游客体具有的本真性；存在主义的研究，则强调旅游主体体验旅游客体的本真性。关于旅游客体的本真性，客观主义者强调旅游客体属性的本真性；建构主义者强调旅游客体解释和构建的本真性；后现代主义者则强调“仿真”比原物更加真实，已达到了一种完美的“超真实”境界；而存在主义者强调旅游者感觉中的旅游客体本真性，而不是旅游客体自身的本真性。

（二） 主观的本真性

有学者认为，本真性主要有两层含义：一是指博物馆里的展品是不是真的，二是指人本身的存在状态。主观本身的存在状态是指人们在旅游体验和旅游交往中的感受的本真性，即旅游体验中主体感觉的本真。他们认为，主观的本真性有两种情况，一种是互动的“本真”，另一种是人际的“本真”。

本真性可以分为单向本真性和互动本真性。长期以来，在客观旅游本真性研究中，本真性主要是被当作一种客体的单向的本真性，即只存在于旅游对象中的、有待游客去观察和发现的本真。游客被假定为只是被动的观众，而不是参与建构旅游本真性的主体，抑或是围绕本真性与旅游对象进行互动的主体。与单向的本真性不同，互动本真性是一种源于游客和本地东道主的接触、互动和交流的本真。为了寻求互动本真性，旅游者不是被动的而是主动、积极地参与，并投入自身情感的人。

人际的本真区分为旅游东道主和游客之间的交流互动的本真性和旅游者相互之间的本真性两类。人际的本真性存在于几个不同的层次。在初级层次上，人际的本真性是一种特定的社会现象，如家庭关系的亲密性、亲朋好友之间的真情实意的好客。就旅游者来说，他们同样可以获得家庭关系中的亲密性、自然性和本真性，但是却难以从外部的陌生人社会中获得类似的体验。在都市社会，由于人际关系具有肤浅性、漠然性、过渡性和匿名性的特征，获取纯真的人际情感显得尤其困难。在现代社会，“本真”的人际关系大部分已经消失，人们需要借助旅游活动，重新获取人际的本真，好客旅游即是游客和东道主之间的本真接触的旅游，追求一种互动本真性。这种人际本真不是家庭成员中的那种本真性，不具有家庭成员之间的自然性和本真性。同时，这种互动本真性也不同于商业化的“热情好客”，旅游地东道主的热情好客同利润之间没有赤裸裸的商业化联系。

二、旅游本真性的研究流派

在旅游本真性研究中，学术界形成了几种主要的观点，如客观主义观点、建构主义观点、后现代主义观点、存在主义观点、交往互动主义观点等。

（一） 客观主义的观点

对旅游本真性的客观主义研究方法，以波斯汀（Boorstin）和美国学者麦坎内尔为代表，他们把本真性当作旅游客体固有的一种特性，可以用一个绝对的标准来衡量，但在旅游者追求这种本真性的能力和动机方面，两人的观点又截然相反。

波斯汀认为，游客既没有获得本真性的能力，也没有追求本真性的愿望，游客追求的是肤浅的、别人策划的“伪事件”。导游带领的团队与当地居民处于隔离状态，观察的是假的景观。游客轻信地欣赏着“伪事件”而不管周围的“真实”世界。波斯汀把这些归因于文化的商品化、同质化、旅游经历的标准化，以及游客自身的偏好——他们自愿上当受骗是造成与东道主社会隔离的原因之一。他的主要理论基础是现代生活的不真实。

麦坎内尔认为，游客出游的目的就是追求本真性，现代人要摆脱日常生活世界中的“不真实”，就只有到别的地方、在别的时段去寻找“本真”。在现代人的幻想中，与自己目前不真实的存在相比，他者的生活才是真实的。现代游客总是在寻找本真性，然而却总是失败。旅游业是无法让游客找到本真性的，因为旅游业是商业驱动型产业，获利是其首要目标，只会欺骗游客接受其经过精心策划的景观是“真实的”。欧文·戈夫曼认为，社会行为就是演员间的表演，人们尽力给他人留下诚实的印象。这种表演发生在前台，演员们面对观众，观众会评价演员的表演是真实或不真实、诚实或不诚实、可信或不可信。演员们在后台准备他们的表演。后台对观众是关闭的，演员可在这里放松，做些与前台表演不一致的活动。麦坎内尔在戈夫曼的“前台”“后台”理论的基础上提出了“舞台的本真性”理论，认为在现代旅游开发中，东道主将他们的文化当作商品展示给游客，从而导致东道主社会生活本真性的舞台化。当游客和东道主面对面地接触时，他们常常就像是在舞台上演戏。“舞台化”使游客很难经历目的地社会的真实文化。后台与事实、亲密、真实相连，游客追求他者真实的生活后台。但是，前台和后台很难被辨别出来。麦坎内尔认为旅游业发展了第三个区——“舞台真实”，即旅游企业意识到游客寻找后台的经历，于是为他们建立一个假的后台。这种后台的舞台真实比起前台的舞台真实潜藏着更大的危机，对社会生活不真实的神秘化，不仅是谎言，而且是超级谎言。

客观主义者将本真性当作旅游客体固有的一种特性。一方面，对舞台真实、民族旅游持否定态度，忽视民族旅游积极的一面，即民族旅游有益于传统文化的重新解释，甚至复兴。民族旅游强化地方文化的本真性，舞台本真性有益于重建民族身份，游客自身并非总是“舞台真实”的被动的消费者。波斯汀的“假事件”和麦坎内尔的“舞台本真性”所坚持的都是本真性概念的博物馆用法。另一方面，专家、学术界所认为的“不真实”，也许在旅游者看来却是真实的，本真性并不是简单的黑色或白色，而是五彩的混合色。

（二） 建构主义的观点

建构主义者将本真性从旅游客体内在的特性转变为客体所表达的一系列社会建构的、象征的含义。

建构主义研究者认为，多数旅游者追求的是旅游客体的本真，是符号的本真，而不是客观的本真。现实不过是人类解释和建构的结果而已，因此是多元的、弹性的。旅游场景中的本真性并不是一种“不动产”，而是游客赋予的价值或评价，旅游客体被旅游者判定为真实时，并不是因为它们原初就那样，而是因为它们被当作了本真性的符号或象征。这种符号的旅游本真性是由各种旅游企业、营销代理、导游解说、动画片制作者等生产制造。如遗迹监护人并不把本真性定义为“事实”或不可重造，而是根据他们的印象及其文学作品来建构真实。游客虽然希望获得真实的经历，但不会愿意面对东道主社会的现实，游客不会花大笔钱去观看贫穷、边远地区的旅游地儿童患了疾病却没钱就诊。

建构主义者认为，文化是一个相对的过程，而不是一件物体；文化的含义随着所处环境的变化而不断变化；对于文化本身而言，文化是可以创造的而不是给定的，对于部分人而言，文化既定客观事实。因此，本真性是一个社会建构的概念，其社会含义不是给定的，而是相对的、可商榷的、由环境决定的，属于思想意识形态的范畴。所以，旅游体验的本真，实质上是文化创造中的本真。

针对客观主义者的商品化会破坏地方文化本真性的观点，建构主义者认为商品化并不一定会破坏文化的本真性。商品化会不断地为地方文化注入新的活力，成为民族身份的标志，成为当地人在外来公众面前自我表征的工具。商品化的、舞台化的产品所体现的某些突出的当地特征，会使游客认可该产品的本真性，从而满足游客的愿望。

（三） 后现代主义的观点

后现代主义的主要观点是，“虚真”也是一种真实，“虚真”构建“本真”的享受环境，“虚真”保护了“本真”。

后现代主义学者认为，“真”与“假”没有明显的界线。模拟变得如此真实，比真实还真，已达到一种“超真实”境界。仿真和虚像是思想中的两个概念。鲍德瑞拉德（Baudrillard）认为“仿真”不是一种实在的“真”，而是一种“虚真”，是对实在之真的模仿或模拟。虚像是非真实的景象，是以复制品、虚构的摹本而成的“像”。仿真和虚像比以实在为模型的表象更为真实。仿真与虚像并不是真实，但它们却超越真实，是一种超真实的本真。迪士尼乐园等主题公园被鲍德瑞拉德用作说明超真实的极佳例子，认为迪士尼成功的关键也许就在于其想象能力。

以色列社会学家科恩（Cohen）认为“虚真”构建了本真的享受环境。如果说现代游客的旅游风格是追求“本真性”，后现代游客则是追求享受、娱乐、表层美。事实上，后现代的许多游客已不大关心本真性，他们追求的不是真实。随着后现代旅游思想的出现，人们对“虚构”景观的态度也在发生改变。只要所游览的景观能给人以享受、娱乐，游客是不大关心景观的起源和“本真性”问题的。以迪士尼乐园为例，尽管是为商业的目的而建造，随着时间的推移，它变成了美国文化的标志；尽管源于“虚构”，它仍要求有“本真性”的衡量，要求有“本真性”的技术。

后现代主义学者还坚持“虚真”保护本真的观点。“虚真”景观不再意味着毫无意义。本真性涉及复制的技术，对过去完美的模仿，从这个角度出发，本真性是一个技术问题。后现代主义学者把边缘的民族文化视为“濒危文化”，与“濒危自然”一样，“濒危文化”也需要保为“真实的复制品”。对那些处于边远地区的旅游地而言，舞台化的景观起着越来越重要的作用。后现代游客更加关心旅游对脆弱的东道主社会的影响，作为原物替代品的舞台真实可以阻止游客进入脆弱的文化区；阻止游客“凝视”、扰乱东道主社会的生活和文化；阻止那些寻求客观“本真性”的游客进入后台，从而起到保护当地文化、生活方式的重要作用。布鲁纳（Bruner）认为，游客关心的是舞台的艺术效果，而非“伪装的”真实。在一些边远地区建立“活博物馆”、民族村、主题公园、野生自然公园，以及其他类似的部分“假造”或全部虚构的景观以为“自然”景观的替代品，是可以接受的，旅游产品的技巧就在于如何将产品制造得有说服力、可信、逼真。

（四）存在主义的观点

存在主义者认为，即使旅游客体是完全假的，游客还是可能在体验旅游客体时追求一种本真性，即一种替换的、由旅游活动激发的存在的本真性。

存在主义者着重研究存在状态的本真，认为本真是一种存在状态，它存在于主观体验之中。客观主义的本真性和建构主义的本真性强调客体的本真，即将本真性与对真实世界的体验联系起来，而存在主义者的本真强调旅游主体的本真的存在状态，即把本真作为一种感觉，同旅游主体的自我体验联系起来。

存在主义者认为，存在的本真与旅游客体是否真实无关。旅游主体在寻找本真的旅游经历时，他们在某些旅游活动的激发下，处于一种“成为”的存在状态，他们毫不关心被旅游的客体的本真性，只是借助于旅游活动或旅游客体寻找本真的自我。当处于存在的本真状态时，人们感觉自己比日常生活中的自我更加真实、自由，这不是因为他们发现旅游的客体是真实的，而是因为他们摆脱了日常生活中的种种约束，能够参加非同寻常的活动。

存在主义者认为，旅游者更注重追求存在的本真性。当游客试图理解他者时，强调的是客体的本真性，而当游客只关心自己本真的经历时，则是存在的本真性。休斯（Hughes）认为应从存在的视觉解释本真性，从自我出发研究本真性。克朗（Crang）认为，游客在参加活的历史展示时，会进入“本真性的绝妙时刻”，就像被恐怖电影吸引时，游客能栩栩如生地感觉到与时间、灵魂的接触。丹尼尔（Daniel）认为本真性不但取决于对“风格、形式、内容”的忠实坚持，同时取决于表演者表演舞蹈时的全身心的投入。舞蹈表演使人们摆脱日常生活的紧张，与当地人一起翩翩起舞的游客这时能进入一种近似狂欢的状态，从而感觉到一个不同的自我——一个完整的、真实的自我。卡里（Cary）指出“存在的本真性”与“游客瞬间”最接近。“游客瞬间”指一种自我发现的自发体验。旅游过程中，意外发现的刹那间的自然体验也就是本真了。Obenour 也强调游客追求的是自我的本真，而非文化的真实，认为真实的旅游经历应提高对自我的理解。格拉伯恩（Graburn）把旅游看作世俗的工作时间与神圣的休闲时间之间的仪式交替，也暗含着游客追求本真的自我。

存在主义者认为本真性的重新定义也不能离开旅游的客体，否则会否定旅游关系中的另一半，而这一半代表着弱势的一方，尤其对于民族旅游而言，客体的本真性也许比主体的本真更为重要，这种思想体现了一种对东道社会的关爱。同时，客体的真实也并非与主体的本真毫无关系。游客对本真性的感知程度与游客的消费成正比，高度真实感成为高消费的主要决定因素。

事实上，本真性已成为一个很热的卖点，为了保持旅游吸引力，目的地必须强调旅游产品的本真性。我们应该更加关注哪些因素建构了一个地方的文化本真性，客体的本真性怎样影响各种旅游细分市场的满意度，影响游客的本真的经历，怎样才能使游客凝视的客体具有高度的真实感。

（五）交往互动主义的观点

交往互动主义的观点从好客旅游的角度阐述互动本真性的内涵。所谓好客旅游，是指游客加入到旅游目的地的一个本地家庭和社区中去，以便对本地人的生活获得一种参与性的深度了解，并通过与本地东道主的互动而获得一种地地道道的好客文化体验。

在我国的北京、上海及其他一些城市，好客旅游采取了这样的形式：国际游客加入到一户本地家庭，与东道主共同生活一段时间，一同购物，一同烹调，一同看电视，一同外出锻炼等。在这样的旅游中，客人获得就近深入了解中国人的日常生活的机会，而主人则对客人表示出应有的好客热情。对客人来说，这种好客是一种真实的情感，是一种质朴的情感的自然流露，这就是一种本真性，但它不是单向的本真性，而是互动的本真性，因为这种本真性是在互动过程中产生的。不但东道主的好客是传统的好客情感的自然流露，而且客人的感激也是真诚的。换言之，在一定的条件下，东道主和客人的互动不是虚情假意，不是演戏，而具有一定的真实性或本真性。尽管这种本真性不如家人互相之间的关系那么自然，但它毕竟是一种真实的礼貌和好客，一种通过东道主和客人共同构建的互动本真性。这种本真性具有互动的性质，与观光旅游中的单向的本真性具有明显的不同。

交往互动主义认为，旅游目的地的主人和客人的互动和交流，“主人”概念是模糊的。目的地居民包括本地或土著居民、永久性移民、来自外地的短期从业或求职人员以及本地和外地的投资者，而“主人”是那些代表本地文化和传统的本地人。通常来说，游客往往觉得目的地本地居民的同质性越高，与当地居民的互动就越具有本真性。因此，游客往往避开具有混杂人口的城市目的地，以便获得一种互动本真性的体验。例如，他们喜欢到尚未进行商业化旅游开发的边远旅游地，体验当地居民的纯真的豪爽和好客情意。

从本地人的角度看，游客是陌生人。他们对待陌生人往往采取两种不同的态度：或者是好客，或者是回避、敌视、虐待。换言之，他们对待游客的好客，仅仅是对待陌生人态度的一种。在某些原始部落，不存在对陌生人的好客，人们或者虐待陌生人，或者回避陌生人，因为他们相信陌生人拥有某种潜在的、有害的神秘力量，或者是超自然生物的代表。尽管如此，大部分传统社会还是形成了针对陌生人的好客文化。学者波尔查济把对待陌生人的态度区分为几类：回避或虐待陌生人，辟邪性好客，美迪亚类型的好客，奉神性好客，契约性好客，利他性好客。他认为，不论东道主是一个贫穷者还是一个富裕的国王，最低等级的款待要求必须得到满足。他招待骑士旅行者和旅行的女士不是为了金钱的回报，而是为了通过提供与当时社会环境相适合的服务，以显示自己是一个具有优越地位的成员。在法国，好客体现了宫廷社会最好的美德。

但是也有学者认为，在资本主义社会，好客被商品化、理性化和非人格化了，变成了“伪好客”。传统社会的好客是有机的、精神性的、真实的，商业性好客是一种制度性的功能系统，如酒店、餐馆和航空服务等。在这种制度化的好客系统中，好客不再是主人慷慨地为客人提供食品和住宿，而是一种非人格化的金钱交易。它是一种算计过的、以利润为驱动力的、工具性的好客，它不再是主人的内在情感和道德义务那种传统那种真实的、地道的好客。“伪好客”失去了本真性的好客，但它可以是旅游度假的一个目的，如一些度假者选择到一些豪华酒店度假。对大部分游客来说，商业化好客在旅游行程中占据从属的地位，服务于其他更重要的目的。

第三节　旅游体验的本真性

既然本真性包括客观的本真和主观的本真，客观的本真可以从客观主义、建构主义、后现代主义、存在主义的角度来衡量旅游吸引物的本真性，主观的本真从人际交往方面衡量互动的本真性，那么，衡量旅游者对本真性的体验质量也应该从主观和客观两个向度衡量，判断旅游地“本身性”也应该从专家、旅游者和旅游地居民等不同标准进行衡量，互动本真对好客旅游的“本真性”与好客旅游的生命周期的影响方面，需要在旅游资源开发中深入研究。

一、旅游体验质量的多维度性

旅游体验是指旅游者的体验，旅游者的评判是衡量旅游体验质量高低的唯一依据。然而，旅游者的旅游体验评判不一定是全面的，可能因为对某一点印象特别深刻而对其他因素视而不见，使得对整个旅游体验质量的评价是片面的；旅游者的旅游体验评判也不一定是客观的，可能因为个人对本真性的认知程度不同，或者受到某一事件的光环或遮蔽效应的影响，使其对旅游体验质量的评价是片面的。

（一）　旅游体验质量客观向度

客观主义、建构主义、后现代主义、存在主义的本真性都是从单方面衡量旅游客体本真性，也是影响旅游体验质量最主要的因素之一。通过对旅游吸引物的品质、旅游吸引物的独特性、旅游者的感知程度、旅游路线设计的合理性、旅游吸引物的共鸣互动性、旅游吸引物刺激的程度等方面来探寻旅游体验质量，是一种有效的手段。

（1）旅游吸引物的品质。旅游吸引物的品质是体现本真性的重要指标之一。在一段时间内，旅游吸引物的品质会维持在一定的状态和范围之内，旅游者因为旅游吸引物的品质恒定而获得的旅游体验质量相对比较稳定在一定的范围之内，可以通过旅游管理机构对旅游资源的认定等级来确定旅游吸引物的本真性和品质，进而研究旅游体验质量与旅游吸引物本真性之间的关系。

（2）旅游吸引物的独特性。旅游体验兴奋程度是旅游体验质量的重要影响因素，旅游者的旅游兴奋程度的高低受吸引物的独特性影响。一般来说，旅游吸引物越独特，其吸引旅游者注意并产生旅游兴奋的可能性就越大。旅游吸引物的独特性与本身的品质有关，也和旅游者的旅游经验有关。

（3）旅游感知程度。旅游感知程度是影响旅游体验的又一重要因素。旅游者的旅游体验质量与旅游感知程度密切相关。一般情况下，旅游感知程度越高，旅游者对旅游吸引物的了解认知就越深，就越能体验到旅游吸引物的独有魅力，进而产生其他游客不能产生的旅游愉悦体验。旅游感知程度越低，就越无法被旅游吸引物的魅力所吸引，甚至对旅游吸引物毫无兴趣，旅游体验程度自然很低，旅游体验的质量也不会高。

（4）旅游路线的合理性。旅游者的旅游兴奋程度不是一个常量，它随着旅游者的体能、关注程度、兴奋点的变化而变化。同一条旅游路线对这一组旅游者来说是合理的，对另一组旅游者也许是不合理的，能吸引旅游者注意并产生旅游兴奋的旅游路线，才是合理的路线。

（5）旅游吸引物的互动性。旅游吸引物的互动性不单指旅游吸引物的可参与性，因为很多旅游吸引物是无法参与的，但却具有良好的互动性，能够产生积极的旅游互动。旅游吸引物的互动性主要通过其与旅游者之间产生的共鸣互动体现出来。旅游互动可以分为三个层次：身体参与型互动、情感参与型互动、精神参与型互动。目前对旅游体验质量的考量主要集中在身体参与型互动这一个层面，对情感参与型互动和精神参与型互动的考量甚少。

（6）旅游吸引物的刺激程度。旅游吸引物的刺激与旅游者的体验之间不存在绝对的正相关关系。当旅游吸引物刺激在旅游者可以接受的范围之内时，旅游吸引物的刺激与旅游者的体验存在正相关关系；当旅游吸引物刺激不足或者刺激过度，出现负值时，正相关关系将消失。

（二）旅游体验质量主观向度

1. 导游帮助与旅游体验质量

导游帮助主要指导游通过提供讲解帮助、人际交往帮助和机构性帮助等相关服务，使旅游者迅速消除因陌生而引起的一系列旅游体验障碍，适应旅游环境并参与旅游体验。旅游体验的障碍有的来自旅游者自身的心理障碍，有的来自旅游小环境的人际障碍，有的来自旅游产品的结构性障碍，也有的来自对旅游吸引物理解的文化障碍等。

（1）讲解帮助对旅游体验质量的影响。导游讲解主要是为消解旅游者因对旅游吸引物的陌生而引起的旅游体验困难提供帮助，通过导游讲解帮助，消解旅游者在旅游体验中遇到的一系列文化障碍，包括来自自然景观的文化价值审美视角、文化内涵等文化障碍，人文景观的民族价值、审美价值、历史意义等诸多文化障碍。导游讲解帮助效果直接影响旅游者对旅游吸引物的理解和体验程度，直接影响旅游者的旅游体验质量。

（2）人际交往帮助对旅游体验质量的影响。旅游小环境是组团旅游过程中形成的独特旅游人气氛围，旅游小环境的好坏直接影响旅游者的兴致和情感。旅游小环境主要由4种力量形成，即导游促使旅游团内部人际交往质量、导游与旅游团内部交往质量、导游与旅游团外部交往质量、旅游团成员与外部交往的质量，这4种力量可概括为人际交往质量。人际交往质量渗透于旅游高峰体验和辅助体验形成的过程之中，对旅游体验质量以及旅游质量评价产生重要影响。因此，如何帮助旅游者克服人际交往的心理、行为和语言等方面的障碍，使旅游团内部成员之间、导游与旅游团成员之间形成良好的交往关系，并让旅游团成员在适当的范围内与外部交往体验，对导游来说是一项非常重要的任务。

（3）导游帮助交往程度对旅游体验质量的影响。①导游帮助适度对旅游体验的影响。导游帮助适度，能够很好地服务于游客的旅游体验需要，提高旅游者旅游体验的质量。第一，通过导游讲解帮助，游客掌握旅游吸引物的具体背景以及欣赏的角度与技巧，促使旅游者迅速进行感官体验、情感体验和精神体验等不同层面的体验，增强旅游者不同层次的体验质量，这在遗址旅游、民俗文化旅游等方面尤为突出。第二，通过人际交往帮助，营造良好的团体旅游氛围，可以帮助旅游者进行顺畅的人际交往，提高旅游交往、交流带来的旅游体验，并增强团队的凝聚力和归属感。第三，通过为游客提供多方面周到的结构性帮助，可以满足旅游者在吃、住、行、游、购、娱方面的辅助旅游体验需要。②导游帮助不足对旅游体验的影响。导游帮助不足可以分为导游帮助存在重大缺陷、导游帮助存在明显缺陷、导游帮助存在明显不足等几个层次。导游帮助中出现重大缺陷会导致旅游体验质量急剧下降，主要表现为旅游者情感受挫，旅游愉悦消失，旅游体验呈现负值。③导游帮助过度对旅游体验的影响。导游帮助过度不但不能更好地服务于游客的需要，反而会降低旅游者的旅游体验质量。例如，过度的旅游讲解，可能成为干涉和影响旅游者进行多层次体验的主要因素；过度的人际交往帮助，可能让游客在人际交往中感受到来自导游的压力；过度的结构性帮助，可能会产生献媚之嫌，让游客产生导游或旅行社别有用心的担忧。

（三） 个体变量与旅游体验质量关系模型

旅游者的旅游体验是一个连续的时空过程，包括高峰体验和辅助体验，对目的地或旅游吸引物的体验称为高峰体验，对满足旅游需要的其他体验为辅助体验。旅游者在旅游体验过程中，对体验对象的关注不是总处在兴奋—敏感状态，它随着旅游者的生理变化、心理变化、审美情趣以及外部刺激的变化而变化，处在一个变量的状态，个体变量主要通过旅游者的感官、情感和精神对高峰体验和辅助体验的敏感程度展现出来，旅游体验兴奋程度不是常量，而是变量，且遵循兴奋—敏感—倦怠—麻木的关系模型。

（1）个体变量与感官体验。旅游者的感官体验，是旅游吸引物对感官刺激进而形成的直接的旅游体验，感官体验包括视觉体验、听觉体验、嗅觉体验、味觉体验和触觉体验 5 个方面。个体变量对感官体验的敏感性具有较大的影响作用，当旅游者处在兴奋状态时，旅游者感官的敏感性很高，对外界的刺激有敏锐的反应，对旅游吸引物的刺激容易产生积极的反应；相反，旅游者处在倦怠状态时，旅游者感官就会处在封闭或半封闭状态，对外界的刺激包括来自旅游吸引物的刺激相对麻木。

（2）个体变量与情感体验。旅游者的情感体验，主要是通过外部环境氛围的诱导、同旅游吸引物的情感交流和心理障碍的自我克服而形成的，如自我移情、触景生情、情景交融等，皆为旅游者超越对旅游吸引物的单纯感官体检，进入到与旅游吸引物进行情感交流的层面。情感体验的质量取决于旅游者的教育社会背景、与旅游吸引物情感交流的共鸣程度、旅游者的个体变量等诸多因素。

（3）个体变量与精神体验。相对感官体验、情感体验而言，精神体验是更高层次的旅游体验。旅游体验是人们在因物境刺激而获得悦耳悦目的感官体验、因情景诱导而获得悦心悦意的情感体验之后，因意境到场而获得的悦志悦神的精神体验 。

（四） 旅游者主观感受与旅游体验质量的评价

在旅游体验质量评价中，旅游者会根据自己的主观感受对旅游体验进行评价，而旅游者的主观因素是影响旅游体验真实性和质量评价的重要因素。

（1）光环/遮蔽效应对旅游体验评价的影响。光环/遮蔽效应是旅游者在旅游体验中受到旅游吸引物、导游帮助、自身变量等因素影响在旅游高峰体验或辅助体验中产生的，这种效应具有放大或覆盖的作用，对旅游者的旅游体验质量产生极具主观色彩的评价。

（2）情感因素对旅游体验评价的影响。旅游者情感因素对产生主观感受和旅游体验质量评价具有放大/缩小的影响。旅游者对旅游体验质量进行评价时，情感因素是潜在的主导性因素，无论是处在兴奋或者愤怒状态，其评价的客观性受到严重制约，特别是在遮蔽效应的作用下更是如此。对感性的旅游者最好采取事后评价的方式进行旅游体验质量调研，尽可能地减少情感因素带来的影响。

二、民俗旅游本真性的判定

对于民俗旅游本真性的判定，不同的人有不同的理解方式和标准，需要从多角度、多重标准来衡量。

（一）专家和决策者的标准

旅游社会学专家对旅游本真性的研究和思考经历了一个由静态到动态、由单一性到系统性的过程。早期对本真性研究的局限性体现在两个方面：一是对本真性的描述都限于对文化的根的描述，这种描述暗示着一种静止的和向后看的文化观念；二是对本真性的保护强调对有形民俗实体的保护和民俗环境的封闭性的保护。

随着人们对民俗文化研究的深入，对本真性的保护和研究的内涵更加丰富了，人们开始以运动和发展的眼光来看待文化的本真性。越来越多的专家开始认识到，真实性只是某一特定组织和特定人群对某种文化制定的一个相对的标准。从历史的角度来看，真实性是当代人对一种文化历史的认识，这种认识必然会带着这一代人认知的烙印，随着人类认知的发展，对这种文化真实性的认识也会发生相应的变化。在现实生活中，任何一地的民俗文化的生存都是其传承和变化的综合结果，这种传承和发展还会随文化的延续而继续下去。对任何一种文化的真实性的理解如果处于一种静止状态，都不能涵盖这种文化的真实发展状态。所以，真实性只能是一个相对的标准。

观念上的变化，使人们开始把文化的保护从单纯的“物”的保护发展成为对其整体环境和延续性的保护。这种趋势可以从联合国教科文组织对文化遗产保护的有关规定中得到证明：从以前的保护有形文化遗产转向有形文化遗产和无形文化遗产的保护并重，在对所申报的世界遗产的真实性进行界定时，对已有的标准做了引申和扩展，在以西方石建筑为真实性标准的基础上融入了东方木质建筑的真实性原则。由此可见，真实性并不存在一个放之四海而皆准的标准，对它的理解还应该因时而异、因地而异、因人而异。

（二）当地居民的标准

作为民俗文化的承载人和诠释者，对本地传统文化本真性的认知，当地居民对本地文化的认识，同这种文化的传承与发展是至关重要的。当地居民对本地文化本真性的认知主要集中在两个方面：一是对传统文化的态度，即什么是本真的当地文化；二是对当地民俗旅游的态度和参与程度。对于当地居民来说，本真性是他们所处的一种自然的生活状态。所谓“自然”的状态，并非全部都是“过去”的，也并非全都是“现在”的，这种生活状态处在一种不断变化的状态之中，很难用固定的标准去判别。

（1）民俗本真的变动。属于民俗文化精神文化层面的价值观、宗教情绪和民族性格等文化因素深植于人们心目之中，它们可能被潜移默化地改变，也有可能被部分保留；属于行为文化层面的当地人的生活方式却是处在无可逆转的变化之中，是无法保留的；属于物质文化层面的传统民俗建筑和具有民族特色的街区等总是处在一种渐变的过程之中，可能被有计划地部分保留。一些传统民族建筑凝固了过去某一时期传统文化的真实性，但却与现在居民生活的真实性发生冲突。当民俗文化的保护同当地居民的自然生活状态发生冲突时，那种为了保护传统文化而牺牲当地居民切身利益的方式是不人道的。

（2）民俗利用与保护。满足当地居民生活舒适性同时保护特色建筑，是保护本真性的基本原则之一。很多地方都采取保护外观、整修内部的方式来兼顾真实性和舒适性。在我国许多拥有丰厚民俗文化资源而经济欠发达的旅游地地区，当地居民对民俗文化真实性的取舍还关系到他们自身的生存与发展，当地居民最为关注的是民俗文化为本地带来的经济发展，那种为保护本地文化而限制旅游业发展的举措，既无益于当地文化的健康发展，也无益于当地居民生活的改善，很难被当地人接受。保护民俗文化的前提是发展当地的经济，一旦当地居民的生存和发展得到了保证，他们才会体会到保护、传承本民族文化实际上就是维护自己的经济利益，才会发自内心地对本民族的文化充满自豪感。

（3）民俗的旅游开发。民俗旅游产品的设计与展示，特别是民俗旅游活动中当地人的支持与参与，是检验该产品本真性的一个重要指标。如果某种民俗活动本来就是当地居民日常生活的一部分，同时又受到旅游者的喜爱，那它的本真性就是毋庸置疑的。如四川居民坐茶馆、听川剧的习俗，既是当地人喜爱的日常活动，又是旅游者感兴趣并乐于体验的民俗旅游活动。如果一种民俗活动是专门为旅游者“制造”的，也要由当地居民认可和赞同，才能保证其真实性，因为民俗旅游资源的核心是人，民俗文化的核心也是人，只有当社区或文化团体确认这种民俗旅游产品对他们是重要的，并控制着与旅游者和旅游业的交换过程时，真实性才会得到保护和加强。

（三） 旅游者的标准

旅游者选择民俗旅游的动机都是体验原汁原味的民族风情，但由于游客的文化背景和各方面主观因素的不同，对民俗旅游产品真实性的认知度也各有不同。

不同消费者对同一产品真实性的需求是不同的。国际游客对我国民俗旅游产品的真实性的认知和国内游客有所不同，多中心型的游客对民俗旅游产品真实性的需求相对于中间心理类型游客来说要大得多。

同一消费者对不同产品的真实性的感知也不同。以同一种民俗文化因素为题材可开发成乡村民俗游、民俗节庆游、民俗主题公园游和民俗生态博物馆旅游等不同旅游产品，它们的真实度也各有不同。游客在深圳中华民俗村旅游感受到的泼水节，同在云南西双版纳感受到的泼水节的真实度，肯定差距很大。

同一旅游者对同一旅游产品多次体验的真实性感知也不相同。旅游者初次体验一个旅游产品，他可能有很高的兴奋度和关注度，投入的情感也比较多，更容易形成互动性的旅游感知，而多次旅游体验之后，因为旅游经验和情感收入等多方面的因素影响，感觉体验的真实性就可能大为降低。

我们可以尝试用衡量真实度的方法来测定旅游者对民俗旅游产品的本真性体验。真实度就是消费者对民俗旅游产品本真性共同认定的程度，是消费者对民俗旅游产品好坏评判的倾向性指标和经营者对产品评判的重要参考指标。

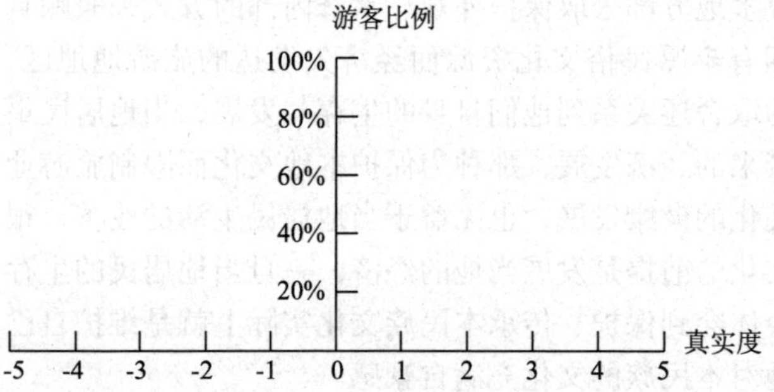

图 8－1 民俗旅游产品真实度坐标图

对民俗旅游产品的真实度的测量可以在图 8－1 民俗旅游产品真实度坐标图中进行。在坐标图中，横轴为产品真实性的认定，其中正极为对真实性肯定的评判，负极为对真实性否定的评判。每一极分为 5 个等级，以便打分量化。竖轴以百分比的形式测量游客的数量。同其他商品一样，民俗旅游产品也具有不同的种类和档次。游客对民俗旅游产品质量进行评判的标准就是其真实度，档次越高的产品真实度越高。那些对民俗文化过度庸俗化、商业化、甚至歪曲的旅游产品，如调查结果显示其数值在坐标内的左边，就应考虑对产品的真实度进行调整。文化商品也同样要受到经济规律的制约，如果它的真实性不能满足消费者的需求，那也不能避免最终被淘汰出局的结果。如果要把某一地最本真的民俗文化因素放在这个坐标内衡量，想象中它的真实度应该在坐标内右边的第五级，由于旅游主体和旅游客体等多方面的原因，消费者对它的认知和接受不一定最好，也就是说，它在第五级的数值却不一定是最高的。所以，作为大众旅游产品的民俗旅游不可能、也没有必要追求和文化遗产保护同等次的真实度，民俗旅游产品的设计者应当针对目标市场来安排特定的民俗活动。

第四节　好客旅游的本真性开发

所谓好客旅游，是指游客加入到旅游目的地的一个本地家庭和社区中去，以便对本地人的生活获得一种参与性的深度了解，并通过与东道主的互动而获得一种地地道道的好客文化体验。好客旅游已经成为我国一种新型的旅游形式，例如山东在树立整体旅游形象时就打出了“好客山东”的主题。

一、好客旅游的生命周期

建立在商业化基础上的好客旅游活动，恰恰是摧毁好客情感的载体。一旦商业化涉足过深，传统社区的主人便不再能够对游客展现传统的好客真情，相反，他们也会变得如同酒店员工一样，为了商业的目的而表演出一种虚情假意的、情感超脱的“伪好客”。因此，好客旅游具有自己的生命周期。

在好客旅游的早期阶段，还没有被商业化，目的地的本地居民通常对陌生人表现出传统的好客情感和行为，这种好客是一种传统的道德情感的真实流露和表达。在好客旅游的初期阶段，随着这种传统好客情感被发现，旅游中介进入，并开始将这种传统好客商业化，但本地居民对到来的客人仍然感到好奇，还会表现出他们传统的好客真情。在好客旅游的中期阶段，传统好客商业化日渐明显，本地主人对待游客的态度开始发生变化，好客变成了一种获取利润和金钱回报的表演，表演者不再投入真实情感，开始对游客体现出一种玩世不恭的态度。他们的好客情感是装出来的，纳入了商业化的好客服务体系中。在好客旅游的后期阶段，游客发生分化。一部分游客由于觉得目的地的传统好客被商业化了，他们寻求新的未被商业化的传统社区去体验当地东道主的真实的好客情感。另外一部分游客则依然对这种商业化的传统好客感到满意，因为在他们看来，这种商业化的传统好客比起都市社会中商业化好客来说，依然更具有淳朴的性质。更重要的是，一部分游客由于能够通过付钱来享受这种舞台化的好客，而获得一种“赞助人”的满足感（赞助目的地经济发展）。

二、好客旅游的互动本真

在商业化的好客旅游中，游客是否还能体验到互动本真性，值得探讨。

互动本真性涉及3种不同的情形：第一种，通过游客与主人之间的真情沟通和互动而使游客体验到互动本真性；第二种，客人真实地同主人进行沟通和互动，然而主人却在表演，但客人没有意识到主人的虚假性，因而依然觉得体验到了互动的本真性；第三种，不论是客人还是主人都在怀疑对方的真实性，双方都意识到对方是不真实的，因而游客没有体验到互动的本真性。

在传统好客旅游的生命周期的早期阶段，游客较容易体验到互动本真性；到了其生命周期的中期阶段，部分游客依然觉得他们还能体验到互动本真性，因为他们没有意识到主人的表演性，但一些游客已经觉得主人是在表演，失去了本真性；而到了传统好客旅游生命周期的后期阶段，游客已经难以体验到互动本真性了。

好客的本真性与商业化的好客之间的矛盾与冲突，在于主人与客人的社会关系已演化为一种经济交换和利益驱动关系，进而形成旅游者追求本真性的旅游好客体验与被商品化、理性化和非人格化的“伪好客”之间的矛盾。商业性好客与旅游者追求好客旅游的本真性这种潜在紧张关系表现为：一方面，高度常规化和非人格化的旅游产业服务，为旅游者旅游创造了良好的条件、提供了必要的服务；另一方面，旅游开发者的无限制商业运作让旅游产品的真实性与旅游者的旅游期望的矛盾冲突。因此旅游者的旅游需求不过是现代旅游工业基于现代生活条件的改善而对人的欲望加以操纵、诱惑或控制的产物。

三、游客对商业性好客的认知

如果主人对客人的“好客”仅仅是为了钱而进行表演，那么，游客在旅游中还能体验到互动本真性吗？

从真实性的成分来看：有些旅游地的主人在好客旅游中投入了自己真实的情感，尽管这种好客是一种“表演”，但一部分游客觉得主人的好客还是真实的，也有一部分游客认为主人的“表演”成分比自己所在社会中的制度性好客的“表演”成分少一些，觉得自己依然可以体验到互动的本真性。对后一部分游客来说，金钱动机是一种正当的动机，虽然它会在一定程度上影响主人的好客的真实性，但只要主人还没有沦落到唯利是图的境地，传统好客的表演者依然会显示出一定的本真性。

从游客对真实性的要求来看：互动本真性是相对于特定的情境而言的，在都市文化中，互动本真性限定在亲密性和私人领域的范围之内，在这个范围以外，人们的关系则具有肤浅性、掩饰性、超脱性和淡漠性。游客往往以相对于都市陌生人社会关系的情境来解读传统乡村的好客传统的本真性。他们可以同传统社区的主人进行本真的互动，并一起建构互动的本真性。尽管在一定程度上传统乡村的主人的好客是一种“表演”，但保留了传统好客的形式，这种形式对于来自都市社会的游客来说是难得的。基于这种感知，游客依然觉得能够与传统乡村的主人进行真实的互动。

从主客对互动本真的看法来看：游客和主人对同样的互动会有不同的看法，

即便游客认为本地主人的好客具有本真性，这些主人自己却未必这样看，他们可能会觉得自己的好客不过就是“表演”而已。如果我们将传统社区主人的好客看作一个“社会场”，游客是这个社会场的一个构成部分和互动方，那么，这里所出现的就不是单向的本真性，而是互动的本真性。也就是说，互动本真性的形成受互动双方各自所经历的社会背景的影响，投身于互动的人（主人和客人）凭借自己的感觉来判定彼此的互动是否具有本真性。例如，对于来自于都市社会的游客来说，都市经历的背景使得他们更倾向于把与传统社区的主人的互动过程看成是具有本真性的。人们只有在传统的、未被现代化和商业化过度渗透的社区中，才能体验到当地人对陌生人的互动本真性。这是一种符合现代都市社会的想象的互动本真性，尽管这种互动本真性包含旅游者的幻想和建构成分。

四、本真性的好客旅游开发

在好客旅游开发中，应当尽可能保证旅游体验的真实性，这是好客旅游的生命之本。

（1）表演环境的真实。好客旅游需要一个让旅游者感觉真实的“社会场”——好客环境。表演道具和适度文化差异是构成好客环境的重要组成部分。如何选用适当的表演道具来营造一个良好的好客旅游环境，是好客旅游开发的关键所在。适度的文化差异也可以使游客产生互动交往的动机和意愿。因此，必须整体营造具有真实感的旅游环境，使旅游者和表演者能在这个环境中乐意交往互动。

（2）表演形式的真实。旅游地主人为金钱表演是旅游地商业开发不可避免的情况，但在好客旅游开发中要坚持表演形式的真实，即在商业表演中坚持传统好客的形式。如果为了游客的猎奇而过分夸大或肆意改变传统好客的形式，不但不能达到迎合旅游者的目的，而且可能因为失去了传统好客的真实性而失去其吸引力。

（3）表演情感的真实。好客旅游表演是一个双向的互动过程，在这个过程中主客完成互动的交流。如果表演者仅仅为了表演而表演，让游客感到明显失真而无法投入自身的互动情感，好客旅游就会失去存在价值。主人应当在好客表演中投入适当的情感，让游客真切地体验当地传统好客旅游的魅力与真实感。

案例分析

全裸的印第安部落

大卡车穿行在原始森林中，路是坑坑洼洼的，我们的车跌跌撞撞地开了半个小时，终于到了达都瓦拉村。

达都瓦拉村的印第安人叫“雅马拉比底人”，有200多人，分别居住在6个大茅草屋里，这些茅草屋环绕着一个足球场大小的操场分布。操场中央有两个小茅草棚，是村里举行集体活动的场所。我们来到村子中央的小棚旁，不禁被眼前的情景惊呆了：村里的印第安人无论男女老幼全是裸体。男人们往自己身上涂着自制的颜料，画着各种图案。

我们被带到一个长者面前。陪同我们的巴西全国印第安基金会艺术局局长塞瑟尔介绍说：“这是酋长。”酋长热情地向我们伸出手。塞瑟尔说：“现在你们已经成为他们尊贵的客人了。”酋长同我们交谈着，其他印第安人也围上来与我们攀谈。看他们坦然自若的样子，我倒觉得有点不好意思了，好像他们穿着衣服，我是赤条条的。

塞瑟尔就像回到自己家一样，异常活跃、殷勤。他把我们带到一个草棚前，请一位印第安妇女往我们脸上和胳膊上抹颜料。据说这是全村最有本事的妇女，具有百步穿杨的本领，能让她化妆是客人的荣耀。入乡随俗嘛，我不仅让她在我的脸上画了两个图形，而且让她在胳膊上画了两条夸张的鱼。这些图案和我国西安半坡遗址出土的陶器上的图案是如此相似，我仿佛觉得自己回到了原始社会。塞瑟尔看了我的图案，直伸大拇指，然后很认真地说：“哎呀，吴先生，我忘了告诉你了，这个图案恐怕永远抹不掉了。”“什么？”我心里一惊：怎么会呢？它们好是好，可不能永远涂在脸上呀。塞瑟尔看我吓坏了，赶紧说：“逗你玩呢，过两周就没有了。”

塞瑟尔指着一条小河说：“看，这就是辛古河，这里的印第安人视其为神河。”塞瑟尔“扑通”一声跳进了河里，我也顾不上那么多，穿着三角裤衩就下去了。水不凉也不热，暖暖的真舒服。突然，通往村子方向的小路上飘飘然走来三个姑娘，她们身材匀称，一丝不挂，头上顶着水桶，说说笑笑，全然没有注意到我们在游泳。塞瑟尔没有回避的意思，三个姑娘也没有回避的意思，一切都是那么自自然然，平平常常。

她们头顶水桶，大大方方地从我们面前蹚水过河，然后把水桶放在岸上，开始戏水、游泳和打闹。她们旁若无人地上岸往身上抹肥皂，上下搓着，然后再跳下水去冲洗。姑娘们闹够了，便每人打满一桶水，顶在头上向我们走来。我简直看呆了，站在水里半天没动。不知是谁喊了一声，还不快照相，我如梦初醒，快步跑上岸，拿起照相机咔嚓咔嚓猛照了一通，三个姑娘没有丝毫胆怯、害羞的样子。

塞瑟尔领我来到他住的茅草棚，他告诉我说，他认了这个家的家长为干爸，已是这个家庭的成员了。进了草棚，在汽灯的照射下，发现它竟有一个排球场那么大，五六根柱子上拴着七八个吊床。塞瑟尔领我到他的床前说，这两根柱子是专门用来招待亲戚和朋友的。当然，来人须自带吊床。

草棚的一角还有一个用白布遮挡的地方，塞瑟尔说，那是一间密室，每个家庭都有，主要是给妇女分娩和9岁以上的女孩关禁闭用的，任何人不许入内。孕妇生第一胎时，产后要在里面待6个月；生第二胎时，待3个月；第三胎以上，只待2个月。村子里凡9岁以上的女孩都要在密室里关上6年，不得外出，直到15岁才能自由活动。

我让塞瑟尔走开，便躺在了他的吊床上晃来晃去，觉得挺有趣。草棚里安安静静，有人来回走动，但一切都那么井然有序。我忽然发现我的邻床有动静，仔细一看，原来是一个裸女，还带着一个孩子。我向她友好地点了点头，她也冲我大方地笑笑。正在这时塞瑟尔回来了，他向我介绍说，这是另一个村落酋长的女儿，嫁到这个家里当儿媳妇。原来他们已知避免近亲结婚，难怪在村里没见到一个弱智儿或痴呆儿。

资料来源：http：//www. tripc. net/news/news_ info/119384_ 8

云南民族村的文化突围

席卷而来的全球化浪潮和以工业文明为标志的现代化进程，让早已残缺不全的地域和民族文化面临巨大的冲击和挑战。民族文化的保护传承与重建，已是刻不容缓。令人遗憾的是，在盲目崇拜工业文明的潮流中，在疯狂追求物质享受的时尚里，它们像是被遗忘的弃儿，大都走到了消亡的边缘。而开放的、经营性的云南民族村，一直致力于民族文化的保护与传承，已经成为云南旅游业的品牌之一。

在经济发展进入“体验经济”“眼球经济”时代的今天，旅游业作为典型的“体验经济”，其产品和服务的核心价值，就是向游客销售一种体验、一段经历、一份快乐。十多年来，云南民族村坚持一种经营理念，那就是“玩真的”：建筑真——25个旅游地和一个摩梭人的寨子都按1:1的比例原汁原味地存在于民族村里；人真——员工坚持招聘旅游地的人；民俗真——在民族村按原生地的原生态形态举办各种节庆活动；生活真——民族员工在各自的村寨里，以一种土生土长的活态方式向游客展示。

2006年，云南民族村设立了“民族文化抢救保护中心”，进一步对外展示和弘扬云南各民族的民居、民俗、服饰、民间工艺品和艺术表演等优秀文化，大大小小的节庆有百余个，其中有较大影响、特色突出的也有几十个，如傣族的“泼水节”、彝族的“火把节”、景颇族的“目瑙纵歌节”、白族的“三月节”。

为传承保护和抢救宝贵的民族文化资源，民族村积极开展收集整理民族民间文化遗产等一系列行动：定期举办赛宝大会和专项征集云南旅游地文物珍品，其中南诏大理国的阿嵯耶观音造像在中央电视台的赛宝大会上被评为金奖；建立了一个以保护展示云南旅游地文物艺术品为主的“云南旅游地文物艺术品展示中心”；引入制作哈尼族树皮服装、白族木雕、银器、铜器、民间陶艺、拉祜族面具艺术的一批民间艺人。一般来说，博物馆里的东西都属于历史、属于过去，但云南民族村却以其独特的存在方式建立起一种全新的博物馆方式，像一条看不见的时光隧道，联系着过去、现在、将来。

旅游地文化的保护与传承有两种流行的方式，一种是原生地保护与传承，另一种是异地封闭式保护与传承，如各地流行的传习馆模式。原生地保护与传承当然是最理想的一种方式，通过政府行为发掘、传承、保护，这是国家义不容辞的责任，但这样的做法实际操作起来难度很大，需要国家投入大量资金。而且即使在旅游地文化的原生地，由于种种原因，其文化生态已被破坏。异地封闭式保护与传承，倘若不瞄准市场，全靠外力扶持，也会困难重重，更重要的是封闭式的环境对年轻人来说不人性化。云南民族村正在进行的是非物质文化遗产开放式的保护、传承与展示，通过保护传承丰富景区特色，增强吸引力，从而增加旅游收入，通过旅游收入的增加来更好地发掘、保护传承项目，把文化抢救保护传承和展示通过旅游平台联系起来。文化遗产不展示也没有生命力。为了让民间文化得到更好的展示，民族村给传承人提供更好的发展空间和生活资助，如资助树皮制衣传承人张树皮设立树皮工艺制作展馆，每月给他及其爱人发放工资，解决他们的生存问题。

文化并不是孤立的事物，事实上它与社会经济生态是一个不可分割的整合体，没有经济基础，就不会有文化的发展和繁荣。云南民族村注意用经济的杠杆调动旅游地员工参与的积极性。比如，将一些旅游地文化经营项目安排给旅游地员工。在民族村里的拉祜寨，12 岁就进寨的李扎提就承担了为民族婚庆旅游体验活动搭建场地项目。李扎提喜欢和游客聊天，了解他们最喜欢玩什么，每次探亲回到家乡都要向寨子里的老人请教，祖辈们的生活是怎样的，经常和伙伴们一起商量如何开发体验经营项目。他说："现在我们是自己做主人。自己做了主人，自己就得想办法。"

民族文化旅游所依赖的主要资源是旅游地传统文化，而旅游地的传统文化又是旅游地千百年来传承下来的，因此旅游地应当是自己文化的主人。云南民族村内的各民族员工，不仅保留原汁原味的民族风情，同时逐步成长为有知识、有文化的高素质旅游服务人员。

资料来源：云南电视台，http：paper. yntv. cn/category/3100306/2009/04/10/2009. 04. 10_703650_ 3100306. shtml.

【练习思考】

1. 名词解释：旅游本真性 单向本真性 双向本真性 客观本真性 主观本真性 民俗旅游 好客旅游 旅游体验 旅游体验质量 光环/遮蔽效应
2. 什么是旅游体验的本真性？旅游本真性有哪些主要类型？
3. 为什么说旅游体验的本真性是因人而异、因地而异的？举例说明。
4. 调查分析不同旅游者群体对真实性的追求程度。
5. 旅游者能够实现旅游体验本真性吗？为什么？
6. 以迪士尼为例，谈谈你对后现代主义的本真性的理解。
7. 旅游本真性的研究重点是什么？
8. 概述旅游本真性研究流派的主要观点。
9. 导游讲解帮助对旅游体验质量有什么影响？请举例说明。
10. 人际交往帮助对旅游体验质量有什么影响？请举例说明。
11. 导游帮助交往对旅游体验质量有什么影响？请举例说明。
12. 旅游者主观感受是如何影响旅游体验质量评价的？
13. 如何判定民俗旅游的本真性？
14. 如何开发本真性的好客旅游？
15. 游客是如何看待商业性好客的？
16. 结合亲身体验，说明本真性与旅游产业发展的关系。

第九章

旅游的社会文化影响

【学习要点】

1. 理解旅游对目的地社会文化影响的机制。
2. 认识社会排斥的概念与类型。
3. 理解社会排斥产生的原因。
4. 掌握旅游地社会排斥的消解措施。
5. 认识旅游增权的概念、产生的背景及原因。
6. 了解旅游增权对目的地可持续发展的作用。
7. 认识旅游开发对目的地社会文化的影响。

【基本概念】

社会排斥　旅游增权　发展阶段理论　涵化理论　社会交换理论
自我责任论　社会结构生成论　社会政策创造论

20 世纪 60 年代以来，旅游活动蓬勃发展，旅游的影响日渐广泛和深入。但人们长期把旅游仅作为一种单纯的经济活动来看待，各地区发展旅游主要是着眼于它所产生的经济效益，对旅游的各项研究也主要集中在旅游经济领域。然而，旅游的效益和影响决不仅仅局限于经济方面，还有社会文化、生态环境等诸多方面的内容。在实际生活中，旅游对目的地社会文化所产生的负面影响，已导致这些地区的居民对旅游产生消极态度，严重的甚至发展到对抗的程度。如果继续忽视旅游对目的地社会文化影响，势必使这些地区旅游的发展受到严重影响。

第一节　旅游对目的地社会文化影响的机制

旅游的影响可以划分为经济影响、物质环境影响和社会文化影响三大类别。

就旅游的社会文化影响而言，又可细分为对旅游者的影响、对目的地居民的影响和对主—客关系的影响三方面。旅游对目的地的社会文化影响，是指旅游活动对目的地社会的价值观和意义体系（如语言、服饰、民间艺术、宗教等）以及社会生活质量（如家庭结构、性别角色、社会结构等）所产生的影响。

一、旅游对目的地社会文化影响的理论机制

在旅游对目的地社会文化影响的研究过程中，形成了解释其机制的多种理论，其中影响较大的有以下三种：

（一） 发展阶段理论

多克西（Doxey）根据在巴巴多斯（Barbados）和尼亚加拉湖区（Niagara-on-the-lake）的实地调查，提出根据当地居民对旅游发展的态度而将旅游对目的地社会文化影响划分为不同阶段，即融洽阶段、冷漠阶段、恼怒阶段、对抗阶段、最后阶段。这些发展阶段随着旅游开发的深入和广泛依次递进。多克西认为，当地居民对旅游者态度的改变源自旅游者数量的不断增加以及他们的到来给当地原有生活方式所带来的威胁；随着目的地的旅游业结构性转变和社会受旅游开发影响的范围及时间的变化，旅游对目的地的社会文化影响也会发生相应的变化。

目前，学术界对多克西的发展阶段理论尚存在争议。例如，刘振礼教授在对野三坡进行调研后肯定了旅游对目的地的社会文化影响（包括有利影响和不利影响）存在阶段性，而赫纳德斯（Hernadez）、以色列社会学家科恩（Cohen）和盖西亚（Garcia）在对波多黎各伊莎贝拉镇进行研究后，明确提出其结果不支持多克西的发展阶段理论。

（二） 涵化理论

当一个社会与另一个经济文化都比较强大的社会接触时，这个较弱势的社会常要被迫接受强势社会的许多文化要素，这种由于两个社会强弱关系而产生的文化假借过程，称为“涵化”（acculturation）。在旅游活动这种跨文化沟通中，外来旅游者在目的地一般只做短暂逗留，使得两种不同文化的沟通局限于肤浅的表层；与此同时，单体旅游者一次旅游逗留的时间虽然短暂，作为由众多旅游者组成的整体而言，却形成了一个规模庞大的新的社会群体——旅游者社会（客人社会）；在不同的社会文化发生接触时，双方都可以通过“借鉴过程”使二者间的差异缩小，但这种“借鉴过程”并不是对等的，在很大程度上要受到接触时双方关系的性质、双方的社会经济状况以及双方人口数量差异等因素的影响。

位于经济不发达地区的旅游目的地大多是出于提高经济收入和解决就业等方面的需要而开发旅游的，我国部分地区开展的旅游扶贫活动就是一个代表。在目

的地为适应外来旅游者的需要而对自身采取各项改造措施时，不可避免地要屈从于外来旅游者的态度和价值观，这种貌似自发的行为中实际上隐含着一种压力和无奈；在外来文化冲击下，当地文化被外来的强势文化所同化。许多案例研究都表明，在发展旅游的不发达地区常会出现传统文化日渐衰微并逐渐发展出受外来文化强烈影响的“可口可乐文化”现象。

（三） 社会交换理论

社会交换理论（Social Exchange Theory）是在古典政治经济学、人类学和行为心理学基础上发展起来的社会学理论，它将人与人之间的互动行为看成是一种计算得失的理性行为，认为人类的一切行为互动都是为了追求最大利益的满足。社会交换理论在社会学领域的产生和推广始于20世纪60~70年代，80年代末在旅游影响研究中开始提及这一理论。艾普（A P）在1992年发表了一篇论文，探讨社会交换理论解释旅游影响作用机制（特别是在居民对旅游影响的态度方面）的适用性问题，提出了一个社会交换过程的模型。这个模型中包含的基本假设之一，就是人们社会活动的动机是为了满足自身的需要。作者认为，在旅游开发中，目的地社会的基本动机是为了满足当地居民在经济、社会及心理等方面的需要；旅游开发中的其他动因（如增进交往、陶冶旅游者情操、保护文物等）都是次要的。当交换的一方（或双方）表达出自己的需要时，交换过程就开始了。要使交换正式形成，还必须满足几个先决条件：第一，理性；第二，追求满意收益；第三，有用性；第四，公平性。若一方预测到自己从交换中得到的收益为负，他可能会中途退出交换，而当双方都认为自己会有正向收益时，交换关系才正式形成。交换完成之后，会产生一系列的结果，他们会以这些结果进行评价，如果觉得自己收益大于付出，那么就会努力促成交换行为的保持，而若认为自己在交换过程中受损，将会减少或退出交换。1994年科恩在波多黎各的一项案例研究中，得出了支持社会交换理论的结果。

二、旅游对目的地社会文化影响的研究方法

（一） 旅游对目的地社会文化影响的研究方法

早在19世纪，社会学创始人孔德（August Comte）在《实证哲学教程》中就提出了关于社会学研究的方法，他认为观察、实验和比较方法是社会学研究的基本方法。这些方法至今仍在社会学的研究中被采用。

文化人类学学者最常使用的是田野调查的方法，实际上是对观察法、社会调查法等方法的综合运用，它通过实际考察人类社会来获得研究的第一手资料并验证各种假设。比较研究方法也是有效的文化人类学研究方法。

沃尔（Wall）和莱特（Wrighi）在《户外休闲活动对环境的影响》一文中指出了旅游环境影响研究中存在的5个方法论难题，这种描述也适用于旅游对目的地社会文化影响的研究。这五个难题分别是：其一，如何确定变化的基准；其二，如何区分旅游与其他因素的影响；其三，系列影响及加总；其四，因果间存在时滞；其五，如何选择测度影响的指标与权重。

为了解决这些问题，社会学和人类学者们初步探索出一些解决难题的变通方法。一些学者集中进行关于某个旅游开发项目对当地影响的研究而非宽泛地研究整体旅游的影响，使各种指标尺度较容易把握；把注意力集中在旅游的直接影响上而忽略间接影响，可以回避影响的加总问题；关注较容易测度和量化的指标而忽视难以量度的指标，从而降低量化研究的难度；通过对即将开发旅游的地区进行事先调研而解决比较基准问题。然而，由于以上的方法都具有各自的弱点，所以不具备广泛推广的价值。

《东道主与游客：旅游人类学》（*Hosts and Guests*：*The Anthropology of Tourism*）① 中的多数案例研究都采用了具时间跨度的跟踪调查这一方法，试图用此方法来解决以上难题。跟踪调查的方法确实具有很多优点，可以解决上述部分难题，如确立研究基准问题（在第一次研究旅游的影响时，同时将其作为一个基准，在跟踪研究中与首次的研究进行比较），影响的因果不连续问题（长时间的观察和比较可以更接近真实地分析研究旅游带来的影响）等，但用这样的方法来区分旅游与其他因素的影响，解释起来尚觉牵强。

（二）旅游对目的地社会文化影响的研究框架

关于旅游对目的地社会文化影响的研究框架一般有3个层次，具体的推演过程可大致分为以下4个步骤：

（1）从开展研究的目的入手，用演绎的方法推导出对其进行系统研究的3个基本层次。从最根本上讲，所有的研究都应建立在基本概念、研究方法、理论机制等基础性研究之上，以使整个研究规范和严谨，这就是基础理论层次。为了对各项社会文化影响进行控制，首先必须就旅游对目的地社会文化影响的实际状况进行调查和测度，以判定目前影响的范围和程度以及相关各方对旅游开发和旅游带来的社会文化影响的认识和态度，所以必须有反映层次。从整体而言，开展旅游对目的地社会文化影响研究，最根本的出发点是为了能够积极发挥人的主观能动作用，对旅游的社会文化影响加以有效的控制，即最大限度地发挥其正面影响，抑制其负面影响，使旅游活动能健康顺利地进行，并使旅游的发展为目的地带来较大的综合收益，实现旅游者和目的地居民的融洽相处，由此形成控制层

① （美）Smith. 东道主与游客：旅游人类学［M］. 张晓萍译. 昆明：云南大学出版社，2007.

次。基础理论层次、反映层次、控制层次，这就是关于旅游对目的地社会文化影响研究的3个基本层次。

（2）从具有代表性的相关文献中，归纳整理出作为这些研究基本组成部分的单元模块。参照上述的3个层次作为剪辑标准，同时兼顾基础性（使各模块成为具一定意义的基本单元）、独立性（模块间基本互不交叉、互不包容）和平等性（各模块在逻辑结构中的地位平等）等原则，可从相关研究中归纳出8个基本的模块，即基本概念、研究方法、理论机制、旅游者对旅游社会文化影响的认识、当地居民对旅游及其社会文化影响的态度、相关学者对旅游社会文化影响的判断、控制旅游对目的地社会文化影响的指导原则和控制的基本方法。到目前为止的几乎所有相关研究，均由这些基本模块组合而成。

（3）在第一步设定的3个层次与第二步总结的8个基本模块间进行拟合，建立结构框架。由于在进行模块的编选时已参照了三个层次的划分标准，所以很容易将8个模块与3个层次进行适配，从而建立起完整的结构框架。其中，第一层次是基础理论层次，由基本概念、研究方法及理论机制三部分组成，这个层次的各项研究构成了整个研究的理论基础；第二层次是旅游对目的地社会文化影响的反映层次，通过外来旅游者、目的地居民和相关学者等三个角度的认识，可形成关于旅游影响状况的全息图像；第三个层次则进入控制层次，由控制的理论指导原则和控制方法组成，它们是此项研究的终极目的。

（4）回到实际的相关研究文献中进行检验。按照进行旅游对目的地社会文化影响研究的常见结构范式，先由基础理论提出假设（也有从实践经验中提出假设的情况），通过实地的调研进行假设检验，最后得出结论和建议。这一程序正好符合此框架由基础理论层次向反映层次、控制层次的过渡。当然，这个研究框架的各层次间并非单向的推进关系，因为研究活动本身是一个实践和理论间的往复循环过程。

严密的推演过程使旅游对目的地社会文化影响的研究框架具备以下几个基本特点：其一，逻辑性。由于在推演过程中遵循了演绎推理和归纳推理相结合的逻辑思维方法，以对象的各种因素之间的逻辑制约关系为依据进行理论推导，所以使得结构框架具备了严密的逻辑性，这一逻辑性又进一步确保了整个结构框架的科学性。其二，层次性。三层次结构框架从纷繁复杂的研究文献中总结出基础理论、反映和控制3个层次，整体结构明晰而简洁，对实际的研究有很强的指导意义。其三，完备性。因为结构框架中的基本组成模块是从诸多具代表性的文献中总结所得，所以这一框架有着极为广泛的包容性，几乎全部的相关研究均可以纳入这一结构框架中。

第二节　旅游地社会排斥的消解

一、社会排斥的概念与类型

（一）社会排斥的概念

20世纪60年代，法国一些政治家、活动家、官员、新闻记者和学者经常在意识形态上模糊地提到穷人是“受排斥者”（the exclude）。后来法国学者勒内·勒努瓦（Rene Lenoir）首次提出了“社会排斥”（social exclusion）的概念，并流行于法国，强调的是个体与社会整体之间的断裂。西尔弗（Silver）和德汉（De haan）将社会排斥划分为三种不同范式：团结型（Solidarity）、特殊型（Specialization）和垄断型（Monopoly）。以上范式各自同时表现于理论取向、政治意识及民族思想中，强调排斥过程的不同原因、发展公民身份和社会整合的独特观念。“团结型”范式认为，社会排斥是指个人与整个社会之间诸纽带的削弱与断裂过程。“特殊型”则深受自由主义传统的影响并流行于美国，它认为排斥是一种歧视的表现，是群体性差异的体现。这种差异否定了个人充分进人或参与社会交换或互动的权利，市场失效以及未意识的权利都可能导致排斥。与“特殊型”范式不同，“垄断型”认为群体差异和不平等是重叠的，它将社会排斥定义为集团垄断所形成的后果之一，其表现则是权力集团通过社会关闭来限制外来者的进入。这种范式的理论基础来自韦伯的相关理论。

早在1950年，T. H. 马歇尔曾在《公民资格与社会阶级》一文中指出，公民资格由市民权利、政治权利、社会权利三部分组成。20世纪80年代末，深受马歇尔学派的影响，社会排斥概念为欧洲委员会所采纳并作为其形成社会政策的核心。欧洲委员会把社会排斥概念更紧密地与社会权利没有充分实现这个理念联系起来，把社会排斥定义为“涉及公民的社会权利……涉及一定的生活水平和涉及参与社会中主要的社会与职业的机会”。

英国政府“社会排斥办公室”指出：“社会排斥作为一个简洁的术语，指的是某些人或地区受到的诸如失业、技能缺乏、收入低下、住房困难、罪案高发的环境、丧失健康以及家庭破裂等交织在一起的综合性问题时所发生的现象”。

我国社会政策研究专家唐钧认为：“社会排斥是游戏规则造成的。而社会政策研究的目标就是要修订游戏规则，使之尽可能地惠及每一个社会成员，从而趋于更合理、更公平。所有的游戏规则都是双刃剑，在它使一部分人成为‘赢者’时，另一部人就会成为‘输者’。”中华女子学院的石彤等认为，社会排斥是指某些个人、家庭或社群缺乏机会参与一些社会普遍认同的社会活动，被边缘化或隔离的系统性过程，这个过程具有多维的特点，并表现为被排斥者的经济、政治、社会、文化及心理诸方面的长期匮乏。清华大学李斌博士撰文指出，社会排斥理论主要研究社会旅游区弱势群体如何在劳动力市场以及社会保障体系中受到主流社会的排挤，而日益成为孤独、无援的群体，并且这种排挤如何通过社会的“再造”而累积与传递。社会文化、社会结构、国家政策、现存的意识形态等多方面的因素制造了社会排斥，而社会流动率则反映社会排斥的程度。

（二）社会排斥的类型

社会排斥的类型，可以从不同的方面来归纳。

（1）结构性的社会排斥、功能性的社会排斥。功能性的社会排斥是指被排斥的个体、群体或组织因为自身功能上的欠缺而处于一种被排斥状态。结构性的社会排斥则是指因为社会结构的不合理而造成的一些社会排斥。社会结构包括通过制度确定下来的社会等级构成以及社会发展过程中自发形成的一种结构与分层。

（2）经济层面的社会排斥、政治层面的社会排斥、文化层面的社会排斥。经济层面的社会排斥是指人们在获取劳动生活资料的过程中所遭遇到的不公正对待，其最直接的后果就是造成贫困。政治层面的社会排斥是指人们参与政治时权利的不足或被剥夺，这种排斥在前现代阶段普遍存在，它是通过明确的法令制度规定不同的人享有不同的政治权利。文化层面的社会排斥最明显的体现就是种族中心主义或者文化中心主义，以自己或本民族的文化为标准或中心来衡量其他人群或其他民族，不一定是持不同文化的民族之间才存在这种排斥，同一民族中不同文化观念的群体也会排斥异于自己的群体。

（3）客观的社会排斥、主观的社会排斥。有一部分人按照某种标准来看是处于一种被剥夺、被排斥的状态，但由于某些因素的影响，他们并不感到自己遭遇排斥。这就是客观社会排斥。主观的社会排斥是指某些社会成员根据自己的主观判断，认定自己处于被排斥状态。

（4）显性的社会排斥、隐性的社会排斥。显性的社会排斥是通过明确的制度、政策、法律、习俗的规定，将一部分人排除于享受正常的社会权利之外，隐性的排斥是在一些看似平等的游戏规则之下，却因为文化上、偏见上、习惯上或游戏执行过程中裁判者的原因而造成实际上的不公正。

（5）被动的社会排斥与主动的社会排斥。被动接受社会排斥者并不是出于自己的主观意愿，而是因为外在的原因或自身的先天性因素而处于一种边缘化的状态。一些主动脱离社会者，往往是在一种亚文化的引导下，因其不认同主流社会而主动逃离。

二、社会排斥产生的原因

作为一种结果或状态，社会排斥现象的出现有一定的原因。这方面学术界主要有 3 种观点：

（1）自我责任论。脆弱群体所遭受的社会排斥是他们自己的责任，是由于他们自身的行为和态度所造成的，甚至是由于他们不参与社会而形成的自我排斥。持自由主义立场的学者（如“特殊型”）往往将社会排斥的根源归咎于下层阶级本身，穷人之所以穷是由于其自身无能或懒惰的结果。这种观点渊源于西方早期的社会福利思想。

（2）社会结构生成论。社会排斥是由于社会结构的不平等所造成的。脆弱群体所面对的困境并非他们自身不够努力、自暴自弃的结果，而是社会结构有意无意地将之排斥于正常的社会生活之外而导致的。这种观点比较普遍，如“垄断型”范式。

（3）社会政策创造论。社会排斥往往发生于不同的社会政策层面，当社会政策系统化地拒绝向某些社会群体提供资源，使之不能完全参与社会生活时，就会导致社会排斥。

社会排斥产生的具体原因，学术界也有不同的看法。

卢普藤（Lupton）从宏观和微观的层面来分析产生社会排斥的原因。他认为，宏观层面上的因素，如经济重组、人口流动、歧视和公共政策等，它们往往在本质上是一些结构性、制度性或系统性的因素，已经超出被排斥者的眼界和控制，而在微观层面上的因素，包括弱势区域（如蚀本，缺乏工作、服务和令人愉快的事物，以及缺乏其他整合性的支持）和居住于其中的人（如社会邪恶、非正常行为、价值和道德、缺乏人力资本、社会资本、政治资本和金融资本）的特征。欧洲委员会也认为存在许多社会排斥的制度性或结构性因素，这些因素包括：因为全球化、技术演化、产业调整而发生的劳动市场变迁，改变了就业灵活性和保障之间的平衡关系，使最不适应环境变化的个体和群体被边缘化；知识型社会的发展和信息社会、信息经济的作用，使得对技术一无所知的人和其他缺乏新的必备知识和技能的人被边缘化；社会人口变化，如人口老龄化、出生率的下降、家庭和社区结构与模式的变化、移民以及民族、宗教和文化多样性的增加等；领土主义或者地理偏见和发展的极化，使得一些区域（如旧的城市工业区）缺乏金融、物质和其他形式的基础设施，而这些因素又是经济和社会发展所需要的，最终也是社会融合所需要的。

英国社会排斥局对产生社会排斥或引起社会排斥的要素进行分析，并把它们称为“推动力”。这些推动力可以分为“过去”和“当前”两类。第一类要素是过去引发社会排斥的要素，包括：主要的人口要素，如老龄化和抚养率提高、家庭变迁，尤其是单亲家庭的增加；主要的劳动力市场要素，如失业、劳动力市场灵活性等；政策失灵，尤其是没有随着收入的增加而提高补贴，一些补贴被废止，税收体制更加累退，一些服务上的支出减少等。第二类要素是当前存在的原因，包括低收入、失业、教育、身体状况、交通、住房、社会资本、犯罪等要素，其中低收入是当前引起社会排斥现象的关键要素。失业而无法参与劳动力市场、教育、身体状况、住所、交通等都是社会排斥的主要指标。社会排斥现象是累积性的而且往往是两代之间传递的。人口、经济、社会和行为要素之间相互联系而且相互强化，它们之间的复杂互动最终引发了社会排斥。

西班牙的琼·苏比拉茨（Joan Subirats）则认为，社会排斥现象本质上是在向后工业社会转型的过程中产生的一种不断变化的关系性现象。产生社会排斥的因素主要包括以下3类。第一类因素是社会的多层面裂化，包括：来自贫穷国家的移民带来种族多样化，产生法律、经济、关系和家庭等方面多重不稳定性；由于年龄金字塔发生变化，人口抚养率提高；家庭的同居形式多样化，中低阶层的家庭中出现了更多的单亲家庭。第二类因素是后工业经济对就业带来的影响。向以信息经济为基础的后福特生产体制的转变，对劳动力市场、就业和劳动关系产生了重要影响，它产生了“新的失败者”，即新型的年轻人失业（结构性的、成年人的、长期的失业）；低质量的、不需要技能的工作；不受集体谈判协议保护的低工资。第三类因素是福利国家的融合性不足。一方面，一些制度设计不具融合性，有时一些主要的福利国家政策也没有得到切实的执行，从而造成公民权没有真正实现，比如一些群体与缴费机制的联系不足，从而受到社会保障体制的排斥。另一方面，与社会福利相关的一些市场已经对旅游区弱势群体形成更强的歧视，如土地市场和不动产市场。这三类要素不是单独发挥作用，而是相互联系和彼此加强。社会排斥的动态过程正是受这些关系的推动。

与以上研究不同，康明斯（P. Commins）等人的研究从体制分析出发。他们提出了一个分析和理解造成社会排斥现象的主要制度原因的框架。这个框架区分了4种制度性的子系统，并且把每个系统的失灵看作社会排斥现象产生的原因。这些系统包括：民主和法律体制，这有助于公民的整合；劳动力市场，这有助于经济整合；社会福利体制，这有助于社会整合；家庭和社区体制，这能够促进人与人之间的整合。原则上，当这些制度性的子系统中的任何一个失灵，就会引起社会排斥，但是往往是各个系统的失灵发生连锁反应，从而引发社会排斥。从制度角度来研究社会排斥原因的视角，核心在于个体和群体嵌入制度性子系统的程度和态度，它们嵌入的性质决定了制度对其福利的影响，也就是它们的融合或排斥。

布尔恰迪特等人在总结相关研究后认为，从能动性视角看，即从“谁进行社会排斥”和“谁被社会排斥”的角度看，社会排斥产生的原因可以归纳为3种思想流派，每个思想流派都对能动性有不同的视角，从而对谁或者是什么原因造成社会排斥持有不同的看法。第一种思想流派认为，社会排斥是因为歧视和权利得不到实现而造成的综合结果，它也是歧视性决策和行动的结果，比如，一个社会的政治、社会和经济的主流或精英按照自身利益来行动（如保留自身的物质、文化和符号以及其他特权），将其他成员排斥在社会之外。强势的阶级和群体有非常突出的社会和文化身份认同和体制，它们通过使用社会封闭，限制外部人获取有价值资源的渠道（如工作、好的福利救济、教育和城市居住地、有价值的消费模式）。被排斥者不能修补其弱势，因为他们缺乏或者不能履行政治、经济和社会以及其他实现融合的权利。第二种思想流派（可能也是最为盛行的流派）认为，社会排斥是组织的功能或社会制度和体制的运行，也就是制度性排斥。通过限制获得机会、资源和实现融合所需权力的渠道，一些社会（如保险和救济金）、经济（如区域、国家和国际）、政治、公民和其他制度与体制往往引发社会排斥。当然，有时候这些限制并不是主观的，它们往往超出了一些单个个体或实体（包括那些因为缺乏可以改变社会制度和体制结构与行为的政治自主性和决策主权等资源从而自我排斥的人）所能控制的范围。第三种关于社会排斥原因的思想流派是布尔恰迪特等人提出的，他们认为，社会排斥的原因来自被排斥个体和群体的邪恶的、病态的、反社会的、自毁的行为、道德和价值观。按照这种思想，被排斥者自身应该为其边缘化承担责任。

三、旅游地社会排斥的消解措施

社会排斥所造成的不良后果是多样的，主要有以下几方面的表现：一是导致贫困；二是不利于社会整合；三是造成被排斥者巨大的社会焦虑和心理压力；四是违背了社会公正原则。

社会排斥不仅会使旅游地弱势群体的权益受到损害和限制，而且损害社会公正，最终危及整个旅游地社会的稳定和发展。马克思、恩格斯在论述社会主义必然代替资本主义时曾提出两点原因：其一是资本主义的生产方式阻碍了社会生产力的进一步发展；其二是资本主义存在着严重的社会不公正。因此，关注旅游区弱势群体，消除社会排斥，应当是坚持效率与公平相协调的题中应有之义，是坚持社会主义本质的题中应有之义。此外，从维护整个社会的稳定与促进经济、社会协调发展的角度看，消除对旅游区弱势群体的社会排斥也具有重要的政治意义。如果旅游区弱势群体的基本生活得不到保障，基本权益得不到维护，基本人格尊严得不到尊重，社会就不可能保持稳定。历史和现实都表明，社会排斥过程无不导致社会动荡，假如越来越多的人被排除在能够创造财富的有报酬的就业机会之外，那么社会将会分崩离析，而我们从进步中获得的成果将付诸东流。消除社会排斥，是彰显社会主义本质，维护社会稳定、安全和公正的重要途径，也是确保旅游地可持续发展的必然选择。

旅游地消解社会排斥的措施；首先要确立支持旅游区弱势群体的社会责任

观；其次是重视和整合补偿性社会政策与社会服务体系；最后要建构发展性社会支持体系。

（一）确立支持旅游区弱势群体的社会责任观

旅游地政府作为公共权力机构的代表，必须树立消除社会排斥、支持旅游区弱势群体的强烈的社会责任观，承担起对旅游区弱势群体应有的责任，不是歧视与排斥，也不是出于怜悯，而是把它视为一种责任，并成为制定和执行社会政策的价值基础。这种责任观还体现为旅游地政府必须以服务旅游区弱势群体为本。长期以来，我们对社会旅游区弱势群体的管理重于服务，这实际上是对社会政策本质认识的某种偏见。强化对旅游区弱势群体的关心和服务，实施对旅游区弱势群体的社会伦理关怀，是消除社会排斥的思想道德基础。因为一个社会在通过基本的经济体制、政治体制规定人们之间的权利和义务的分配、协调社会关系、维护社会秩序的同时，必然会产生某种排斥与不公，而道德关怀会以情感的方式来维护这种基本关系和秩序。当社会的基本制度符合这种基本关系和基本秩序时，社会成员就会普遍产生公平感，从而自觉地维护社会的稳定，促进社会的发展，而当社会成员由于社会排斥等因素不能享有正常的权益而处于一种不平等的地位时，给他们以道德关怀和精神依靠也是体现以人为本、稳定社会的需要。因此，确立符合时代要求的支持旅游区弱势群体的社会责任观，不仅要求旅游地政府强化对旅游区弱势群体的服务责任，而且要求旅游地政府着力倡导整个社会成员承担起相应的道德责任，将其作为社会生活的一项原则。

（二）重视和整合补偿性社会政策与社会服务体系

从某种意义上讲，任何社会政策都具有补偿性的特点，即对因社会变迁而遭受利益损害的群体做出补偿。从总体上看，我国当前的社会补偿性政策是非整合的，这种非整合状态主要表现在：一是现行社会保障只覆盖了国家职工和部分集体职工，其他社会成员则大多还被排斥在社会保障体系之外；二是缺乏协调合作，因为城镇居民的社会保障由不同部门承担和管理，而相当多是非制度化的。必须整合社会保障制度、建立社会支持政策体系，必要时可通过立法，采取法律手段来对国民收入进行再次分配，为社会补偿性政策支持提供经济基础和法律依据。这也是当今许多国家解决旅游区弱势群体问题的主要做法。

（三）建构发展性社会支持体系

发展性社会政策是基于社会公平的价值观念，根据国际社会政策目标的新定位，旨在促进社会弱者自立、自强，提升弱者社会参与能力，从而达到消除社会隔阂，实现社会整合的目的。

（1）建立健全扩大再就业的旅游地政府主导机制。通过就业促进政策，积极推动旅游区弱势群体中的下岗职工、无业人员的就业或再就业，从而帮助他们获得自尊、自主、自强。在国家政策导向的作用下，积极推进就业和再就业是我国目前及今后长时期化解旅游区弱势群体困难的最重要、最有效的手段。我国人口基数大，劳动力供大于求，特别是随着国有企业改革的不断深化，下岗失业问题非常突出，实现就业和再就业的任务非常艰巨，这是我国的基本国情。解决这一问题的核心在于逐步培育统一、开放、高效的劳动力市场，完善社会服务体系，建立以劳动者自主就业为主，以市场调节就业为基础，以旅游地政府促进就业为动力的就业机制，在旅游地政府宏观政策的调控和指导下，尽可能地以市场的方式解决再就业问题。

（2）实施开发式的扶贫政策。我国自20世纪50年代以来便开始治理贫困问题，但所采取的措施基本上是被动的救灾、救济，即所谓的“输血式”扶贫。这种扶贫对缓解旅游区弱势群体的困难是必要的，但将其置于不适当的位置则会产生十分不利的后果，最终难以形成旅游区弱势群体的自我发展、自我积累的能力，同时还可能助长旅游区弱势群体的“等、靠、要”的依赖思想。对旅游区弱势群体的扶贫政策，必须从社会“输血式”扶贫转向开发式或“造血式”扶贫，其着力点是通过智力开发、科技投入等措施，努力使旅游区弱势群体形成自我积累、自我吸收、自我发展的能力。

（3）强化教育功能，改造“贫困文化”。“贫困文化”论认为，穷人由于长期生活于贫困之中，结果形成了一套特定的生活方式、行为规范、价值观念等，这种“贫困文化”一旦形成，便会代代相传。要消除贫困，消除社会排斥，必须改造“贫困文化”。我们只有积极促进旅游区弱势群体及其后代与主流文化的接触，提高他们被主流文化接纳的能力，才能使旅游区弱势群体抛弃自暴自弃、不求上进、宿命论的价值观念，进而接受积极进取、不懈奋斗的价值观念。要做到这一点，关键在于教育，在于促进教育机会的均等。

第三节　旅游增权与目的地可持续发展

旅游增权将对未来发展中国家的旅游实践产生深刻的影响。增权是旅游目的地获得可持续发展的重要前提。把旅游增权这一新理论应用于中国的旅游实践，除了西方学者倡导的信息增权和教育增权外，还需要将增权的范围扩展到“个人权利”的增进和制度增权，通过国家政治制度的建设保障个人权利和社区增权的合法性。

一、旅游增权的概念

增权理论（Empowerment Theory），又称充权、赋权、激发权能理论，盛行于20世纪80年代以后。1976年，美国学者巴巴拉·所罗门（Barbara Solomon）出版《黑人增权：被压迫社区的社会工作（*Black Empowerment: Social Work in Oppressed Communities*），从种族的议题率先提出"增强权能"（Empowerment）这个概念。此后，关注增权理论的研究者和实践者甚众。增权理论起初是为社会工作而提出的，其关注的重点是提高旅游区弱势群体的权力和社会参与，而现在增权理论成为社会学、教育学、政治学、社区心理学、社会工作学等学科的新兴核心概念，又成为精神健康、公共卫生、人文服务等实践领域的热门话语。随着学科交叉性日益增强，增权理论又扩展运用到了旅游研究领域。

增权（empowerment）理论是由权力（power）、无权（powerlessness）、去权（disempowerment）以及增权（empowering）等核心概念建构起来的，其中权力或权能（power）是增权理论的基础概念。关于权力一词的界定可谓见仁见智，最早可以追溯到古希腊哲学家那里。《布莱克维尔政治学百科全书》指出，权力是指"一个行为者或机构影响其他行为者或机构的态度和行为的能力"。在增权研究领域，权力还可指"权力关系中的各方争夺或获取某种竞争性资源的现有的或潜在的能力"。无权与权能相对，是一种状态，首先表现为权能的缺失，即个人或团体不能平等地享有权利，其次表现为无权感，如心理上的无力感、无助感、缺乏"个人效能感"（sense of self－efficacy）。去权是指社会中的某些社群权力被剥夺。无权是去权的结果，去权乃无权之原因。无权往往导致旅游区弱势群体沦为"烙印群体"（Stigmatized Groups），使他们认为自己缺乏足够的力量和权力去改变他们自己的生活。这种自我贬低经常内化并整合进个人自我发展的过程之中，形成一种无权感。要扭转这种无权的态势，使旅游区弱势群体变得有足够强大的力量，以参与、分享、控制会对他们的生活造成影响的生活事件，增权就显得十分重要。"增权"是整个增权理论体系及其工作实践中最为核心的概念，它是指通过外部的干预和帮助而增强个人的能力和对权利的认识，以减少或消除无权感的过程，最终目的指向获取权力的社会行动及其导致的社会改变的结果。

一般认为，增权是通过个体、组织和社区3个层面共同实现的。个人层面上的增权，聚焦于发展个人权力感和自我效能感，其过程包括参与社区组织。组织层面的增权，强调使个人可以有更多的影响他人能力的技术的发展，其过程包括集体决策和共享领导权。社区层面上的增权，强调社会行动和社会改变的目标，其过程包括接近、使用政府和其他社区资源（如媒体）的合作行为（Rappaport）。与之相对应的分别是个人增权（personal empowerment）、行政性增权（empowerment through administration）和政策性增权（empowering through policy）3种形式。

二、旅游增权的产生及其相关理论来源

墨菲（Murphy）于1985年正式提出"社区导向的旅游规划"（community－

driven tourism planning）或“基于社区（community - based）的规划”方法以来。自那以后，社区参与的概念首次被引入旅游发展研究中，且逐步被认为是实现旅游业可持续发展的重要途径和方法，并在此后的国内外旅游研究和旅游规划中得到了广泛的应用。然而从各国实践上看，特别是在发展中国家，社区参与只不过是象征性的，旅游继续被开发商、政府所控制而不是社区利益所控制，这种参与只不过是一种对公共关系的虚饰。它仅允许当地社区对即将实施的规划、计划、建议和发展在很小的范围内做出反应。社区参与在实践上的不成功引起了学者们的质疑和反思。

（一）社区及其旅游参与理论

西方学者最先是将社区及其旅游参与当作一种旅游规划方法纳入研究视野的。他们在方法论上普遍持多元主义观点（pluralist concepts），强调社区或旅游地自身的选择权和自主权，具有强烈的伦理色彩。这种多元主义的视角虽为社区和旅游地及其文化的生存发展提供了一个充满人文关怀精神的思想平台，但由于其不可避免地泛化了因果关系，无法就问题的实质取得根本性的认识，在实践中必然步履维艰，社区参与的提倡多停留在字面上、建议上，无法落实在行动上。就当前的研究内容看，无论是探讨旅游发展与社区的相互关系还是社区参与的机制、模式或类型，研究者们更多是将社区参与作为一种经济或技术过程，一种更好地指导社区接受和认识由外部形成的旅游发展议程所带来的好处的技术，普遍忽略了社区参与是社区在旅游发展过程中通过与外部力量的抗衡取得某种程度的控制权的过程，也即社区参与的本质是一个实实在在的政治过程。仅仅将社区参与视作达致目标的一种技术手段或行动纲领，而不去理解政治以及权力关系在社区参与过程的重要性，这是一种“就参与论参与”的狭窄的“参与观”。正是这种研究视野的局限导致了研究者们所开出的“药方”，只可能“治标”而不能“治本”。

（二）利益相关者理论

社区参与旅游发展的另一理论源自利益相关者理论（stakeholder）。1987 年世界环境与发展委员会（Word Commission on Environment and Development，WCED）明确指出，引入利益相关者理论是可持续发展过程中必不可少的要求之一。社区居民作为旅游业发展的利益主体之一，有权对旅游规划的制定与实施发表意见甚至直接参与决策，并享受旅游开发带来的利益。利益相关者作为一种理念和分析方法，理论上对于解决社区参与问题具有一定的成效，但在实践中，这一理论同样受到了巨大的挑战。暂且不论这一理论在其他方面所遭受的诘难和质疑，如同时满足所有利益相关者的偏好是否可能等问题。在旅游研究领域，利益相关者理论强调旅游收益应当由社区分享，但它仅强调了社区的剩余索取权（residual claimancy），而没有明确分享收益与风险的剩余控制权（residual rights of control）问题。事实上，仅仅考虑剩余索取权的重要性是不够的，因为有权获得剩余并非等于一定能获得，剩余索取权的实现还要依赖于相应的控制权。也有研究者提出应将社区作为占主导地位的利益主体、开发主体甚至管理主体来对待。但是，正如亚里士多德所言，对于任一机构而言，最重要的事情是首先弄清楚它存在的目的是什么。企业首先是因为投资者的投资而存在，企业不是社会福利机构，而是追求利润最大化的经济主体。社区能否取得和在多大程度上取得主导地位取决于社区与外部力量如政府、开发商之间的政治博弈和权力较量，而不是寄希望于投资者们怀揣一颗慈善的心或政府的“父爱主义”关怀。剩余控制权的存在意味着一方行为对另一方损益的影响，只有权力才能掌控不同层面上的利益群体之间互动的结果。缺乏关于政治与权力关系的详细分析，仅仅将社区参与看作是简单的经济和技术理性投入的结果而与“政治界面无关”是一种天真的理想主义，无论怎样受欢迎，都没有涉及社区无权的本质鸿沟。这正是社区参与旅游发展在实践中不能取得真正进步的原因。旅游产品的最终形式是政治家、社区和商业伙伴之间权力互动和合作程度的展示，正是基于对旅游发展的政治属性和对当前社区参与理论的不足之处的深刻洞察，西方旅游增权理论应运而生。

三、旅游增权的手段

对于增权手段的描述主要集中在“信息增权”和“教育增权”两个方面：增权研究者普遍赞同行为经济学的观点，认为由于信息不对称，旅游区弱势群体在进行选择的时候常常不能做出理性的、对自己最有利的选择。其利益可能因为信息不对称而受到损害，因此，信息增权是旅游区弱势群体的有效保护手段。但是，信息供给增权也存在较大局限性，如旅游区弱势群体中的绝大部分在理解和处理信息上的能力有限，信息供给可能只对地方精英有利，当权者的技巧会在一定程度上抵消信息增权的作用等因素的存在，弱势个人或群体的政治、经济和社会力量往往在社会的主流权力结构中被边缘化、被剥削、被歧视或被排挤，因而还需要通过教育进行批判性增权，使他们发现“内在权力”（innerpower）的能力，进而采取行动来改变现实。然而，仅仅通过教育或通过提供充分的信息、知识和忠告，弱势者就能做出理性判断和理性决策吗？显然，这种方式过于笼统，并且效果有限。即使弱势的社区居民们获得了对称的信息，但是社会政策、政治制度、主流社会文化等都有可能导致他们去权，使其陷入无权的状态，他们还是不得不“理性”地做出“不理性”的决策。因此，还必须同时进行“制度增权”，仅有社区居民个人的识别能力或自我保护能力是远远不够的，必须要有一套正式的制度来保障社区居民的权益，只有国家才有能力供给和保障这样的环境。

四、旅游增权对目的地可持续发展的作用及其具体实施

（一）旅游增权对目的地可持续发展的作用

正如皮尔斯（Pearce）指出的那样，社区参与旅游发展决策的任何讨论中，其权力及其影响问题都是一个决定性的考虑因素。瑞德（Reed）引入组织理论论证了权力关系是了解社区旅游规划特点和因果关系不可或缺的因子，是协作成功或失败的一个变量。但是他们都没有将增权理论与其分析和研究联系起来。之后的斯彻文思（Scheyvens）在其基础上做了进一步深化，他将增权理论引入到了生态旅游研究。并明确指出：旅游增权的受体应当是目的地社区，并提出了一个包含政治、经济、心理、社会4个维度的社区旅游增权框架。斯彻文思（Scheyvens）认为，对当地社区来说，要真正对旅游发展实施控制，需要将权力从国家层面放置到社区层面，如当地各种宗教团体、相关机构、普通群众组织包括妇女和年轻人都应该选派代表参与到旅游发展决策过程中。这些不同的声音和主张应当指引着每一个旅游项目的开发，从初始的可行性评估阶段直至实施完成阶段。此外，由于社区并非是一个持有共同目的的、同质的、平等的群体，为了杜绝社区中的权力经纪人（power broker）或地方精英（local elites）操纵和主导社区旅游的发展方向，垄断旅游发展的经济利益，有必要成立类似于董事会或地方旅游组织之类的机构。

（二）增权在目的地可持续发展过程中的具体实施

增权既是一个过程，同时又是这种过程的结果。旅游增权并不仅仅意味着权力分享，也不是通过权威对社区实施控制，增权的目的在于增加社区福利，为那些被边缘化了的社区产生社会资本，并建立有助于利益相关者参与旅游发展决策的合法权力框架。其实质是通过增强当地社区在旅游开发方面的控制权、利益分享权和强调社区在推动旅游发展方面的重要性，使社区居民从被动参与转向主动行动，打破不平衡的权力关系，获取旅游发展中的决策权，保证当地居民的利益最大化，并且能够部分地控制旅游在地方的发展，让旅游为我所用而不是我为旅游所用。

（1）市场和政府都是经济生活的一部分，我们不可能通过排除某一方来发现可行的改进办法。西方旅游增权研究者从人本主义出发，通过引入权力关系于旅游业可持续发展分析之中，将社区参与的内涵拓展到社区增权，为我们探索形成社区参与旅游发展的途径及其有效模式提供了一个全新的视角和理论突破点，也是对近20年来政治学与社会科学各学科加速渗透与整合趋势的一种反映。立足于旅游发展的现实特征，把旅游发展看作是一个实实在在的政治决策过程，将政治学中的权力与可持续发展两个议题结合起来，理解和探究旅游发展的内在逻辑，不但增强了理论的解释力，而且为更好地推进可持续发展，提高社区参与的

有效性指出了新的途径。尽管旅游增权理论目前还处于初始时期，尚未进入实际应用阶段，但其强烈的人文关怀精神、对旅游发展过程中权力关系的深刻洞察和在实践上的潜在有效性，对于发展中国家的旅游发展无疑具有重要的启示意义，必将在未来旅游发展研究和实践中得到广泛的应用。

（2）社区增权必须通过一定的政治制度来体现。对于增权的途径，西方学者的研究主要集中于教育增权和信息增权。虽然也有西方学者认为在发展中国家社区增权需要政府的支持与授权，但并没有将其与国家的政治制度建设直接联系起来。事实上，通过教育和信息为社区增权是必要的，但其作用有限。因为与政府的强制力和开发商的资本力量相比，社区居民更多的是处于弱势地位而非平等的协商者。如果社区力量不能与外部力量达成平衡，那么不仅是社区共同利益，个人权利也将受到严重侵犯。没有实质性的政治制度对各方权力关系进行约束，就不可能达到所谓的“自然和谐”。增权的实质就是要形成新的均衡的权力关系，使双方的诉求都能得到表达，权利都能得到尊重，利益都有机会实现，每一方也都有能力避免对方侵害自己。这种权力分享的真正逻辑要求国家必须从法律或政治上支持和授予社区增权的合法性，建立起一套正式的支持性的制度来保障社区参与的权益，将传统的“自上而下”的社区参与方式改变成为“自下而上”的合法增权形式，从而将强势的力量与相对弱势的力量均衡地安排在一个限制框架内，通过第三方制约来真正实现旅游发展中各种权力关系的平衡和社区参与旅游发展制度化。

第四节　旅游社会文化影响的反思

在旅游活动过程中，旅游者与当地居民接触的时间一般只有几个小时，而且语言、接待设施以及旅游活动本身都对这种接触起了限制作用。而当地居民则不同，他一批又一批地接待旅游者，这种接触是持续的、长期的，所以旅游对于当地居民的社会文化的影响远远大于旅游者受到的影响。

一、旅游发展的社会文化影响

一般来说，旅游发展对旅游地的社会文化影响归纳起来大致有如下几个方面：

（一）旅游地居民的态度

旅游地居民对旅游业的态度与旅游发展的程度及其所处的阶段有关，有些学者曾把这种态度划分为4种不同的程度，即：欣快的程度——旅游发展之始，当地居民十分积极，他们满怀善意地接待旅游者，双方都感到很满意；冷漠的程度——旅游发展起来以后，人们变得以营利为目的，人与人之间的接触也形式化起来；愤怒的程度——当发生瓶颈效应或饱和现象，或者当本地发生已不能单独解决的旅游问题时，愤怒情绪也就出现了；对立的程度——愤怒越来越公开，旅游成了当地发展带来的所有弊端的替罪羊，旅游遭到坚决否定的程度。国内有关居民态度的研究相对较少。保继刚和楚义芳认为，旅游地居民的态度，在旅游开发初期对旅游者持欢迎态度，在旅游开发中期相对无序，坑蒙事件时有发生，在旅游开发后期则相对理智、规范。

布兰特（Paul）和考特尼（Courtney）对英国的一个海滩旅游区的研究表明，当地人的憎恨态度很少与旅游者的出现有关，更多地与当地人固有个性有关。谢尔登（Sheldon）的研究声称，居民态度与其在该社区居住时间的长短有关，时间越长对旅游的态度越否定。但是巴顿（Patton）的研究结论正相反，新来的居民反而因为不适应而持否定态度。国外更多的研究表明，那些对旅游高度依赖的居民对旅游持坚决支持态度。

（二）示范效应

旅游者以其自身的意识和生活方式介入旅游地社会中，引起旅游地居民的思想变化，产生各种影响，这种作用称为示范效应。示范效应是旅游对目的地社会发生影响的主要途径。

受示范效应影响最大的是年轻人。年轻人注意到了西方年轻旅游者的自由和优越的物质生活，千方百计去争取同样的享受，往往到商界、旅游部门或政府机关寻找工作以获取高额报酬，来追求西方生活方式。老一代居民虽不同程度地受到外国生活方式的影响，但仍保持着祖先们传下来的生活习惯。

旅游者在目的地的行为也是一种失真的高消费，由此也引起旅游地居民寻求较高生活质量的国内或国际迁移，这给当地的社会、经济以及家庭结构都带来许多不良影响。

旅游对目的地社会的示范效应并非仅有消极方面，旅游者的某些行为对于提高落后地区人口素质还是起着极为重要的积极作用的。落后地区的居民通过模仿和学习，其行为举止、卫生习惯、经商意识都得到改善和提高，从而使生活方式的变革成为可能。

（三）道德感的退化

大批旅游者的到来，旅游地的犯罪率特别是偷盗现象增加了，皮赞姆（Pizam）、瑞切尔（Reichel）和斯坦（Stein）甚至认为旅游是导致犯罪的潜在决定因素。比尼古尔（1982）说："闲逸、与工作似乎无关的任意支出、时髦的装备和装束、豪华奢侈的宾馆别墅……这一切都令第三世界的穷人心驰神往，让他们无心勤奋工作和田间劳作……旅游者的闲逛，正是反对发展的宣传。"

卖淫、酗酒和抢劫行为并非完全因为旅游而产生，但不可否认，旅游对这些现象是有影响的。自然风景的险、幽、野、旷以及旅游者的流动和彼此的陌生，都为罪犯掩盖罪行提供了天然的屏障。找工作的困难和“现代”消费方式的诱惑，致使许多人沦落下去。

（四） 对语言的影响

旅游活动是人与人、人与地之间交流的过程，国际旅游者与当地居民的交流必然会引起语言和文字的渐趋改观。旅游者以能学会几句他乡方言而自豪，当地居民和服务人员以通晓外语为己任。桂林、西安等地的旅游服务人员都能操简单的外语，大部分人会说普通话，可与外地旅游者自由交流。旅游虽对促进语言的统一大有贡献，但却不利于语言文化多样性的保护，而且舶来品过多，会冲淡本土语言的纯洁性和严密性。旅游地居民不但懂得如何从旅游中获益，而且懂得如何为将来铺路，这无疑使本民族语言更衰弱，从而也使本地稳固的社会模式和文化特征进一步动摇。

（五） 对宗教的影响

宗教是地区文化的主导成分之一，它在一定程度上决定了宗教地区的文化表象——从宗教圣地到宗教建筑、祠殿，从人的行为到服饰、饮食习惯等。一方面，宗教成为旅游吸引物，教堂中的节庆大事吸引旅游者有规律地参加社区活动，许多宗教和考古建筑之所以能从被毁坏的境地中拯救出来，更多的是由于旅游的发展，而不是由于它们在当地民众看来所具有的价值，旅游已成为教堂收入之源。另一方面，宗教对异教徒有强烈的排他性，受经济利益的驱动，一些宗教地区大兴旅游业，使宗教的排他性降低，严格的宗教意义出现松懈。许多旅游者去宗教圣地旅游，并不是为了精神上的需求，而纯粹是宗教向往和好奇心使然，他们的行为举止、服装衣饰经常引起虔诚教徒的严重不满。同时，在旅游者与当地民众的冲突中，宗教成为商品化的产物。

（六） 新殖民主义

旅游有剥夺旅游地居民自主决策的殖民特征。旅游业在不发达国家的发展仅仅是当年殖民形式的变种而已，其实质丝毫没有改变。尽管从法律上说，许多发展中国家政治上已经独立，但与发达国家在经济关系上与以前宗主国与殖民地间的关系没什么两样，而这种关系又是由于旅游发展引起的。有学者甚至把旅游比作一种新形式的帝国主义：“当地居民可能自愿地接受，并自愿参与把利润汇往国外的交易，这正是帝国主义观念的一个重要方面。”

其实，旅游业是殖民主义或帝国主义的一种新形式的观点，是对旅游发展及其作用的一种极端看法。关于新殖民主义问题，还需要对所有制、投资、利润和外资参与程度进行深入细致的调查才能最终定论。

（七） 文化移入

当两种不同的文化接触时，彼此通过反复“借用”的方式向对方靠拢，这种借用并不是对等的，它总是较先进的文化影响较落后的文化。在这一过程中，许多因素起着作用。首先，一种或多种民族文化——它们的形式各不相同——常常被贬低和扭曲。其次，对外部的模仿效应等得到加强和发展。最后，便产生了接待国家居民对外国观光者的明显的自卑感。

文化移入与旅游者和居民接触的类型及特征有关，因为只有那些发现自己正在与旅游者进行有意义的交流的人才能意识到文化的移入。当然，不进行这种有意义的交流，对文化的某种程度的影响照样存在。

旅游业只是文化移入的一个方面，各种文化碰撞引起的文化变更并不仅仅是旅游发展的结果，便利的交通、城市化的进程、探索者与土著人的交往等，都有助于文化的移入。因此，一定要分清哪些是来自旅游业的影响。

（八） 对传统习俗的影响

那些传统的节日以及风俗习惯在许多旅游地经过预先安排以娱乐的形式被介绍给旅游者，从而失去了其原有的意义。传统习俗的商业化、庸俗化，使得旅游者在当地逗留的时间越短，对当地的扭曲越大。由旅游地居民表演的扭曲的本土文化现象，并非发展中国家的专利，发达国家的旅游胜地也不乏类似的文化商品化现象。众多案例表明，文化形式经过修饰去为旅游服务，失去了其传统的意义。例如，旅游能促使传统的或民间的舞蹈变成粗俗的肚皮舞，并使其丧失神圣性和象征性。它还使礼拜的场所非神圣化，使宗教仪式变质，使圣物受到亵渎。

从单个的旅游目的地或国家来看，旅游业的迅速发展导致了社会结构的变化。这些变化中有些是有利的，如不断增加的收入、教育、就业机会、基础设施和服务，还有一些是不利的，如对社会和家庭价值的挑战、新的垄断组织的出现和迎合旅游需求的文化活动的频繁，对旅游地居民健康的影响、通货膨胀给居民带来的不便等。

二、对旅游社会文化影响的反思

旅游发展、文化保护与现代性三者之间存在着三重的关联。如何处理三者的关系，将成为旅游与旅游地文化和谐发展的关键。三者之间的关系实际上整合于当地特有的文化生态系统之中，将保护与发展的关系并置，保持和促进该系统的发展，有助于旅游的可持续发展。

在进行旅游开发之前，应当展开深入、细致的田野调查，分析当地真正的文化传统和内涵，并依据当地的生态、地理环境，正确评估当地的旅游资源和旅游客量，客观地评价该地的文化资源、开发潜力及其承受能力，将当地的旅游导入可持续发展的前提和基础。

在旅游开发中，切实考虑当地居民的切身利益，并使其在旅游开发、经营过程中获得最大的利益，从而使当地居民真正参与旅游经营，并在旅游开发的策划、操作层面表述自己的声音，彰显其文化主权，最终成为旅游开发的真正受益者，从而避免因纯经济操作导致对当地人声音的干扰和扭曲，造成开发双方主体的文化和经济利益上的不平等。

尊重旅游地的文化传统，强调旅游表述的真实性、独特性和多样性，使当地民众切实参与到旅游所带来的文化互动中。一方面，使旅游地本身在较为和谐的交流过程中体验现代化，而传统文化与现代旅游的整合，则避免因现代权力运作而产生的社会失范，同时加强本民族自身的认同感，从而促使其自觉地进入现代化进程。另一方面，避免华而不实的宣传包装，使游客真实地体会异域风情，在完成身心调试、节奏转换的同时，获得特定的社会知识，身心愉悦，流连忘返，客观上提升了游客的消费欲望，促进当地旅游经济的发展。

保护和发展当地的文化生态系统。当地民众成为旅游经营的最大受益者时，旅游地自然会考虑更持久、长远的发展。实际经济收入的增加，必将极大地调动旅游地保护环境的积极性，这也将使保护环境成为旅游地的共识和自觉行为，并依靠与游客产生的良性互动，带动游客一起参与其中。这较之专门立项投资于环境保护而言，不失为一条简明、经济的捷径。

旅游发展同诸多社会事象一样，它所引发的社会文化后果是双重的，利弊互相消长。然而，因为自身的限制，旅游地往往难以洞察参与旅游开发的整体的、连续的（事实上，以上所提到的努力，均是环环相扣，依次进行的，它们之间也存在着一定的因果关系）、宏观的前景，也难以及时、有效地克服存在的一些弊端，因此，必须从旅游社会的视角关注旅游的发展，从旅游可持续发展的高度出发，深刻反思、正确对待、积极引导旅游发展的社会文化影响。

案例分析

西双版纳傣族园积极保护民族文化

云南省西双版纳傣族园公司依托景洪市勐罕镇橄榄坝浓郁的傣族风情和历史文化资源，探索傣族文化体验游，每年接待游客500多万人次，旅游综合收入1.8亿元，既有效地保护了民族文化，又带领村民走上旅游致富路。

傣族园公司确立“保护就是发展”的理念，对园区内曼将、曼春满、曼乍、曼嘎、曼听5个原生态村落实施整体保护，建设集中展示傣族宗教文化、民居文化、服饰文化、饮食文化、节庆文化等独具特色的旅游景点。

为保持传统的傣家干栏式建筑，公司将干栏式建筑建房补贴从原来的4000元提高到15000元，累计向119户村民发放建房补贴60万元。又出台《傣族园五寨村民保护民族建筑及传统文化补偿方案》，从门票收入中提出10%用于保护传统民族文化。为了保护在当地村寨中存留的非物质文化遗产，公司设立专项资金对传承人进行扶持，建设非物质文化展示区，使泼水节、贝叶经、傣锦、章哈、慢轮制陶、象脚鼓舞、召树屯与喃木诺娜的爱情故事7项国家级非物质文化遗产，既得到保护传承又得到弘扬展示。

傣族园公司带领当地村民走旅游致富的道路。以“学一首傣家歌，跳一曲傣家舞，吃一顿傣家饭，住一宿傣家楼，观一次傣家景，干一回傣家活，泼一身幸福水，做一天傣家人”为主题的傣家乐，为当地村民带来了可观的经济收入。为了提高傣家乐经营户的接待水平，公司进行统一策划，统一包装，在出资改善接待设备、绿化美化环境和游路等硬件设施的同时，还组织经营户参加系统的旅游经营培训，指导村民从事民族手工艺加工制作、开发旅游纪念品。傣族园公司正式员工1027名，其中80%招用村寨村民，解决了大部分村民的劳动就业问题。

资料来源：http：//travel. sohu. com/20091216/n268995659. shtml

旅游胜地巴厘岛本土文化受侵蚀

在荷兰殖民统治时代，巴厘岛就被开发成热带旅游胜地。印度尼西亚独立后，巴厘岛旅游业飞速发展。巴厘岛的迷人景色，吸引了全球各地的旅游者。与此同时，外来移民的到来不但与巴厘人竞争工作岗位，还带来不同的文化，给这个本来宁静的岛屿带来了巨大的冲击。

巴厘岛独一无二的传统文化是当地旅游业的一个很好的“卖点”。然而，很多巴厘人在旅游开发过程中失去了土地，他们不得不放弃传统的农耕生活，开始以旅游业为生。巴厘人受传统文化的限制，经常要参加他们村庄的一些重要仪式和重大事件，因而会影响工作，接待外来游客的大酒店和餐馆不得不雇用外来移民。巴厘人开始抱怨旅游业发展的后果：环境被污染了，生活成本提高了，移民数量增多造成自然建筑材料的缺乏，等等。

随着旅游业的开发，购物商场、奢华别墅有如雨后春笋般地建立在这个主要信奉印度教的岛屿上。面对人口的增长，人们不得不建筑高层住宅来解决居住问题，而大多数印度教信徒认为其他建筑物的高度不能高于庙宇。巴厘岛的印度教徒占人口的比例从1995年的93%下降到2000年的87%，巴厘中心城市登帕萨还不到60%。环境学家普图·苏亚斯塔说：“印度教徒不会容忍这么做，如果这样做的话，他们对庙宇的膜拜和生活方式都会产生问题。”

自1997年亚洲金融危机以来，很多外来人从人口密集的爪哇岛蜂拥前往巴厘岛寻找工作。基于巴厘人浓厚的家庭规划和传统观念，巴厘人只有一个或两个孩子，而外来移民有五六个孩子，几年后巴厘的社会人口构成就彻底改变了。巴厘人与外来居民的对峙问题很可能成为地方长官竞选的热门话题。被外来者包围的巴厘人觉得越来越有必要保持他们自己的身份认同。

资料来源：http：//info. lvmama. com/Guide/chujing/gonglue/2010/0611/117856. html.

旅游开发与保护并不矛盾

近年来，关于旅游开发对文化遗产是保护还是破坏的争论一直没有间断。这是一种好现象，起码可以证明人们越来越关注文化遗产的保护与开发问题。

保护为主，合理利用，是文化遗产保护工作的方针和要求。实践证明，文化遗产的保护与合理利用是可以相互依托的，走文化遗产保护与文化旅游相结合发展的道路也是可行的，文化遗产完全可以成为促进经济发展的新亮点。同时，文化旅游使大量的文化遗产直接面对民众，有利于全社会普及文化遗产保护意识。但是，在旅游开发的过程中，也出现了诸如过度的商业炒作和破坏性开发、对文化遗产内涵的歪曲和滥用等一些亟待解决的问题。如何正确认识和处理文化遗产保护与旅游开发的关系，进一步推进文化遗产保护和文化旅游的良性互动发展，既是一个理论问题，又是一个现实问题。

新疆维吾尔自治区旅游局市场处副处长崔晓泉认为，保护文化遗产可与开发旅游市场巧妙对接。他说，文化遗产保护与旅游开发应该是相辅相成的。开发旅游市场的前提首先就是尊重民族文化遗产并力求进一步保护它。在保护的基础上，结合市场需要，利用它开发市场。反过来，紧密结合市场需求，做好民族旅游产业开发，能促进旅游地地区旅游经济的发展和人民生活水平的提高。旅游地大多在偏远地区，经济发展相对落后，旅游开发可以提高当地的经济水平，加强人员之间的往来，增强交流和信息之间的沟通，还可以加深对彼此文化的认同，使社会资源得到更好的统筹。新疆的喀什可以说是维吾尔文化的发祥地，维吾尔文化在那里保留得很完整，积淀最深。高台民居是维吾尔族聚居区，这么多年来，其他地方发展了，这里还是比较落后。后来在国家的大力支持下，从尊重民族文化、抗震、保护民族习俗角度出发，政府决定将高台民居修旧如旧，高台民居在保留原貌的基础上进行进一步加固。这个安居工程让老百姓住上了好房子，同时照顾了维吾尔族的生活习俗。通过整体打造，凸显了维吾尔族人原始、质朴的生活习惯，现在这个区域变成了旅游者参观的区域。既方便旅游者了解和感受旅游地风情和西域文化，又使当地做小生意的居民通过售卖自产的纪念品增加了收入。互利双赢、共同发展，非常和谐。

云南省丽江市委外宣办主任张文银认为，把旅游开发与文化遗产保护有机结合起来。他说，旅游开发和文化遗产保护二者并不矛盾，相反，二者是可以相互促进的，应该把它们有机结合起来。并不是成为世界文化遗产之后就什么都不能动。利用文化遗产的价值来开发、发展旅游，同时通过促进旅游来筹集保护文化遗产的资金，这是一种非常好的循环方式或者说保护方式。完全靠政府或者社会来筹集资金是不太现实的，还是要有一种比较完善的机制或者说综合方式来对文化遗产加以保护。丽江古城的开发和保护就是一个很好的例子。丽江古城在申报世界文化遗产成功以后，成为丽江旅游的一个热点和重要景点。正是因为丽江旅游的发展，推动了丽江文化遗产的保护，从而使丽江古城的保护成为世界文化遗产保护的一个典范。有些地方在搞旅游开发的过程中对文化遗产的保护带来了一定的冲击，但是不能笼统地称之为破坏。比如说，有人认为丽江古城的开发商业味太浓，丽江古城的文化受到了破坏。我可以直言不讳地说，提出这种观点的人，他对丽江的文化根本就不了解，他没有对丽江的历史文化进行深入的研究，他来到丽江看到这里的商业活动比较频繁就认为这里的文化遭到了破坏。丽江古城在历史上就是一个商贸重镇，是茶马古道上重要的驿站，今天的丽江古城就是由于历史上高度的商业繁华给我们留下的一座古城。没有繁华的商业贸易往来，它就不可能形成这样一座城市。对历史文化，我们应该用发展的眼光去看待和认识它，不能说来到丽江以后看到的是小桥流水，人们穿得破破烂烂的，住的是破房子，这样才是保护文化遗产。丽江古城毕竟是一座活着的古城，既然是活着的古城就肯定要发展，这才是符合事物发展规律的。

内蒙古自治区社科院研究员阿岩认为，文化遗产保护政策要得到旅游地群众的支持。他说，我国对于物质文化遗产强调管理，对非物质文化遗产则强调传承发展。对于旅游地民族文化遗产的保护，需要政府在资金方面的重点扶持。由于民族地区政府普遍存在专项资金不足的问题，所以很多地方就利用旅游开发来发展当地经济，并带来了丰厚的收益。对这个问题产生了正反两种观点。一方认为，旅游开发与文化遗产保护不仅相辅相成，可以两全，而且随着推陈出新，开发规模的扩大，资源利用效率的提高，政府会有更多的能力和投资用于民族文化建设。另一方认为，旅游如同其他产业一样，有正面的影响和负面的冲击。旅游地同胞在享受旅游经济效益之余，也感受到随着游客增加而带来的各种文化冲击和压力，旅游地同胞的价值取向和行为可能变得非常复杂。比如，作为传承和保护民族文化载体的内蒙古敖鲁古雅猎民家庭游，各级政府已经投入几千万来着力打造。敖鲁古雅乡政府倾向于重点扶持，而居民更强调平均分配资金。敖鲁古雅过去是“打了一只野鸭子都要平均分配的民族社会”，现在让他们接受市场“优胜劣汰”的考验，很多猎民感到困惑，因此政府政策效益的评估不得不被旅游地价值观所左右。现在，敖鲁古雅居民由于利益纠葛竞争与传统世俗价值观的鸿沟所带来的情感变化越来越表面化，使人忧心忡忡。文化与民族地区经济发展的决策制定者，要有长远的眼光，深切了解我国多元文化的特殊背景，文化遗产保护政策只有得到旅游地群众的大力支持，才有生存根基，才能与时俱进。

资料来源：http：//www. mzb. com. cn/zgmzb/html/2010. 09/17/content_ 70837. html.

【练习思考】

1. 名词解释：社会排斥 旅游增权 发展阶段理论 涵化理论 社会交换理论 自我责任论 社会结构生成论 社会政策创造论

2. 简述旅游对目的地社会文化影响的机制。

3. 什么是社会排斥？社会排斥产生的原因是什么？

4. 谈谈如何消解旅游地社会排斥。

5. 举例解释旅游增权的内涵。

6. 简述旅游增权对目的地可持续发展所带来的积极影响。

7. 旅游活动与目的地社会变迁之间存在何种关系？试举例说明。

8. 旅游作为一种“社会活动”，为什么会对目的地文化产生影响？

9. 结合案例，分析旅游发展带来的社会后果。

10. 谈谈如何对待旅游开发对目的地社会文化的影响。

第十章

旅游危机、旅游灾害和旅游犯罪

【学习要点】

1. 理解旅游危机与危机管理的含义。
2. 认识旅游危机事件的特征及其对旅游业的影响。
3. 认识旅游灾害形成的原因。
4. 理解旅游灾害的防治对策。
5. 理解旅游犯罪的性质与特征。
6. 了解旅游犯罪频发的原因。
7. 掌握预防旅游犯罪的途径和方法。

【基本概念】

旅游危机　旅游灾害　旅游犯罪

第一节　旅游危机与危机管理

一、危机的内涵

国内外学者对危机的界定，有不同的说法。奥托里宾杰（Otto Lerbinger）将危机界定为："对于公司未来的获利率、成长、甚至生存发生潜在威胁的事件"。凯瑟琳·费恩班克斯（Fearn Banks）认为，危机就是"一个主要事件可能带来阻碍企业正常交易及潜在威胁企业生存的负面结果"。西蒙（Simon）认为，"危机是个人、群体或组织无法正常程序处理，而且突然变迁所产生压力的一种情境"。伊恩（Ian）将危机界定为："危机是一个事件实际威胁或潜在威胁到组织的整体"。迈克尔（Michael）认为，危机就是"严重意外事件造成公司人员的安全、环境或公司、产品信誉被不利宣传，而使公司陷入危险边缘"。日本学者龙泽正雄对危机的解释较为宽泛，他列举了5种关于危机的定义：事故，事物发生（损失）的不确定性，事物发生（损失）的可能性，危险性的结合，预期和结果的变动。福斯特（Foster）则认为："紧急决策，人员严重缺乏，物质严重缺乏，时间严重缺乏，构成了危机的基本要点"。罗森泰尔（Rosenthal）和皮恩伯格（Pijnenburg）给危机的概念界定为："具有严重威胁、不确定性和有危机感的情境"。巴顿（Barton）则认为危机就是"一个会引起潜在负面影响的具有不确定性的大事件，这种事件及其后果可能对组织及其员工、产品、服务、资产和声誉造成巨大的损害"。

中国台湾学者朱延智在总结海内外学者的观点的基础上，将危机的内涵界定为：危机的发生不会是单纯的某一部分出现问题，通常是其他危机的连锁反应，是整个企业运作流程发生逻辑错误，甚至整体系统出现问题。《新华字典》将危机解释为"严重困难的关头"。任生德、解冰等学者对危机概念的解释是"能够潜在地给组织（政府或企业）的声誉或信用甚至经济造成负面影响的事件或活动"。国内许多学者普遍认为，危机一方面代表着危险的境界，另一方面也意味着大量的机会，危机与机会是事物发展的两个方面，危机中孕育机会。

世界旅游组织在《旅游业危机管理指南》中，将旅游危机界定为"影响旅行者对一个目的地的信心和扰乱继续正常经营的非预期性事件"，强调危机是一个非预期性事件，这类事件的发生，将影响旅游者对目的地的信心，也将打乱旅游业正常的经营计划。亚太旅游协会在《危机管理》宣传册中，将旅游危机定义为"任何可能影响企业及其产品长期信誉或者干扰企业继续正常运营的情况"。

由此可见，旅游危机是对旅游行业（包括旅游管理机构、行业协会、旅游企业、旅游主体、旅游客体、旅游媒介等）的正常经营管理活动造成不利影响的突发性危害事件，它具有突发性、不可预知性、损害性等特点。

二、旅游危机事件

旅游业对产业环境十分敏感，国内外发生的危机事件都会对旅游业产生影响。在社会稳态情况下，经济及社会运行相对安全、平稳，公众对未来的预期与行为是稳定的，此时的旅游市场供给和需求在正常的范围内波动。而危机的爆发，使旅游企业的经营活动过程与外部环境发生变化，并破坏旅游设施以及危害旅游目的地的形象，导致人们的预期和行为可能发生重大变化，影响旅游愿望和出游行为，引起旅游供给和需求的重大波动，使本来稳定与均衡的旅游市场陷入危机之中。因此，旅游危机事件是影响旅游者对一个目的地的信心和扰乱继续正常经营的非预期性事件。

（一）旅游危机事件的基本概念

（1）危机。危机是对整个社会的安全状态构成根本的威胁，并且在最短时间和前景不确定的情况下必须做出决策的事件。危机事件一般可分为：①不可控制的自然危机，如地震、洪水等自然灾害；②人为导致的自然危机，如河流污染、土地沙化等问题；③人为导致的社会危机，如民族冲突、恐怖事件等。危机事件一般具有突发性、紧急性、高度不确定性、对社会的巨大影响性和决策的非程序化的特征。

（2）旅游危机事件。旅游业是敏感度极高的行业。原因包括：旅游需要是非必需的精神性需求，是高于生产和生活的；旅游各个环节之间具有高度的依赖性，极易产生连锁反应。整个社会的危机必然影响到旅游业。由于旅游行业的敏感性，旅游业面临的危机比社会危机更加广泛。而所谓的旅游危机是指扰乱旅游业正常经营，影响旅行者的旅游信心的，各种难以预见的事件。这类事件可能以无限多样的形式出现。

（二）旅游危机事件的类型

旅游危机根据发生地类型的不同，可以分为旅游目的地危机和客源地危机两种。

（1）旅游目的地危机一般具有突发性和短暂性的特征。危机的发生，常常破坏旅游地的基础设施，并危害旅游目的地的形象。导致人们预期的出游活动取消，并不再产生新的旅游动机。使本来运行顺畅的旅游市场陷入危机之中。

（2）旅游客源地危机对旅游业的影响比较隐蔽。但影响范围广，时间也会比较长。客源地危机首先对当地的旅游行业产生重大的冲击，并会波及相应的旅游目的地。

（三）危机事件对旅游业的影响

危机事件主要通过3个因素影响旅游业：安全性因素、经济社会性因素、物质性因素。

（1）安全性因素，包括危机中不确定性因素对旅游安全的威胁和对旅游预期安全的威胁。目前，大多数旅游者对旅游活动中的安全性要求的程度越来越高，安全已成为影响旅游活动的最重要的因素之一，直接影响旅游活动过程和旅游愿望。

（2）经济社会性因素。经济和社会环境是影响旅游需求的最根本因素，这两个因素的波动自然导致旅游需求的波动。危机事件对一个国家或区域的经济社会系统的扰动，改变旅游客源地的经济发展水平和游客可支配的收入状况，从而导致游客的出游能力和愿望的波动。

（3）物质性因素。物质性因素指旅游资源和旅游基础设施等。危机事件往往可能对旅游资源和旅游交通设施造成极大的破坏，降低旅游目的地的通达性和旅游资源质量，进而影响旅游需求。从国内外一系列危及旅游业发展的危机事件的动因、成因等方面来看，危机事件可分成不同的类型。不同性质和类型的危机事件，对旅游业造成的负面影响的程度不同。

表 10－1　危机事件类型

划分标准	危机事件类型
动因性质	自然危机（自然现象、灾害等） 人为危机（恐怖袭击、战争、经济动荡、政局混乱等）
主要成因	政治性危机（国内政治形势的混乱、战争、国际关系不稳定等） 经济社会性危机（国内或国际经济秩序的动荡、经济形势的恶化等）
影响空间范围	国际危机：全面性国际危机（影响旅游客源地与目的地）；局部性国际危机（影响旅游客源地或目的地） 国内危机：全面性国内危机（影响旅游客源地与目的地）；局部性国内危机（影响旅游客源地或目的地）

（四）旅游危机事件管理

危机事件会对一个社会系统的基本价值和行为准则架构产生严重威胁，有关部门必须在时间压力和不确定性极高的情况下做出非程序化的紧急决策。

1. *危机事件管理的基本概念*

所谓“危机管理”，是对危机进行控制和管理，以防止和回避危机，使组织或个人在危机中得以生存下来，并将危机所造成的损害限制在最低限度。根据危机发展演变的时间过程（可分为前兆阶段、紧急阶段、持久阶段、危机解决阶段），危机管理过程可划分为危机预警及危机管理准备阶段、识别危机阶段、隔离危机阶段、管理危机阶段以及危机后处理阶段等几个阶段。根据危机中的主体行为，危机管理体系是包括政府、社团、企业、公众等构成的全方位、综合性的网络体系。而旅游业的危机管理是指为避免和减轻危机事件给旅游业所带来的严重威胁，通过研究危机、危机预警和危机救治达到恢复旅游经营环境、恢复旅游消费信心的目的，进行的非程序化的决策过程。旅游业危机管理体系包括政府（主要指政府旅游主管部门）、旅游企业、旅游从业人员、公众（旅游者）等多个行为主体，其主要途径包括沟通、宣传、安全保障和市场研究等多个方面。

2. *旅游危机事件管理的基本过程*

旅游危机事件管理措施的直接目的是最大限度地消除或缩小危机的负面影响。促使旅游者在最短的时间内回到旅游地，一个好的方案则能加速这一过程。

旅游危机事件管理的 4 个要素是沟通、促销、安全保障和市场研究。其中基于诚实和透明之上的良好的沟通是危机管理成功的关键。在传媒发达的时代，传媒在危机处理中发挥着至关重要的作用。在旅游危机事件管理的过程中，通过和媒体的全程互动，与潜在市场获得良好的沟通，是获得公众理解和支持的前提。在时间跨度上，旅游危机事件管理方案应当包括危机前的防范、危机中的问题处理以及危机过后的恢复措施。

（1）危机发生前——积极防御。许多危机事件在来临前都会有相应的预警，隐瞒不公开和犹豫迟疑都不是明智的选择。这时不仅要和相关政府部门保持沟通，还要在第一时间确保与媒体和公众沟通顺畅，让媒体正确理解和报道。同时要注意运用适度和恰当的表达方法。采用大众媒介向公众和旅游者宣讲如何防范、预防以及避险的形式。既不会造成公众和旅游者的猜疑和恐慌，又可以隐晦地提醒公众和旅游者，同时在危机来临时避免间接的损失。

（2）危机来临时——良好沟通、积极应对。危机发生时，要在第一时间通过媒体将相关信息告知公众。尊重公众的知情权，避免由于信息不通畅造成恐慌和谣言。相关报道需着重强调政府和地方机构如何消除危机影响、确保危机不再发生、如何处理危机造成的危害。给旅游地树立正面、积极的形象。同时要提高旅游景点附近居民的旅游安全意识，让他们意识到旅游者的安全会对社区将来的发展产生重大的影响。向当地居民宣传及时提醒旅游者注意安全，并为旅游者提供力所能及的便利。从反方面来看看，危机事件也提高了一些旅游景点的知名度。虽然这种名声未必是正面的，但潜在旅游者对这些地方的兴趣，促使他们获得相关的信息。

（3）危机过后——灵活促销促进旅游业恢复。危机过后一段时间，可以有组织、有目的地邀请记者重新回到受灾现场，让他们亲眼见证一下，并用正面的电视画面去消除此前的不利印象。进一步开展促销活动，恢复旅游业。这时的旅游促销讲究灵活的方式和技巧。客源地的主攻方向集中在周边地区比较好，因为那里的居民对该地区的状况比较熟悉，不易受到负面报道的影响。在游客类型上主要选择休闲游客。因为有经验的旅行者和经常往返某地的旅行者往往最不容易被危机吓跑。

三、旅游危机管理示例

（一）“9·11”事件旅游危机管理

2001 年 9 月 11 日，恐怖分子劫持 4 架民航飞机撞击美国纽约世贸中心和华盛顿五角大楼，3000 多人在恐怖袭击中死亡，这是美国本土继 1941 年“珍珠港事件”后遭受的最为严重的袭击，震惊全世界。这次事件给美国造成了巨大的直接和间接的经济损失，其中影响最大的就是旅游行业。事件发生后，美国民航停飞 3 天，因此造成直接经济损失约 10 亿美元。飞行恢复后，因客流下降，航空公司营业收入下降10%。各国游客在美国遭到恐怖袭击后纷纷取消了海外旅行计划，特别是取消原赴美国纽约的机位。其他国家的旅游业也由于这次恐怖事件而或多或少地受到冲击，甚至出现负增长。

为了应对危机，美国联邦政府快速反应，通过法律途径、危机救济措施以及安全防卫体系对民航业、旅游业提供救助。仅仅数天之后，美国通过航空运输安全和稳定体系行动为航空业提供联邦贷款和补助，帮助航空业暂时过了难关。由25家旅游业公司和旅游业协会组成的旅游复兴联合协会游说政府通过了6点计划：其一，减免美国北部旅游企业以及与旅游相关行业的税收；其二，扩大小型企业的贷款额度；其三，减免雇用旅游劳动力的公司的税收；其四，提供联邦基金恢复旅游市场；其五，税收减免用以补偿“9·11”事件中遭受到的损失；其六，全额减免商业活动税收。

这些措施的实行抑制了旅游业损失的继续扩大，为后来旅游业的恢复奠定了良好的基础。

（二）英国“口蹄疫”危机管理

2001年年初，口蹄疫的暴发给英国旅游业带来了极其不利的影响。为了帮助旅游业恢复生机，英国政府于2001年5月实施了国家旅游恢复战略。该战略主要包括5个方面的内容：

（1）增强公众信心。口蹄疫的扩散令海内外公众恐惧不安，许多潜在游客对英国旅游开放情况和安全性不太确信，因此，政府积极地将正在开放的景点的综合情况和详细的注意事项等信息提供给潜在游客，而且这些信息不断更新。同时，向经营中的旅游景点提供指导，增强他们的信心，帮助他们将口蹄疫传播带来的风险降到最低限度。

（2）帮助受影响的旅游企业。政府在经济及其他方面向遭受口蹄疫影响的旅游业给予帮助，帮助旅游业渡过难关。政府向旅游业提供了相当数量的资源，旅游业总共获得了超过2亿英镑的扶持。

（3）开放主要景点和道路。在口蹄疫暴发的早期，出于谨慎关闭了许多旅游景点和道路。虽然后来几乎所有景点已经重新开放，许多道路已经能够或者应该被重新开放，但仍有必要继续封锁一些道路。政府印发路权开放情况指南，还附带一个帮助当地权威机构迅速、有效采取行动的“三点计划”，即开放景点、开放道路和鼓励公众访问景点的措施。

（4）重塑形象。早期由于疫情严重，一些潜在游客对英国的印象不断恶化。随着口蹄疫传播得到控制，政府采取更加主动的措施吸引国内外游客。首要的是加强信息沟通，纠正公众的错误印象，尤其是向那些受口蹄疫暴发严重影响但渴望到英国旅游的海外游客传递信息，重塑旅游地良好形象。

（5）成立专门机构。口蹄疫暴发后，政府部门和其他一些机构共同加入减小口蹄疫对英国旅游业的消极影响的战役，许多好的方案得到了实施。另外，成立了一些专门机构促进协作行动的实施。国家旅游恢复战略实施后，经过英国政府和其他机构的共同努力，英国旅游业很快就从口蹄疫带来的致命打击中恢复过来，重新步入正常发展的轨道。

第二节　旅游灾害及其防治对策

随着社会经济的发展，人民生活水平的提高，旅游业在全世界有了突飞猛进的发展，成为当今世界第一大产业。我国的旅游业改革开放以来也获得了飞速发展，成为国内很多省、市、地区的支柱产业。与此同时，由于自然因素或人为因素的影响，旅游灾害发生的频率越来越高，危害越来越严重。例如，2005 年 10 月，墨西哥遭到“威尔玛”飓风的袭击，3 万旅游者被陷于惊恐和黑暗之中，著名旅游胜地坎昆岛处于水淹之中。2009 年 5 月的四川省汶川大地震，造成四川旅游直接损失超过 500 亿元。珠穆朗玛峰自人类成功登顶以来，留下的垃圾超过 600 吨，给本来就脆弱的生态环境带来了巨大的威胁。云南省昆明市滇池生态系统遭到严重破坏，约 16 种水生植物难觅踪影，近 40 种原生鱼种濒临灭绝。种种事实说明，正确认识、有效预防和治理各种旅游灾害，是实现旅游业可持续发展的必要条件之一。

一、旅游灾害成因分析

旅游灾害是指由于自然的或人为的因素导致影响、破坏旅游景区、景点等旅游资源及生态平衡的现象和过程。广义地说，凡是与旅游业直接相关的各种灾害均可称为旅游灾害。旅游灾害种类繁多，涉及从自然到社会的许多方面，其灾害成因大体分为 3 类：旅游地自然因素、旅游地社会因素、旅游地旅游业因素。

（一）旅游地自然因素

自然环境由于种种原因发生变异而产生自然灾害，也会危及旅游业。自然灾害的发生主要与构成自然地理环境的要素有关，其中地质构造、地貌条件、气象气候、水系水文及植被条件等对自然灾害的形成影响最大。地震、火山活动、地裂缝、地面沉降、泥石流、滑坡、崩塌等地质地貌因素发生灾变都会引起旅游灾害的发生，其中破坏性最大的是地震灾害。另外，气象气候因素，如台风、暴雨、洪涝、暴风雪、大风、沙尘暴、酷暑、严寒、浓雾等也会引发旅游灾害。旅游区动物疾病传播、动物染病死亡、植物发生病虫害等生物灾害也都会影响旅游业的发展。自然灾害具有突发性与永久性，频繁性与不确定性，周期性与不重复性，广泛性与区域性、难以控制性与不可逆性等特点，对旅游业影响较大。自然因素导致的旅游灾害虽属于自然灾害的范畴，但人类可通过科学手段，预报灾害发生的时间、地点、强度等，提前做好预防工作，最大限度地减轻受灾程度。

（二）旅游地社会因素

（1）由于旅游业具有脆弱性，社会政治、经济和文化大背景发生变异，主要包括战争、恐怖活动、国内政局动荡、社会秩序混乱、经济危机、汇率变化等往往从宏观方面对旅游业产生危害，有时甚至是致命打击。如阿富汗经过常年的战火和塔利班疯狂摧残，举世闻名的巴米扬大佛遭到摧毁，巴米扬石窟大小佛像无一幸存；美国“9·11”恐怖事件的影响使全世界旅游业遭受到了严重的打击。

（2）发生在社会正常生活环境层次中的各种意外如交通事故、社会治安恶性事件、瘟疫等也是破坏旅游业的灾害因素。交通事故严重危害旅游交通、威胁旅游者安全，对旅游业破坏作用十分明显。社会治安恶性事件如“3·31”千岛湖事件，不仅在当年严重打击了千岛湖的旅游业发展，而且使当地及周边地区在之后的几年都处于事件的阴影之中。流行性疾病 SARS 2003 年的暴发使我国的入境旅游者人数大减。

（3）工业生产造成的环境污染、滥用土地资源、生态失衡等破坏了自然生态环境，使生物多样性锐减。大量有害气体的释放使大气受到污染，空气中有害成分不断增多，许多旅游资源特别是遗迹型的人文旅游资源受侵蚀和腐蚀作用加强，增加了保护难度。许多地方盲目建设旅游项目，对旅游景区进行商业化的开发，大量建设现代化的人工设施，破坏了旅游景观环境风貌及其完整性，造成了视觉污染。旅游地社会因素导致的旅游灾害大多具有潜伏性、渐进性和可控制性等特点，它不仅直接致灾，还是自然灾害的催化剂，可以使自然旅游灾害发生的频率增加，强度增大。

（三）旅游地旅游业因素

（1）开发经营不当。旅游开发、建设性破坏、管理水平低下、恶劣服务等不合理的开发和经营，也带来了旅游灾害。目前，很多景区在开发中存在低水平、重复建设问题，造成资源损毁和浪费。旅游地恶劣的服务、乱收费、欺诈、制假、售假等行为一旦发生，给旅游地带来极坏的负面形象，也不啻是一种严重的旅游灾害。

（2）经营管理不善。旅游业的迅速发展，导致旅游管理力量跟不上，管理混乱。我国大多数风景名胜区，分属林业、城建、文物、旅游、宗教等部门，还涉及交通、工商、税收、环保、公安等部门，处于多头管理、各自为政的状态，缺乏统一管理。有利益大家争，有问题相互推诿，致使各种影响旅游业的灾害没能得到有效的预防。

（3）旅游环境容量超载。旅游流量或活动量超过旅游地所能承受的极限容量值，可能导致旅游资源被破坏，旅游地域生态系统被打破，游客安全得不到保证，旅游者与旅游地居民的和谐关系破裂。许多旅游景区因旅游超载出现了生态系统退化，水体污染日趋严重，生物多样性锐减等问题。人文旅游资源因旅游超载加速了自然损蚀过程，削弱了资源价值。此外，大量游人涌入旅游景区还容易产生各种事故。

（4）应急措施不力。缺乏对特定自然灾害的预见性，也是诱发旅游灾害和加重灾害损失的重要原因。目前，国内旅游管理部门尚缺乏一套切实可行的旅游灾害预警系统，与旅游活动相关各部门，包括气象、地震、公安、交管、卫生、林业、食品监督、消协以及景区景点等部门间缺乏信息沟通，没有组织联网。灾害发生时，往往应急措施不力，处理不当，造成灾害损失加重。

（5）安全意识淡薄。旅游从业人员与管理者安全意识不强，对早已存在的安全隐患往往视而不见。很多地方政府和旅游经营者片面追求经济效益，不顾景区景点及各种设施的极限容量，超量接待游客，或将尚未完工的景点、设施设备投入使用，致使旅游灾害发生。广州从化天湖“铁索桥断裂事件”、上海闸北公园“飞旋转椅倒塌事件”、贵州马岭河峡谷“缆车坠毁事件”等，无不与安全意识不强有关。另外，游客自身的安全意识淡薄，也是造成旅游灾害的诱因。

二、旅游灾害防治对策

（1）发展生态旅游。生态旅游是以自然界为基础，从生态学和文化角度提高环境保护意识的旅游。它集生态考察、环境保护、教育和旅游于一身，很好地解决了发展旅游业与环境保护之间的关系，既能满足旅游者求新、求异、求乐的需求，同时可以减少旅游活动带来的对环境和资源的破坏，能避免许多社会和旅游发展方面的灾害。

（2）加强防灾意识。近年来，人为旅游灾害和自然旅游灾害剧增。因此，必须加强人们的防灾害意识，克服侥幸心理，把防灾工作落实到日常管理中。实施对旅游者的灾害意识宣传教育，加大旅游灾害防治基本知识的培训，提高旅游者的防灾意识和自我保护意识，增强他们面对突发性灾害时的自救能力，以最大限度地减少人员伤亡。

（3）建立预警系统。所谓旅游灾害预警系统，主要指有关部门在国内外发生瘟疫、战争、社会问题、恐怖活动、自然灾害等影响旅游的灾害性事件后，予以发布并警示，从而有利于旅游部门和游人预见问题，并主动采取积极的安全措施。旅游灾害预警系统的建立是一个系统工程，需要林业、地震、水利、国土等多部门相互协调与配合。同时，还应与区域性或国际性灾害预警组织联盟，实现灾害信息共享等。

(4) 完善管理制度。旅游灾害的频繁发生与旅游管理体制方面存在许多不足有关。针对开展旅游活动的旅游目的地受到若干部门的行政管理与行业管理的特点，应健全旅游管理机构，理顺管理关系，明确管理职责，以改变目前普遍存在的分散管理，各自为政，结果无人具体管理的混乱状况。

(5) 加强执法力度。要防治和减轻旅游灾害，实现旅游业的可持续发展，加强旅游法律、法规的建设是重要保证。政府应尽快完善旅游法律、法规，建立一系列有关旅游灾害评价、预测和治理的配套法规。增强执法力度，严格执行和遵守与旅游业密切相关的法律和法规，用法律、法规来约束旅游者和旅游经营者的不合理行为，对人为造成的旅游灾害要追究其法律责任。

第三节 旅游犯罪及其预防

一、旅游犯罪的内涵

旅游犯罪是广义旅游活动中犯罪案件的简称，主要是指符合法定条件的自然人或单位，以暴力、欺诈、盗窃或者其他方式造成旅游者及从业人员人身财产损失，或破坏旅游资源、旅游设施和旅游秩序，妨害旅游活动的正常开展，且违反国家相关法律、法规的一切行为的总和。在犯罪主体上，旅游犯罪者可以是旅游者，也可以是旅游从业者，还可以是其他蓄意破坏旅游的自然人和单位。在犯罪客体上，旅游犯罪的受害者可以是旅游者，也可以是旅游地的居民和企业，还可以是旅游资源、旅游环境和旅游设施。在犯罪场所上，旅游犯罪可发生在吃、住、行、游、购、娱中的任意场所，如用膳场所、寄宿场所、交通场所、游览场所、购物场所、娱乐场所。

旅游犯罪的形式，主要以旅游场所为舞台，以旅游过程为时空，或破坏旅游者的旅游舒适度和生命财产安全，或破坏旅游资源、旅游环境和旅游设施的价值，或破坏旅游经济秩序与旅游综合效益。在犯罪动机上，可以是非旅游者和个别旅游者针对旅游者财产利益、生命安全的掠夺，可以是恐怖分子为了某种政治利益蓄意攻击旅游者或破坏旅游共同体，也可以是旅游者寻找在家乡无法满足的越轨的刺激和享乐。由于旅游业具有季节性（旺季、淡季）、流动性（时空过程和空间位移）、区域性（居住地和旅游地空间的异质性），旅游犯罪也具有明显的流动性、区域性、季节性、周期性。旅游犯罪的不良影响容易被媒体和旅游者传播，具有空间上的放大性和时间上的延续性。

旅游犯罪的属性，主要从动机、受害者、场所、严重性、频度5个方面来考察。动机可以是经济的、社会的、政治的和个人的；受害者可以是企业、居民、政治人物、知名人士、旅游者、商业人士；场所可以在旅游商业场所内，也可以在旅游商业场所外；严重性可以是财产损失、身体伤害、生命损失和大规模财产损失；频度可以是罕见的或偶尔的或连续的或经常的。

旅游犯罪对旅游需求的影响有3个属性：强度、广度、长度。强度可分为基本没有影响、轻微下降、显著下降、急剧下降、终止；广度可分为地方的、区域的、国家的、国际的；长度可分为短期（几个星期）、中期（2~4个月）、长期（超过一个旅游季节）、永久。

二、旅游犯罪的性质与特征

（一） 旅游犯罪的性质

旅游犯罪并非某一具体犯罪行为的罪名，而是涉及旅游的犯罪行为的总称，是一个集合概念。旅游犯罪行为是国家法律规定为犯罪的行为，它具有一般犯罪的性质和特征。犯罪行为侵害旅游相关主体的权益，妨害旅游活动的正常开展，这是判断犯罪行为是否是旅游犯罪的依据。在诸多的旅游犯罪类型中，针对旅游者的犯罪是旅游犯罪的主要类型，对旅游业和目的地社会的危害性非常大，是目前旅游犯罪研究和防控的主要对象。

（二） 旅游犯罪的特征

旅游犯罪的特征有如下几点：

(1) 时空规律性。受旅游活动时间和空间分布不平衡等因素的影响，旅游犯罪表现出较为明显的时空规律性。从时间分布来看，旅游犯罪具有明显的季节性，发生在旅游旺季的较多、淡季的较少；旅游犯罪具有昼夜规律性，夜晚是旅游犯罪的高发时段，白天则相对安全；旅游犯罪水平与旅游业的发展阶段有关，表现为旅游犯罪发生率随旅游业的发展逐渐增高。从空间分布来看，旅游犯罪多发生在酒吧、海滩、高速公路、单身宿舍、商业区等“热点”地区。

(2) 犯罪率高，报案率、破案率低。旅游活动中的犯罪数量众多，然而旅游者出于时间的考虑或怕麻烦、怕报复等心理影响，在遭受损失不太大的情况下，一般不会向公安部门报案。旅游景区、旅游交通中的人口流动较大，不利于公安机关的抓捕及调查取证，加上公安机关在有效打击旅游犯罪方面的措施和手段相对滞后，致使许多案件不能及时侦破。旅游犯罪人员往往利用作案快、逃跑快、取证难、抓捕难、打击弱等“有利因素”，肆无忌惮地作案。

(3) 犯罪动机主要是劫取财物。旅游是一种消费较高的活动，旅游者身上往往带有较多的现金和贵重物品，因此，针对游客的旅游犯罪以劫取游客现金及随身携带的贵重物品等财产犯罪为主。

（4）犯罪方式主要是盗窃、诈骗和暴力。盗窃、诈骗和抢劫是犯罪分子获取旅游者财物的主要手段。在犯罪分子实施犯罪活动的过程中，若遭到旅游者的反抗或其他因素的影响，旅游者可能遭遇杀害、强奸等暴力袭击。一般来说，人口密集、交通发达的地方，盗窃、诈骗犯罪较多，而偏僻、人口稀少、交通和通信不畅的地方，则容易发生暴力犯罪。

（5）危害性大。旅游犯罪活动对旅游者及旅游业的危害较大，主要表现为：旅游者的生命、财产受到危害，心理健康受到影响；犯罪活动破坏旅游地形象，甚至影响国家形象；诱发其他犯罪，影响目的地居民的生命财产安全；导致旅游需求与目的地收入下降，影响旅游业的可持续发展。

（三）旅游犯罪的规律

（1）旅游犯罪的流动性。旅游业是流动的产业，没有旅游者的流动就不可能有旅游业的发展。旅游者的流动带动了资金、信息、文化的流动，同时也招致了旅游犯罪分子的流动。旅游犯罪的流动性为旅游犯罪的防范和侦破增加了难度，加强流动性较大的旅游场所的安全保障显得特别必要和重要。

（2）旅游犯罪的区域性。据统计，针对旅游者的犯罪往往发生在犯罪率高的地区，在犯罪率低的地区即使旅游者增多也不会导致更高的旅游者受害率。旅游犯罪的区域性还体现在旅游犯罪在某些类型的旅游目的地或旅游依托地具有集聚性。旅游地带被认为是犯罪者的机会之地。犯罪往往发生在某些相对小的地方，这些地方为犯罪提供了聚集的机会，旅游犯罪往往成群出现在特定的地方。比如，红灯区和宾馆是性交易集中的场所，深圳、广州两市的数据表明，在宾馆的性交易活动约占总数的50%；澳大利亚昆士兰州多处海滨旅游地的证据表明，汽车旅馆和娱乐场所是小偷最常光顾的地方。

三、常见旅游犯罪类型

在常见的旅游犯罪类型中，财产性犯罪占绝大多数，其中又以盗窃和诈骗为主要犯罪形式。暴力犯罪所占比例很小，且往往与财产性犯罪相联系。预防旅游犯罪，一方面靠旅游目的地社会治安环境的综合治理；另一方面则主要靠提高游客的自我防范能力。

盗窃是最常见的一种旅游犯罪形式，尤以惯窃（以盗窃为常业，作案历史较长，手段狡猾，善于伪装，盗窃数额较大，且具有流窜作案、结伙盗窃的特点）危害性大。

抢劫是侵害游客财产犯罪中最危险、最严重的一种。其中，麻醉抢劫（将麻醉品偷偷放进饮料、啤酒、茶水、香烟等食物中，或将当事人用酒灌醉，抢走财物）和色情引诱抢劫呈逐渐上升趋势。随着110报警电话的普及，巡警及有关安全部门快速反应能力的加强，用暴力杀伤直接抢劫游客财物的情况较少。

针对旅游者的诈骗手法可谓五花八门。主要有：邮票行骗、假药（假牛黄、假燕窝）、兑换外币时调包、假意代买火车票、假古董、假首饰、假金砂、摆赌行骗、假装帮别人照看提拿行李骗走财物、丢包、用健力宝等易拉罐中奖行骗等。

抢夺也偶有发生，一般是结伙为之。当时没有使用危及游客人身安全的暴力和胁迫方式，但当游客发现追赶时，有的犯罪分子为逃脱而狗急跳墙暴力杀伤追赶者。至于直接伤害游客人身的暴力犯罪，如杀人、绑架、非法拘禁等，相对较少。

四、旅游犯罪频发的原因

旅游犯罪频发的原因是多方面的，既有旅游者和旅游业本身的原因，也有旅游环境和犯罪分子的原因。

（一） 从旅游者角度看

（1）求新、求奇、求异是旅游的主要目的，游客的注意力易被新奇事物和奇闻逸事吸引，旅游过程中的满足和享受使他们产生麻痹思想，放松警惕，给犯罪分子以可乘之机。

（2）喜欢冒险，存有侥幸心理，意识不到旅游过程中的危险，常常闯入一些连当地人也不敢去的地方，这些地方往往是犯罪分子经常出没之地。

（3）对周围环境不熟悉，容易受到犯罪分子或团伙的欺骗和误导。

（4）旅游者犯罪以色情、赌博等越轨行为为主。从某种意义上说，旅游的异地性使这类犯罪行为有了活动的空间。如卖淫、嫖娼、赌博、诈骗等犯罪活动，旅游者在其居住地一般是很少发生的，但在旅游地情况就完全不同了，许多有越轨倾向的旅游者往往心怀侥幸，不惜以身试法，寻求“偶尔为之”的刺激和快乐。

（二） 从旅游业角度看

（1）有些交通站点、旅馆、饭店绞尽脑汁搞一些令人幻想的东西，如有些旅游规划为了吸引更多的游客，满足部分人猎奇、追求刺激的心理并从中谋利，设计一些暴力、污秽和淫乱的旅游项目。

（2）有些旅游从业者素质不高，在旅游解说中不重视旅游安全知识的警示，有的甚至与犯罪分子同流合污，坑害旅游者。

（3）旅游规划和管理部门缺乏预防旅游犯罪的意识，忽视旅游安全机构、设施、力量的合理布局。

（三） 从犯罪分子角度看

（1）旅游是一种高层次的享受，有些旅游者不只是有足够的金钱来享受旅游的快乐和刺激，有时甚至到了一种挥金如土、一掷千金的地步，这样的旅游消费行为容易刺激某些人（包括旅游者）的物欲和享受欲而铤而走险。

（2）旅游者身背旅行包，胸挂照相机，携带大量现金和贵重物品，其装束、口音、行为明显与当地人不同，犯罪分子很容易把旅游者从旅游地居民和其他外地人中区别开来，把他们作为攻击的对象。

（3）旅游者通常是暂时的参观者，因为时间关系，不可能对法律机构施加压力使之采取行动，致使犯罪分子可能长期逍遥法外。

（4）旅游景区人口流动性很大，破案难度较大，罪犯往往认为旅游犯罪的风险较小。

（5）旅游活动常被媒体追踪，旅游犯罪具有轰动效应和放大效应，恐怖分子往往以旅游者为首选的攻击对象。

五、旅游犯罪的预防

（一）加强自我防范，消除受害者自身的致害因素

旅游者是旅游犯罪最主要的受害者，也是预防旅游犯罪的主要责任者。旅游管理部门、相关协会、媒体等组织应该通过宣传、讲座等形式，加强对旅游者有关识别和预防犯罪的基本知识和技能的教育和培训，让其认识到自我防范的重要性，增强旅游者的防范意识和自我保护意识，自觉消除自身的致害因素，让犯罪分子没有可乘之机。同时，通过教育，让旅游者洁身自好，不要盲目地追求刺激，以至于触犯国家法律。

（二）遏制犯罪者的犯罪动机，减少潜在犯罪者

（1）健全法律、法规，加强法律威慑。建立专门的、具有明确奖惩条文、惩治旅游犯罪的法律、法规，是防控旅游犯罪的必要条件。虽然国家已先后制定了一系列的法律、法规来保障我国旅游业的健康发展，但专门针对旅游犯罪问题的法律、法规尚未建立，立法的滞后性已经严重影响我国的旅游犯罪防控。立法机关和政府主管部门要进一步完善打击旅游犯罪的法律规章，使旅游犯罪防控工作“有法可依”，从而发挥法律的威慑力，抑制犯罪分子的犯罪动机。同时，应该依托各种媒体，加强法制宣传和教育，增强国民的法制观念，使广大旅游者知法、懂法、守法，从而减少潜在犯罪分子。

（2）违法必究，严厉打击旅游犯罪。法律必须得到很好施行，才能产生良好的效果。针对旅游犯罪，公安机关应该高度重视，提高工作效率，及时侦破案件，违法必究，更好地发挥法律的警示作用。意大利犯罪学家贝卡利亚说：“对犯罪最强有力的约束力量不是刑罚的严厉性，而是刑罚的不可避免性，即使是最

小的刑罚，一旦成了确定的，就总会令人心悸。”

（三）加强旅游犯罪监控，提高旅游设施安全度

（1）常设旅游犯罪防控机构，完善犯罪管理组织系统。设置常设性的旅游犯罪管理机构，有利于对旅游犯罪的有效预警和快速、正确反应，把旅游犯罪的影响控制在最小的范围内。旅游地相关部门必须建立健全常设性的旅游犯罪管理机构，构建旅游犯罪管理系统，统一协调行动。从旅游犯罪防控的系统功能角度看，旅游犯罪防控的组织结构由五大系统组成，即信息系统、预警系统、决策指挥系统、行动系统和反馈与评估系统。

（2）社区参与，全面监控。社区居民是旅游地发展的核心利益相关者，也是旅游犯罪防控的重要责任相关者，应该调动社区居民对旅游犯罪防控的积极性，发挥社区在旅游犯罪防控中的重要作用。①相关部门要对社区居民开展普法教育，让社区居民养成遵守法律的自觉性，认识到犯罪防控与自身利益的高度关联性，积极引导其参与到旅游犯罪防控的管理中来，发挥其监督作用。②加强社区、公安、媒体及相关团体的合作，对犯罪活动实现网络化监控，及时发现并侦破犯罪活动，维护旅游地的社会治安和旅游者的生命财产安全。

（3）提高旅游场所和设施的安全度。

旅游场所和旅游设施的安全度低，也是诱发犯罪的重要原因之一。应该加大在旅游犯罪防控工作中的资金、人力投入，加强旅游场所的安全监控和防护、设施设备的更新与维护，完善与旅游犯罪防控相关联的各项配套措施。在犯罪多发区域增设岗哨，增派警力，增大警察巡逻的区域和时间，提高旅游犯罪防控的能力。

（4）旅游经营企业加强对旅游犯罪的防范工作，提高旅游场所的安全度，如增加安保人员、危险区域安装摄像头、设置电子门卡等。

案例分析

澳大利亚维多利亚州蓝藻危机的处理

澳大利亚是个令人向往的国度，旅游业对它的经济发展至关重要。一旦发生旅游危机，会对当地的经济发展产生严重影响。

吉普斯兰德风景区位于维多利亚州东南，是澳大利亚最大的淡水湖群观光地。近年来随着温室效应和全球变暖，吉普斯兰德湖区出现了蓝藻暴发的趋势。由于湖水中的营养性物质氮、磷的含量较高，遭遇水温升高，水中含有的蓝藻死亡，并快速消耗水中的溶解氧，水体缺氧性腐变，水体变蓝变臭。21 世纪初，吉普斯兰德湖区突然暴发蓝藻，从地方政府和州政府相关部门特别是旅游部门联动其他部门，及时采取应对措施，显示了澳大利亚地方政府旅游危机管理的效率。

一、蓝藻暴发前期阶段

时间：1月

澳大利亚从1月开始是夏季，为蓝藻暴发的高峰时间。作为处理蓝藻暴发等自然灾害的维多利亚州环境和持续发展部（The Department of Sustainability and Environment，DSE），收到来自吉普斯兰德湖区报告有蓝藻暴发的可能性的报告。该州环境和持续发展部立刻对吉普斯兰德区域的湖水进行测试，确认存在有毒藻类。基于蓝藻细胞数量和繁殖的测定，该州环境和持续发展部的事故处理官员决定将事故预警警告升为2级，要求各相关机构保持注意，并且增加对该区域的湖水检测频度，在当地进行媒体通气会强调把蓝藻中度暴发控制在本区域内。一位被提名为主席的当地旅游应对及恢复小组（Tourism Response & Recovery Group，TR-RG）成员，负责将此事通报所有小组人员，这样他们就可以按照"危机沟通计划"中的职责和任务进行，拟订方案应对随时可能升级的危机。

当地旅游应对及恢复小组还立即联系各个旅游景点营运单位，让它们为景点的游客准备信息资料，以便将蓝藻的相关细节和最新进展告知旅客。当地旅游应对及恢复小组的一名工作人员与当地媒体的资深编辑联系，建立起和媒体的日常沟通机制，向媒体报告事故进展，避免媒体对事故进行不必要的过分渲染。与此同时，景点营运单位和酒店开始对游客进行宣导，告诉游客应该采取的预警措施，如不要饮用已经受到污染的水等，建立起良好的游客沟通机制。

二、蓝藻暴发阶段

时间：2月初

环境和持续发展部陆续从不同的湖泊、港湾接到蓝藻暴发的报告，开始进行更多和更大范围的检测。基于蓝藻暴发的危害以及范围逐渐扩大，环境和持续发展部的事故处理官员将事故预警警告级别上升为3级，并将此蓝藻暴发定性为区域性的。环境和持续发展部通过吉普斯兰德湖泊和集水处，将检测工作扩大到整个吉普斯兰德地区，同时禁止从受污染的湖泊捕捞虾和蚌类。

旅游应对及恢复小组召开紧急会议，开始执行和落实"旅游危机计划"，包括：

（1）与环境和持续发展部危机管控小组保持有效沟通，确保来自前线信息的准确、及时。

（2）通过旅游应对及恢复小组对旅游景点运营商和媒体的信息更新方案，确保各方信息的连续性和准确性。

（3）对来自州和地方的媒体报道进行跟踪，避免媒体对蓝藻暴发以及影响的不实或错误报道，对公众产生不利影响。

（4）蓝藻暴发事件的相关信息被放在地方旅游网站的显著位置，并且随时为景点营运商、酒店更新情况表，用传真的方式发到运营商手中。

（5）在直接受到蓝藻威胁的地方，旅游应对及恢复小组建立了与景点营运商和酒店的对话机制。

（6）像维多利亚州旅游局和当地旅游机构这样的股东，也在第一时间被告知。旅游应对及恢复小组做出承诺，他们会将最新的进展情况及时汇报给股东们。

三、蓝藻暴发危机阶段

时间：2月的第三周、第四周，3月的第一周

由于天气依然潮湿，气温居高不下，蓝藻暴发的区域越来越多，受到蓝藻污染的河流和

湖泊也日渐增多。州政府的相关职能部门每天都会接到来自环境和持续发展部最新的关于蓝藻疫情的进展情况，协调相关部门安抚公众、避免恐慌。当地居民已经获得政府的补贴，并且可以去超市购买从外地运来的纯净水，作为生活和饮用水水源，因此居民的生活并未因此而受到严重影响，当地人心稳定，他们有信心和政府部门一起渡过难关。事故处理小组报告说，由于天气的原因，蓝藻暴发还会持续一段时间。

旅游应对及恢复小组在危机应对阶段的工作：

(1) 旅游应对及恢复小组的成员每天拜访旅游景点营运商，询问它们当前的情况和对政府采取措施的意见。

(2) 给那些直接受蓝藻事件危害的景点营运商建议和帮助。

(3) 和景点营运商商谈危机中短期市场推广计划，以减少因危机带来的损失。

(4) 危机沟通专家被专门指派去将危机情况汇报给大股东们包括政府和媒体，得到他们的理解、支持和帮助。

(5) 安排媒体访问该区域的旅游机构或者景点营运商，让他们通过媒体谈自身在此次危机中的损失和危机后恢复旅游的信心。

(6) 旅游应对及恢复小组和所有受污染的区域人民和景点一起，有战胜危机的信心和能力。

四、危机恢复阶段

时间：3月的第三、四周，4月第一、二周

环境和持续发展部的事故处理官员报告，3月下旬从对蓝藻暴发区域的水质检测中得知，蓝藻疫情已经得到明显的控制，受污染的水体所含毒素明显降低。到四月的第一周，再次得到报告，除了小部分独立的区域的水质还将被DSE严密监测以外，大规模的蓝藻暴发危机基本过去。在各个旅游景点的所有禁令警示被完全撤下以前，政府仍然为吉普斯兰德提供至少2周以上的饮用和生活水。四月的第三周，环境和持续发展部发出对吉普斯兰德河湖区蓝藻危害全部解除的确认报告，进一步检测得出了再次暴发的可能性极小的结论。所有旅游景点的禁令警示也全部撤出，并且取消了禁止捕捞和食用湖鲜的禁令。当地媒体在第一时间发布了这一消息。旅游应对及恢复小组立即着手对旅客进行目的地和景点的推广，恢复旅客对该地区旅游的信心。

旅游应对及恢复小组在危机恢复阶段的工作：

(1) 将一份重新修订过的吉普斯兰德“旅游资讯简报”发放至3个旅客资讯中心，以及当地所有的景点营运商、酒店、餐厅和旅游相关行业。

(2) 向当地以及州的媒体发布新闻稿，着重说明现在蓝藻疫情已经结束，并且根据环境和持续发展部的跟踪检测报告，本区几乎没有再次暴发的可能；介绍危机对当地旅游业的巨大影响以及将要进行的各项旅游推广等。

(3) 向主要股东如联邦和州旅游部的部长通报，危机已经过去，希望获得他们对重振旅游业的支持和适当的旅游推广补助。

(4) 给当地的旅游相关行业组织发调查表，以了解他们对旅游恢复的措施和想法。

(5) 一系列的恢复旅游的推广：在州和当地的主流平面媒体上做旅游推广广告，主要推广以亲水为主题的各项休闲活动；和电台、报纸等媒体启动免费畅游吉普斯兰德地区的活动；邀请媒体来吉普斯兰德地区参观考察，让记者将对当地旅游恢复的感受和实际体验过程告诉给读者/听众/观众；邀请知名的奥运会游泳选手参加吉普斯兰德湖区的媒体活动；宣布进行长距离游泳慈善晚会等。

五、旅游应对及恢复小组的后续工作

在夏季结束后，旅游应对及恢复小组安排了一系列对股东或公众的总结说明会，将他们在这次蓝藻暴发危机中的所有工作进行了梳理，包括：危机发生原因，旅游应对及恢复小组的职责和应对措施，危机沟通计划，应对的时间点，与环境和持续发展部以及事故处理官员、媒体、股东和公众的沟通，危机管理专家专业意见，危机恢复阶段的市场推广计划，媒体资料的准确性，区域内的旅游机构对旅游应对及恢复小组工作的意见，旅客的反应，如果遇到类似的危机将展开的工作等。

资料来源：http：//finance. sina. com. cn/chanjing/b/20070615/03463693999. shtml；http：//www. ifayan. com/wj/sg/2009/0923/0MMDAwMDAwMDE0Mw. html.

【练习思考】

1. 名词解释：旅游危机 旅游灾害 旅游犯罪
2. 简述旅游危机的基本内涵。
3. 举例说明旅游危机管理的基本方法。
4. 旅游灾害有哪些基本种类，如何预防？
5. 简述旅游犯罪的基本性质、基本类型及各种类型的基本特征。
6. 简要说明旅游犯罪频发的原因及旅游犯罪的基本规律及其预防措施。
7. 各举一个旅游危机、旅游灾害、旅游犯罪的案例，分析说明其基本特点和预防对策。
8. 结合危机管理相关案例分析旅游危机处理的一般流程。
9. 如何理解旅游危机与危机管理的含义？
10. 如何认识旅游危机事件的特征及其对旅游业的影响？
11. 旅游灾害形成的原因有哪些？
12. 旅游灾害的防治对策有哪些？
13. 旅游犯罪的性质与特征有哪些？
14. 旅游犯罪频发的原因是什么？
15. 预防旅游犯罪的途径和方法有哪些？

参考文献

1. (英) 赫伯特·斯宾塞. 社会静力学 [M]. 张雄武译. 北京: 商务印书馆, 1996.
2. (法) 罗贝尔·朗卡尔. 旅游与旅行社会学 [M]. 陈立春译. 北京: 商务印书馆, 1997.
3. (德) 斐迪南·滕尼斯. 共同体与社会——纯粹社会学的基本概念 [M]. 林荣远译. 北京: 商务印书馆, 1999.
4. (德) 维尔纳·桑巴特. 奢侈与资本主义 [M]. 王燕平, 侯小河译. 上海: 上海人民出版社, 2000.
5. (德) 马克思·韦伯. 新教伦理与资本主义精神 [M]. 陈平译. 西安: 陕西师范大学出版社, 2006.
6. (美) 克莱德·伍兹. 文化变迁 [M]. 施惟达等译. 昆明: 云南教育出版社, 1989.
7. (美) 埃米尔·涂尔干. 社会分工论 [M]. 渠东译. 北京: 生活. 读书. 新知三联书店, 2000.
8. (美) 戴维·米勒, 韦农·波格丹诺. 布莱克维尔政治学百科全书 (修订版) [M]. 邓正来译. 北京: 中国政法大学出版社, 2002.
9. (美) 伊曼纽尔·沃勒斯坦著. 沃勒斯坦精粹 [M]. 黄光耀, 洪霞译. 南京: 南京大学出版社, 2003.
10. (美) 艾莉森·沃尔夫, 鲁思·华莱士. 当代社会学理论: 对古典理论的扩展 (第六版) [M]. 刘少杰等译. 北京: 人民大学出版社, 2008.
11. 童恩正. 文化人类学 [M]. 上海: 上海人民出版社, 1989.
12. 保继刚, 楚义芳. 旅游地理学 [M]. 北京: 高等教育出版社, 1999.
13. 司马云杰. 文化社会学 [M]. 北京: 中国社会科学出版社, 2001.
14. 于海. 西方社会学文选 (英文版) [M]. 上海: 复旦大学出版社, 2003.
15. 彭兆荣. 旅游人类学 [M]. 北京: 民族出版社, 2004.
16. 尹德涛等. 旅游社会学研究 [M]. 天津: 南开大学出版社, 2006.
17. 申葆嘉. 国外旅游研究进展 [J]. 旅游学刊, 1996: 1-4.
18. 刘赵平. 社会交换理论在旅游社会文化影响研究中的应用 [J]. 旅游科学, 1998 (4): 30-33.
19. 王妙, 孙亚平. 旅游对接待地的社会文化影响 [J]. 天津商学院学报, 1999 (4): 36-37.
20. 宗晓莲. 布迪厄文化再生产理论对文化变迁研究的意义——以旅游开发背景下的民族

文化变迁研究为例［J］．广西民族学院学报哲学（社会科学版），2002（2）：22－25.

21. 张进福．西方旅游社会学研究进展［J］．旅游学刊，2004，19（5）：82－91.
22. 张骁鸣．旅游对乡村社区的社会经济影响研究——以世界文化遗产地西递为例［J］．广州：中山大学博士学位论文，2006.
23. 郑威．人类学文化变迁之文化涵化：以广西贺州客家族群的文化变迁为例［J］．广西社会科学．2006：180～184.
24. Ap J. Residents'Perception of Tourism Impacts［J］. Annals of Tourism Research, 1992, 19（4）: 665－690.
25. Burchardt, T.（2000）. Social exclusion: concepts and evidence. In D. Gordon&P. Townsend（eds.）: Breadline Europe: the Measurement of Poverty［M］. Policy Press, Bristol: 385－406.
26. Cheong and M. Miller（2000）. Power and tourism: a foucauldian observation, annals of tourism research, 27（2）: 371－390.
27. Hoffman L. M.（2000）. Tourism and the revitalization of Harlem. Research in Urban Sociology 05: 207－223.
28. Lynch, P. A. and MacWhannell, D.（2000）. Home and commercialized hospitality, in: C. Lashley & A. Morrison（Eds）, In Search of Hospitality: Theoretical Perspectives and Debates, PP. 100－117.
29. Tomljenovic, C and Faulkner, B.（2000）. Tourism and older residents in a Sunbelt resort, Annals of Tourism Research 27（1）: 93－114.
30. Herbert, A.（2001）Literary Places, Tourism and the Heritage Experience. Annals of Tourism Research. 28: 312－333.
31. Kneafsey, B.（2001）. Rural cultural economy: Tourism and Social Relations. Annals of Tourism Research, 28（3）, 762－783.
32. Moreno,（2001）. Negotiating tradition: Tourism Retailers in Guatemala. Annals of Tourism Research 28（3）: 658－685.
33. Ryan, C.（2001）. 'Sex Tourism: Paradigms of Confusion?' in Stephen Clift and Simon Carter（eds.）Tourism and Sex. Culture, Commerce and Coercion, London: Pinter: 23－41.
34. Taylor, J. P.（2001）. Authenticity and Sincerity in Tourism. Annals of Tourism Research 28（1）: 7－26.
35. Weaver D. B., Lawton L. J（2001）. Resident Perceptions in the Urban Rural Fringe, Annals of tourism Research 28（2）: 439－458.
36. Burchardt, T., LeGrand, J. and Piachaud, D.（2002）. Degrees of Exclusion: Developing a Dynamic, Multidimensional Measure, in J.. Hills, J. LeGrand and J. Piachaud（eds.）Understanding Social Exclusion, Oxford: Oxford University Press: 30－43.
37. Gustafson（2002）. Tourism and seasonal retirement migration. Annals of Tourism Research, 29（4）: 899－918Kalanj, R.（2002）. Dimensions of modernisation and position of identity. Socijalna Ekologija 11（1－2）: 97－113.
38. Oigenblick（2002）. Tourism and immigration: Comparing Alternative Approaches. Annals of

Tourism Research 29 (4): 1086 – 1100.

39. Ryan, C. (2002). Tourism and cultural proximity: Examples from New Zealand. Annals of Tourism Research 29 (4): 952 – 971.

40. Andersen T. (2003). New trends in urban policies in Europe: evidence from the Netherlands and Denmark, Cities 20 (2): 77 – 86.

41. Bramwell, G. (2003). Maltese responses to tourism, Annals of Tourism Research, 30 (3): 581 – 605.

42. Cave C. and Ryan, C. Panakera. (2003). Residents' perceptions, migrant groups and culture as an attraction—the case of a proposed pacific islandcultural centre In new Zealand. Tourism management 24: 371 – 385.

43. Chhabra, C. (2003). Staged authenticity and heritage tourism. Annals of Tourism Research, 30 (3): 702 – 719.

44. Jamal, H. (2003). Retailing in a multicultural world: the interplav of retailing, ethnic identity and consumption. Journal of Retailing and Consumer Services 10: 1 – 11.

45. Jolliffe, L. and Farnsworth, R. (2003). Seasonality in tourism employment: Human resource challenges. International Journal of Contemporary Hospitality Management 15 (6): 312 – 316.

46. Medina, K. (2003). Commoditizing culture: Tourism and Maya Identity. Annals of Tourism Research 30 (2). 353 – 368.

47. Prentice, D. and Andersen, V. (2003). Festival as creative destination. Annals of Tourism Research 30 (1): 7 – 30.

48. Andrews B. et a1. (2004). Start at the end: empowerment evaluation product planning. Evaluation and Program planning 27: 275 – 285.

49. Cheshirea H and Higgins V. (2004). From risky to responsible: expert knowledge and the governing of community—led rural development. Journal of Rural Studies 20: 289 – 302.

50. Cho, M H and Kerstetter, D. L. (2004). The influence of sign value on travel—related information search. Leisure Sciences, 26 (1): 19 – 34.

51. Hottola. C. (2004). Culture confusion – Intercultural Adaptation in Tourism. Annals of Tourism Research 31 (2), 447 – 466.

52. Agarwal, S. and Brunt, P. (2005). Social exclusion and English seaside resorts. Tourism Management 27 (4): 654 – 670.

53. Caldas B., Jarmila O. and Sabelli, S. (2005). Transnational Identities and the Subversion of the Italian Language in Genevieve Makaping. Christianade Dialectical Anthropology, 29 (3 – 4): 439 – 451.

54. Harrison, D. (2005). Tourism, farm abandonment, and the "typical" Vermonter: 1880—1930. Journal of Historical Geography. 31: 478 – 495.

55. Kuentzel W. F. (2005). Tourism and amenity migration A Longitudinal Analysis, Annals of Tourism Research 32 (2): 419 – 438.

56. Leathermana L. and Goodman A. (2005). Coca – colonization of diets in the Yucatan, So-

cial Science&Medicine 61: 833 – 846.

57. Marcouiller, D. W. (2004) Natural amenities, tourism and income distribution. Annals of Tourism Research 31 (4), 1031 – 1050.
58. Mair, P. (2005) . Tourism, Globalisation, and Cultural Change: An Island Community Perspective. Annals of Tourism Research 32 (2): 514 – 515.
59. Mordue, T. (2005) . Tourism, performance and social exclusion in "Olde York" . Annals of Tourism Research 32 (1): 179 – 198.
60. Sofield, T. H. B. (2005) . Empowerment for Sustainable Tourism Development, Reviewed by Reviewed by Sue Beeton. Annals of Tourism Research 32 (3): 820 – 822.
61. Tosun, J. (2005) . Stages in the emergence of a participatory tourism development approach in the Developing World, Geoforum 36: 333 – 352.
62. Weaver (2005) . The modonaldization thesis and cruise tourism. Annals of tourism research 32 (2): 346 – 366.
63. Fraser D. G. (2006) . Bottom up and top down: Analysis of participatory processes for sustainability indicator identification as a pathway to community empowerment and sustainable environmental management. Journal of Environmental Management 78: 114 – 127.
64. Gullette. G. S. (2007) . Development Economics, Developing Migration: Targeted Economic Development Initiatives as Drivers in International Migration. Human Organization, 66 (4): 366 – 379.
65. Higgins D. (2006) . More than an "industry": The forgotten power of tourism as a social force. Tourism Management 27 (3): 1192 – 1208.
66. McEwan, D. B. (2006) . politicizing empowerment: Lessons from the South African wine industry. Geoforum 37: 1021 – 1034.
67. Richardsa, J. W. (2006) . Developing creativity in tourist experiences: A solution to the serial reproduction of culture? Tourism Management 27 (5): 1209 – 1223.
68. Ryan, M. Aicken (2006) . Indigenous Tourism: The Commodification and Management of Culture, Elsevier, Oxford, reviewed by Mark J. Okrant, Tourism Management 27: 1091 – 1092.
69. Saarinen, J. (2006) . Traditions of sustainability in tourism studies. Annals of Tourism Research 33 (4): 1121 – 1140.
70. Steiner, J. (2006) . Understanding existential authenticity. Annals of Tourism Research 33 (2): 299 – 318.
71. Wang, F. and Wall, G. (2006) . Administrative arrangements and displacement compensation in top—down tourism planning—A case from Hainan Province, China. Annals of Tourism Research 33 (3): 645 – 665.
72. McNaughton, D. (2007) . The "host" as uninvited "guest": Hospitality. Violence and Tourism. Tourism Management 28 (4): 70 – 82.
73. Wilson, T. D. E. (2008) . Economic and social impacts of tourism in Mexico. Latin American Perspectives, 35 (3): 37 – 52.

后　记

旅游的社会问题是目前旅游学和社会学研究较为薄弱的环节。对旅游社会学的背景、意义、对象、内容、性质等一系列基本的理论问题进行研究分析，具有十分重要的现实意义。

本书汲取旅游社会学理论研究的最新成果，结合旅游社会的典型案例，阐述旅游社会学的基本原理，力求突破目前旅游社会学教材的传统框架与思维模式，为旅游社会学的研究与实践提供借鉴和指导。

本书是集体研究的成果。由湖南工学院陈国生教授、长江师范学院刘军林副教授主编，长江师范学院、湖南工学院和衡阳财经工业职业技术学院多位教师撰稿，具体分工如下：第一章——刘军林，第二章——于婷婷，第四章——陈国生，第五章——陆利军，第六章——刘军林，第七章——梁超，第八章——白瑞芬，第九章——刘军林，第十章——陈国生。全书由陈国生教授统稿审定。

在写作过程中，编者参阅和引用了学术界的大量研究成果，限于篇幅未能一一注明，在此深表感谢！

编者

2015 年 5 月

项目统筹：张芸艳
责任编辑：张芸艳
责任印制：冯冬青
封面设计：鲁　筱

图书在版编目（CIP）数据

旅游社会学 / 陈国生，刘军林主编 . --北京：中国旅游出版社，2015. 7（2024. 7 重印）
21 世纪高等学校旅游管理本科专业教材
ISBN 978-7-5032-5337-9

Ⅰ. ①旅…　Ⅱ. ①陈…　②刘…　Ⅲ. ①旅游社会学—高等学校—教材　Ⅳ. ①F590

中国版本图书馆 CIP 数据核字（2015）第 102358 号

书　　名：旅游社会学

作　　者：陈国生　刘军林
出版发行：中国旅游出版社
（北京静安东里 6 号　邮编：100028）
http：//www. cttp. net. cn　E-mail：cttp@ mct. gov. cn
营销中心电话：010-57377103，010-57377106
读者服务部电话：010-57377107
排　　版：北京旅教文化传播有限公司
经　　销：全国各地新华书店
印　　刷：三河市灵山芝兰印刷有限公司
版　　次：2015 年 7 月第 1 版　2024 年 7 月第 4 次印刷
开　　本：787 毫米×1092 毫米　1/16
印　　张：17. 5
字　　数：336 千
定　　价：34. 00 元
I S B N　978-7-5032-5337-9